実践で学ぶ！

Fusion 360

ロボットのモデリングから3Dプリントまで

水野 操 ＋ 毛利宣裕［著］

JN214386

Jam House

はじめに

　本書は、3Dプリンティングを活用したものづくりをするためのガイドブックです。一通り本書の内容を実際に試していただくことで、自分の頭の中のアイデアが、3次元の立体となって形になることを体験していただけます。

　2012年頃から始まった3Dプリンターブームですが、ブームの始まりから5年以上たち、今や3Dプリンターを使ってものを作ることは、日常的な景色になっています。そんなブームに合わせて刊行されたのが、本書のベースにもなっている『週刊マイ3Dプリンター』(デアゴスティーニ社) です。3Dプリンターでものをつくるためには3Dモデリングソフトで、3Dのデータを作成しなくてはなりません。同誌では、自分だけの3Dプリンター (idbox!) を作るだけではなく、3D CADを使って自分だけのモデルを作る方法も同時に学ぶことができましたが、本書はその流れを踏襲しています。

　本書では、オートデスク社が提供する3D CAD「Fusion 360」を使ったモデリングの方法を学んでいきます。Fusion 360は、それまで製造業のプロにしか手が届かなかった本格的な3D CADを、個人の手にも届くようにした革新的なソフトウエアです。

　モデリングガイドの内容を一通り学習していただくことで、これまで3D CADの経験がなくても、Fusion 360を使って、簡単な形状の作成から、複数の部品を組み合わせて関節などを可動することができるミニチュアのロボットがモデリングできるようになります。

　しかし、本書の内容はそれにとどまりません。Fusion 360は単なるモデリングのための道具ではなく、作った3Dモデルには実に多彩な活用方法があります。その一つが3Dプリンティングです。Fusion 360で作成したオリジナルの作品を3Dプリンターで制作することももちろん可能です。

　ここからが本書のユニークなところですが、モデリングガイドで作成したロボットを、実際に3Dプリンターで出力し、仕上げを行い、塗装まで行う方法を、具体的に細かなノウハウも含めてご紹介していきます。つまり、バーチャルからリアルまでを一貫して体験いただける実践ガイドになっているのが、ほかにはないところと自負しています。

　それ以外にも、作ったモデルを映像として動かすなど、3Dデータのバーチャルな世界での活用方法や、3Dデータとは何かなど基本的な情報を網羅した総合的なガイドとなっていますので、ぜひ、本書を3Dデータが生み出す多彩な世界を体験していただく第一歩として活用していただければ幸いです。

2019年4月吉日

水野 操

3 章 めざせ 3D プリンターマスター!
スキルアップテクニック講座 ………141

● **テンプレートファイルのダウンロードについて**
本書では下絵のスケッチなどのテンプレートデータをダウンロード提供
しています。右のサイトからダウンロードしてご用意ください。

ダウンロードサイト
http://www.jam-house.co.jp/fusion360/

● 10ページ以降の画面は、2016年5月7日のバージョンで撮影したものです。ダイアログの内容などが、現在のバージョンと一部異なる場合がありますが、解説文は2019年3月1日のバージョンに対応しています。● 本書はデアゴスティーニ発行『週刊マイ3Dプリンター』のマガジンを再編集し、加筆修正したものです。● 本書の内容は、『週刊マイ3Dプリンター』刊行時および執筆時点(2019年3月)の情報をもとに書かれています。● Adobe、Reader、Mixamoは、Adobe Systems Incorporated(アドビシステムズ社)の米国ならびに他の国における商標または登録商標です。● その他記載された会社名、製品名等は、各社の登録商標もしくは商標、または弊社の商標です。● 本書では、「™」や®の表記を省略しています。● 本書に掲載している情報は、本書作成時点の内容です。ホームページアドレス(URL)やサービス内容などは変更となる可能性があります。● 本書の内容に基づく運用結果について、弊社は責任を負いません。ご了承ください。

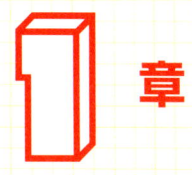

1章

Fusion 360を使ってみよう

Fusion 360のインストールから、画面の説明、基本的な操作方法を紹介します。
その後で、実際に歯ブラシ立てや花瓶を作りながらモデリング方法を学んでいきましょう。

MODELING

いちから！作って学ぶモデリングガイド

**Fusion 360で学ぶモデリング
はじめたい人から、もっと極めたい人まで**

Fusion 360の基本操作とソリッドの移動

今回のテンプレート
（ファイル名：pen_stand）

『Fusion 360』を使って、モデリングを学んでいきましょう。まずは『Fusion 360』をダウンロードし、インストールします。基本的な操作を学んだあと、テンプレートのソリッドを動かして並べ、ペンスタンドを作ってみます。

完成図

操作STEP

1 『Fusion 360』をインストールする
2 『Fusion 360』の基本画面
3 ファイルの保存と読み込み
4 テンプレートファイルを読み込む
5 画面表示の変更
6 ソリッドの移動

始める前の準備 ▶ 使用するテンプレートファイルは、ジャムハウスのダウンロードサイト（http://www.jam-house.co.jp/fusion360/）からダウンロードすることができます。まずは、データをご自分のパソコンにダウンロードしてください。

---

1 『Fusion 360』をインストールする

■『Fusion 360』とは

『Fusion 360』は米国オートデスク社が提供する、クラウドベースの3D CAD ソフトウエアで、プロフェッショナルなニーズまでにも対応した3D CAD です。高度なモデリング機能を備えているものの、操作は非常に直感的に行えるので、初めて触れる方でもすぐに使い始めることができます。

『Fusion 360』の動作環境をチェック

対応OS	PC環境
Windows OS Windows 10／8.1／7	**CPU：**64bit（32bit 非対応） **メモリ：**3GB RAM（4GB 以上を推奨） **インターネット接続：**ADSL以上のスピード **必要ディスク容量：**2.5GB
Mac OS Mac OS Mojave v10.14/ High Sierra v10.13/ Sierra v10.12	**グラフィックカード：**512MB GDDR RAM 以上 ※ Intel GMA X3100 cardsは非対応 **マウス：**3ボタンマウスを推奨

■『Fusion 360』をインストールする

『Fusion 360』をインターネットからダウンロードして、インストールしましょう。

1 クリック

※ダウンロードページのデザインは、変更される場合があります。

1 インターネットに接続し、『Fusion 360』のダウンロードページ(https://www.autodesk.co.jp/products/fusion-360/overview)を表示し、無償体験版 ダウンロード をクリックして、任意のフォルダーにダウンロードします。

 **MEMO メモ**
ユーザーのアカウント名は半角文字である必要があります。

2 ダウンロードしたファイルをダブルクリックすると、[Autodeskアプリケーションストリーミング] 画面が表示され、自動的にインストールが開始されます。

Macの場合

ダウンロードしたファイルをダブルクリックし、[Double Click to Install.app] をダブルクリックすると [Autodesk アプリケーションストリーミング] 画面が表示され、インストールが開始されます。

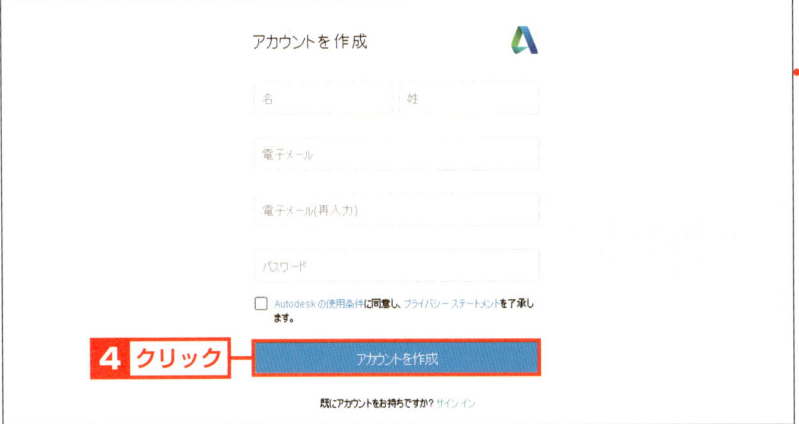

3 インストールが完了すると、サインイン画面が表示されます。Autodesk アカウントをすでに持っている場合は、メールアドレスを入力して 次へ をクリックします。
Autodesk アカウントを持っていない場合は、[アカウントを作成] をクリックして新規登録を行ってください。

> **MEMO メモ**
>
> Fusion 360 は、「Autodesk アカウント」という、オートデスク社が提供するクラウドテクノロジーの仕組みを介して使用することができるアプリケーションです。したがって、Autodesk アカウントでサインインした上での使用が必須となっています。
> 作成したファイルはすべて、Autodesk アカウントに設定された領域に保存され、いつでもどこからでも自由にアクセスすることができるようになっています。

4 [アカウントを作成] をクリックすると、アカウントの新規作成画面が表示されます。必要事項を入力して アカウントを作成 をクリックします。登録が完了すると、メールが届きます。

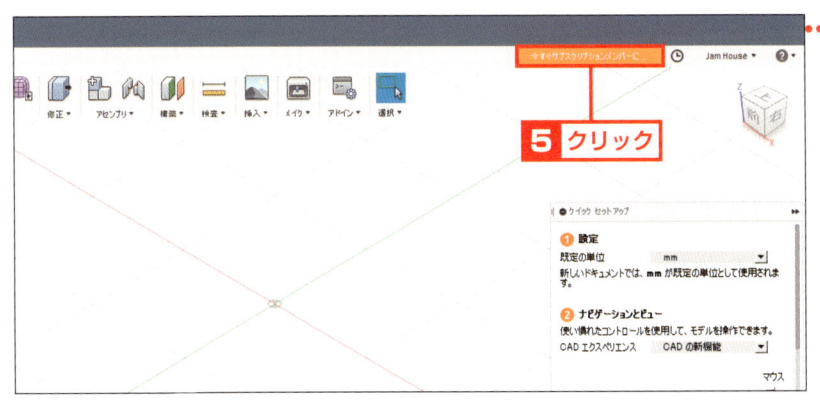

5 サインインが完了すると、『Fusion 360』が起動します。画面右上のオレンジ色の枠で囲まれた領域をクリックします。

> **MEMO メモ**
>
> ダウンロードしたのは体験版です。このままだと30日間しか使用できませんが、『Fusion 360』は趣味で使う個人の方は1年間無償で使うことができるようになっています。期間終了時には、再度、無償スタートアップライセンスを契約し直すことで、引き続き1年間無償で使用することができます。

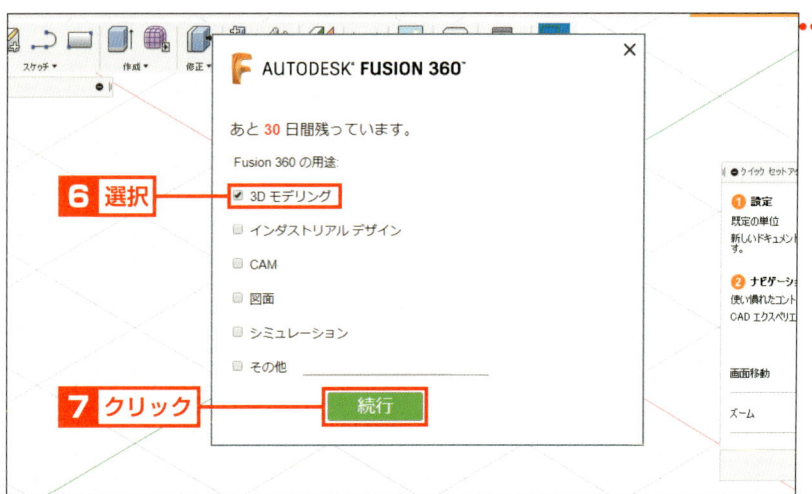

・・・ **6** Fusion 360の用途を選択します。

7 続行 をクリックします。

・・・ **8** 「資格」をクリックします。

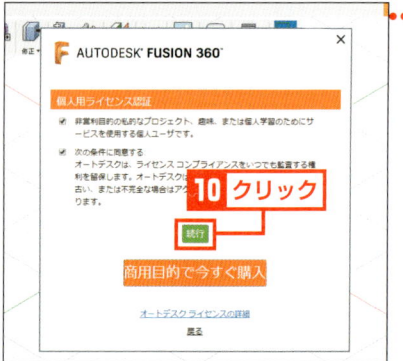

・・・ **9** [非商用目的] を選択します。

10 内容を確認し、続行 をクリックします。

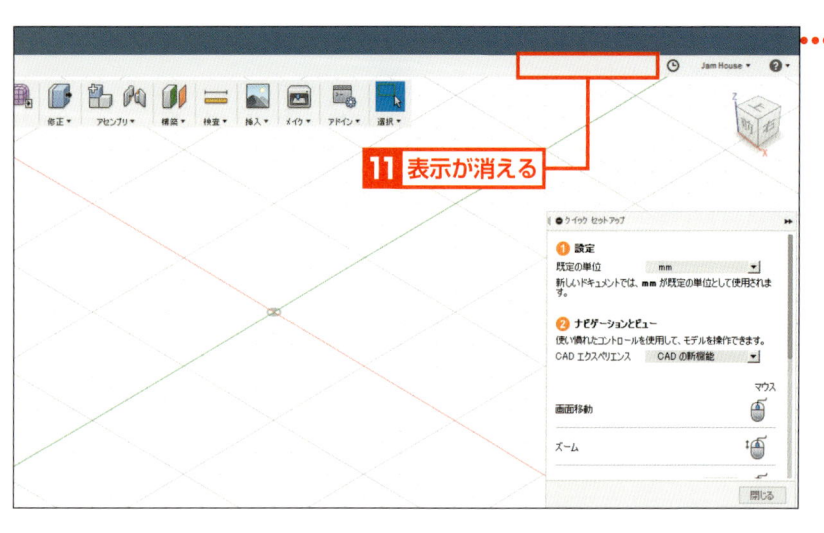

・・・ **11** ライセンス登録完了のメッセージが表示されるので、確認したら 登録を完了 をクリックして閉じます。画面から利用期間についての表示が消えます。

『Fusion 360』の基本画面

インストールが完了したら、メイン画面を確認しておきましょう。

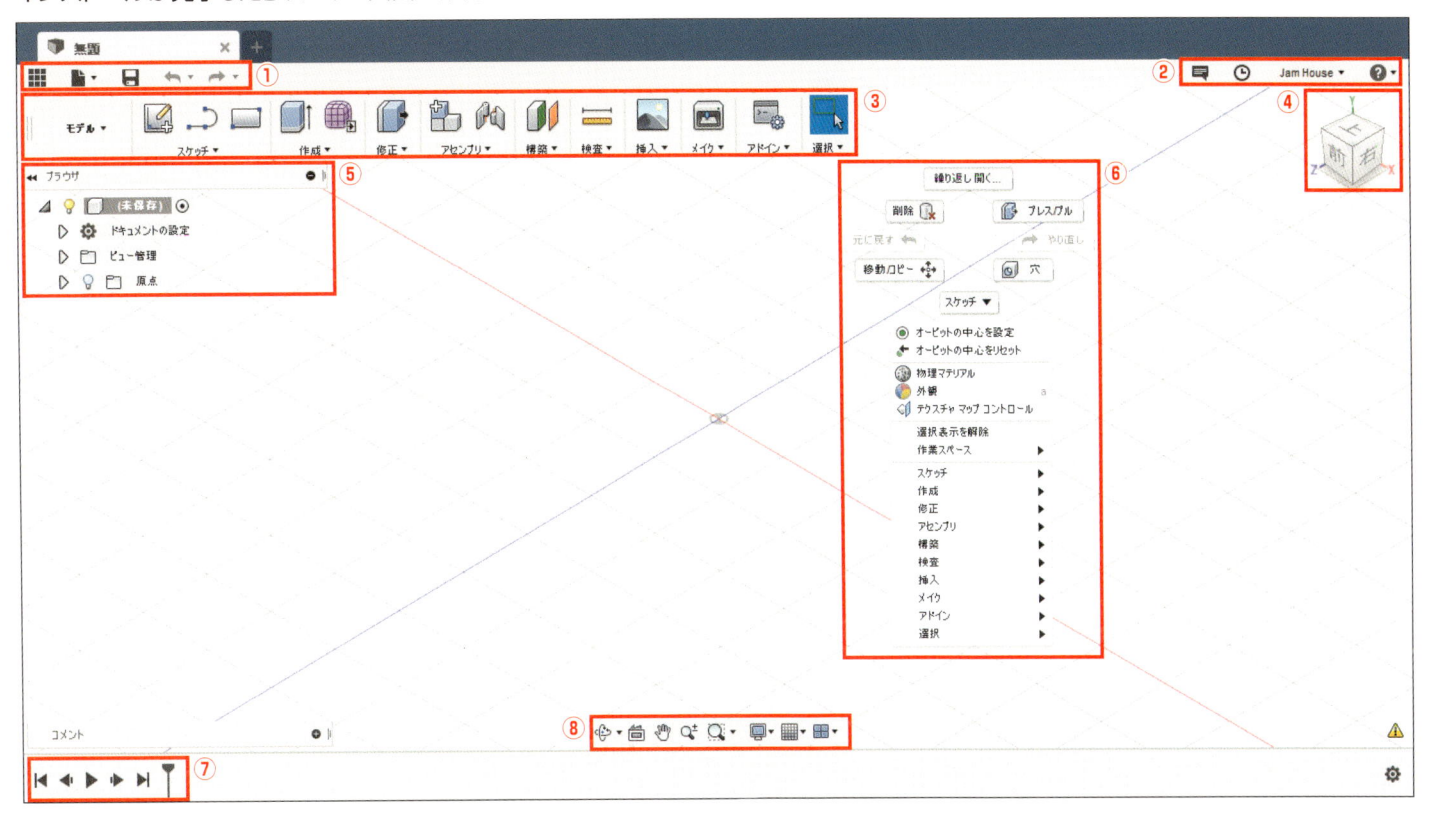

①アプリケーション バー
読み込みや保存といったファイル操作に関するアイコン、および [元に戻す]、[やり直し] ボタンがあります。

②プロファイルおよびヘルプ
アカウント情報、Fusion 360の基本設定、ヘルプへのアクセスなどがあります。

③ツールバー
3Dモデリングを実施する際に必要なすべてのコマンドがここにあります。▼をクリックすると、サブメニューが表示されます。

④ビュー キューブ
画面に表示した3Dモデルの表示角度や向きを変えられます。正面に表示したい面をクリックします。

⑤ブラウザ
作っているモデルに含まれている要素がリスト表示されています。表示をコントロールしたり、修正をする際に使用します。作成している3Dモデルの構造を確認することもできます。

⑥キャンバスおよびマーキングメニュー
3Dモデルを表示させる領域のことをキャンバスと呼びます。キャンバス上でマウスを右クリックするとマーキングメニューが表示されます。マーキングメニューはモデリングを進める際に便利なツールです。

⑦履歴タイムライン
3Dモデルがどのような履歴で作成されているかを確認できるツールです。これを利用して修正作業を効率よく行うこともできます。

⑧ナビゲーションバーと表示のセッティング
画面表示に関わるさまざまなコントロールをするためのツールがあります。

2019年3月1日現在のバージョンでは、既定のモデリング方向はZ（上方向）となっていますが、本書の解説ではY（上方向）となっています。解説内容と合わせるため、基本設定を変更することをお勧めします。画面右上のユーザー名をクリックして [基本設定] を選択し、[既定のモデリング方向] で [Y（上方向）] を選択します。

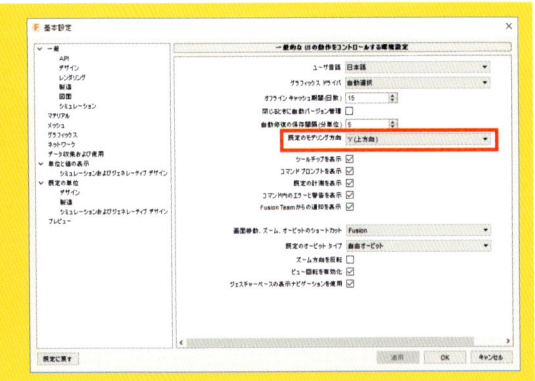

ファイルの保存と読み込み

ファイルの保存と読み込みの操作を紹介します。『Fusion 360』は、基本的にはインターネットに接続した状態で使用し、ファイルはクラウド上に保存します（インターネットに接続していない状態でもファイル保存はできますが、その後インターネットに接続したタイミングで自動的にクラウド上にアップロードされます）。

■ファイルを保存する

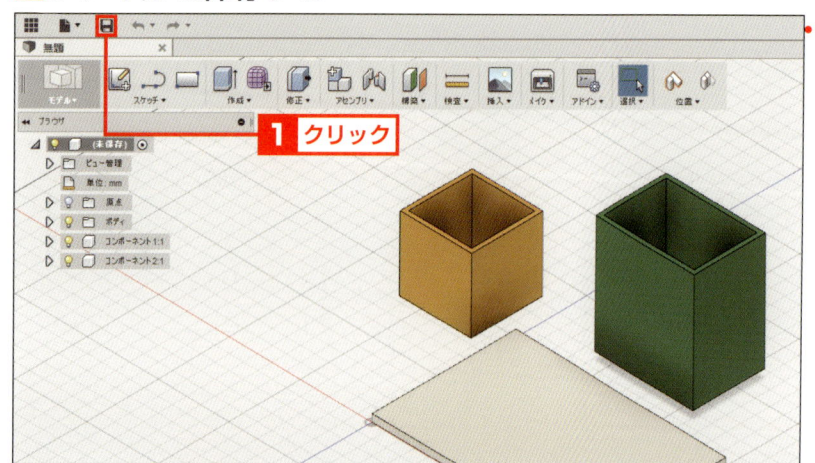

1 アプリケーションバーの 🖫 [保存]をクリックします。

> ### MEMO メモ
> 一度保存したファイルの場合は、上書き保存となります。別名で保存したい場合は、■▼ [ファイル] をクリックし、[名前を付けて保存] を選択してください。

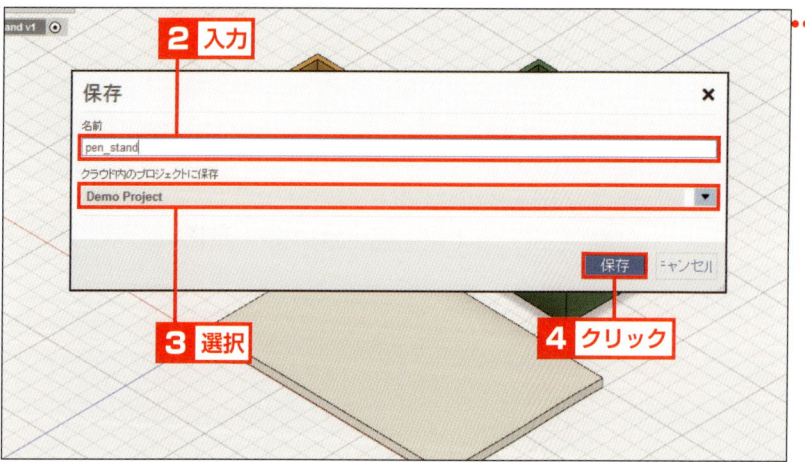

2 [ファイル名]にファイル名を入力します。
3 [保存先]でプロジェクトを選択します。
4 [保存]をクリックします。

> ### MEMO メモ
> 「プロジェクト」とは、フォルダーのようなものです。プロジェクトごとにファイルを分類して保存することができます。

■ファイルの読み込み

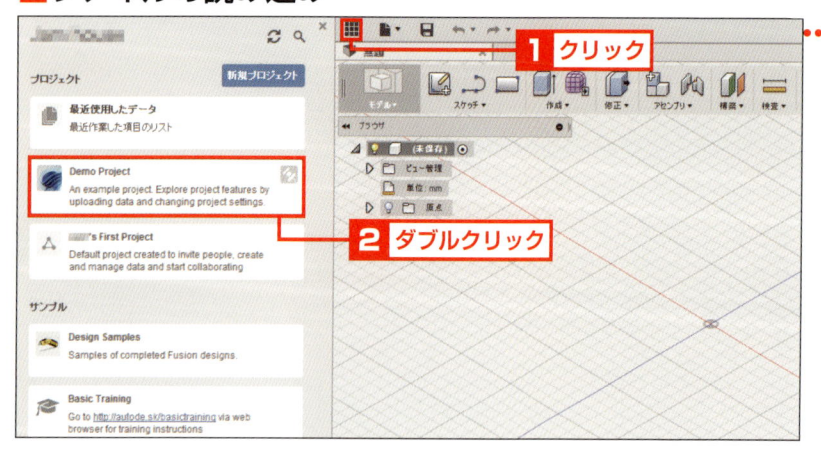

1 アプリケーションバーの 🖫 [データパネルを表示]をクリックします。
2 データパネルが開くので、ファイルを保存したプロジェクトをダブルクリックします。ここでは「Demo Project」を選択しました。

> ### MEMO メモ
> 新しくプロジェクトを作成したい場合は、[新規プロジェクト] をクリックします。

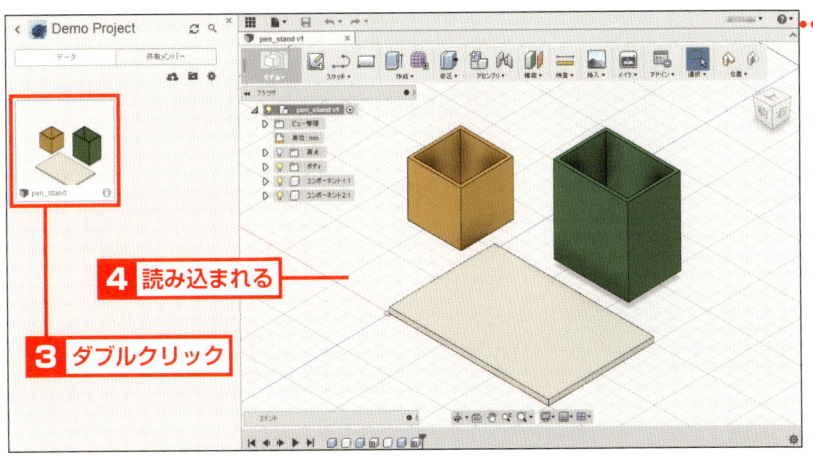

3 データパネルの一覧で、読み込みたいファイルをダブルクリックします。

4 ファイルが読み込まれます。

MEMO メモ
再度 [データパネルを表示] をクリックすると、データパネルが非表示になります。

テンプレートファイルを読み込む

今回のテンプレートファイルを読み込んで、ペンスタンドを完成させましょう。ダウンロードしたテンプレートファイルは、そのままでは読み込むことができません。まずはクラウド上にアップロードする必要があります。

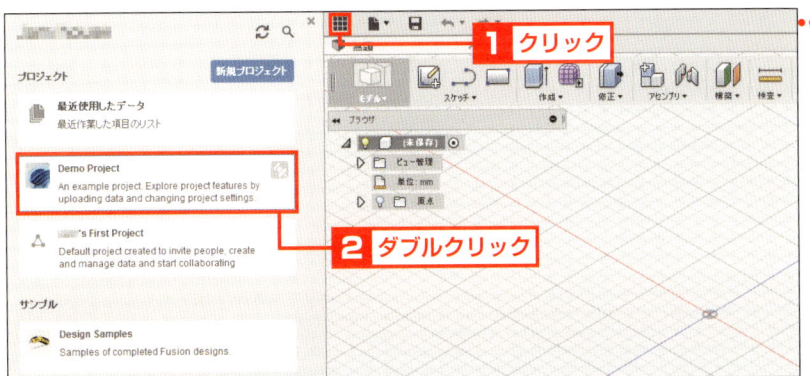

1 [データパネルを表示] をクリックします。

2 テンプレートファイルを保存したいプロジェクトをダブルクリックします。

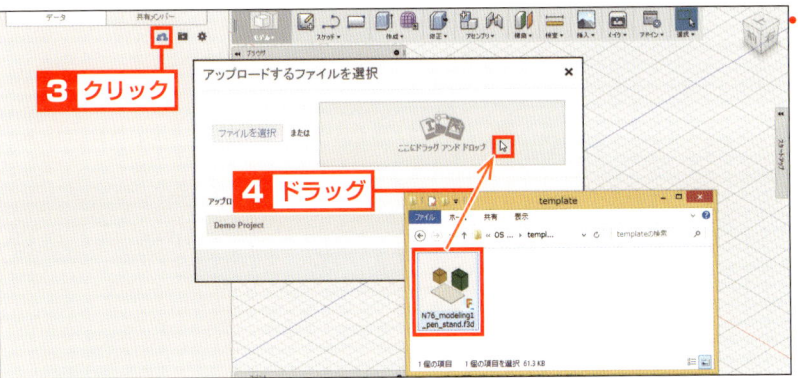

3 アップロード をクリックします。

4 [ここにドラッグ アンド ドロップ] 内に、テンプレートファイルをドラッグします。

MEMO メモ
[ファイルを選択] をクリックし、テンプレートファイルを選択してもかまいません。

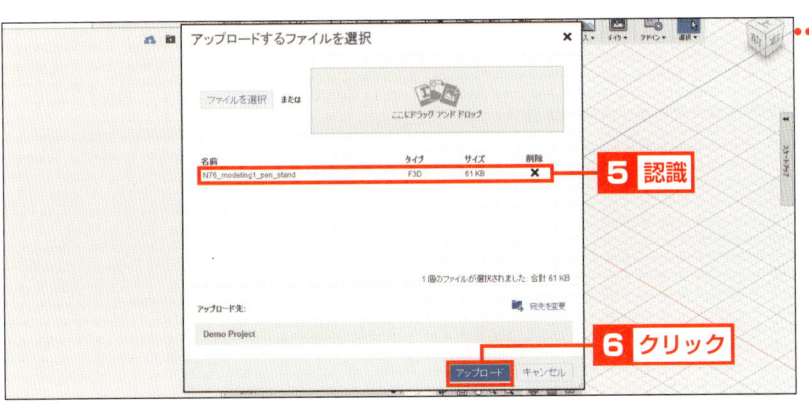

5 ファイルが認識されます。

6 アップロード をクリックします。

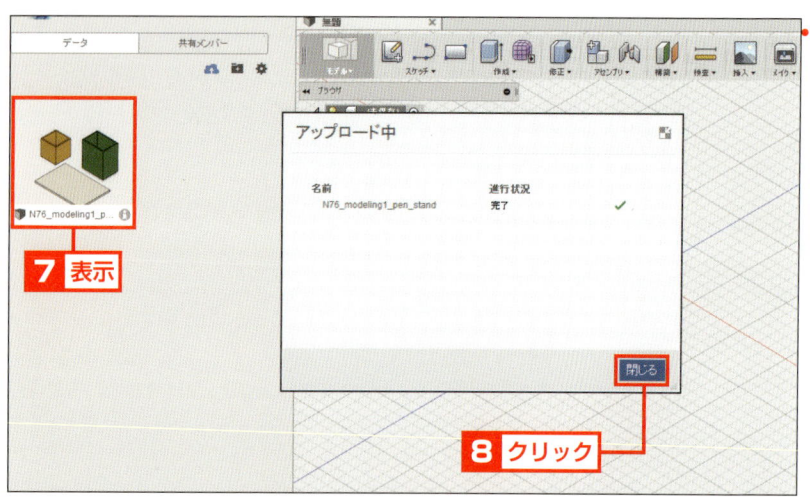

••• **7** アップロードが完了すると、データパネルにファイルが表示されます。

8 閉じる をクリックします。

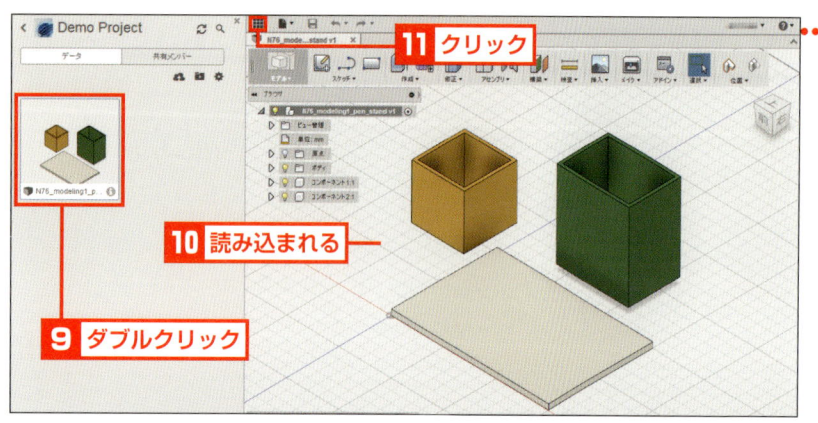

••• **9** ファイルをダブルクリックします。

10 テンプレートファイルが読み込まれました。

11 ▦ [データパネルを表示] をクリックして、データパネルを閉じます。

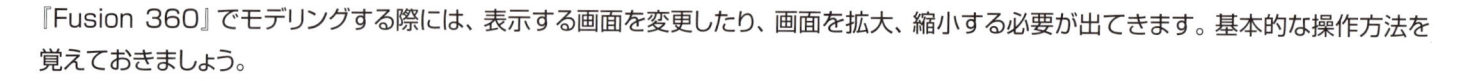

画面表示の変更

『Fusion 360』でモデリングする際には、表示する画面を変更したり、画面を拡大、縮小する必要が出てきます。基本的な操作方法を覚えておきましょう。

■表示を移動、回転、拡大縮小する

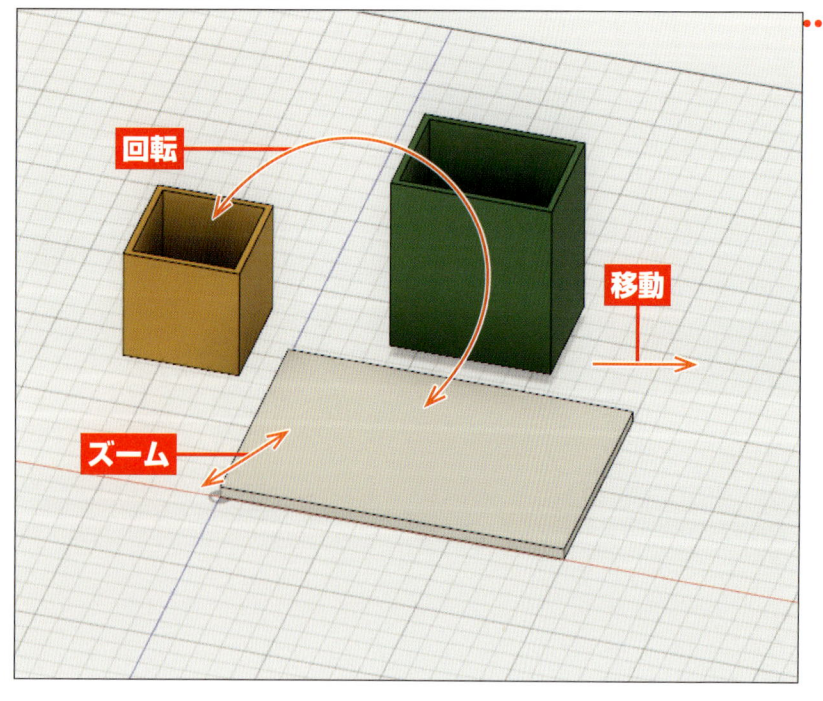

••• **移　動**……マウスの中ボタン（ホイール）を押しながらドラッグ

ズーム……マウスの中ボタン（ホイール）を回転

回　転……マウスの中ボタン（ホイール）＋[Shift]キーを押しながらドラッグ

■ビューキューブを使用した変更

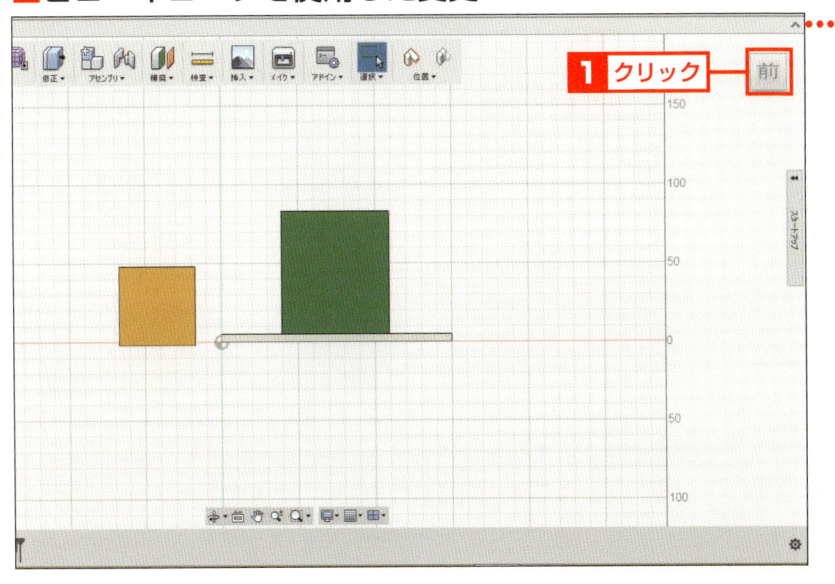

1 [前] をクリックすると、正面からの表示に切り替わります。このように、クリックした面を正面に表示することができます。

MEMO メモ

マウスポインターを近づけると表示される上下左右の▽や、矢印をクリックすることで、表示する面を変えたり、画面を回転することができます。

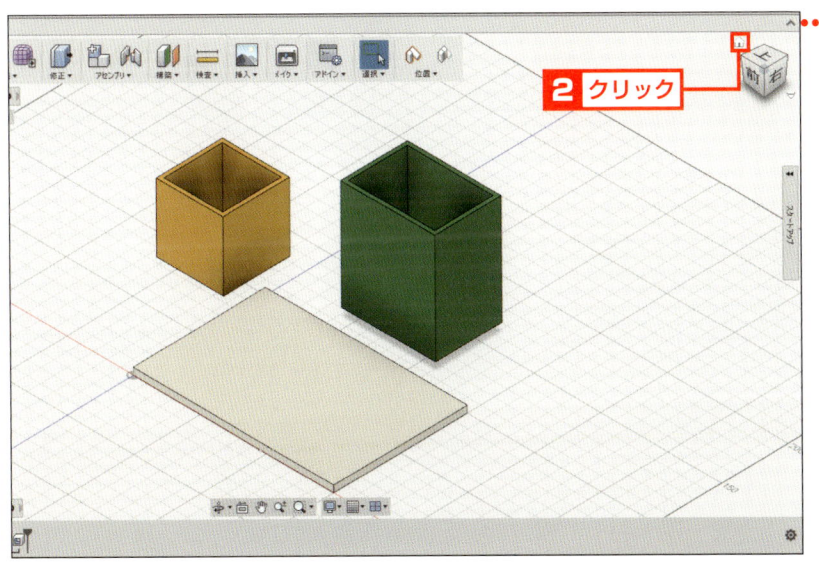

2 をクリックすると、基本位置 (ホームビュー) に戻ります。

ソリッドの移動

テンプレートには、白いボード状のソリッドと、中がくり抜かれた黄色と緑色の直方体が用意されています。2つの直方体を移動して白いボードの上に乗せ、ペンスタンドを作成します。

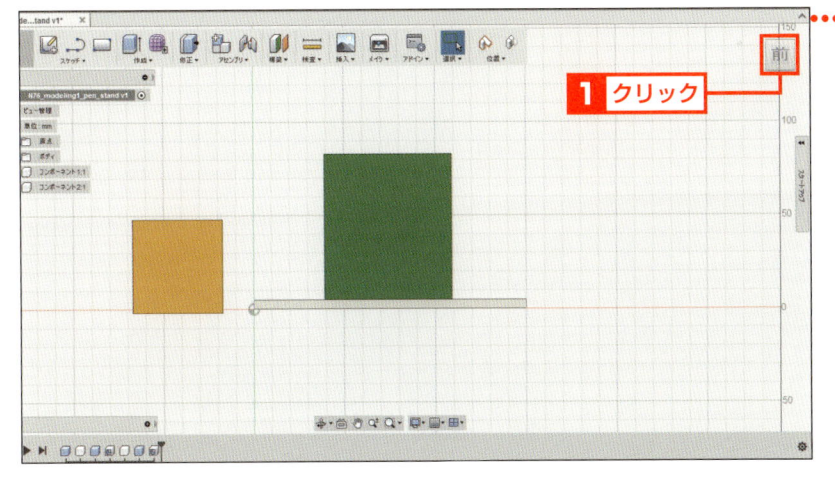

1 ビューキューブをクリックして、[前] からの視点に変更します。

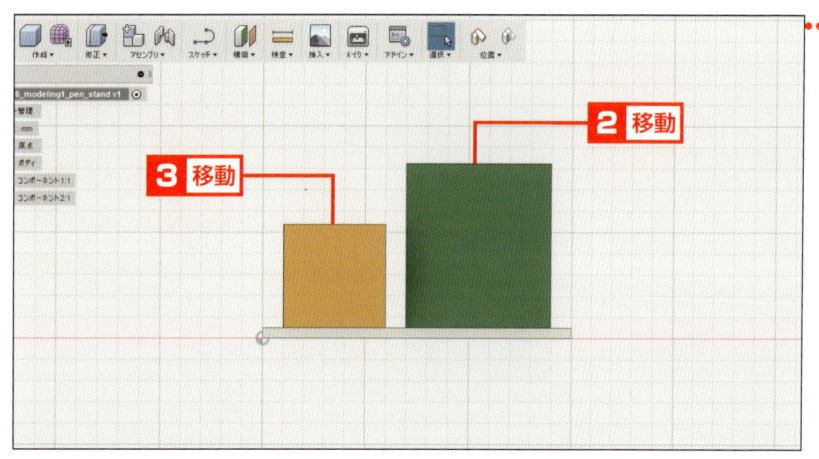

2 オブジェクトはドラッグすることで、自由に移動することができます。緑色の直方体をドラッグして移動します。

3 黄色の直方体もドラッグして移動します。

> **MEMO メモ**
> 正確にソリッドを並べる方法は次回以降で紹介します。ここでは見た目でかまわないので、とりあえず移動してみてください。

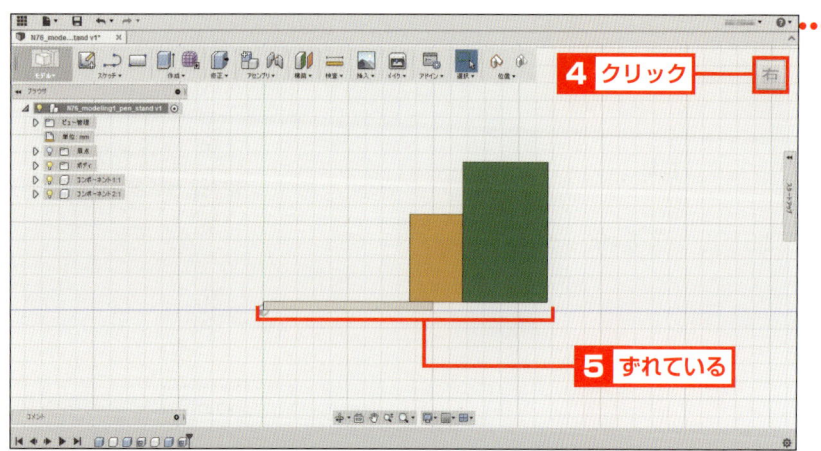

4 ビューキューブをクリックして、[右]からの視点に変更します。

5 直方体と板が前後にずれてしまっています。

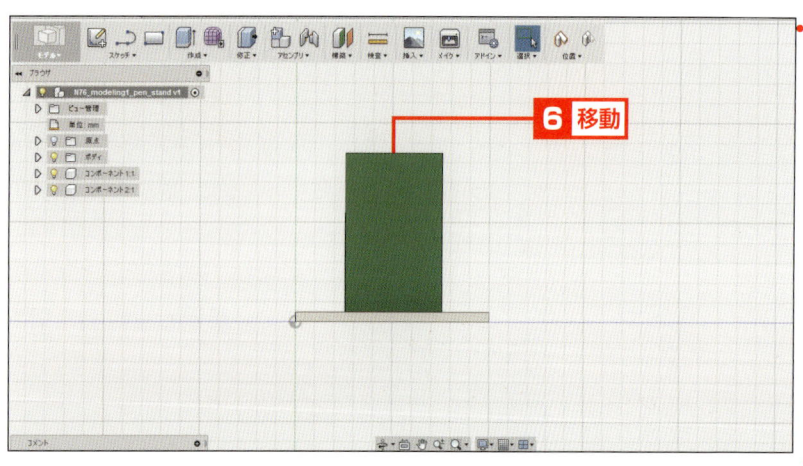

6 2つの直方体をそれぞれドラッグして移動します。

> **MEMO メモ**
> マウスやビューキューブを利用して、いろいろな方向から見て位置を確認しましょう。

完成!

きちんと並べられたらペンスタンドの完成です。名前を付けて保存しておきましょう（10ページ参照）。

> **MEMO メモ**
> Fusion 360で上書き保存すると、以前のバージョンも残したまま新しくバージョンを作成します。実行すると、[バージョンの説明を追加]ダイアログが開き、保存するバージョンに簡単な説明を付け加えることができます。特に必要なければ、そのまま[OK]をクリックしてください。

押し出しと回転で
歯ブラシ立てを作る

今回は、実際にパーツを作成します。Fusion 360のモデリング機能には、ソリッドモデリング、フリーフォームモデリングという、大きく分けて2つの方法があります。まずはソリッドモデリングで、歯ブラシ立てを作ってみましょう。

今回のテンプレート
（ファイル名：toothbrush_stand）

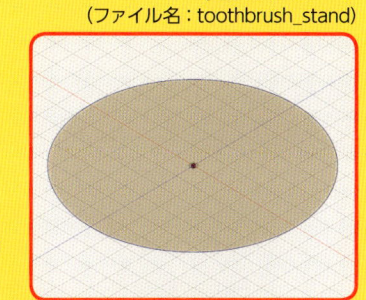

完成図

操作STEP

1 押し出しで台座を作成
2 本体部分のスケッチを描画
3 回転でソリッドを作成
4 中身をくり抜く
5 履歴を使って修正する

始める前の準備 ▶ テンプレートファイルを利用する場合は、ジャムハウスのダウンロードサイト（http://www.jam-house.co.jp/fusion360/）からダウンロードしてください。

1 押し出しで台座を作成

平面（2D）にスケッチを描き、それに厚みを付けたり回転させたりして3Dにするのがソリッドモデリングです。さらに、部分的にカットしたり、角に丸みを付けたりなどの作業を積み重ねて完成させていきます。
テンプレートファイルを利用される方は、STEP1の**7**（16ページ）から始めてください。

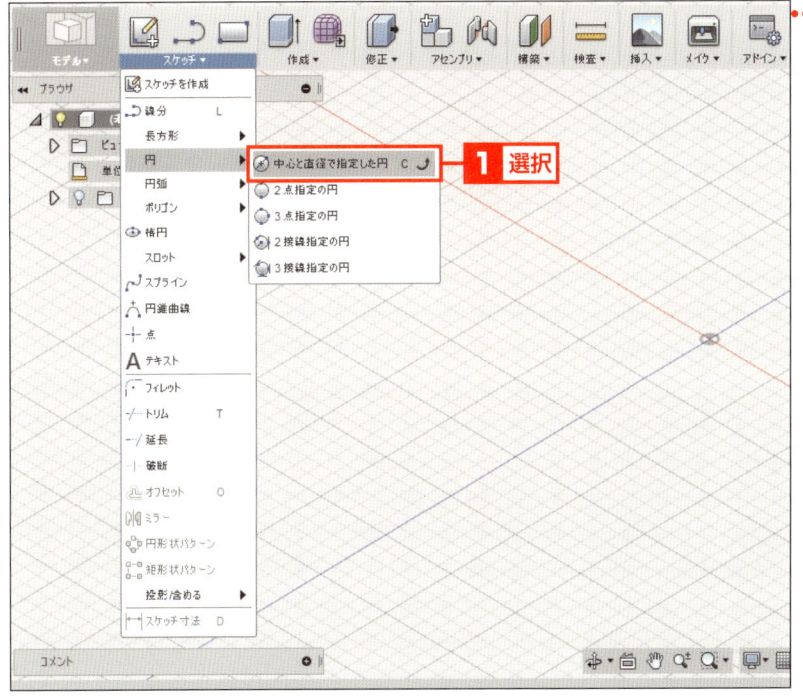

••• **1** ［スケッチ］－［円］－［中心と直径で指定した円］を選択します。

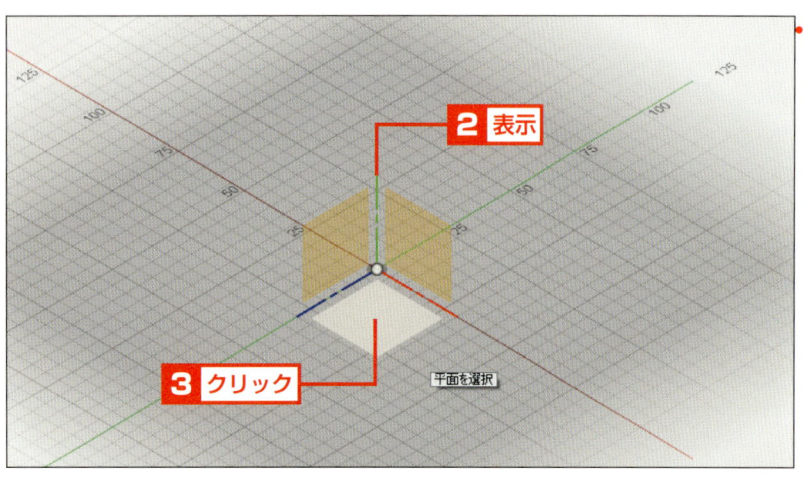

2 空間内の3方向を示す平面が表示されます。

3 スケッチを描画する平面として、X軸（赤い線）とZ軸（青い線）が交差する平面をクリックして選択します。

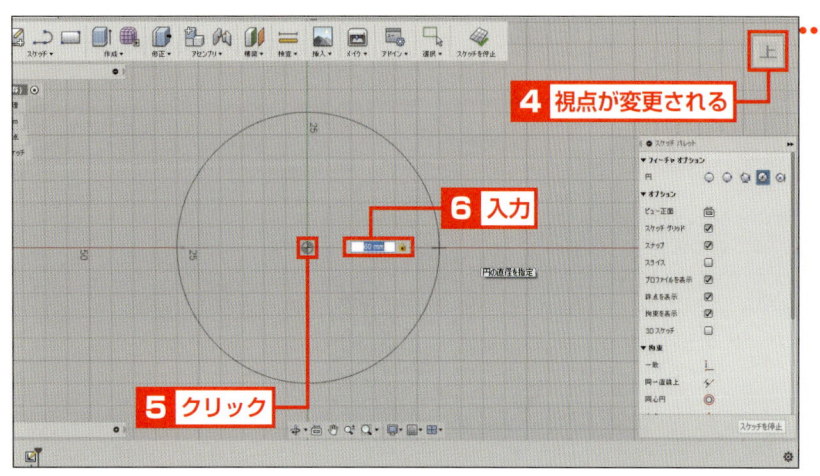

4 選択した平面が正面に向くように画面の向きが変わり、[上]からの視点となります。

5 中心点として原点をクリックします。

6 マウスポインターを動かすと、直径を入力するダイアログが表示されるので、「60」㎜と入力し、[Enter]キーを押して数値を確定します。ダイアログの右側に鍵マークが表示されます。

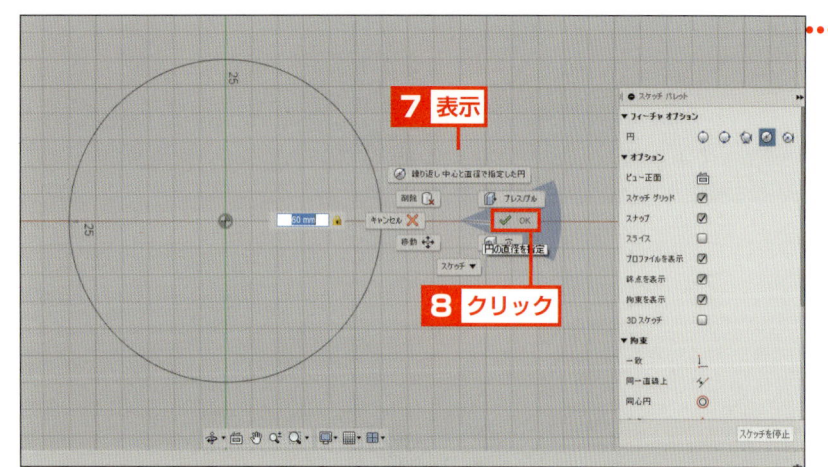

7 キャンバス上の任意の位置で右クリックしてマーキングメニューを表示します。

8 [OK]をクリックしてコマンドを終了します。

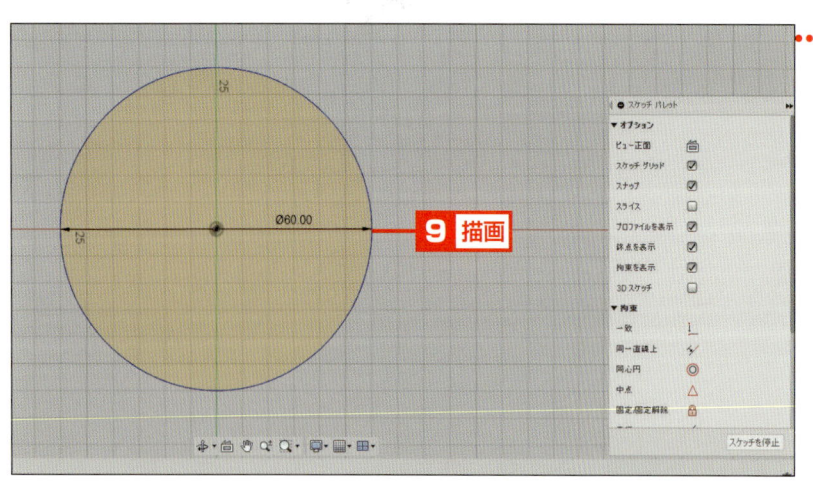

9 寸法線が付いた円が描画されます。

スケッチをする際、ダイアログの数値を確定してから終了すると、寸法線が付いたスケッチを描画することができます。Fusion 360では、形状の大きさを決める際に寸法を使用できます。この寸法を使って形状の大きさを変更することもできます。また、寸法が入っていることで大きさを数値的に確認できるというメリットもあります。簡単な形状の場合は寸法を入れなくても大きな問題にはなりませんが、特に複雑な形状を作る場合は寸法を記入したほうが、思いどおりのスケッチをより速く、正確に描くことができるようになります。

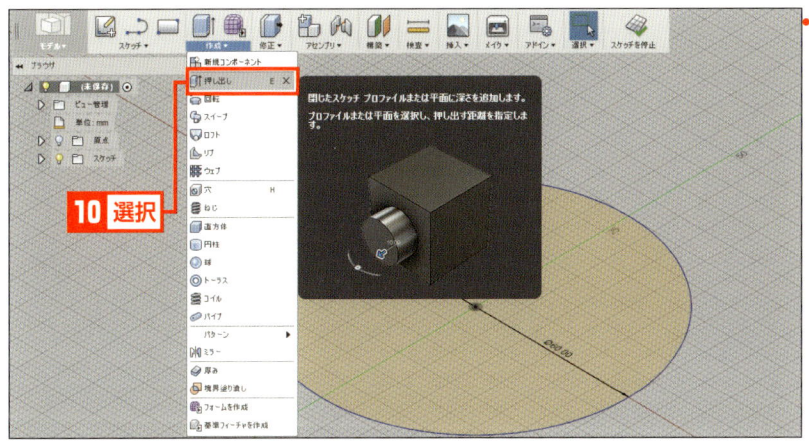

••• 10 [作成] - [押し出し] を選択します。

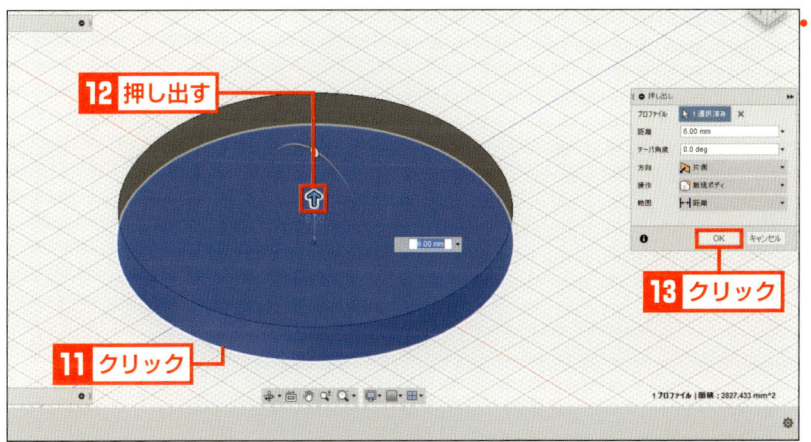

••• 11 描画した円をクリックします。

12 矢印のハンドルをドラッグして、上方向に6mm押し出します。

13 [押し出し]ダイアログの [OK] をクリックしてコマンドを終了します。

MEMO メモ

厚さを表すダイアログ、または [押し出し] ダイアログの [距離] に数値を入力してもかまいません。

2 本体部分のスケッチを描画

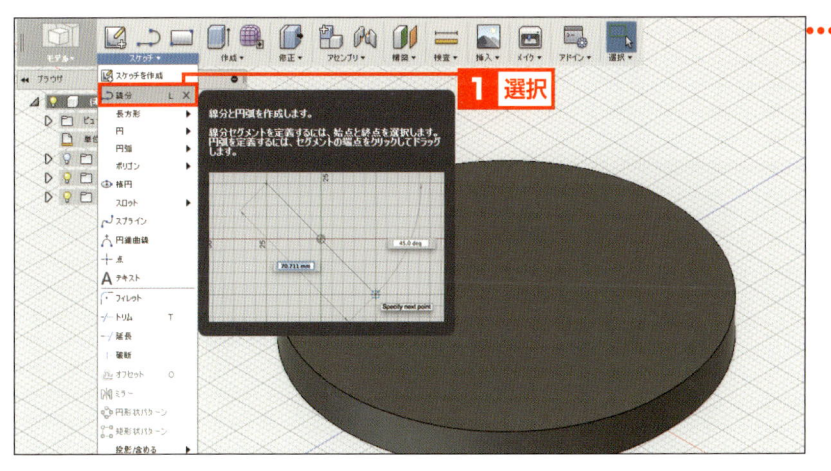

••• 1 [スケッチ] - [線分] を選択します。

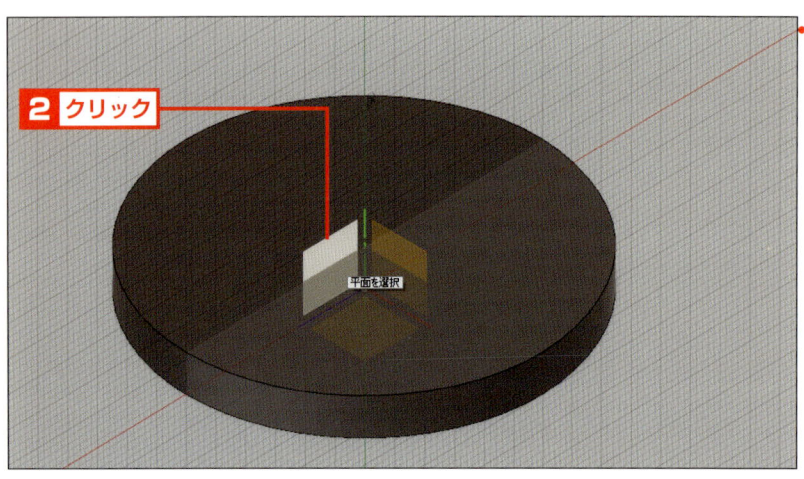

2 スケッチを描画する平面として、Y軸（緑の線）とZ軸（青い線）が交差する平面をクリックして選択します。

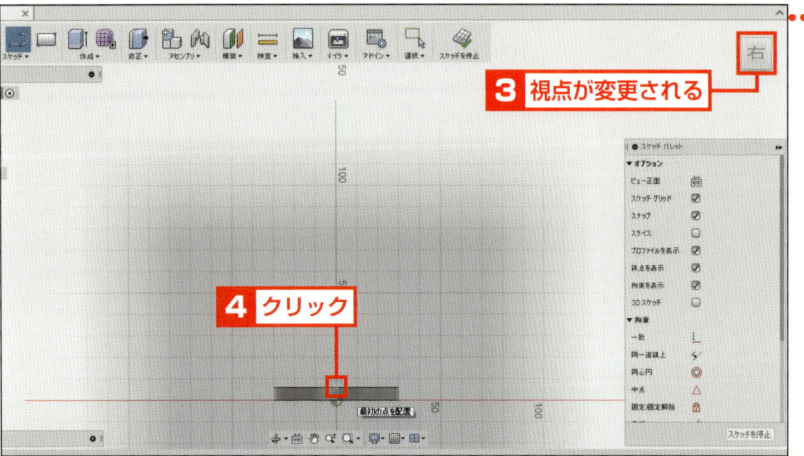

3 ［右］からの視点となります。

4 始点として、台座の上面とY軸の交点をクリックします。

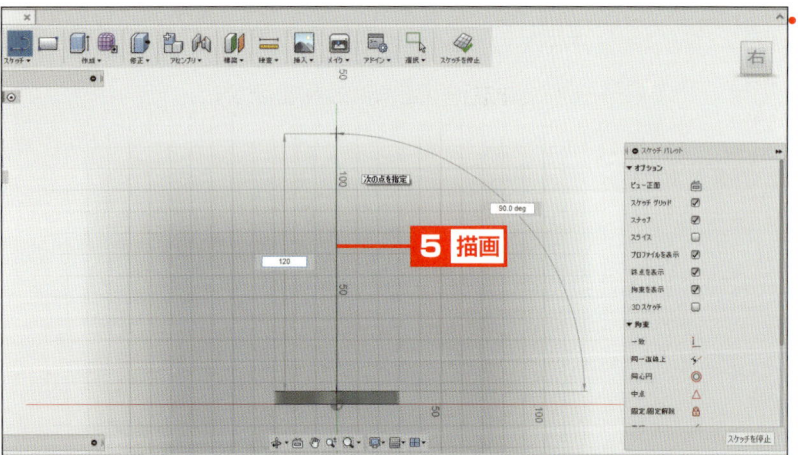

5 真上に120㎜の直線をスケッチします。

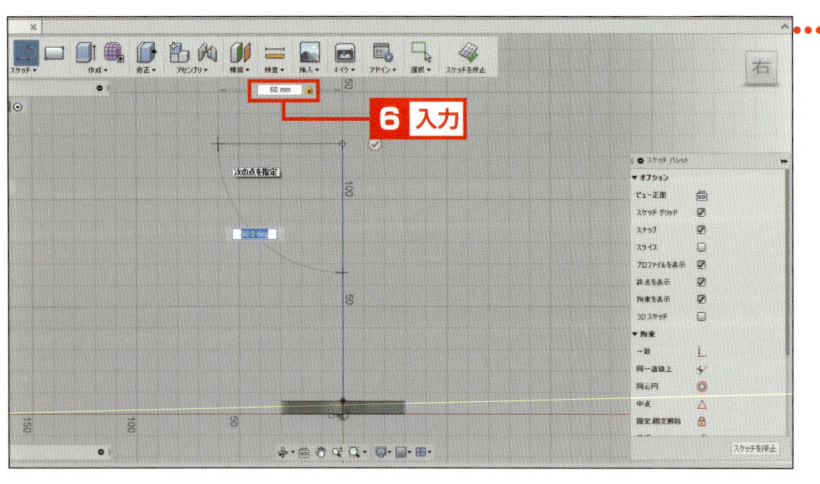

6 左方向にマウスポインターを動かし、長さを表すダイアログに「60」㎜と入力し、［Enter］キーを押して数値を確定します。

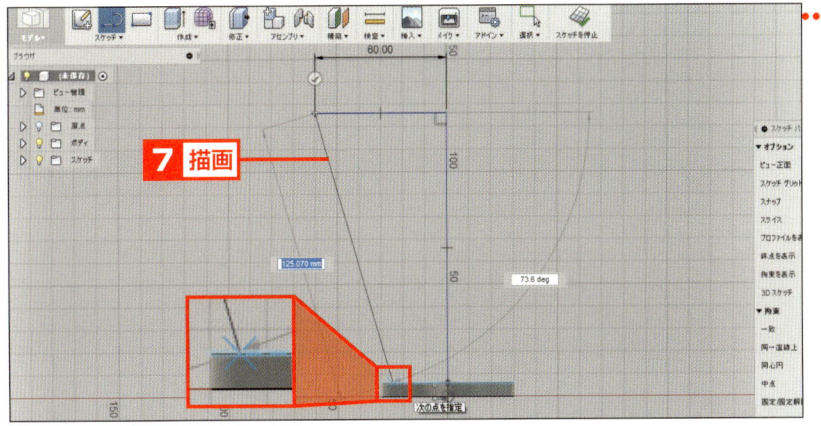

7 右斜め下に、台座の上面と接するところまで直線を
スケッチします。角度は任意でかまいません。水色
の×印が表示されるところでクリックします。

> **MEMO** メモ
>
> マウスポインターを台座の上面に近づけると、水色の×印
> が表示されます。これは、ちょうど上面上に重なっているこ
> とを表しています。

8 キャンバス上の任意の位置で右クリックしてマーキ
ングメニューを表示します。

9 [OK] をクリックしてコマンドを終了します。

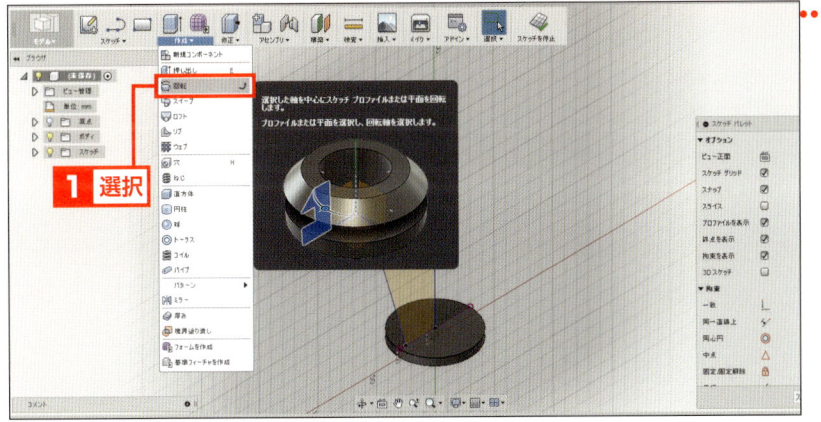

回転でソリッドを作成

1 [作成] − [回転] を選択します。

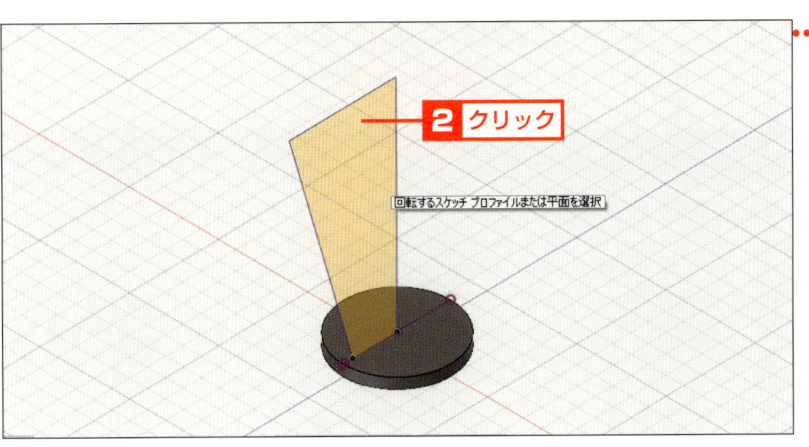

2 描画した形状の内側をクリックします。

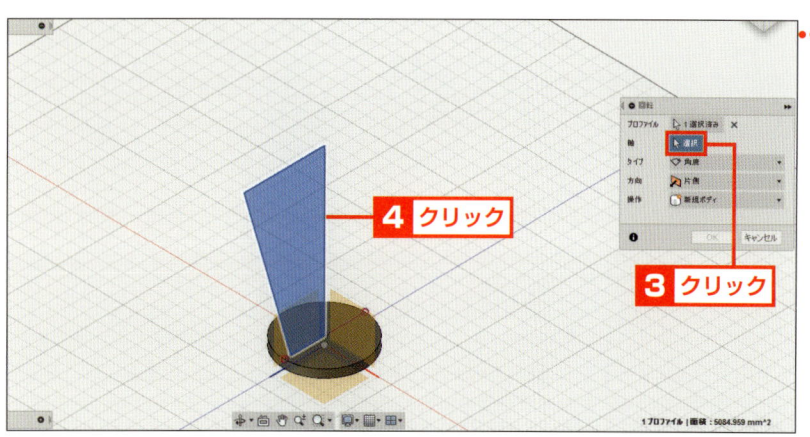

••• **3** [回転]ダイアログの[軸]の[選択]をクリックします。

4 中心位置の垂直線をクリックします。

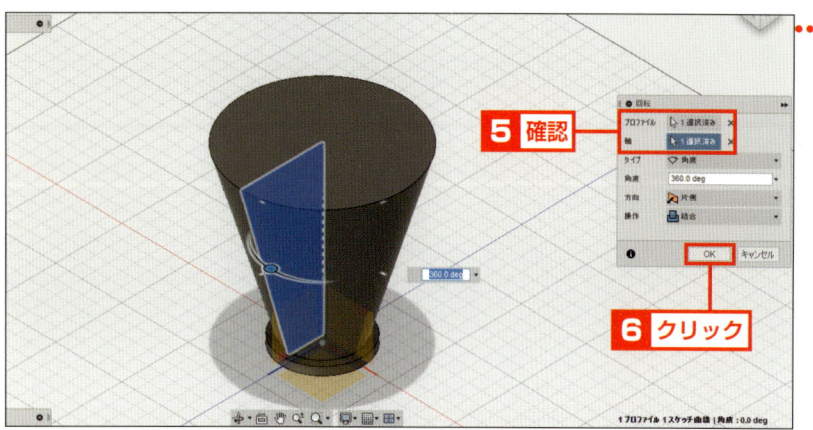

••• **5** [回転]ダイアログの[プロファイル]と[軸]が、それぞれ[1選択済み]となっていることを確認します。

6 [OK]をクリックしてコマンドを終了します。

4 中身をくり抜く

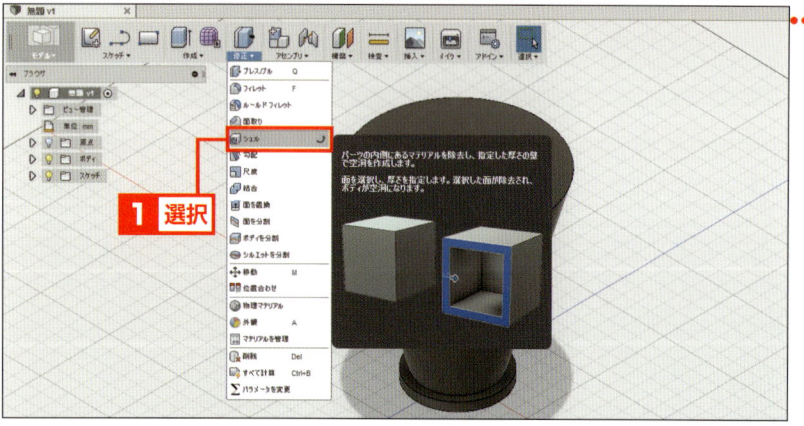

••• **1** [修正]－[シェル]を選択します。

••• **2** 上面をクリックします。

3 厚みを表すダイアログに「5」mmと入力します。

4 [シェル] ダイアログの [OK] をクリックしてコマンド を終了します。

MEMO メモ

矢印のハンドルをドラッグする、または [シェル] ダイアログ の [内側の厚さ] に数値を入力してもかまいません。

5 角を丸めます。[修正] − [フィレット] を選択します。

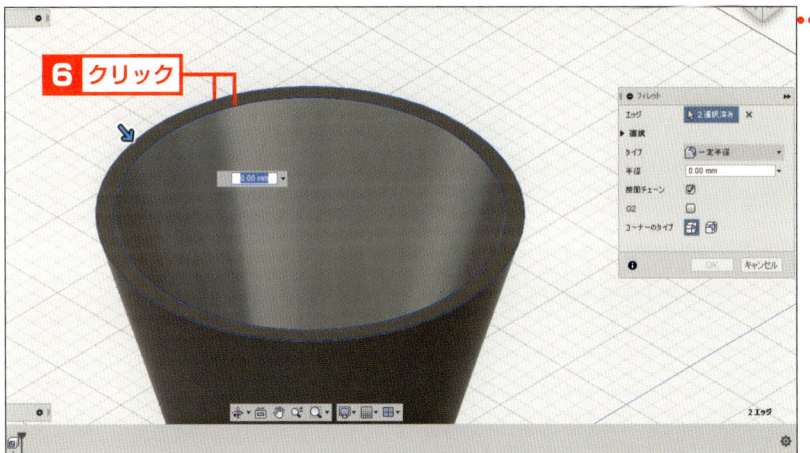

6 上面の内側と、外側のエッジをクリックして選択し ます。

7 半径を表すダイアログに「2」mmと入力します。

8 [フィレット] ダイアログの [OK] をクリックしてコマ ンドを終了します。

MEMO メモ

矢印のハンドルをドラッグする、または [フィレット] ダイア ログの [半径] に数値を入力してもかまいません。

画面左下の履歴タイムラインには、3Dモデルを作成した履歴が表示されています。この履歴を利用して、形状を修正することができます。ここでは台座の直径を変更してみます。

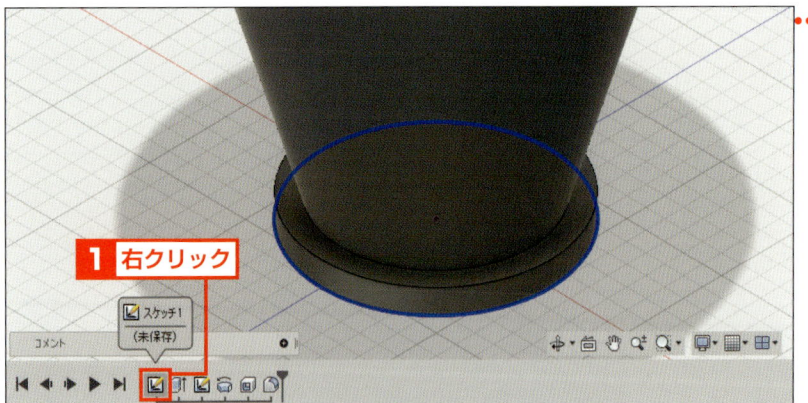

••• **1** 履歴タイムラインの先頭アイコン、[スケッチ1]上で右クリックします。

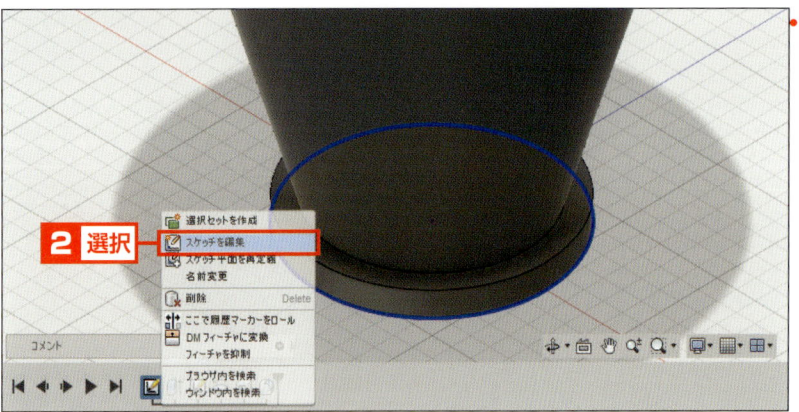

••• **2** [スケッチを編集]を選択します。

> **MEMO** メモ
>
> タイムラインのアイコンにマウスポインターを合わせると、該当箇所がハイライト表示されます。

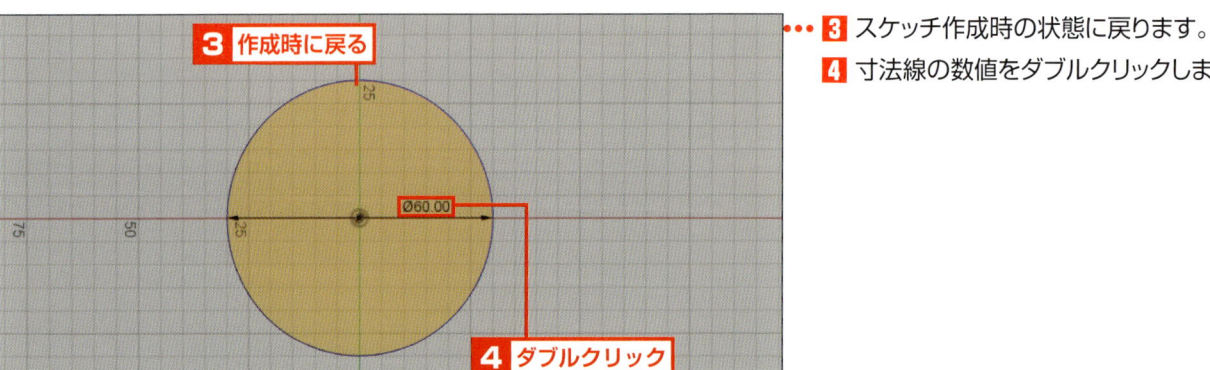

••• **3** スケッチ作成時の状態に戻ります。
4 寸法線の数値をダブルクリックします。

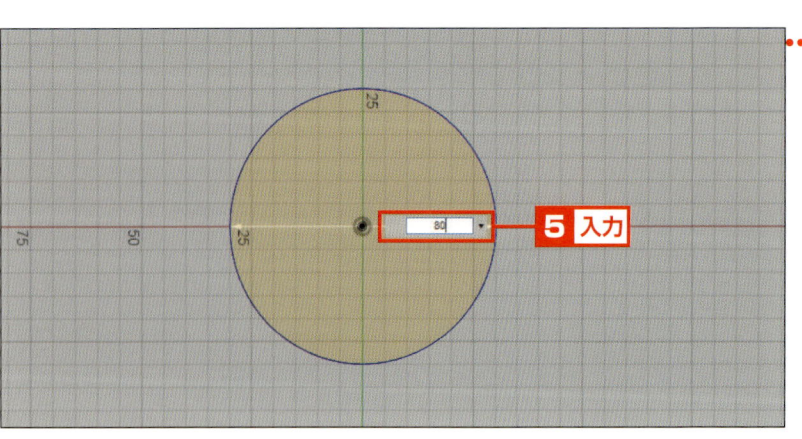

••• **5** 寸法を表すダイアログが表示されるので、「80」と入力し、[Enter]キーを押します。

スケッチをする際に、ダイアログに入力した数値を [Enter] キーを押して確定しなかった場合は、寸法線が表示されません。
その場合は、マーキングメニューの、[スケッチ] − [スケッチ寸法] で寸法値を付けることができます。

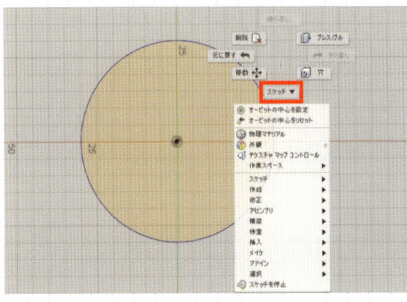

マーキングメニューの [スケッチ] にマウスポインターを合わせます。

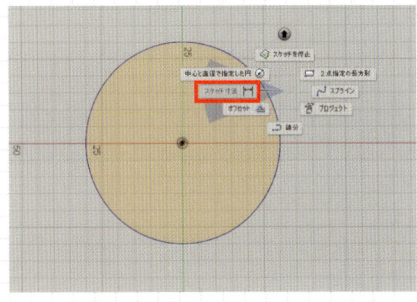

メニューの内容が変わるので、[スケッチ寸法] をクリックします。

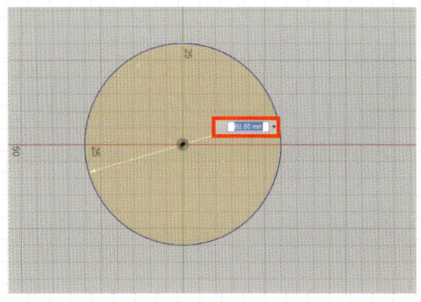

寸法値を付けたいスケッチをクリックし、マウスポインターを動かすと寸法値が表示されます。クリックすると数値を入力するダイアログが開きます。

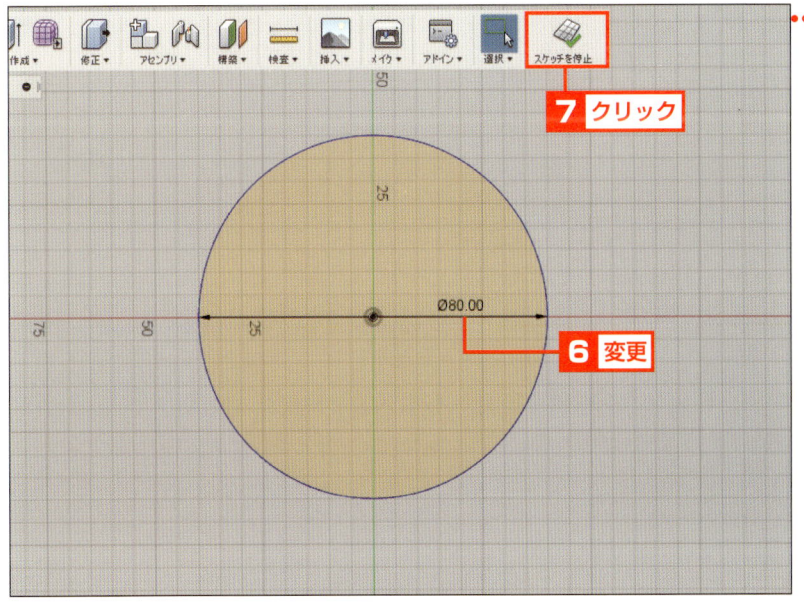

7 クリック

6 変更

Ø80.00

・・・ **6** 直径が 80㎜ に変更されました。

7 [スケッチを停止] をクリックして修正を終了します。

完成!

・・・ 台座の直径が大きくなりました。これで歯ブラシ立ての完成です。

3Dソフトウエアの基本 ～CADモデリング編～
「押し出し」

3Dモデリングで、平面に描いたスケッチ（下絵）を立体にするための
基本機能の1つが「押し出し」です。複雑な構造の立体も、
単純な平面の図形から作成していくことが分かります。

ソリッドモデリングとは

ソリッドモデリングとは、体積を持った（中身が詰まった）形状を作るモデリングの方法です。ソリッドモデリングでは、さまざまな単純な立体の"足し算"や"引き算"などで形を作っていきます。

その基本的な形を作るために必要なのが、平面に描いたスケッチ（下絵）を立体にする機能です。スケッチを立体にする機能には、「押し出し」「回転」「スイープ」「ロフト」の4つがあります。この4つをマスターすれば、身の回りの多くの物を作ることができるようになります。なお、これらの機能は『Fusion 360』だけでなく、多くの3D CADソフトウエアの基本的な機能です。その中から、今回は「押し出し」の機能を紹介します。

平面の下絵を"押し出し"て立体を作る

押し出しは、最もよく使われるコマンドで、スケッチを特定の方向に動かしたときにできる空間を立体にします。たとえば、平面に描いた四角形のスケッチを上方向に押し出すと直方体を作れますし、円の場合は円柱を作れます。

身の回りの物を見回してみても、直方体やひし形、台形、多角形をベースにした直線的な形でできている物が多く、曲面は角の丸みくらいです。コップ類は確かに丸いですが、ほとんどのものは高さ方向には直線的になっています。

このような形は、実際に造形する際の加工が楽ですし、無駄に凝った形状のものよりも、日常の使い勝手も良かったりします。世の中で多く使用されている形は、押し出しで作ることができるのです。

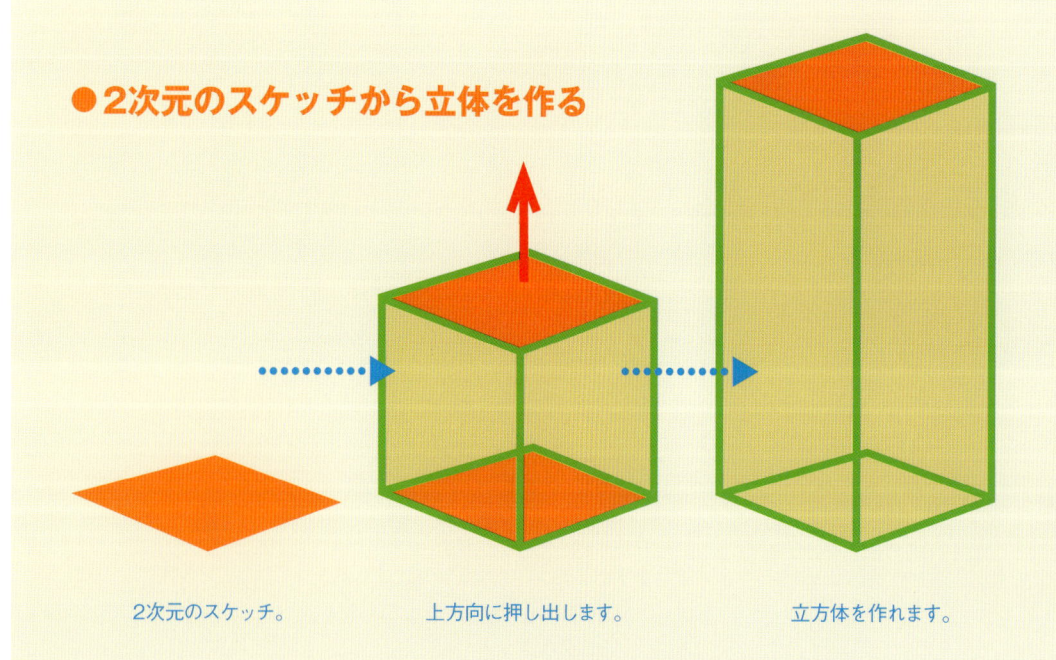

● 2次元のスケッチから立体を作る

2次元のスケッチ。　　　上方向に押し出します。　　　立方体を作れます。

図形を組み合わせた形も、押し出しを利用すれば簡単に立体にできます。

3Dソフトウエアの基本 ～CADモデリング編～
「回転」

3Dモデリングで平面に描いたスケッチ（下絵）を立体にする機能の1つが「回転」です。
スケッチをどのように回転すればどんな立体ができるのか、まずは単純な図形を回転させるところから始めましょう。

軸に沿ってスケッチを回転して立体を作る

回転は、平面のスケッチを、特定の軸の周りを回転させて立体を作るコマンドです。

回転コマンドでは、同じ形のスケッチでも、回転軸をどのように設定するのかで作成される立体の形が変化します。たとえば長方形のスケッチを回転させるにしても、その長方形の一辺を軸として回転させると円柱になりますし、少し離れたところに軸を作った場合には円筒になります。さらに、軸を斜めに配置すれば、円すいに近い、ランプシェードのような形を作ることも可能です。

慣れないうちは、どのような平面図形を回転させたら、どんな立体ができるのかをイメージしづらいかもしれません。試しに、三角形や円、台形など、さまざまな形の平面で、軸の位置や傾きを変えて、回転させてみてください。少しずつ、平面の形と軸の位置から、作られる立体をイメージできるようになるでしょう。

●平面の長方形を回転して立体を作る

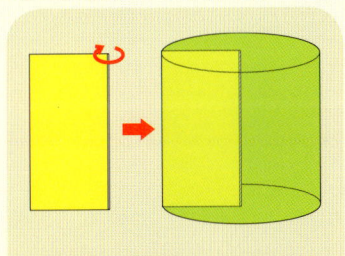

長方形の一辺を軸にして回転すると、円柱になります。

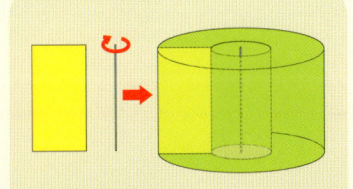

長方形から少し離れたところに作成した直線を軸にして回転すると、円筒になります。

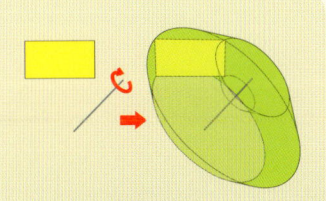

回転させる長方形を横向きにして、斜めに傾けた直線を軸にして回転すると、円すいのような立体になります。

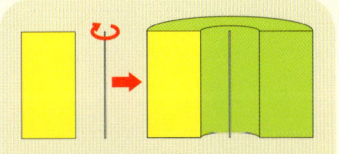

回転させる角度はを360度でなくてもかまいません。長方形から少し離れた直線を軸にして180度回転させると、このような立体になります。さらに小さな角度では、扇形になります。

●半円を回転して立体を作る

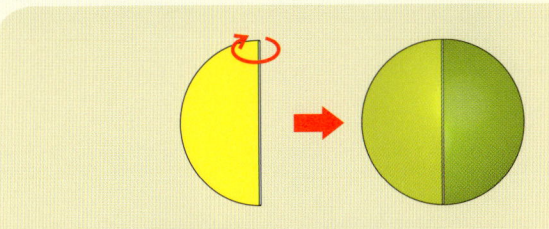

半円の直線を軸にして回転すると球体になります。

●三角形を回転して立体を作る

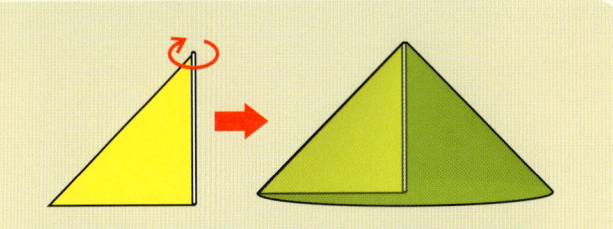

直角三角形の一辺を軸にして回転すると、円すいになります。

●円を回転して立体を作る

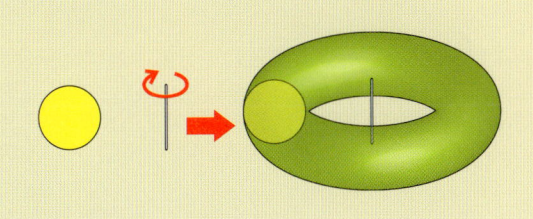

円から離れた位置を軸にして回転すると、ドーナツ型の立体になります。

●複雑な形を回転して立体を作る

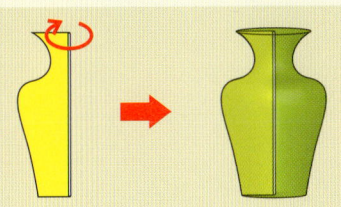

複雑な図形を回転して立体を作ることもできます。このような形のスケッチを回転すると、壺のような立体になります。

フリーフォームで
花瓶を作る

今回は、フリーフォームという方法でパーツ形状を作成する方法を学びます。フリーフォームは、直線と円弧だけでは表現しきれない、曲面の多い形状を作成する場合に適したモデリング方法です。この方法を使って、柔らかな曲面を持つ花瓶を作ってみます。

今回のテンプレート
（ファイル名：vase）

完成図

操作STEP

1	円柱の作成	3	形状に変化を付ける
2	底を閉じる	4	厚みを付ける

始める前の準備 ▶ テンプレートファイルを利用する場合は、ジャムハウスのダウンロードサイト（http://www.jam-house.co.jp/fusion360/）からダウンロードしてください。

---

1 円柱の作成

テンプレートファイルを利用される方は、STEP2（28ページ）から始めてください。

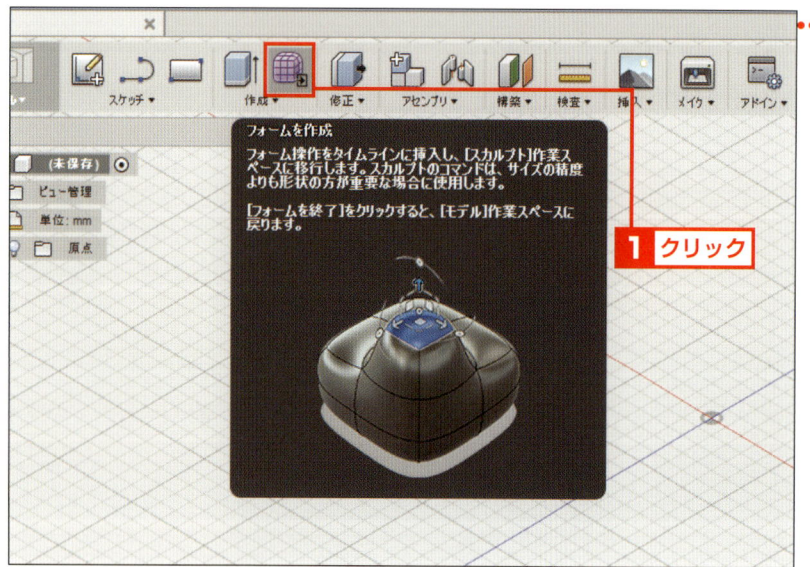

1 [フォームを作成] をクリックします。

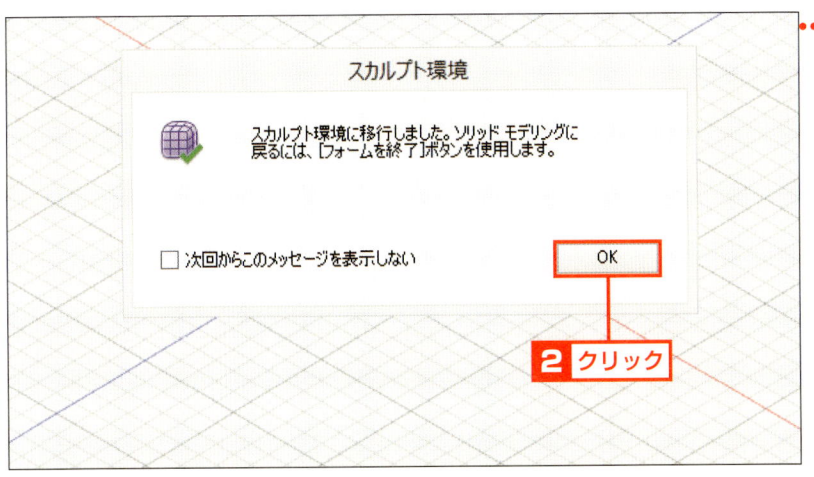

2 [スカルプト環境] ダイアログが表示されたら、[OK] をクリックします。

3 ツールバーの内容が変わります。

4 [作成] - [円柱] を選択します。

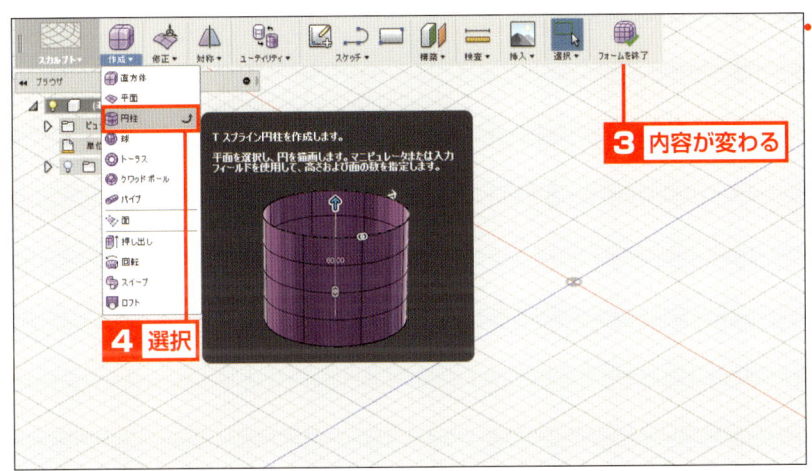

5 空間内の3方向を示す平面が表示されます。

6 スケッチを描画する平面として、X軸 (赤い線) とZ軸 (青い線) が交差する平面をクリックして選択します。

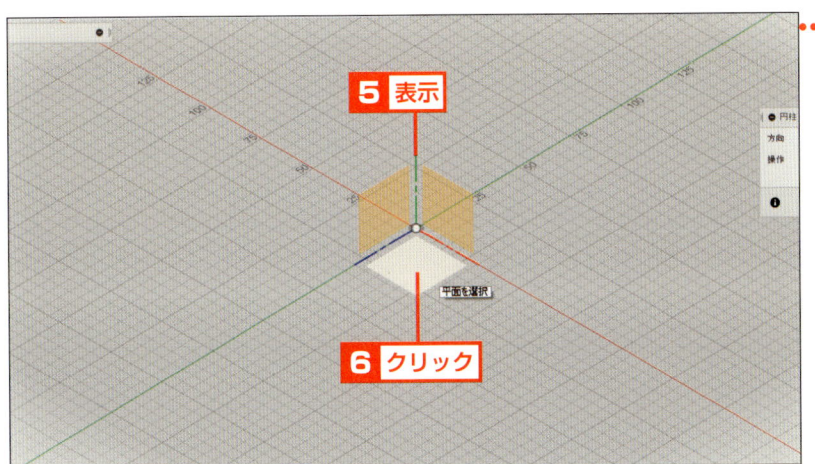

7 中心点として原点をクリックします。

8 マウスポインターを動かすと、直径を入力するダイアログが表示されるので、「70」㎜と入力し、[Tab] キーを押します。

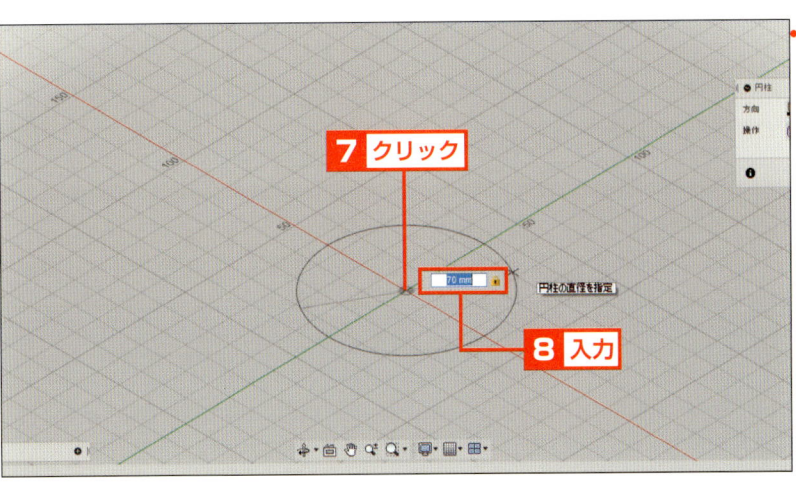

🍡 MEMO メモ

ダイアログに入力した数値を確定し、そのままコマンドを続けるには [Tab] キーを押します。数値を確定し、コマンドも終了する際は、[Enter] キーを押してください。なお、テンキーの [Enter] キーは、[Tab] キーと同様となります。

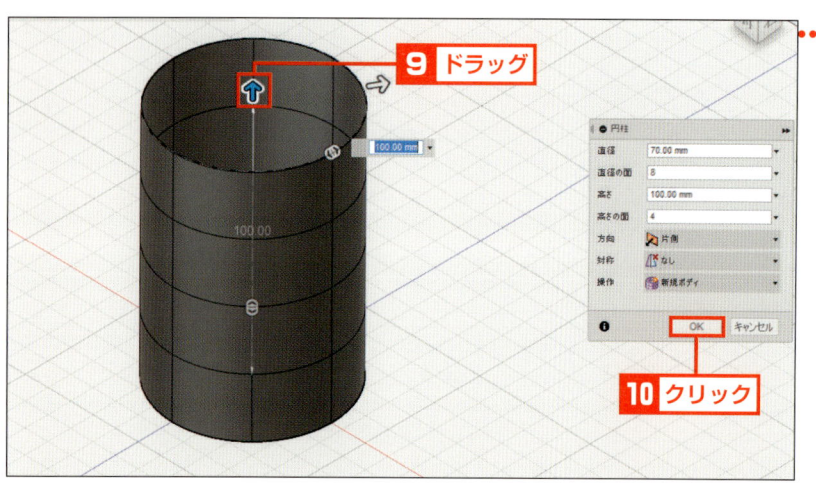

9 矢印のハンドルをドラッグして、高さを100mmにします。

10 [円柱] ダイアログの [OK] をクリックしてコマンドを終了します。

MEMO メモ

高さを表すダイアログ、または [円柱] ダイアログの [高さ] に数値を入力してもかまいません。

コラム ソリッドモデリングとフリーフォームモデリング

Fusion 360には、モデリングの方法が2種類あります。ソリッドモデリングとフリーフォームモデリングです。ソリッドモデリングは主に直線と円や円弧で作れるような、角張ったような形のものを作成するのに適しています。寸法を与えてきっちりとした大きさで作れることが特長です。フリーフォームモデリングは、デザインを重視したような曲面の多い形のものを作成するのに適しています。寸法はあまり気にせず、感覚的に形を作ることができるのが特長です。各々を組み合わせて作成することも可能です。どちらを使用するかは、作りたい物に合わせて選べばよいでしょう。

---

2 底を閉じる

テンプレートファイルを使用してここから始める場合は、読み込んだあと、履歴タイムラインの [フォーム1] アイコン上で右クリックし、[編集] を選択してください。

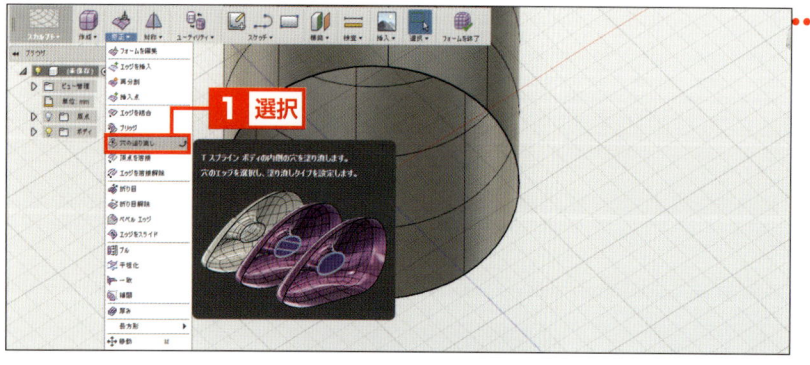

1 できあがった円柱は、上下が閉じられていません。花瓶として仕上げるので、底を閉じます。[修正] − [穴の塗り潰し] を選択します。

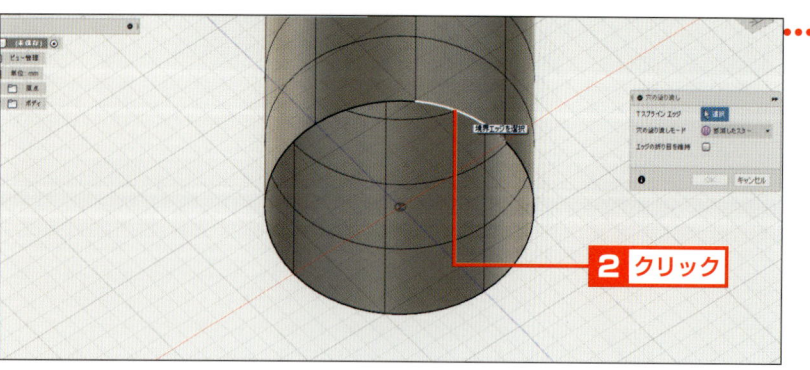

2 底面側のエッジのどれか1つをクリックします。

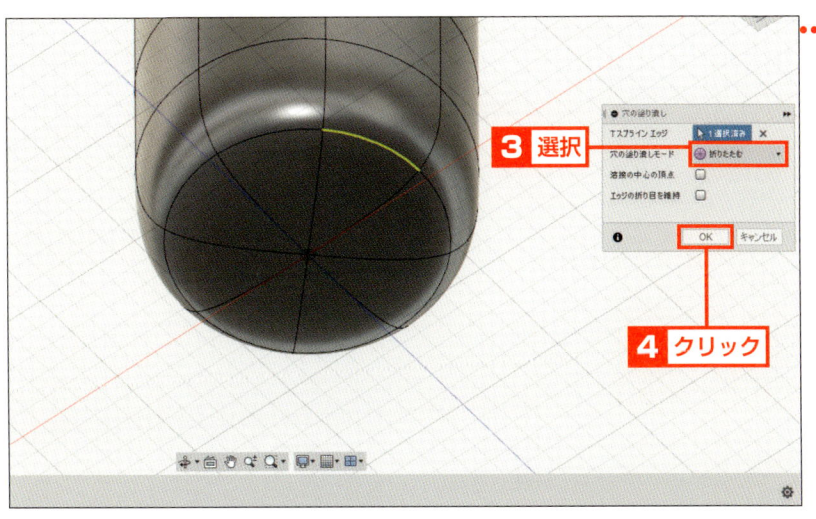

3 [穴の塗り潰し] ダイアログの [穴の塗りつぶしモード] で、[折りたたむ] を選択します。

4 [穴の塗り潰し] ダイアログの [OK] をクリックしてコマンドを終了します。

コラム 3Dモデルの表示状態を切り替える

画面下の [表示設定] をクリックし、[表示スタイル] を選択すると、3D モデルの表示状態を切り替えることができます。用途に応じて使い分けると便利です。

表示スタイル

シェーディング
色が付いた状態の表示

シェーディング、隠線エッジ表示
色付き、表に見えるエッジと後ろに隠れている線を表示

シェーディング、エッジ表示のみ
色付き、後ろに隠れている線は表示しない

ワイヤフレーム
色無し、線のみの表示

隠線エッジを含むワイヤフレーム
表に見えるエッジと後ろに隠れている線とを区別した表示

エッジのみを表示したワイヤフレーム
表に見えるエッジのみの表示

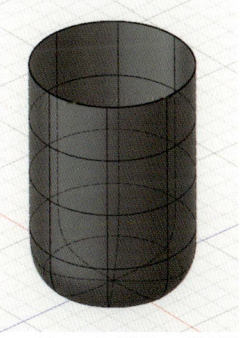
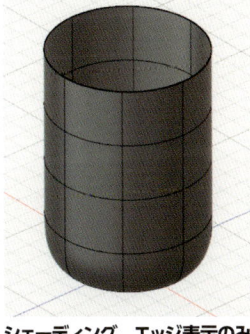

シェーディング　　　　シェーディング、隠線エッジ表示　　シェーディング、エッジ表示のみ

形状に変化を付ける

1 [フォームを編集] をクリックします。

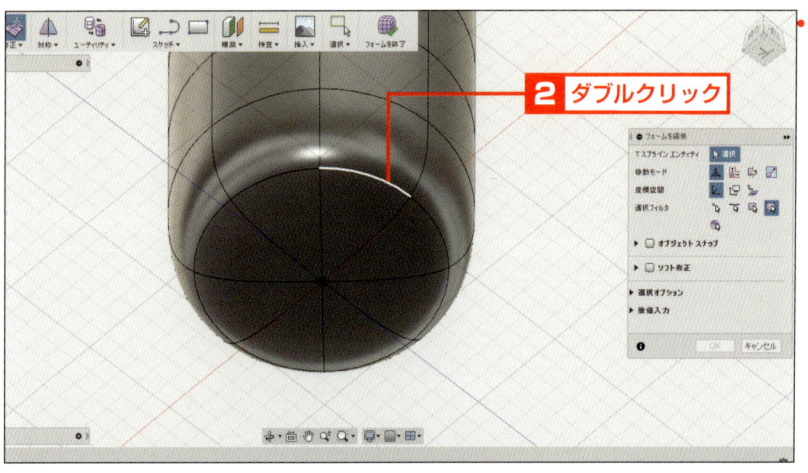

2 底面を囲むエッジのどれか1つをダブルクリックします。

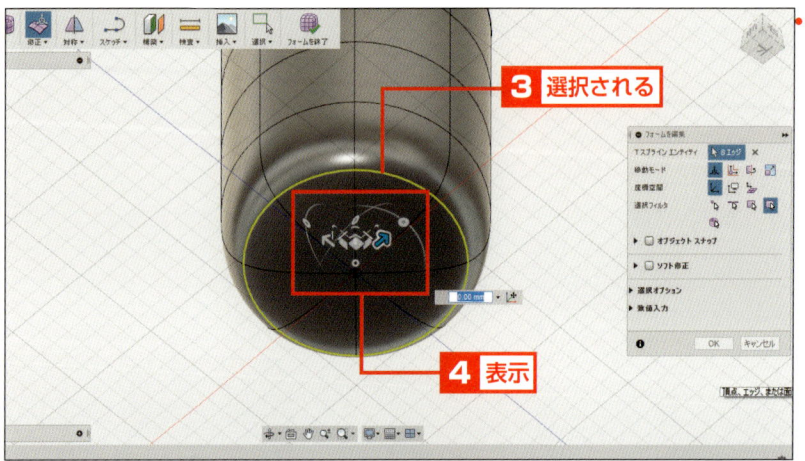

3 隣接するすべてのエッジが一括選択されます。

4 マニピュレータと呼ぶ、編集のためのツールが表示されます。

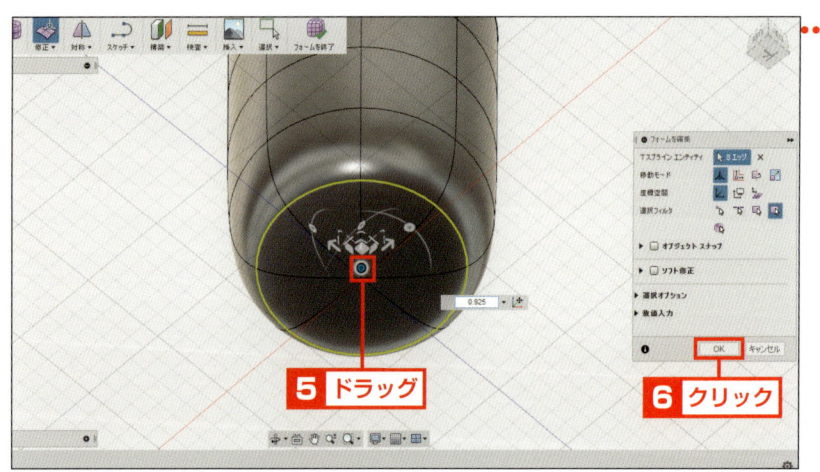

5 マニピュレータの中央の丸いハンドルをドラッグすると、円の直径が変化します。同時に隣接する面の形状も変化します。最初よりも少し小さめの半径になるように大きさを調整します。

6 [フォームを編集] ダイアログの [OK] をクリックしてコマンドを終了します。

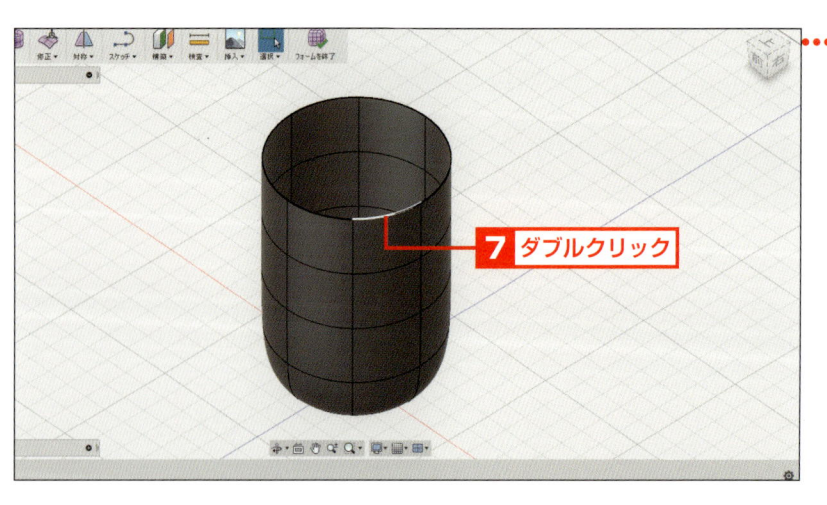

7 次に、上面のエッジの直径を大きくします。今回はツールバーではなく、マーキングメニューを利用してフォームを編集してみます。上面のエッジのどれか1つをダブルクリックします。

📌 MEMO メモ

マーキングメニューには、ツールバーにあるメニューのほとんどが含まれています。使いやすいほうを使用してください。

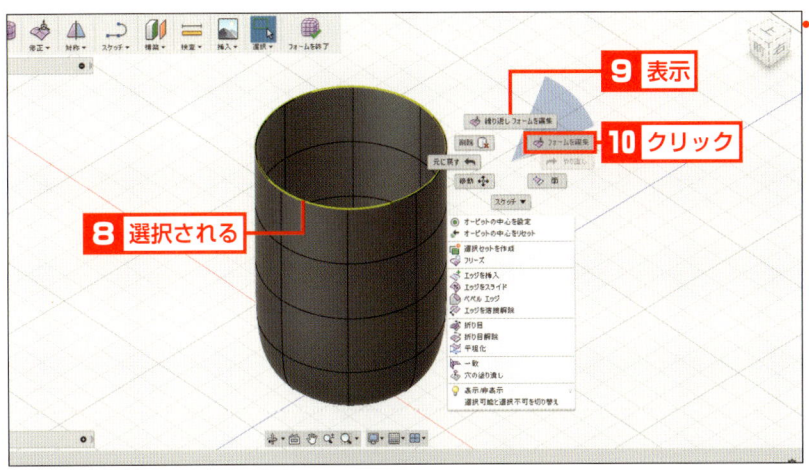

8 隣接するすべてのエッジが一括選択されます。

9 キャンバス上の任意の位置で右クリックしてマーキングメニューを表示します。

10 [フォームを編集] をクリックします。

MEMO メモ

メニュー選択と、エッジなど対象となる要素の選択は、どちらを先に行ってもかまいません。

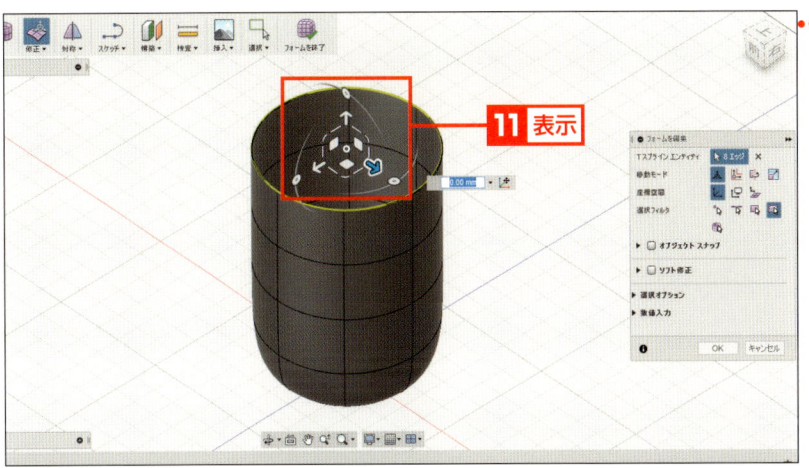

11 マニピュレータが表示されます。

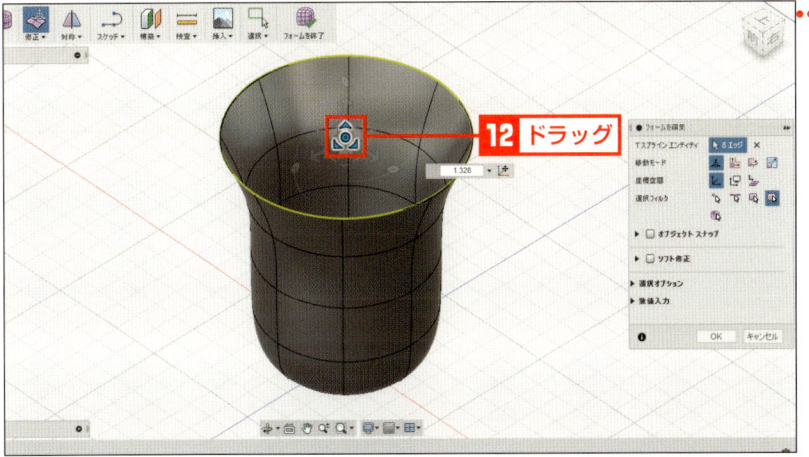

12 丸いハンドルをドラッグし、少し大きめの円にします。

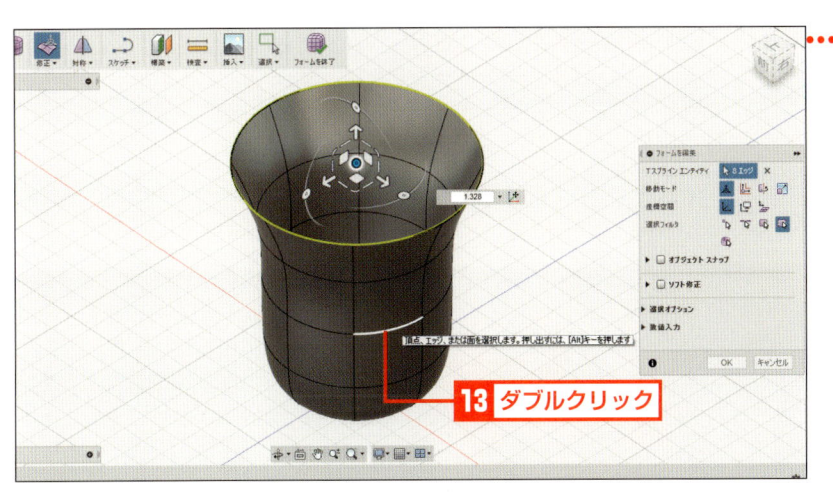

13 続けて操作します。上から3番目の円周のエッジのどれか1つをダブルクリックします。

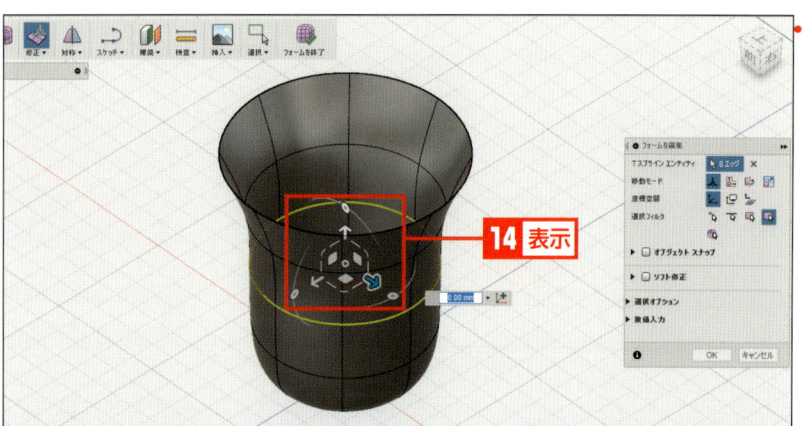

••• 14 隣接するすべてのエッジが一括選択され、マニピュレータが表示されます。

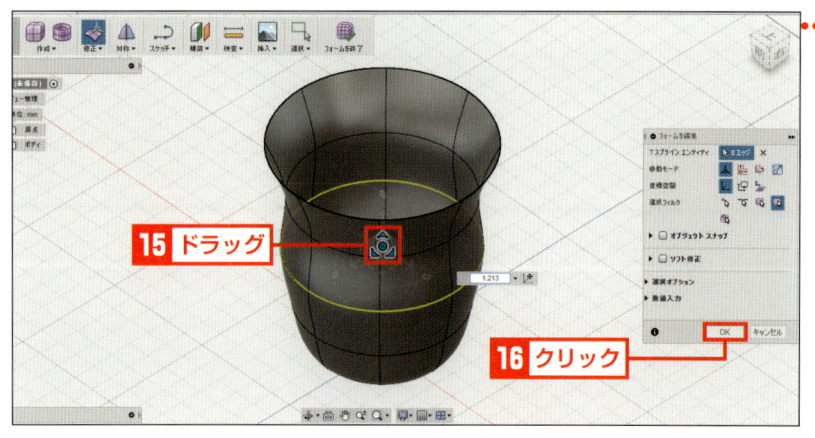

••• 15 丸いハンドルをドラッグし、こちらも少し大きめの円にします。

16 形状が決まったら、[フォームを編集] ダイアログの [OK] をクリックしてコマンドを終了します。

4 厚みを付ける

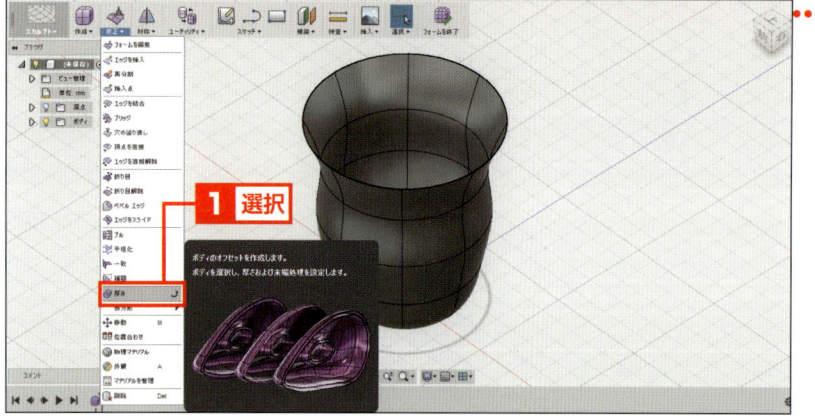

••• 1 厚みを付けます。[修正]－[厚み]を選択します。

••• 2 ボディをクリックして選択すると、厚みを表すダイアログが表示されるので、「-5」㎜と入力します。

> ### MEMO メモ
>
> 内側方向に厚みを付けるので、数値にマイナスを付けて指定します。

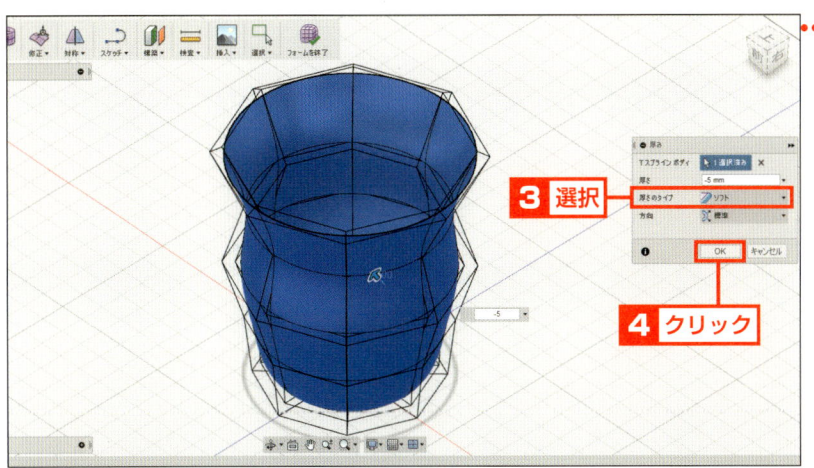

3 [厚み] ダイアログの [厚さのタイプ] で [ソフト] を選択します。

4 [厚み] ダイアログの [OK] をクリックしてコマンドを終了します。

MEMO メモ

[厚さのタイプ] を [ソフト] にすることで、花瓶の縁にエッジが立たず、滑らかな形状に仕上げることができます。

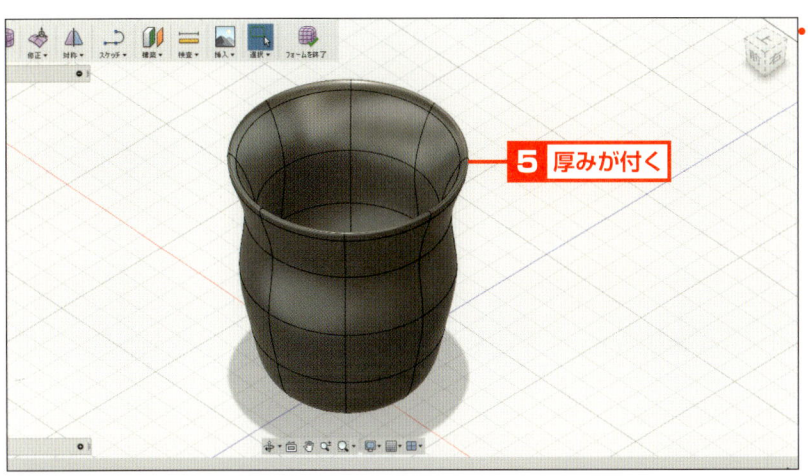

5 厚みが付きました。

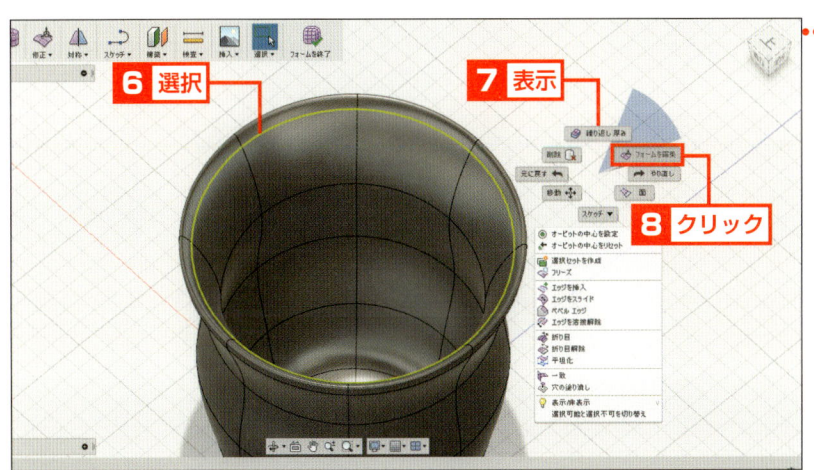

6 口元の形状をさらにソフトにしてみます。口元の内側のエッジのどれか1つをダブルクリックし、隣接するすべてのエッジを一括選択します。

7 キャンバス上の任意の位置で右クリックしてマーキングメニューを表示します。

8 [フォームを編集] をクリックします。

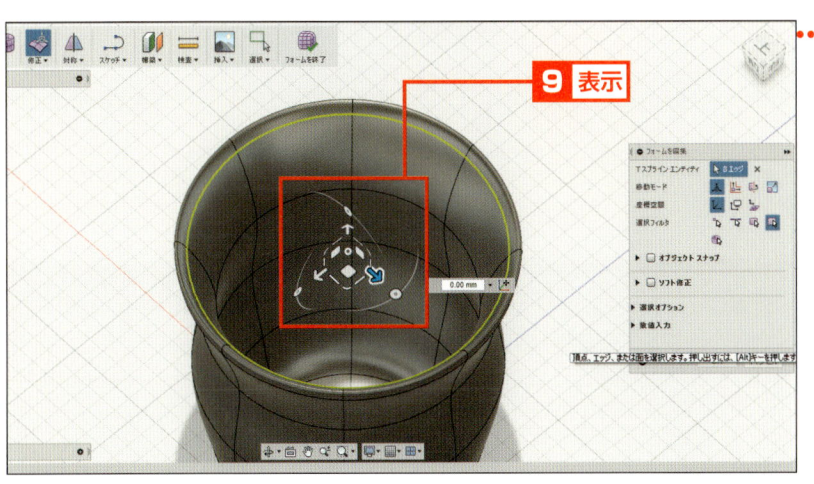

9 マニピュレータが表示されます。

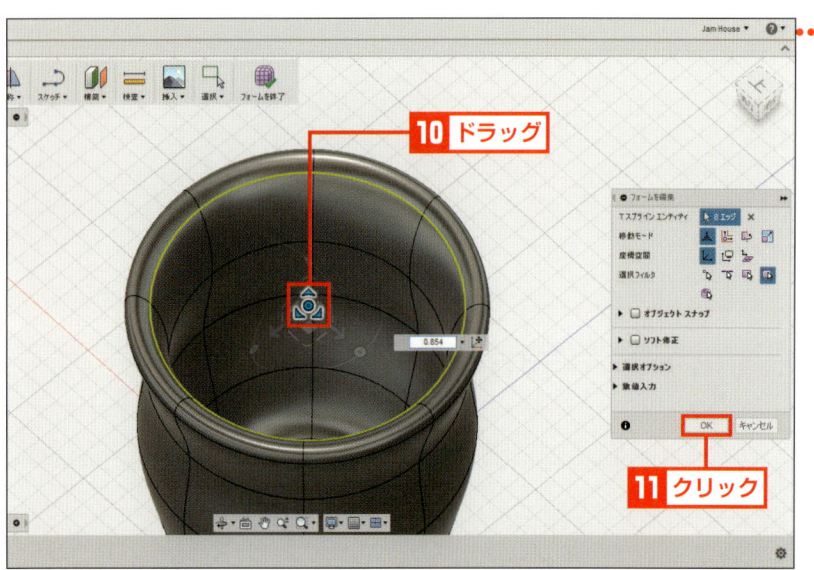

••• **10** 丸いハンドルをドラッグし、少し小さめの円にします。そのほかにも気になるところがあれば修正します。

11 [フォームを編集] ダイアログの [OK] をクリックしてコマンドを終了します。

完成!

••• 花瓶の完成です。[フォームを終了] をクリックして、モードを戻しておきましょう。

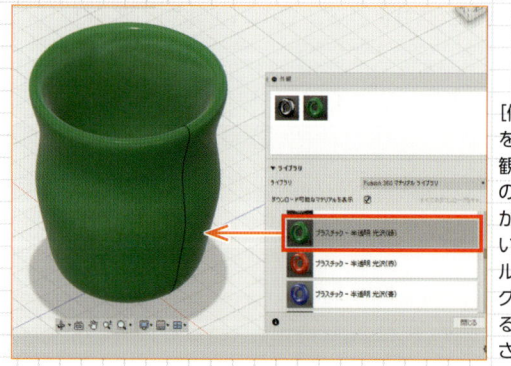

3Dソフトウエアの基本 〜CADモデリング編〜
「スイープ」と「ロフト」

3D CADモデリングで立体を作るには、「押し出し」と「回転」の機能を多く利用します。
しかし、ハンガーや徳利、野球のバットなど、1つの断面だけでは作ることが難しい形状もあります。
そのような形状の作成で活用するのが「スイープ」と「ロフト」です。

軌道に沿った立体を作る「スイープ」

スイープとは、ある断面を任意の軌道に沿って動かしたときにできる形状の立体を作るコマンドです。曲がりくねったパイプやS字フックのような形は、押し出しでも回転でも作ることが難しいですが、スイープを使うことで簡単に作ることができます。細長くて折れ曲がっているよ

うな形状全般に適用することが可能なので、応用範囲は広いと言えます。

押し出しは、スケッチが1つだけで実行することができますが、スイープでは必ず断面（プロファイル）と軌道（パス）の2つのスケッチが必要になります。軌道に対しての断面の位置や向きによって、

生成される形状が異なったり、場合によっては形状の生成そのものが無理な場合があるので注意が必要です。なお、断面が軌道と重ならない位置や、異なる向きで配置された際にどのような立体が作成されるのかは、CADソフトによって異なります。

●断面と軌道を指定して立体を作る

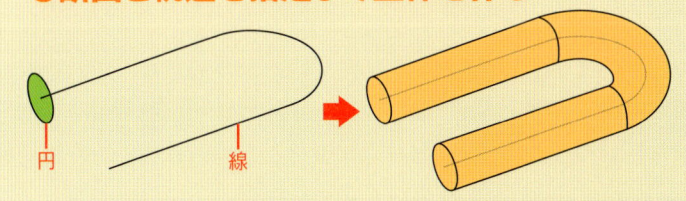

円　　　線

プロファイルに円、パスに線を指定します。線の端点は、円の中心に接しています。スイープを実行すると、曲がったU字型の棒の立体になります。

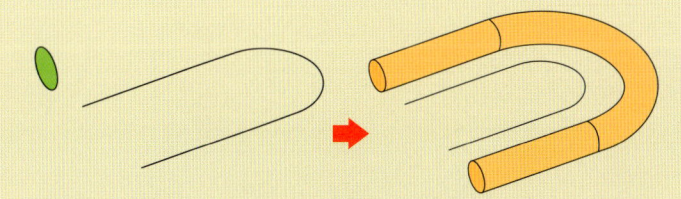

円の中心を線の端点とは異なる位置に配置。円の位置からソリッド（立体）が作成されますが、この場合には、線が外側に相似形に大きくなった線を軌道として作成されています（CADソフトによって異なります）。

異なる形状の断面をつなげた立体を作る「ロフト」

2つ以上の異なる断面の間に、それらの断面を補完するような立体の形状を作るのがロフトです。指定する断面やその向き次第で、さまざまな形の立体を作成することが可能です。断面を細かく定義することで、形状をコントロールできます。

なお、一般に業務で使用する3D CADの場合には、ガイドカーブという線を定義して、より厳密な形状の制御を行うことができるようになっています。『Fusion 360』でも、断面以外に、ガイドレールや中心線を使うことで作成する形状をコントロールすることが可能です。

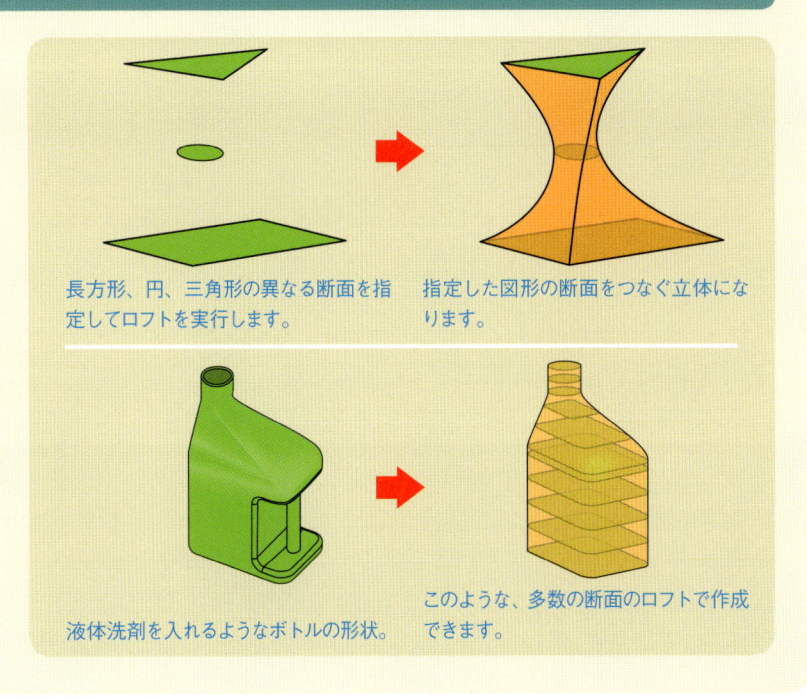

長方形、円、三角形の異なる断面を指定してロフトを実行します。

指定した図形の断面をつなぐ立体になります。

液体洗剤を入れるようなボトルの形状。

このような、多数の断面のロフトで作成できます。

3Dソフトウエアの基本 〜CADモデリング編〜
「フィレット」

身の回りにある物で、角が鋭いままの製品を見かけることは少ないと思います。
3Dモデリングを行う上で、角を丸める「フィレット」は、
使う機会の多いコマンドのひとつと言えるでしょう。

作成した立体の角を丸めて形を整える

私たちの身近にある物の多くは、押し出しや回転、スイープ、ロフトなどの、立体を作成するコマンドを使えば作ることができます。でも、実際にはそれだけでモデリングが完成ということではなく、角ばっている部分を丸めたり、面取りをして全体の形を整えていきます。

角を丸める理由はさまざまです。意匠上の意図の場合もありますし、安全性の場合もあれば、部品内部にかかる力（応力と言います）を逃がすような場合もあります。あるいは金型での量産を考えたときに刃物の直径から角を丸める必要がある場合もあります。このようなことから、角を丸めるフィレットは、使用する機会の多いコマンドと言えるでしょう。

エッジと半径を指定してフィレットを実行する

フィレットとは、ソリッドのエッジを指定した半径で丸めることです。エッジと半径を指定するだけなので、フィレットの操作自体は簡単なのですが、思ったようにフィレットがかからなかったり、エラーが出て実行そのものができないことがあります。たとえば、フィレットの半径には、どんな数値を指定してもよいというわけではありません。その形状に対して、あまりにも大きな数値を指定すると、物理的に成立しなくなり、エラーを起こして実行できなくなります。また、たくさんのエッジにまとめてフィレットをかけるとうまくいかなかったり、順番で形が変わることがあります。思うように実行されなかったときは、分割したり順番を入れ替えたりして、フィレットをかけてみてください。

●立体のエッジを丸める

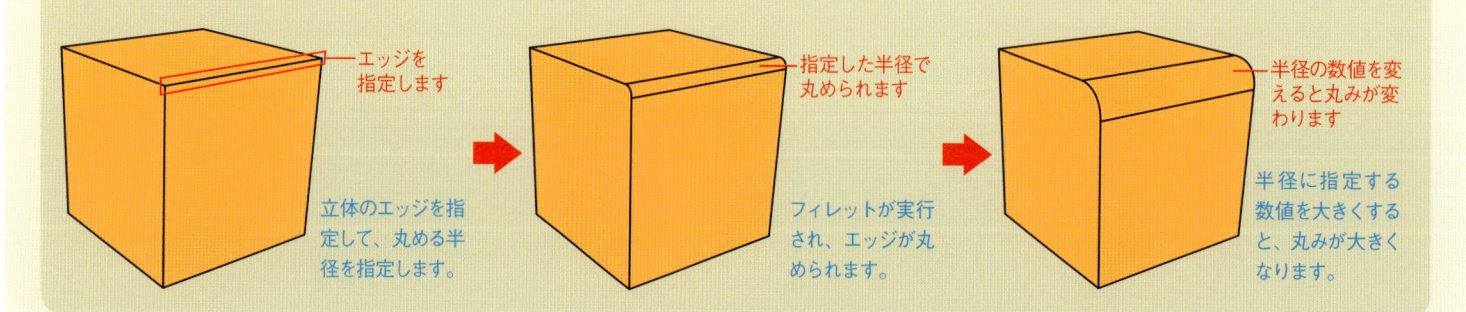

エッジを指定します

立体のエッジを指定して、丸める半径を指定します。

指定した半径で丸められます

フィレットが実行され、エッジが丸められます。

半径の数値を変えると丸みが変わります

半径に指定する数値を大きくすると、丸みが大きくなります。

フィレットを実行するタイミング

モデリングの流れ全体から考えたときに、いつフィレットをかけるのかは、とても重要です。早いタイミングで細かなフィレットをかけると、完成イメージに近いラインにできます。しかし、モデリングを進めるにつれて、形状は変化していくものです。そして問題なのは、あとから基本的な箇所の寸法を変更したくなった場合です。複数の箇所に細かくフィレットを設定していると、変更そのものがうまくいかないことも起こり得ます。

基本の骨格となる形状の作成でフィレットを使う場合を除いては、できるだけモデリングの仕上げの段階になってきたときに使いましょう。

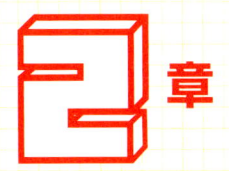

2 章

Fusion 360で
オリジナルロボットを作る

基本的なモデリング方法を学んだら、いよいよオリジナルロボット「boxくん」を作成します。
ロボットの下絵データを読み込んで、それに合わせてモデリングをしていきましょう。

[キャラクターデザイン] イトウケイイチロウ

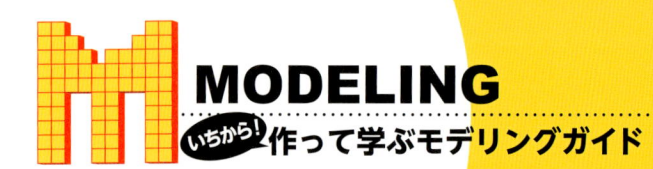

MODELING
いちから！ 作って学ぶモデリングガイド

モデリング 01

オリジナルロボットを作る
胴体の作成①

Fusion 360でオリジナルのロボットを作っていきます。まずは、胴体を作成します。下絵の挿入や、寸法拘束や幾何拘束といった、形状の制御の基本的なことも合わせて学んでいきます。

boxくん キャラクターデザイン：イトウケイイチロウ

今回のテンプレート
（ファイル名：MyRobot_01）

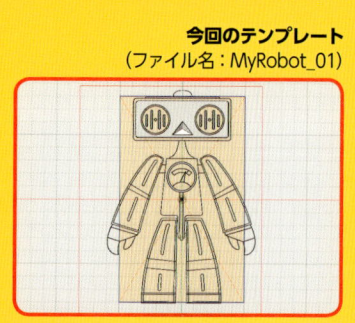

完成図

操作STEP

1	正面の下絵の挿入	4	側面の形状作成用のスケッチ
2	形状作成用のスケッチ	5	押し出しによる胴体の基本形状の作成
3	側面の下絵の挿入		

始める前の準備 ▶ 使用するテンプレートファイルや下絵のファイルは、ジャムハウスのダウンロードサイト（http://www.jam-house.co.jp/fusion360/）からダウンロードすることができます。まずは、データをご自分のパソコンにダウンロードしてください。

---

1 正面の下絵の挿入

テンプレートファイルを利用される方は、STEP2（40ページ）から始めてください。

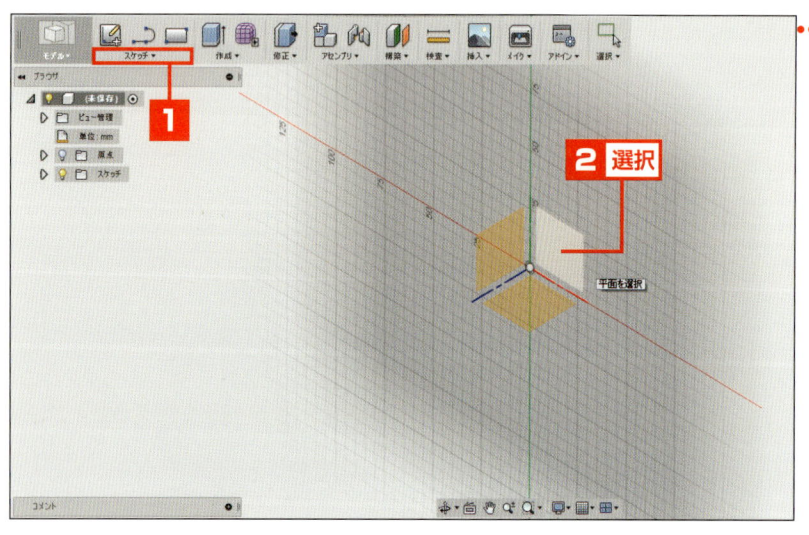

···**1** ［スケッチ］－［長方形］－［中心の長方形］を選択します。

2 スケッチを描画する平面として、X軸（赤い線）とY軸（緑の線）が交差するXY平面をクリックして選択します。［前］からの視点に変わります。

MEMO メモ
［中心の長方形］では、中心点と角の1点を指定することで長方形を描画します。

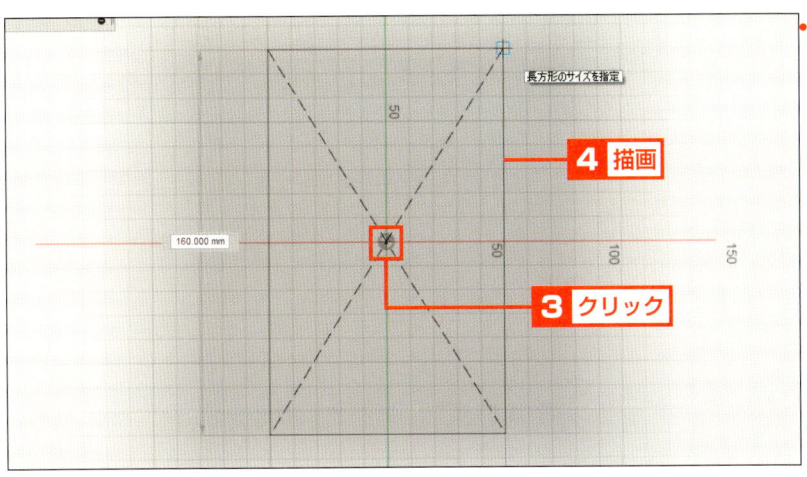

3 中心点として原点をクリックします。

4 だいたい縦160㎜、横100㎜くらいの長方形をスケッチします。

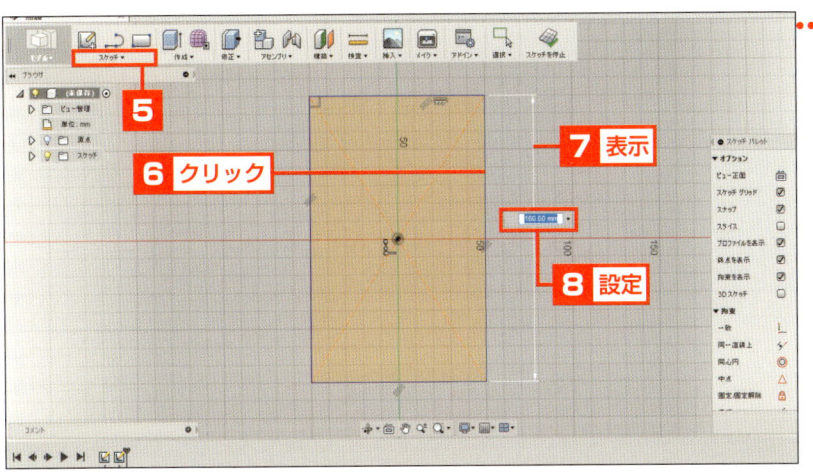

5 スケッチに寸法線を付けます。[スケッチ]－[スケッチ寸法]を選択します。

6 縦の辺をクリックします。

7 寸法線が表示されるので、見やすい位置に移動し、クリックして位置を指定します。

8 寸法値を入力するダイアログが開くので、160㎜になっていない場合は「160」と入力し、[Enter]キーを押します。

> 🖈 **MEMO** メモ
>
> 長方形を描画する際に、数値を[Tab]キーで確定しながら描画することでも寸法線を付けることができます。

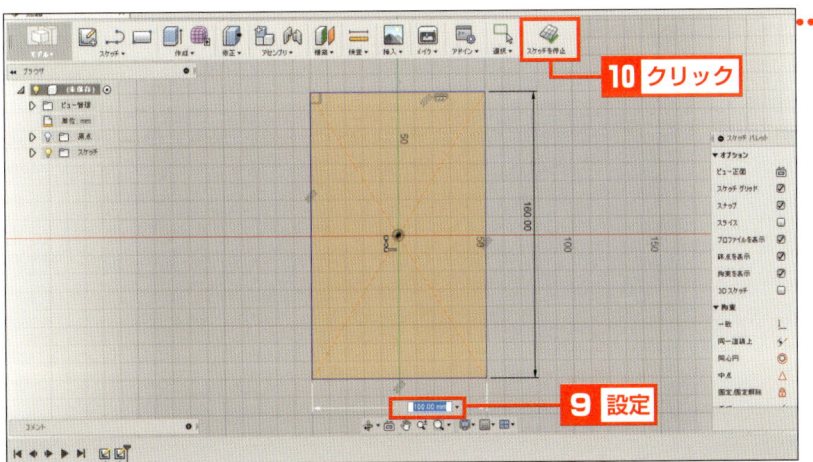

9 同様にして、横の辺を100㎜にします。

10 [スケッチを停止]をクリックしてスケッチを終了します。

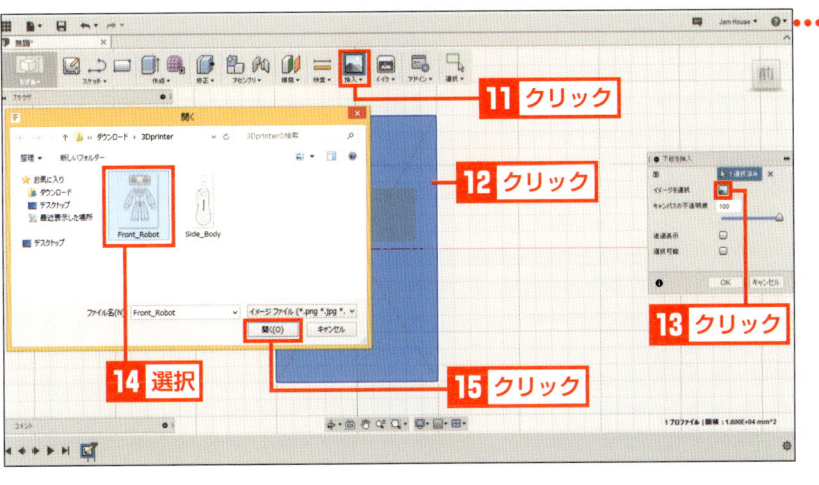

11 [下絵を挿入]をクリックします。

12 下絵を配置する平面として、長方形をクリックして選択します。

13 [下絵を挿入]ダイアログの[イメージを選択]をクリックします。

14 [開く]ダイアログでロボットの正面の画像「Front_Robot」を選択します。

15 [開く]をクリックします。

> 🖈 **MEMO** メモ
>
> [挿入]－[下絵を挿入]を選択してもかまいません。

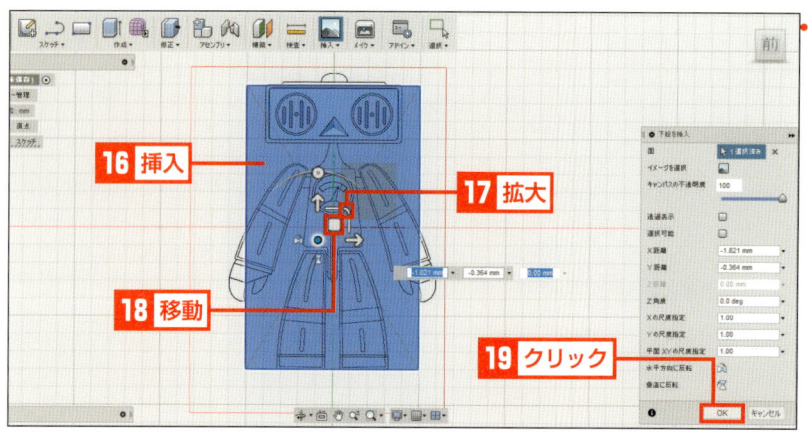

・・・ **16** 下絵が挿入されます。

17 大きさを変更するハンドルのうち、相似形に変形するハンドルをドラッグし、頭の上の平面から足の底の面がちょうど長方形に収まるくらいに拡大します。

18 四角いハンドルをドラッグし、ロボットが長方形の中央に来るように移動します。

19 [下絵を挿入] ダイアログの [OK] をクリックしてコマンドを終了します。

2 形状作成用のスケッチ

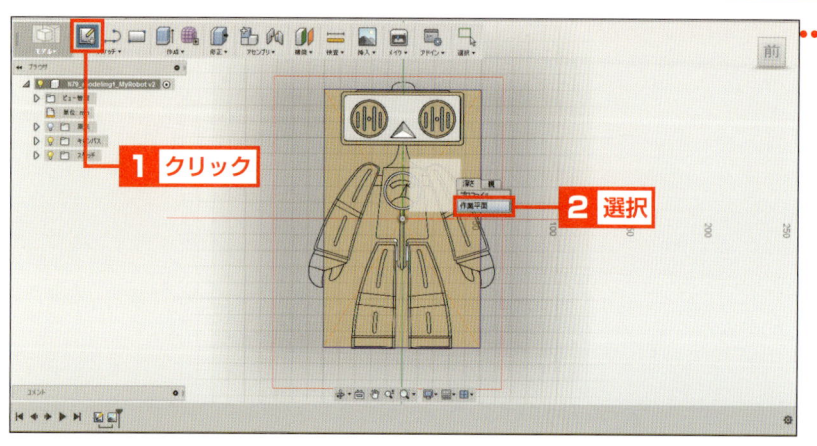

・・・ **1** 胴体の基本形状を作成するためのスケッチをします。 [スケッチを作成] をクリックします。

2 作業平面として、XY 平面部分をマウスで長押しし、[作業平面] を選択します。

> **MEMO** メモ
> [スケッチ] ー [スケッチを作成] を選択してもかまいません。

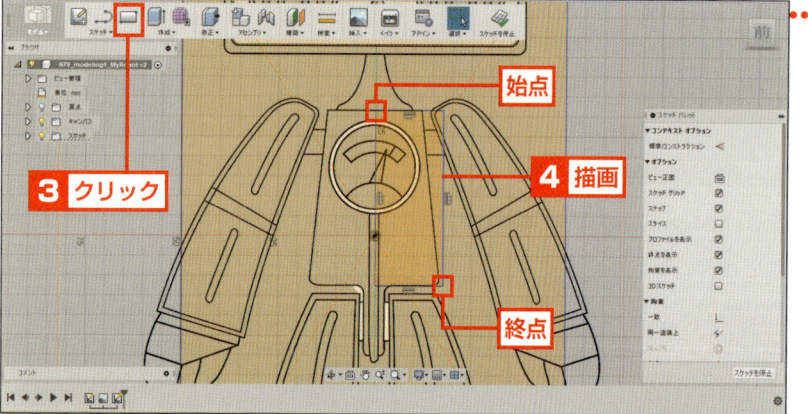

・・・ **3** [2 点指定の長方形] をクリックします。

4 原点にマウスポインターを合わせ、そのまま上に移動すると参照線が表示されるので、ちょうど首のすぐ下の水平線のあたりを始点としてクリックし、胴体の右下の角あたりを終点としてクリックして長方形をスケッチします。

> **MEMO** メモ
> [スケッチ] ー [長方形] ー [2 点指定の長方形] を選択してもかまいません。

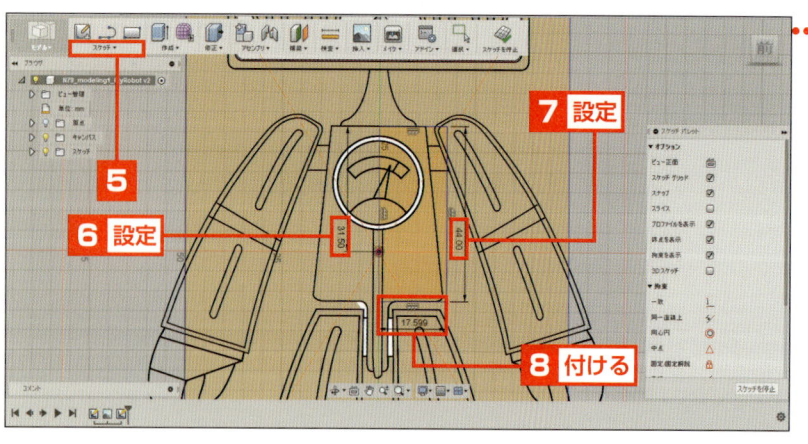

・・・ **5** 寸法線を付けて寸法を指定します。[スケッチ] ー [スケッチ寸法] を選択します。

6 原点と長方形の左上の頂点をクリックし、31.5㎜にします。

7 上辺と下辺をクリックして 44㎜にします。

8 下辺はそのままの数値で寸法線を付けます。

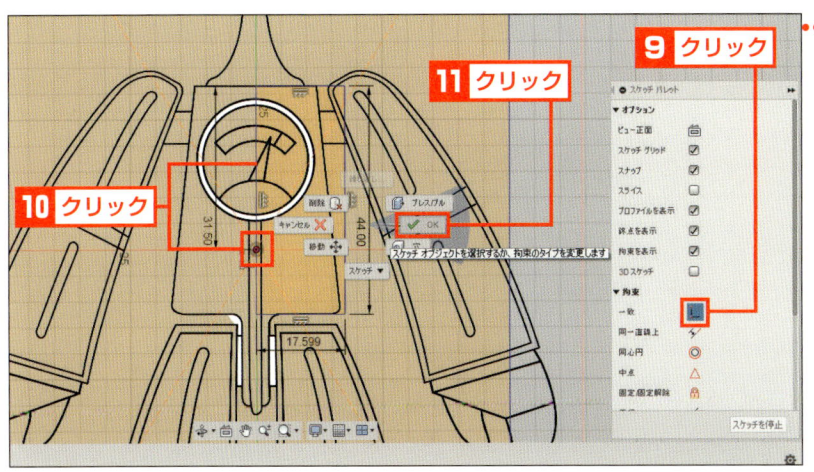

9 [スケッチ パレット] ダイアログの [一致] をクリック
します。

10 左辺と原点をクリックします。これで、この直線は必
ず原点を通るという拘束条件が定義されます。

11 キャンバス上の任意の位置で右クリックしてマーキ
ングメニューを表示し、[OK] をクリックします。

ヒント　　　　　拘束とは？

Fusion 360では、スケッチにさまざまな拘束条件を定
義することができます。ポイントとポイント、または線
を一致させたり、直線同士を平行にしたりといった拘束
を与えることで、形を整え、固定することができます。

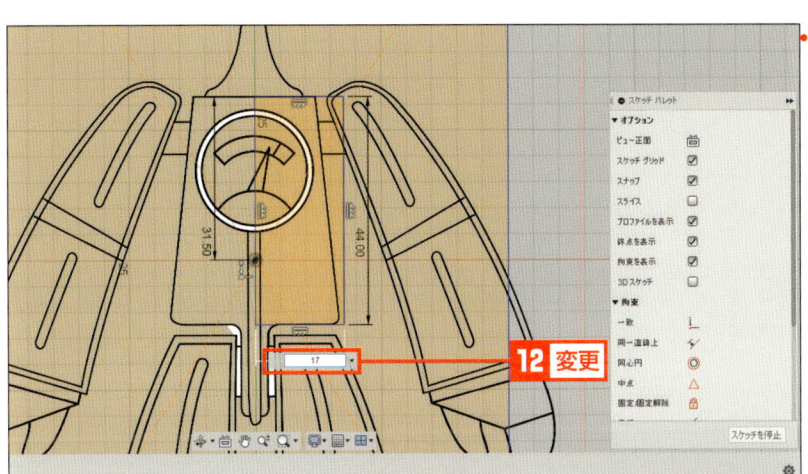

12 下辺の寸法値をダブルクリックして、17㎜に変更し
ます。

MEMO メモ

拘束条件を付ける前に寸法値を変更してしまうと、左辺の
位置がずれてしまうことがあるため、ここではいったんその
ままの数値で寸法線を付け、拘束条件を定義してから数値
を変更しています。

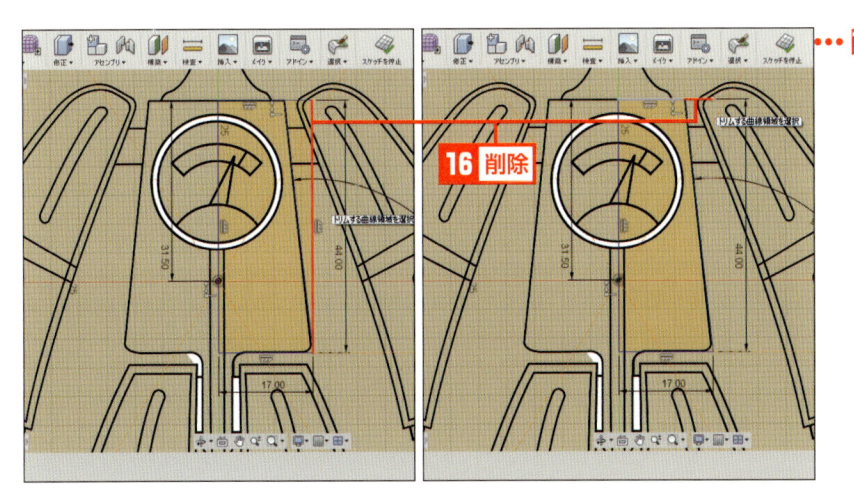

13 [線分] をクリックします。

14 長方形の右下の頂点から左上方向に直線をスケッチ
します。角度を表すダイアログに「96.5」度と入力し、
[Tab] キーを押して数値を確定します。

15 上辺にぶつかるまで（水色の×印が表示されます）
直線をスケッチします。

MEMO メモ

[スケッチ]－[線分] を選択してもかまいません。

16 [スケッチ]－[トリム] を選択し、長方形の右辺と、
上辺の斜線との交点より右側の直線をクリックして
削除します。

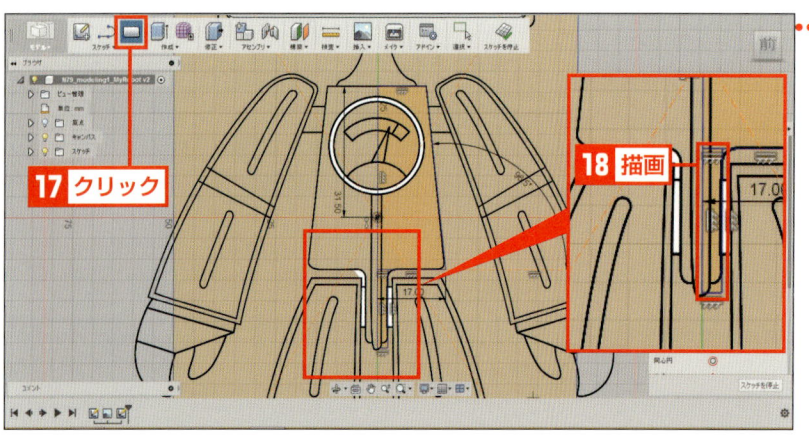

17 ▢ [2点指定の長方形] をクリックします。

18 長方形の左下の頂点から右下方向に、だいたい縦18mm、横2.7mmくらいの長方形をスケッチします。

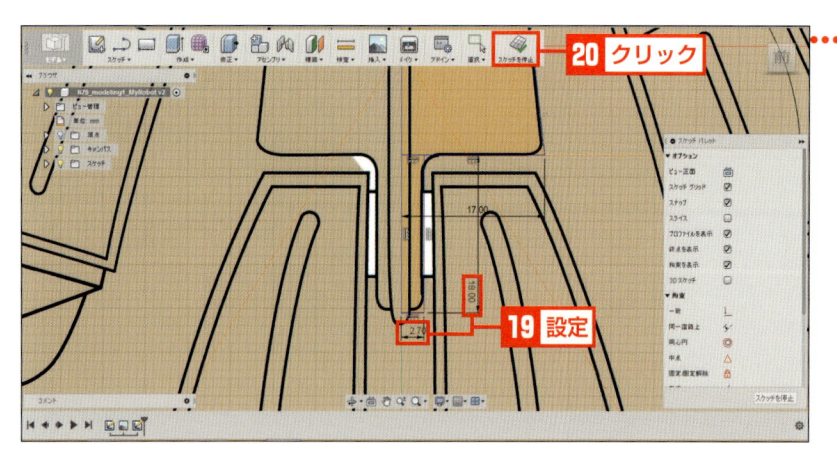

19 [スケッチ] − [スケッチ寸法] を選択し、右辺を18mm、下辺を2.7mmにします。

20 これで正面の作図は終了です。[スケッチを停止] をクリックしてスケッチを終了します。

側面の下絵の挿入

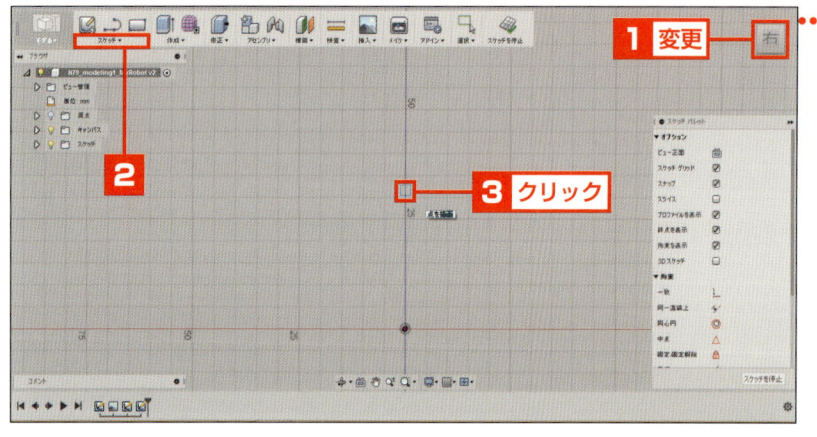

1 [右] からの視点に変更します。

2 [スケッチ] − [点] を選択し、スケッチを描画する平面として、正面に見えているY軸（緑の線）とZ軸（青い線）が交差するYZ平面をクリックして選択します。

3 原点にマウスポインターを合わせ、そのまま上に移動し、高さ30mmを少し超えたあたりで□マークが表示されたらクリックして点をスケッチ。

MEMO メモ

[検査] − [計測] で点と点を指定して距離を測定すると、31.5mmであることが分かります。これはSTEP2の6で設定した、長方形の左上の頂点（首と胴体の境目）と同じ位置となります。

4 ▢ [2点指定の長方形] をクリックします。

5 点から右下方向に、縦44mm、横30mmに確定した長方形をスケッチします。

6 描画した長方形の下に、横は同じで、縦は18mmに確定した長方形をスケッチします。

MEMO メモ

5で描画する長方形は、横は大体でもかまいませんが、縦は必ず44mmに確定してください。

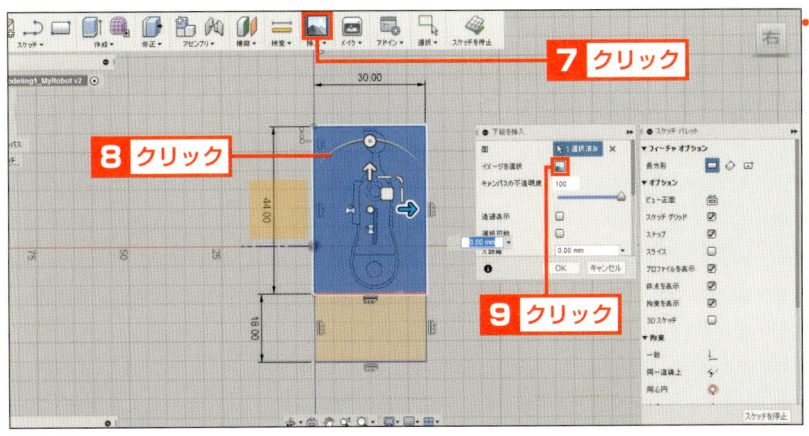

7 [下絵を挿入] をクリックします。

8 下絵を配置する平面として、上の長方形をクリックして選択します。

9 [下絵を挿入] ダイアログの [イメージを選択] をクリックし、ロボットの横向きの画像「Side_Body」を挿入します。

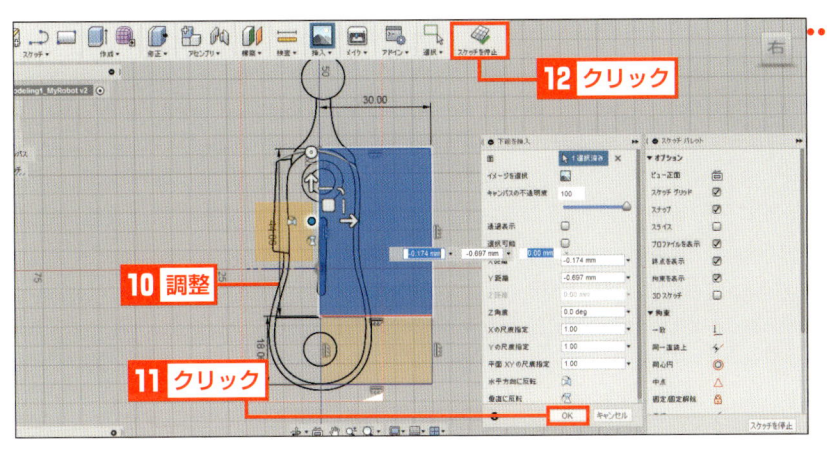

10 下絵の大きさと位置を調整します。お腹側と背中側はほぼ対称なので、胴体の左右中央が原点を通る縦の線に合うようにし、肩が上の長方形の左上の頂点に、下の内側の円弧が下の長方形の左下の頂点に合うようにします。

11 [下絵を挿入] ダイアログの [OK] をクリックしてコマンドを終了します。

12 [スケッチを停止] をクリックしてスケッチを終了します。

側面の形状作成用のスケッチ

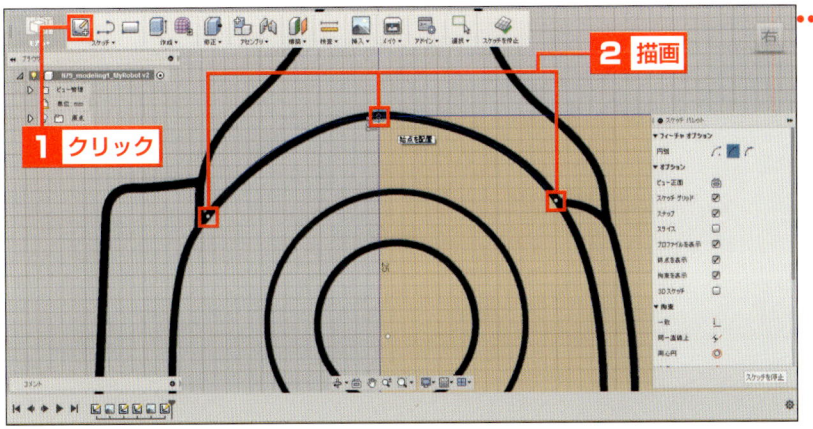

1 新規にスケッチをします。[スケッチを作成] をクリックし、作業平面として、YZ平面をクリックして選択します。

2 [スケッチ] − [円弧] − [3点指定の円弧] を選択し、肩のラインに沿うように円弧をスケッチします。

MEMO メモ

マウスポインターがスナップして思ったところを指定できない場合は、画面下の [グリッドとスナップ] をクリックし、[グリッドにスナップ] のチェックを外してください。

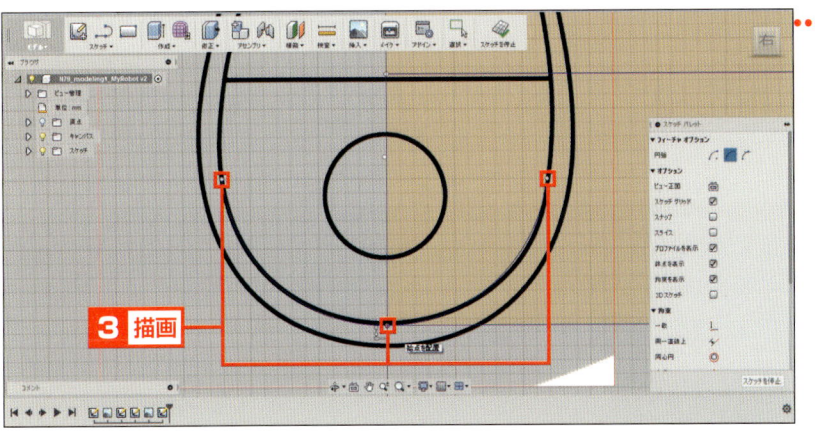

3 下の内側の円弧に沿うように円弧をスケッチします。

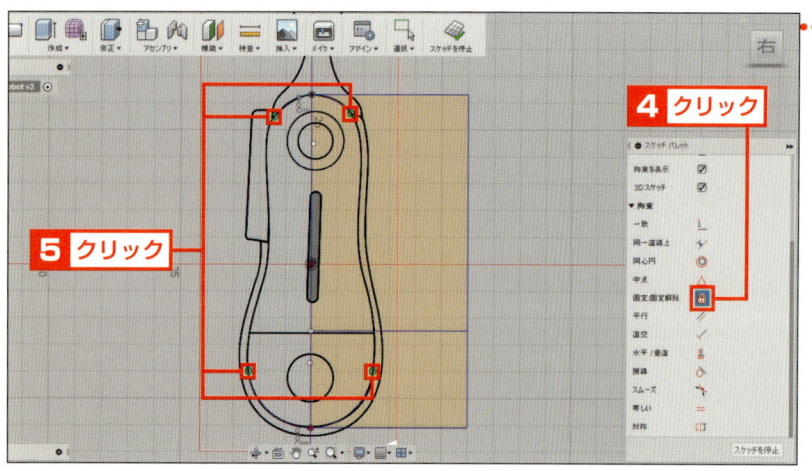

4 [スケッチ パレット] ダイアログの [固定/固定解除] をクリックします。

5 上下の円弧の両端の点、計4点をクリックします。クリックすると点が緑色の丸に変化します。これで点が固定され、動かないようになります。

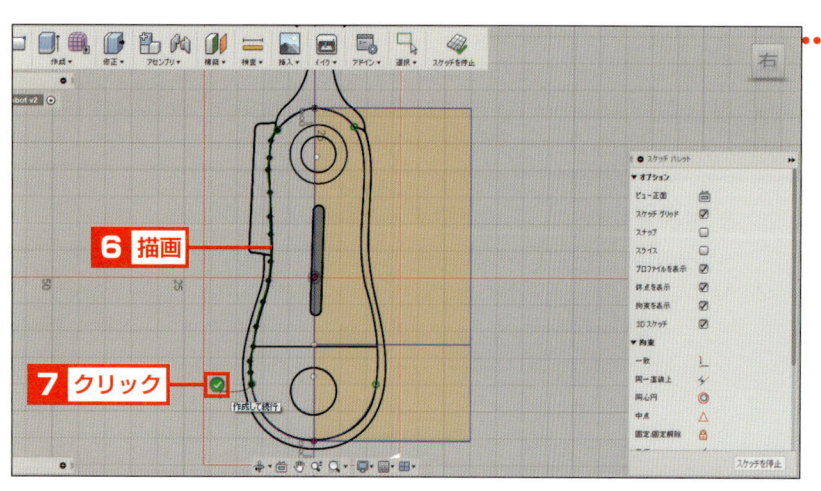

6 [スケッチ]−[スプライン]−[フィット点スプライン] を選択し、上の円弧の左端から、下の円弧の左端まで、下絵に沿って適当な間隔でクリックしてスプライン曲線をスケッチします。

7 最後にチェックマークをクリックしてスプライン曲線の作成を終了します。

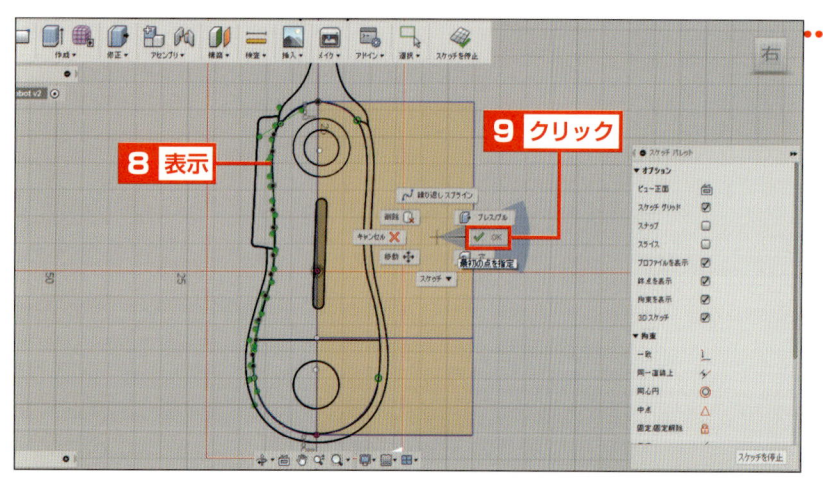

8 クリックした点の両側に短い線（ハンドル）と緑の点が表示されています。これらをドラッグすることで、線の形を編集できます。特に大きな問題がない限り、触る必要はないでしょう。

9 キャンバス上の任意の位置で右クリックしてマーキングメニューを表示し、[OK] をクリックします。

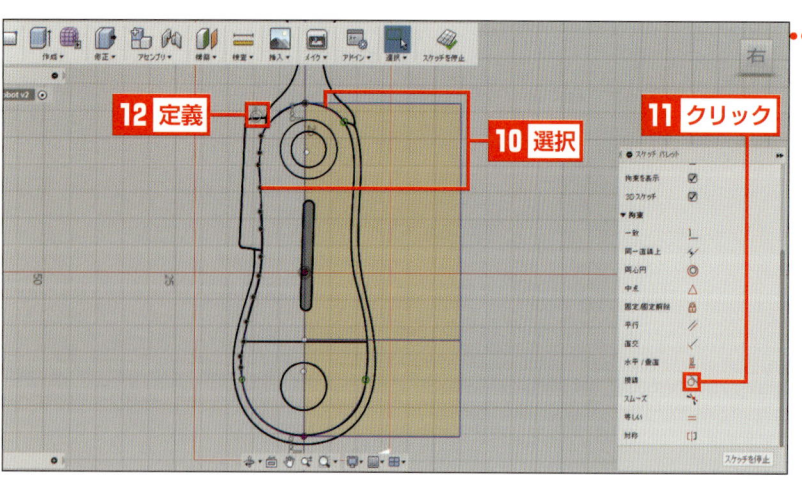

10 上の円弧とスプライン曲線を、[Shift] キーを押しながらクリックして両方とも選択します。

11 [スケッチ パレット] ダイアログの [接線] をクリックします。

12 接線連続が定義され、接続点に接線連続のマークが表示されます。

MEMO メモ

[接線] が表示されていない場合は、スライダーを動かして下にスクロールしてください。

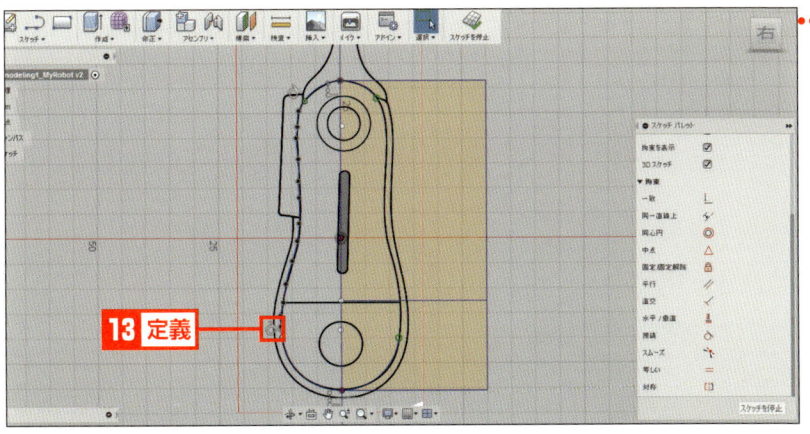

13 同様にして、スプライン曲線と下の円弧も接線連続を定義します。

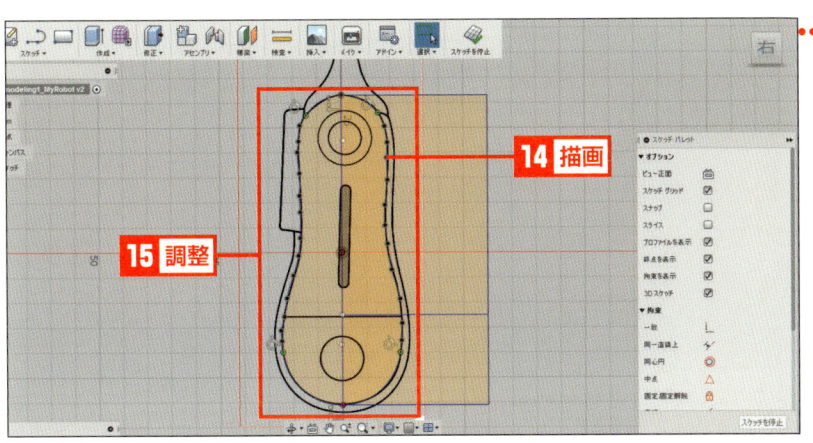

14 右側も同様にして上下の円弧の間にスプライン曲線をスケッチし、接線連続の関係を定義します。

15 全体の形を確認し、スプライン曲線がいびつだったり、滑らかでない部分があったら、頂点をドラッグして整えておきます。

押し出しによる胴体の基本形状の作成

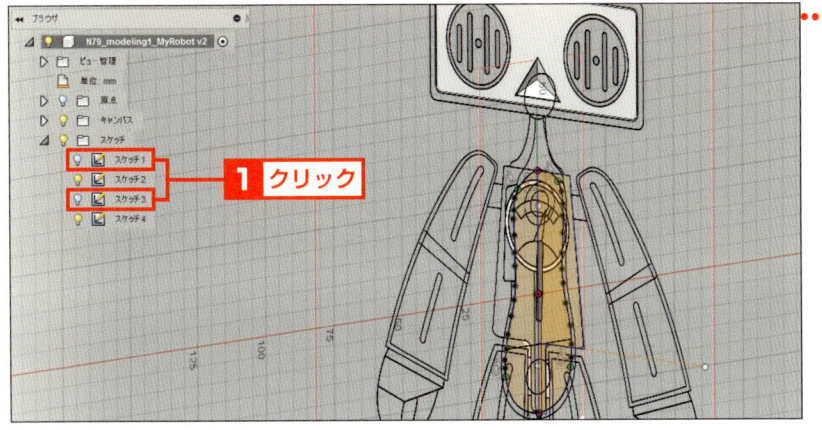

1 下絵の貼り付けに使用した参照用の長方形はもう必要ないので、非表示にします。ブラウザの[スケッチ]の▷マークをクリックして展開し、該当するスケッチの左側にある電球アイコンをクリックして、消えた状態にします。

MEMO メモ

マウスポインターを合わせると、該当するスケッチの表示が変わり、どのスケッチなのかが分かります。再度電球アイコンをクリックすると再表示することができます。

2 [押し出し]をクリックします。

3 [押し出し]ダイアログの[方向]で、[対称]を選択します。

4 正面の2つのスケッチを選択します。

MEMO メモ

[作成] − [押し出し] を選択してもかまいません。

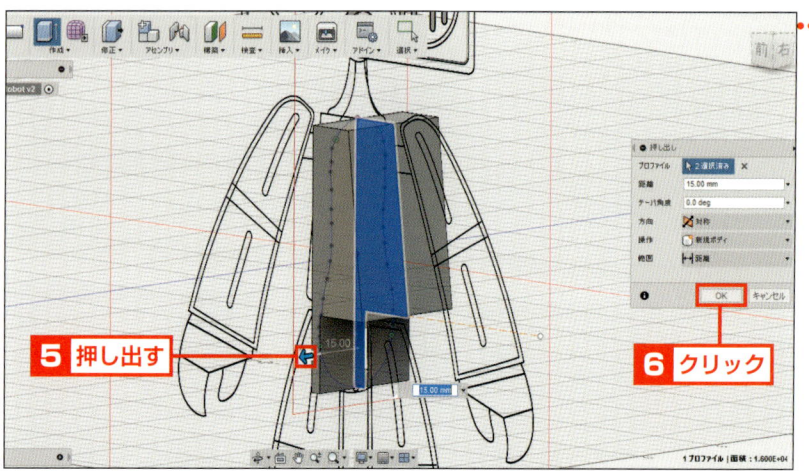

5 矢印のハンドルをドラッグして、15mm押し出します。

6 [押し出し]ダイアログの[OK]をクリックしてコマンドを終了します。

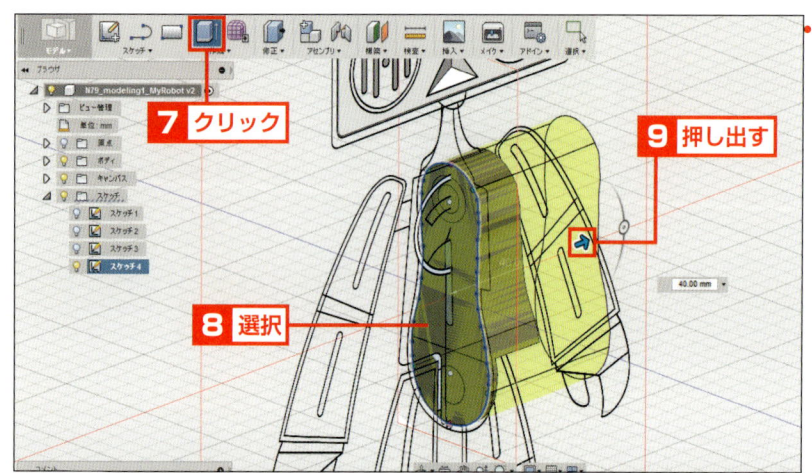

7 [押し出し]をクリックします。

8 側面のスケッチを選択します。

9 矢印のハンドルをドラッグして、作成されたボディを貫通するまで押し出します。

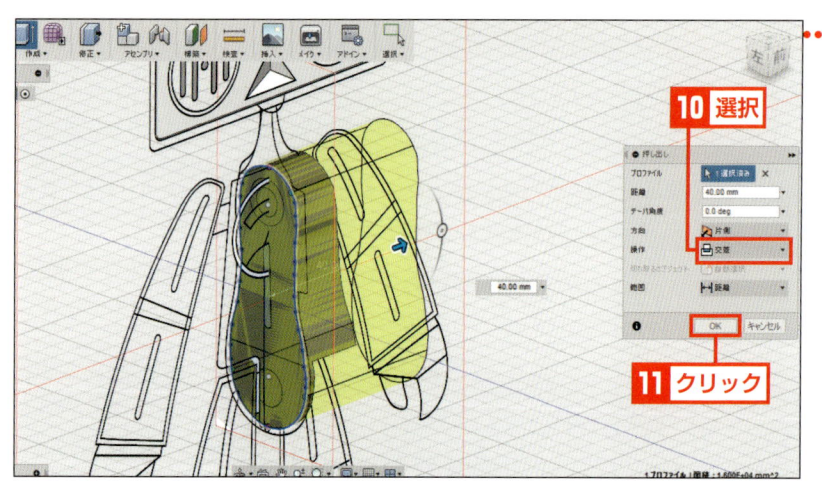

10 [押し出し]ダイアログの[操作]で、[交差]を選択します。

11 [押し出し]ダイアログの[OK]をクリックしてコマンドを終了します。

> **MEMO メモ**
>
> [操作]を[交差]にすると、指定した面を押し出した形状で切り取ることができます。

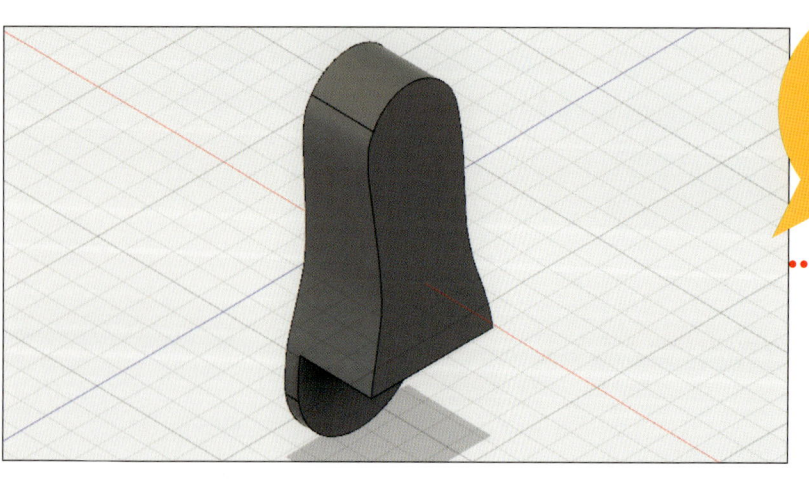

完成！

胴体の半身の基本形状が完成しました。ファイルを保存しておきましょう。ここでは、ブラウザの[キャンバス]、[スケッチ]の電球アイコンをクリックして、下絵とスケッチを非表示にしています。

次回に続く！

MODELING
いちから！作って学ぶモデリングガイド

モデリング 02

オリジナルロボットを作る
胴体の作成②

前回に続き、胴体を作成します。下絵から実際に3Dの形状にする際に、矛盾点や差異が出てきた場合は、どうすれば、下絵の印象を壊さずにモデリングを進められるのかを考えてみましょう。

boxくん キャラクターデザイン：イトウケイイチロウ

今回のテンプレート
（ファイル名：MyRobot_02）

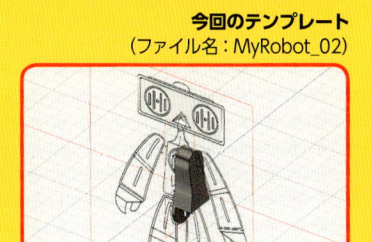

完成図

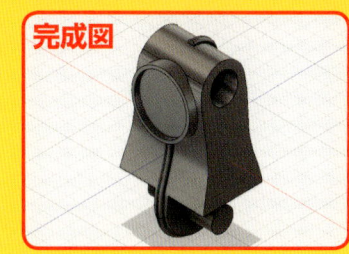

操作STEP

1 腕と脚の接続部の作成　　3 胸のメーター部分の作成

2 ミラーで右半身を作成

始める前の準備▶ テンプレートファイルを利用する場合は、ジャムハウスのダウンロードサイト（http://www.jam-house.co.jp/fusion360/）からダウンロードしてください。

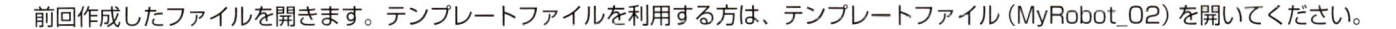

1 腕と脚の接続部の作成

前回作成したファイルを開きます。テンプレートファイルを利用する方は、テンプレートファイル（MyRobot_02）を開いてください。

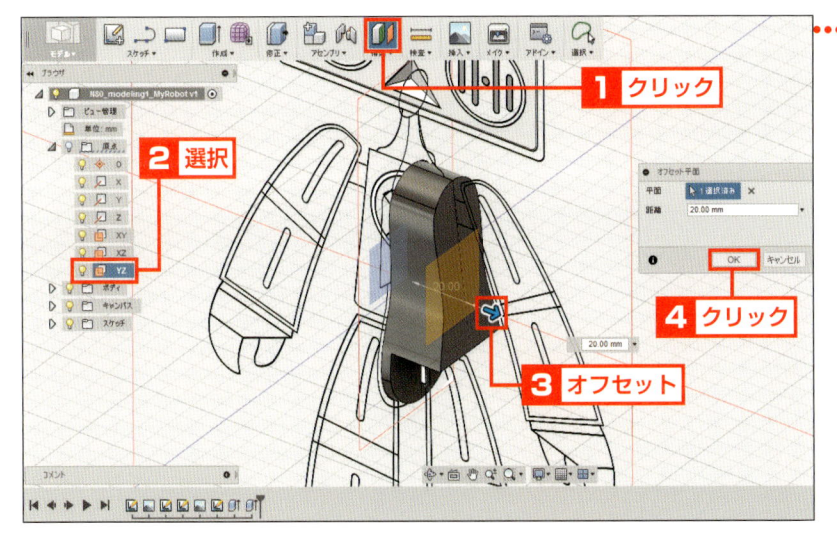

1 クリック

2 選択

3 オフセット

4 クリック

•••1 作業平面を作成します。[オフセット平面] をクリックします。

2 ブラウザの [原点] の▽マークをクリックして展開し、[YZ] を選択して、オフセット元の面をYZ平面にします。

3 右方向（ロボットの左半身方向）に20㎜オフセットします。

4 [オフセット平面] ダイアログの [OK] をクリックします。この作業平面は、あとで使用します。

MEMO メモ

下絵が表示されていない場合は、ブラウザの [キャンバス] で設定してください。

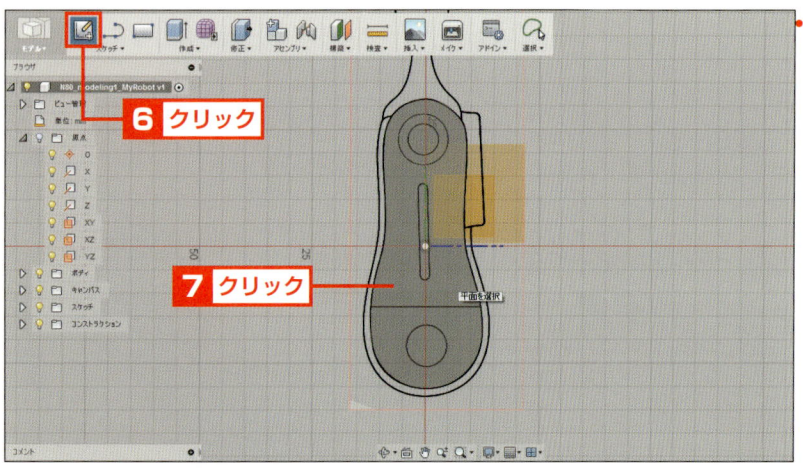

••• **5** [左] からの視点に変更します。

6 [スケッチを作成] をクリックします。

7 胴体の断面の平面をクリックして選択します。

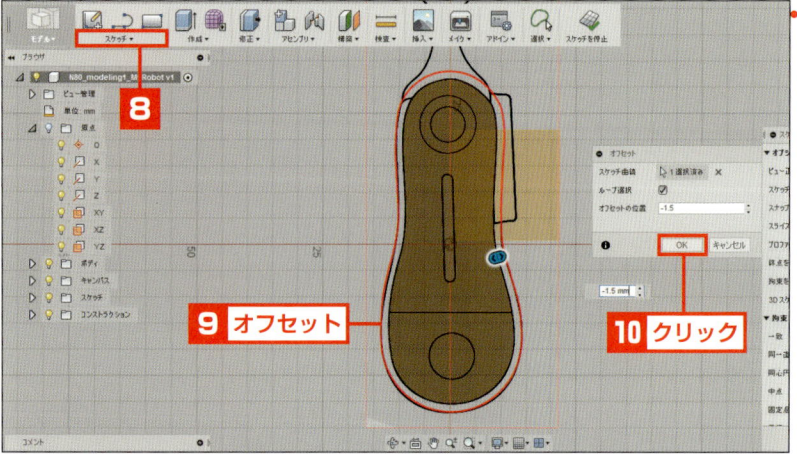

••• **8** [スケッチ] − [オフセット] を選択します。

9 断面のエッジを、外側に 1.5mm オフセットします。

10 [オフセット] ダイアログの [OK] をクリックします。

📌 **MEMO** メモ

元の線からずらして新しい線を作成するのが [オフセット]
コマンドです。

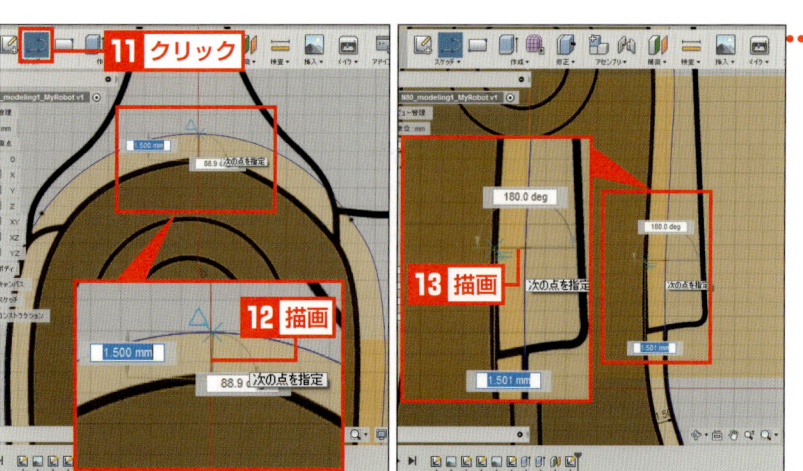

••• **11** [線分] をクリックします。

12 胴体の最上部で、オフセット元とオフセット先を縦の
直線でつなぎます。

13 前側の、メーターの出っ張りに少し重なっているあ
たりで、オフセット元とオフセット先を横の直線でつ
なぎます。

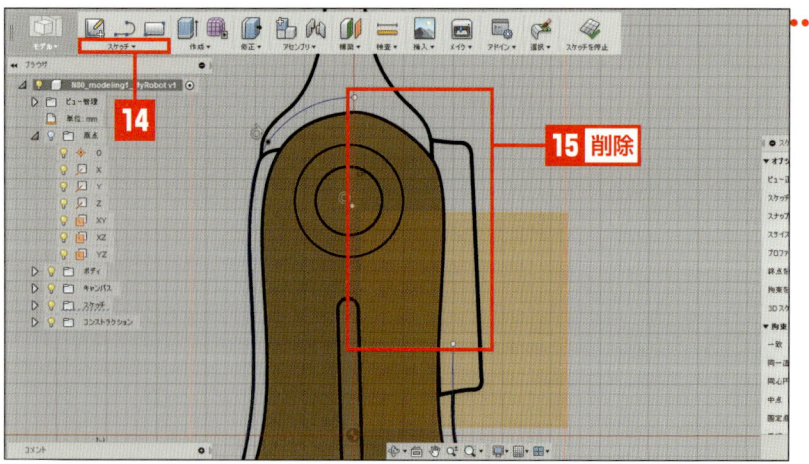

••• **14** [スケッチ] − [トリム] を選択します。

15 オフセットでできた線のうち、**12**と**13**で作成した直
線の間の曲線（胸の上部）2本をクリックして削除し、
12と**13**の直線もクリックして削除します。

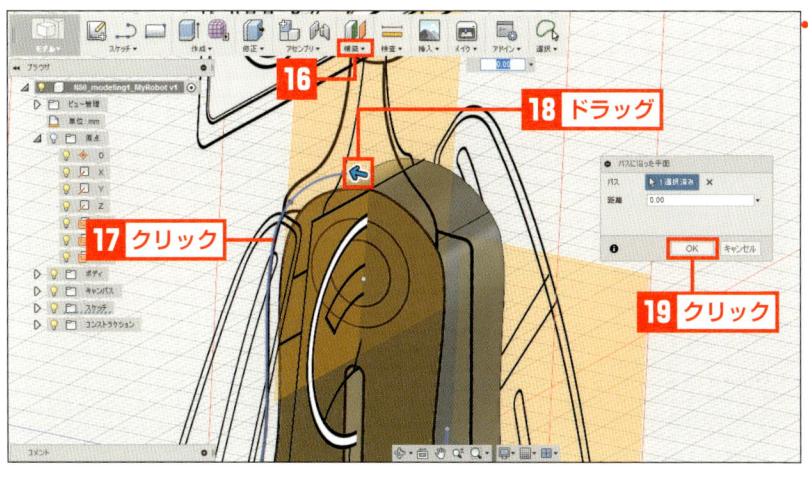

16 ［構築］−［パスに沿った平面］を選択します。

17 オフセットした曲線をクリックして選択します。

18 矢印のハンドルを端点までドラッグします。

19 ［パスに沿った平面］ダイアログの［OK］をクリックします。

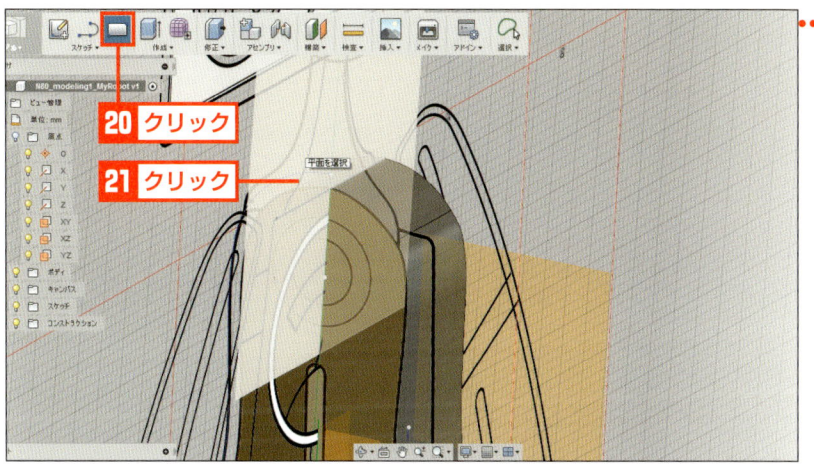

20 ▭［2点指定の長方形］をクリックします。

21 18で作成した作業平面をクリックして指定します。

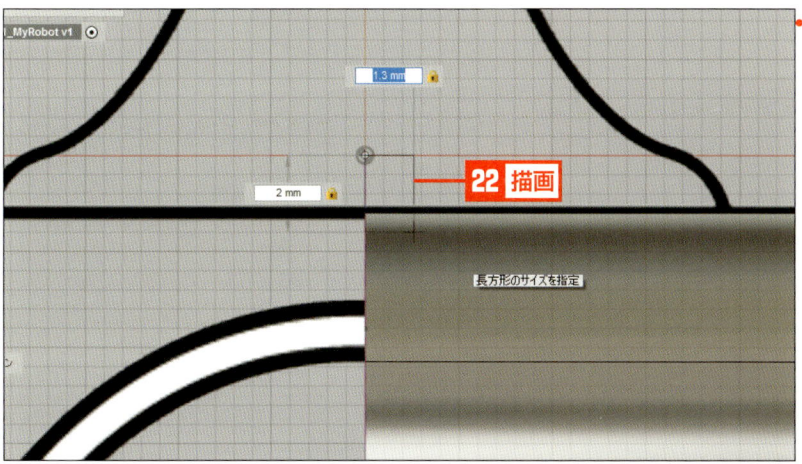

22 曲線の端点から、右下方向に横1.3㎜、縦2㎜で数値を確定して長方形をスケッチします。

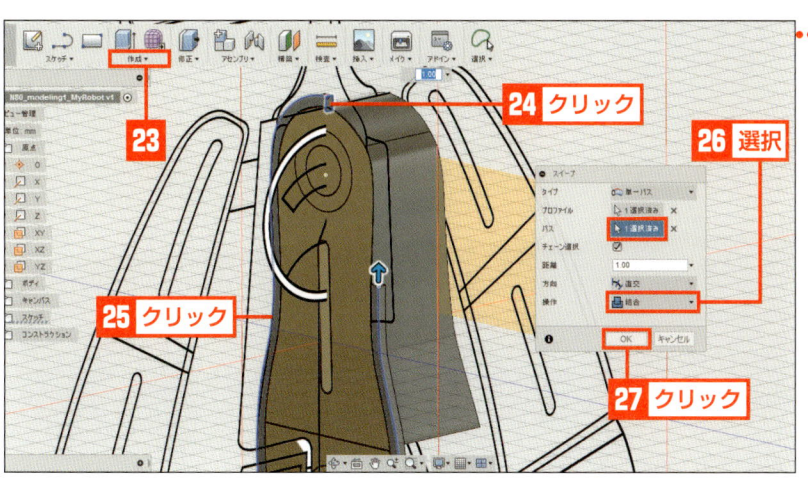

23 ［作成］−［スイープ］を選択します。

24 プロファイルとして描画した長方形をクリックします。

25 ［スイープ］ダイアログの［パス］の［選択］をクリックし、オフセットしてできた曲線をクリックします。［1選択済み］に変わります。

26 ［操作］で［結合］を選択します。

27 ［OK］をクリックします。これで中央のレール部分が作成されました。

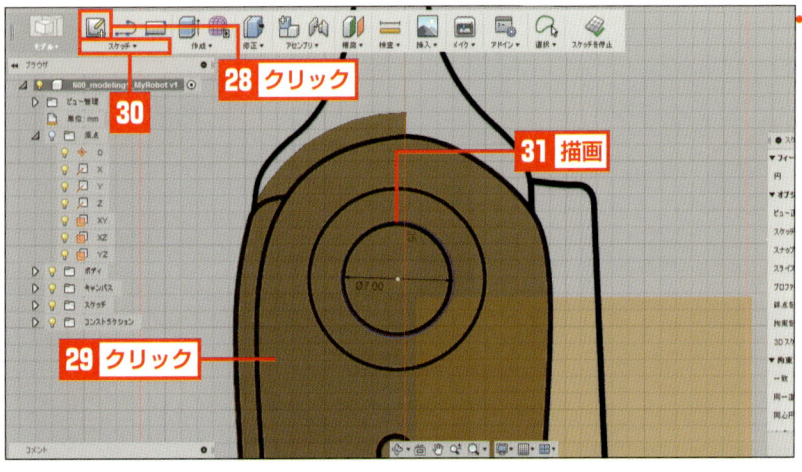

28 [スケッチを作成] をクリックします。

29 胴体の断面の平面をクリックして選択します。

30 [スケッチ] – [円] – [2点指定の円] を選択します。

31 下絵を参考に、腕の接続部分の内側の円を、直径7mmで数値を確定してスケッチします。

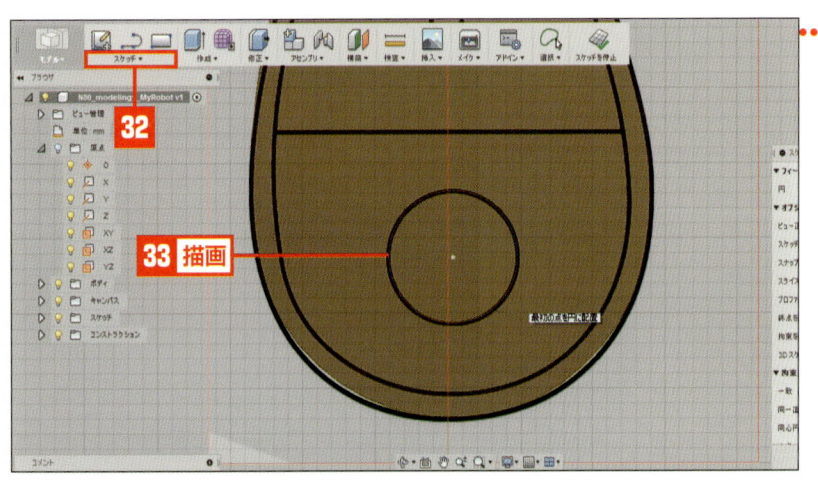

32 脚の接続部分の円は、3点指定でスケッチしてみましょう。[スケッチ] – [円] – [3点指定の円] を選択します。

33 下絵を参考に、脚の接続部分の円を円周上の3点を指定してスケッチします。

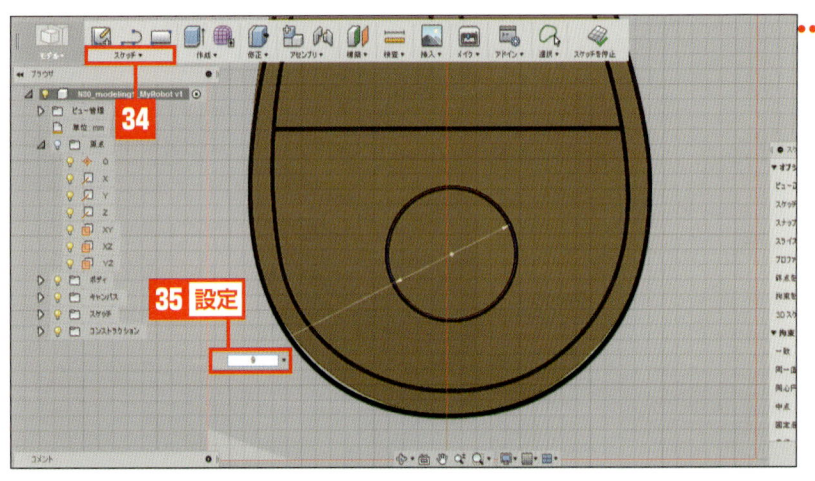

34 3点指定で描画した円には、寸法線が付かないので、新たに寸法線を付けます。[スケッチ] – [スケッチ寸法] を選択します。

35 円周をクリックし、直径を9mmにします。

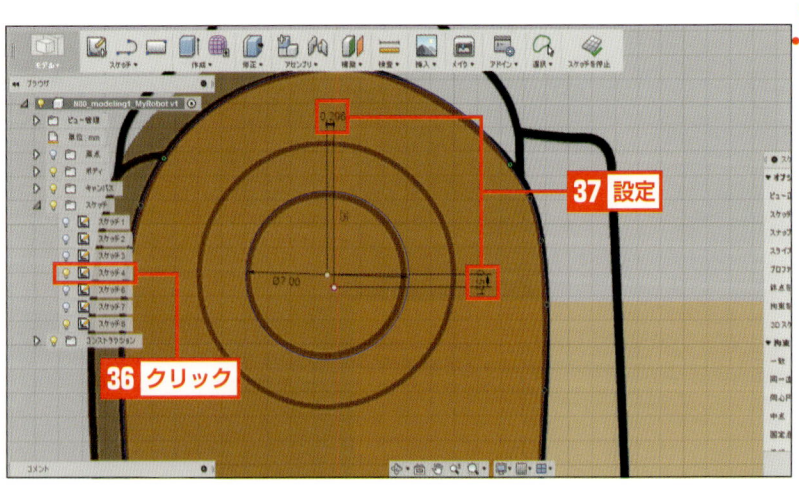

36 それぞれの円の中心点と、基準となる点（腕の上下の円弧を描画した際の点）との間にも寸法線を付けておきます。こうすることで、あとで寸法を利用した位置の調整がやりやすくなります。まず、円弧を描画したときのスケッチを表示します。ブラウザの[スケッチ] で、該当するスケッチの電球アイコンをクリックしてください。

37 上部は、円の中心点と、円弧の中心点をクリックして、上下、左右の寸法線を付けます。

> **MEMO メモ**
>
> スケッチの番号は、操作の状態により変わってくるので、必ずしも画面図と一致するわけではありません。マウスポインターを合わせて、該当するスケッチを確認してください。

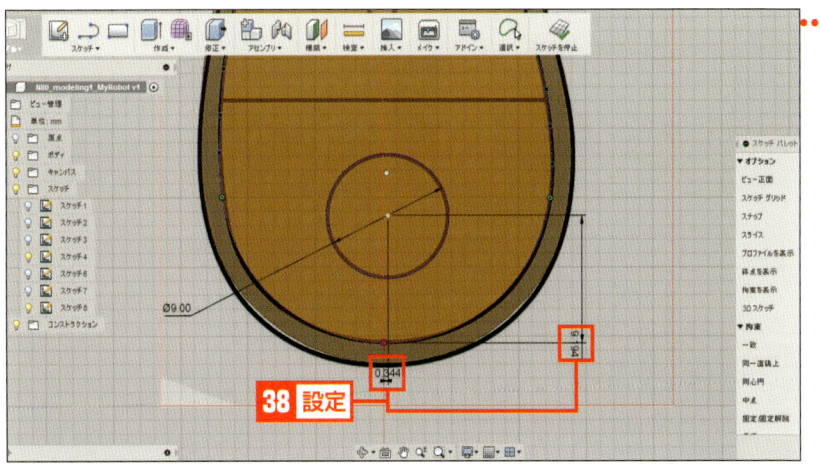

38 下部は、円の中心点と、円弧の下の点をクリックして、同様に上下、左右の寸法線を付けます。

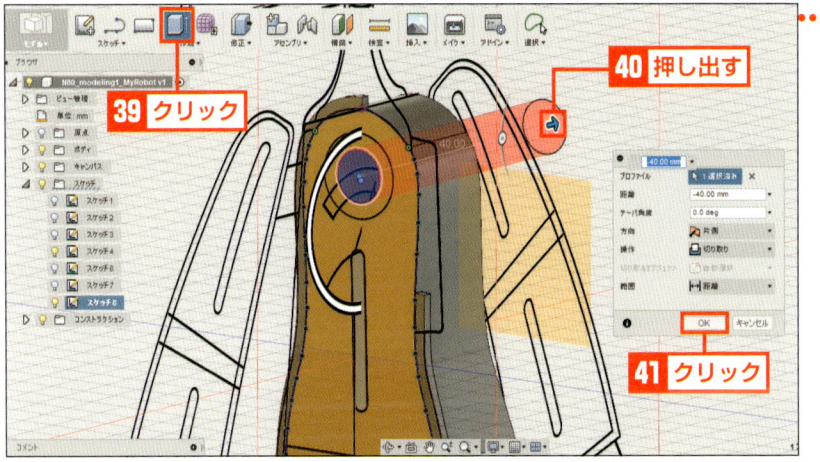

39 [押し出し] をクリックします。

40 上側の円を選択し、胴体を貫通するまで押し出します。

41 [押し出し] ダイアログの [OK] をクリックします。

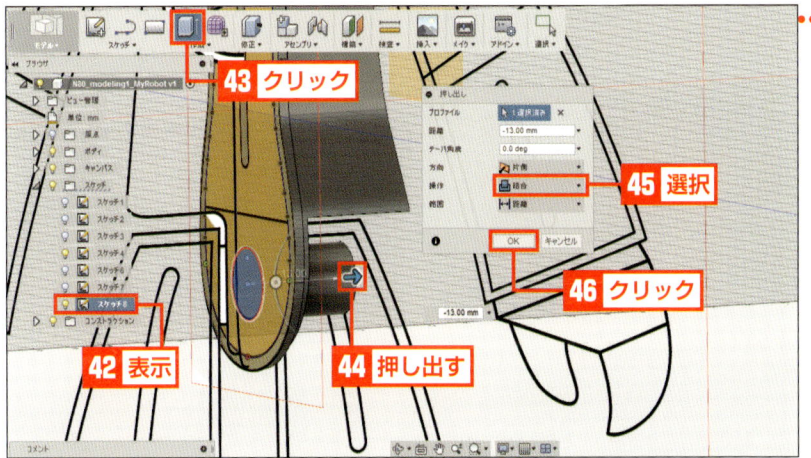

42 ブラウザの [スケッチ] で、脚の接続部分の円のスケッチを表示します。

43 [押し出し] をクリックします。

44 下側の円を選択し、右方向に13㎜ほど押し出します。

45 [押し出し]ダイアログの [操作] で、[結合] を選択し、ボスを作成します。

46 [OK] をクリックします。

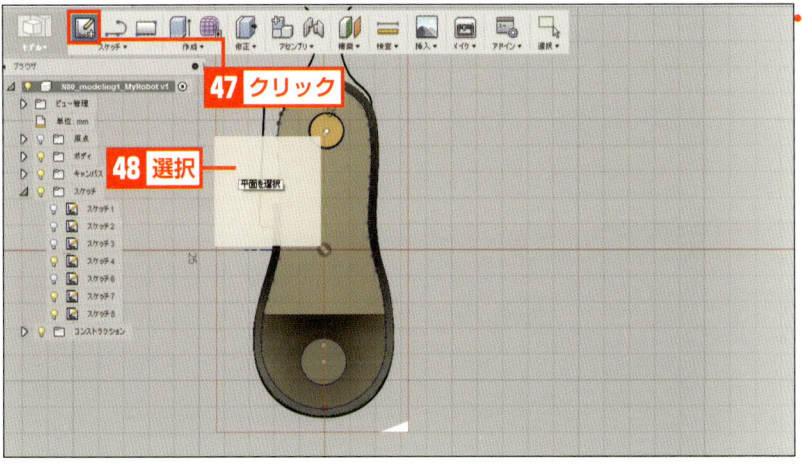

47 [スケッチを作成] をクリックします。

48 STEP1で作成した平面をクリックして選択します。

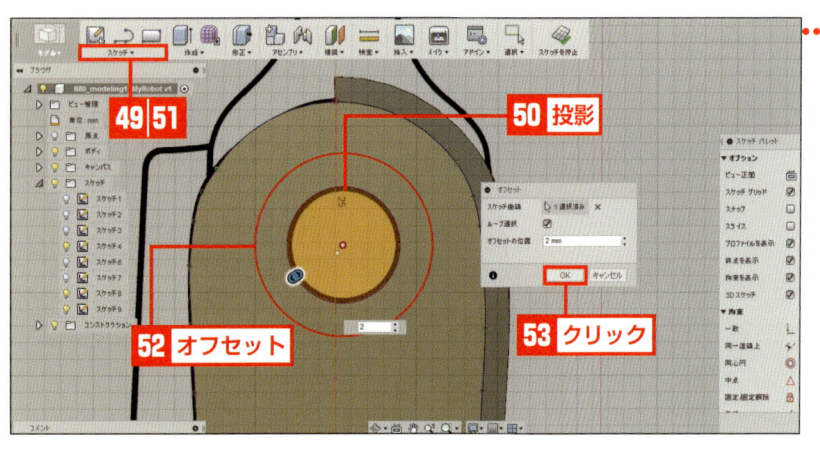

49 [スケッチ]－[プロジェクト/含める]－[プロジェクト] を選択します。

50 上部の穴の円周をクリックして投影し、[プロジェクト] ダイアログの [OK] をクリックします。

51 [スケッチ]－[オフセット] を選択します。

52 投影線を外側に2㎜オフセットします。

53 [オフセット] ダイアログの [OK] をクリックします。

📌 **MEMO** メモ

既存のエッジを別の面に投影するのが [プロジェクト] コマンドです。

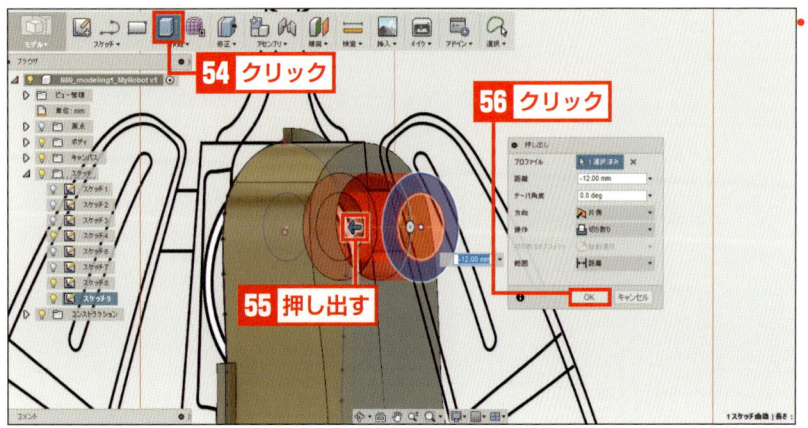

54 [押し出し] をクリックします。

55 リング上の領域を選択し、12㎜ほど胴体の内側に押し出してカットします。

56 [押し出し] ダイアログの [OK] をクリックします。これで胴体の基本形状の左半身ができました。

ミラーで右半身を作成

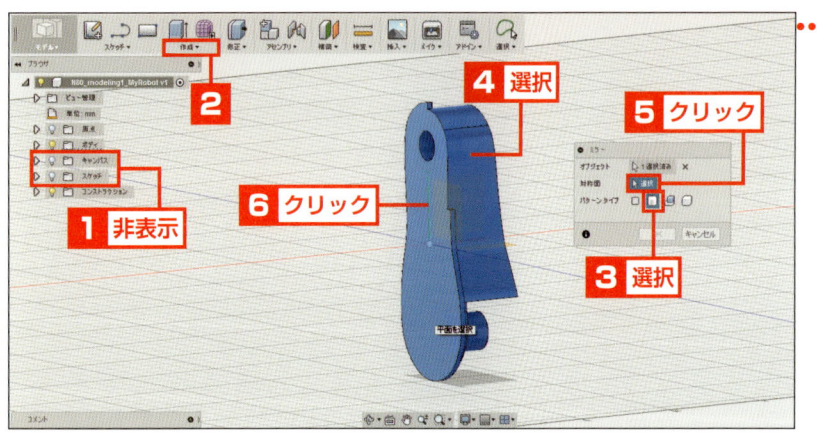

1 ブラウザの [キャンバス]、[スケッチ] で、下絵とスケッチを非表示にします。

2 [作成]－[ミラー] を選択します。

3 [ミラー] ダイアログの [パターンタイプ] で、[ボディ] を選択します。

4 胴体を選択します。

5 [ミラー] ダイアログの [対称面] の [選択] をクリックします。

6 中央の面をクリックします。

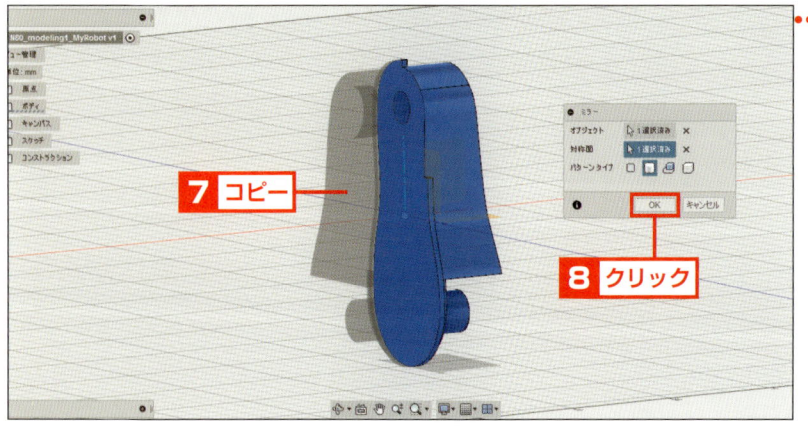

7 右半身がミラーコピーされているのが分かります。

8 [ミラー] ダイアログの [OK] をクリックします。

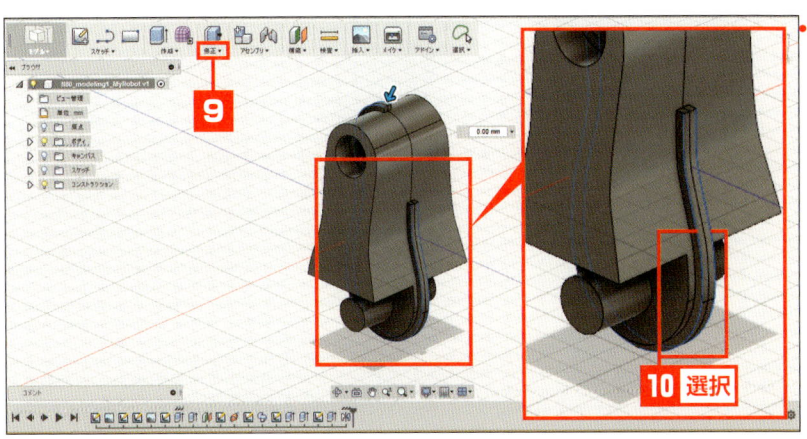

- 9 [修正] − [フィレット] を選択します。
- 10 左右中央のレールの両脇のエッジ、計4カ所を選択します。

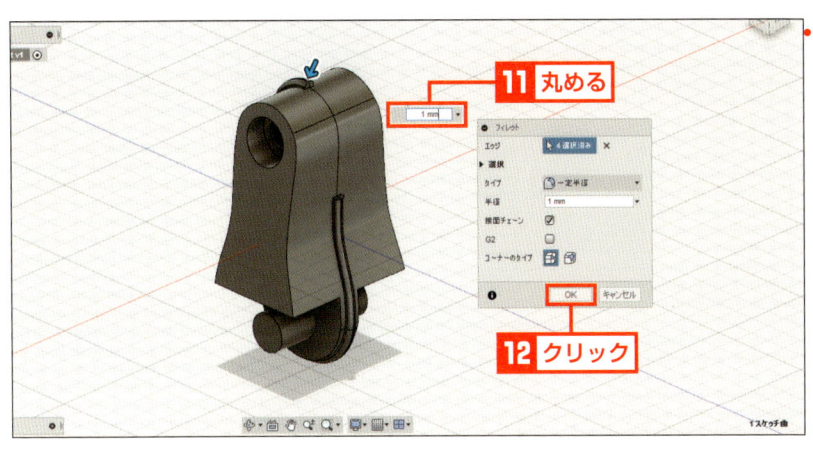

- 11 半径1mmで丸めます。
- 12 [フィレット] ダイアログの [OK] をクリックします。以上で胴体の基本形状ができました。

③ 胸のメーター部分の作成

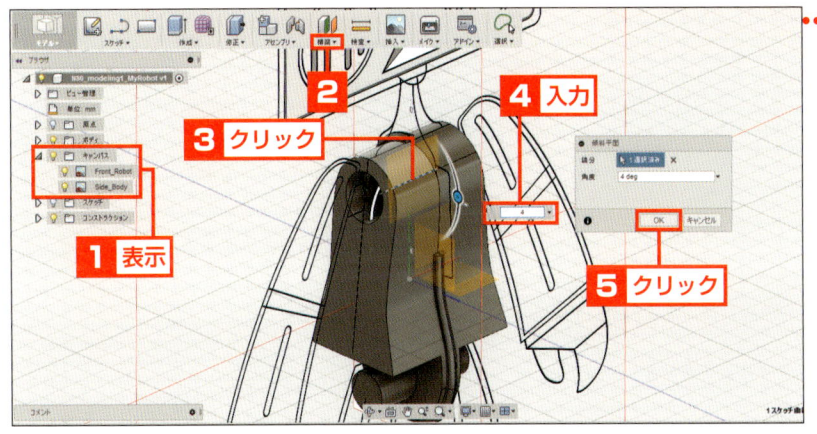

- 1 ブラウザの [キャンバス] で、正面と側面の下絵を両方とも表示します。
- 2 [構築] − [傾斜平面] を選択します。
- 3 胸と肩のつなぎめのエッジをクリックして指定します。
- 4 新たな作業平面が作成されるので、角度を表すダイアログに「4」degと入力し、4度傾けます。
- 5 [傾斜平面] ダイアログの [OK] をクリックします。

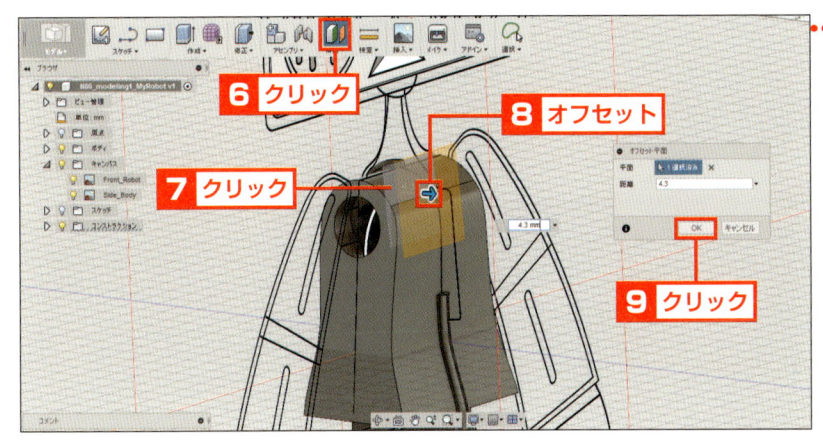

- 6 [オフセット平面] をクリックします。
- 7 作成した平面をクリックします。
- 8 前方向に4.3mmオフセットします。
- 9 [オフセット平面] ダイアログの [OK] をクリックします。

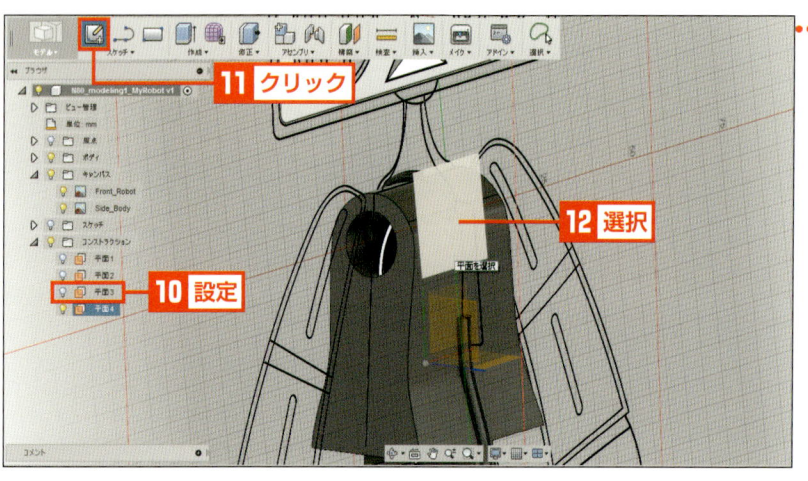

- 10 ブラウザの [コンストラクション] で、オフセット元の平面を非表示にします。
- 11 [スケッチを作成] をクリックします。
- 12 オフセットした平面を選択します。

MEMO メモ

オフセット元の平面を削除してしまうと、今回使う作業平面の参照元がなくなってしまうので、削除はしないでください。

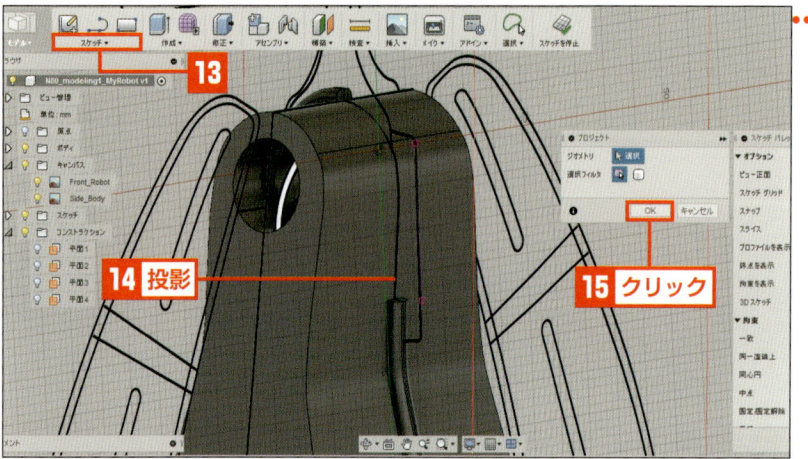

- 13 [スケッチ]−[プロジェクト/含める]−[プロジェクト] を選択します。
- 14 胴体中央のエッジをクリックして投影します。
- 15 [プロジェクト]ダイアログの[OK]をクリックします。

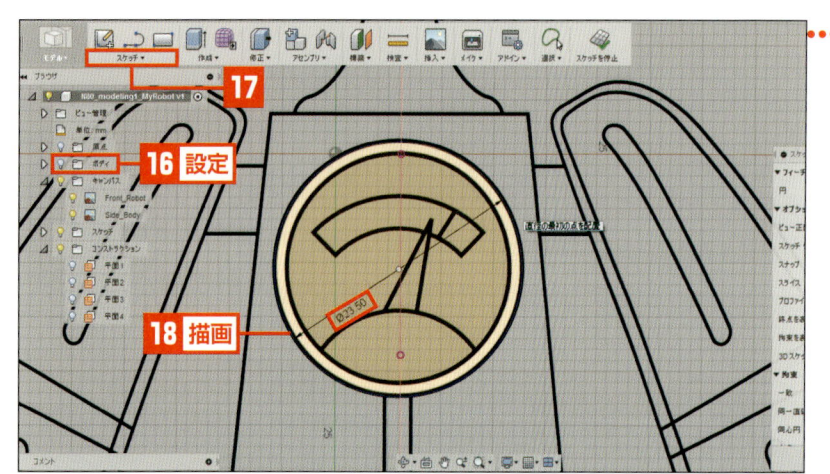

- 16 [前] からの視点に変更します。ブラウザの [ボディ] で、胴体を非表示にします。
- 17 [スケッチ]−[円]−[2点指定の円] を選択します。
- 18 下絵を参考に、メーター部分の外側の円を、直径23.5㎜で数値を確定してスケッチします。

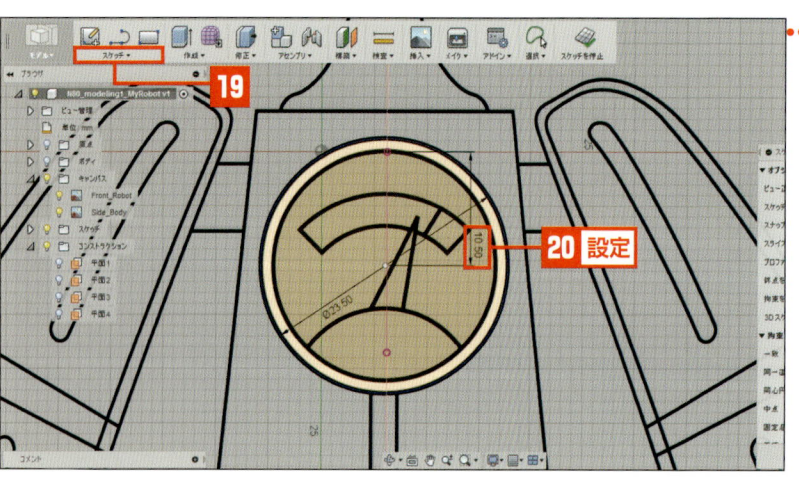

- 19 [スケッチ]−[スケッチ寸法] を選択します。
- 20 投影した線の上端と、円の中心点をクリックし、10.5㎜にします。

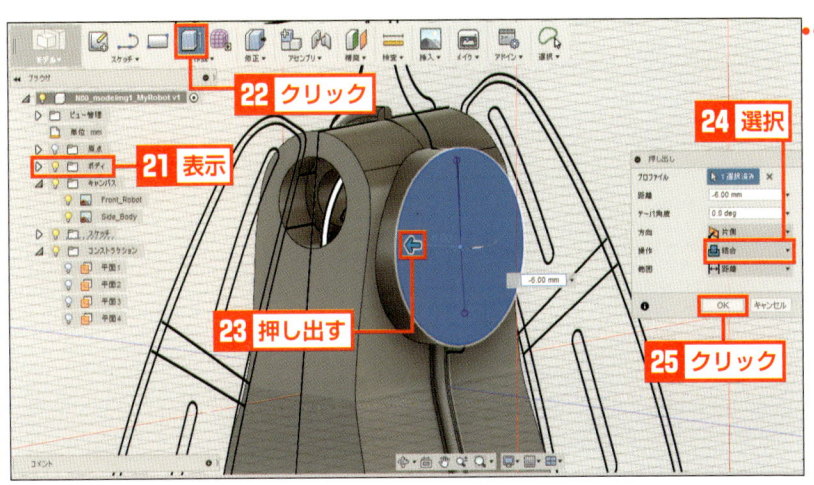

- 21 ブラウザの [ボディ] で、胴体を再表示します。
- 22 ⬚ [押し出し] をクリックします。
- 23 円を選択し、胴体の内側方向に、ある程度重なるくらい押し出します。
- 24 [押し出し] ダイアログの [操作] で、[結合] を選択します。
- 25 [OK] をクリックします。

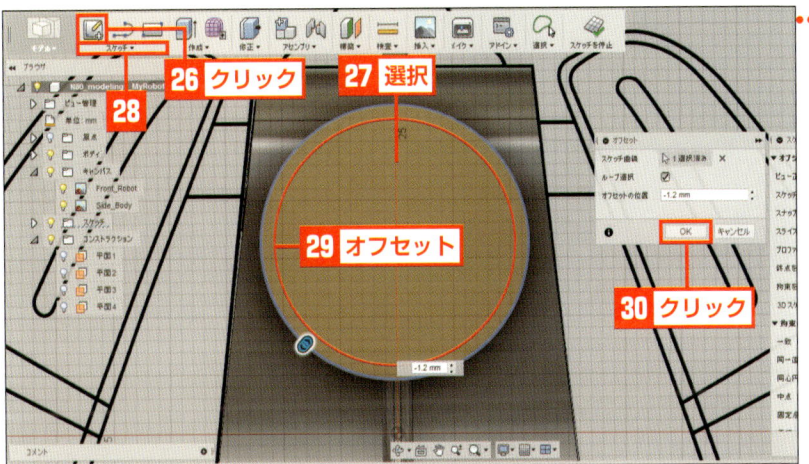

- 26 ⬚ [スケッチを作成] をクリックします。
- 27 メーター部の上面を選択します。
- 28 [スケッチ] − [オフセット] を選択します。
- 29 メーター部分のエッジを内側に 1.2mm オフセットします。
- 30 [オフセット] ダイアログの [OK] をクリックします。

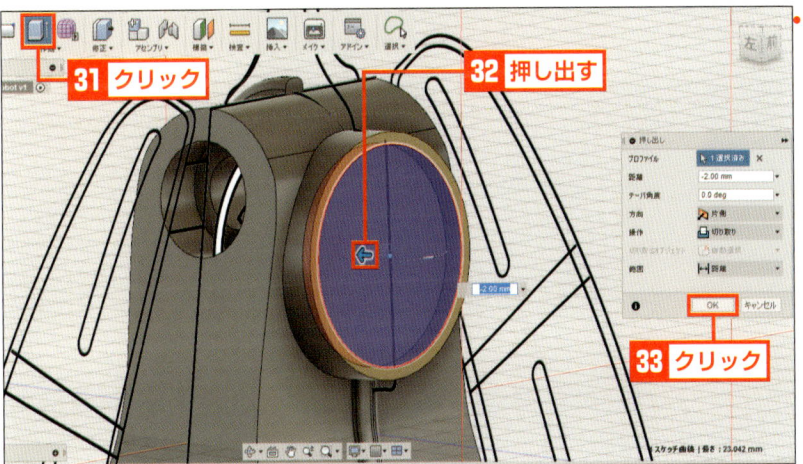

- 31 ⬚ [押し出し] をクリックします。
- 32 内側の円を選択し、胴体の内側方向に、2mm 押し出してカットします。
- 33 [押し出し] ダイアログの [OK] をクリックします。

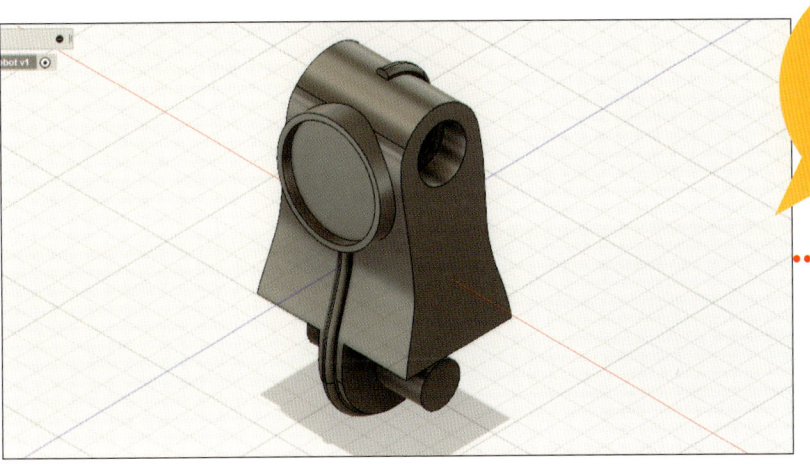

完成!

これで、胴体の前面部分の基本形状が完成です。ここでは、ブラウザの [キャンバス]、[スケッチ] で、下絵とスケッチを非表示にしています。ファイルを保存しておきましょう。

次回に続く!

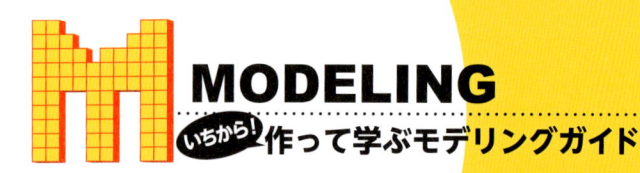

MODELING
いちから！作って学ぶモデリングガイド

Fusion 360 で学ぶモデリング
はじめたい人から、もっと極めたい人まで

モデリング 03
オリジナルロボットを作る
胴体の作成③

ロボットの背面の下絵を挿入し、造形を進めます。さらに首の部分を作成し、胸のメーターを仕上げて胴体を完成させます。下絵にとらわれすぎず、全体のイメージを大切にモデリングを進めていきましょう。

box くん キャラクターデザイン：イトウケイイチロウ

今回のテンプレート
（ファイル名：MyRobot_03）

完成図

操作STEP

1 背面の下絵の挿入と背面形状の作成
2 首の作成
3 メーターの中の形状を作成
4 エッジの丸み付け

始める前の準備 ▶ 使用する下絵ファイルやテンプレートファイルは、ジャムハウスのダウンロードサイト（http://www.jam-house.co.jp/fusion360/）からダウンロードしてください。

背面の下絵の挿入と背面形状の作成

前回作成したファイルを開きます。テンプレートファイルを利用する方は、テンプレートファイル（MyRobot_03）を開いてください。

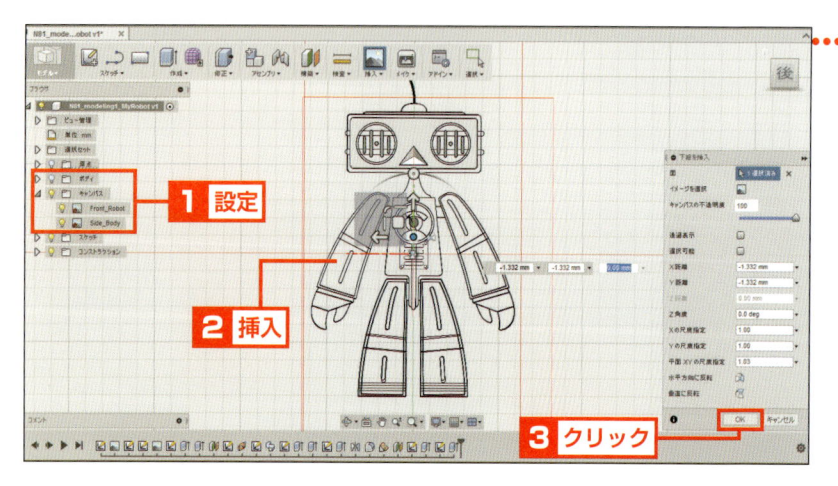

1 設定
2 挿入
3 クリック

1 背面の下絵を挿入します。[後] からの視点に変更し、ブラウザの [キャンバス] で下絵を表示し、[ボディ] で胴体を非表示にします。

2 [下絵を挿入] をクリックし、XY 平面にロボットの背面の画像「Back_Robot」を挿入したら、下絵の大きさと位置を、正面の下絵と合わせます。あくまでも参考なので、だいたいでかまいません。

3 [下絵を挿入] ダイアログの [OK] をクリックします。

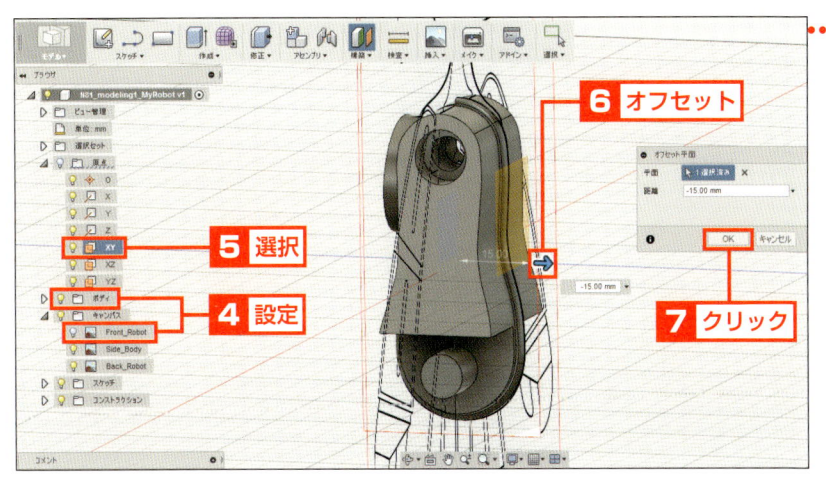

4 ブラウザの [キャンバス] で、正面の下絵を非表示にし、[ボディ] で胴体を再表示します。

5 [オフセット平面] をクリックし、ブラウザの [原点] で [XY] をクリックして、XY 平面を選択します。

6 後方に 15mm オフセットします。

7 [オフセット平面] ダイアログの [OK] をクリックします。

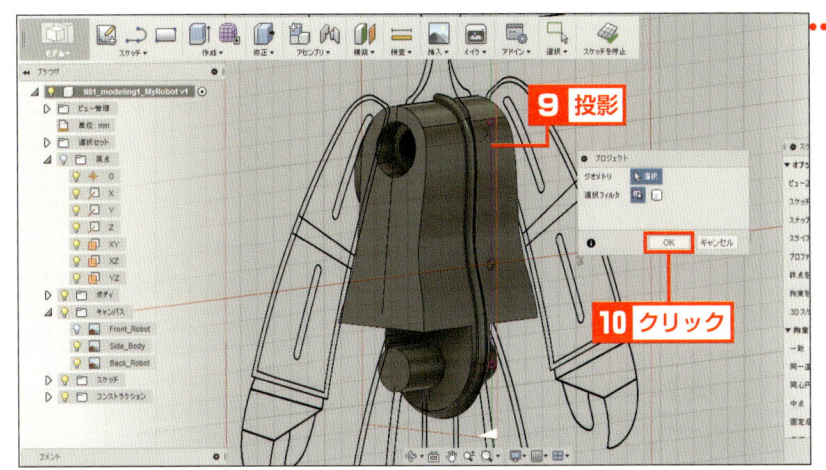

8 [スケッチを作成] をクリックし、オフセットした平面を選択します。

9 [スケッチ] − [プロジェクト/含める] − [プロジェクト] を選択し、レールの中央のエッジを投影します。

10 [プロジェクト] ダイアログの [OK] をクリックします。

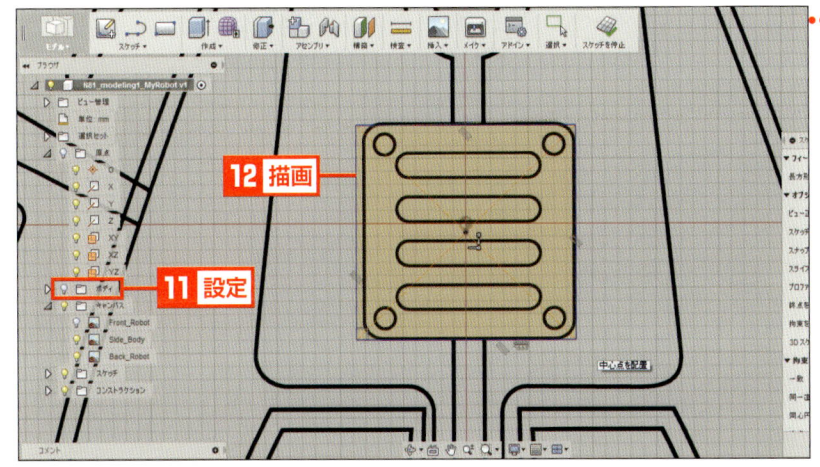

11 ブラウザの [ボディ] で胴体を非表示にします。

12 [スケッチ] − [長方形] − [中心の長方形] を選択し、投影線上に中心点を指定して、下絵にだいたい重なるように長方形をスケッチします。

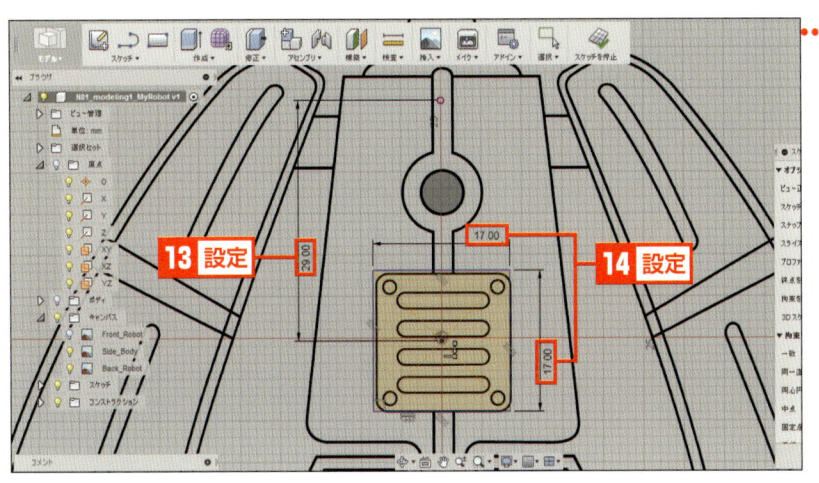

13 [スケッチ] − [スケッチ寸法] を選択し、投影線の上端と、長方形の中心点をクリックして 29mm にします。

14 長方形は、縦横とも 17mm の正方形にします。

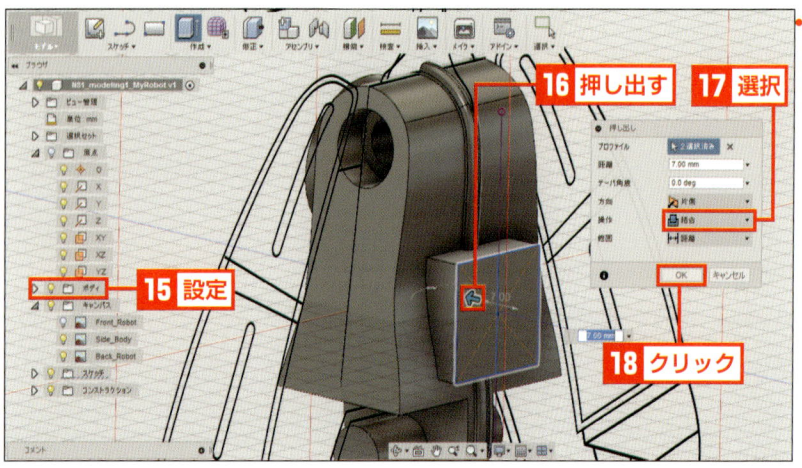

- **15** ブラウザの [ボディ] で胴体を再表示します。
- **16** [押し出し] をクリックし、正方形を構成する2つの領域を選択して内側に7mmほど押し出します。
- **17** [押し出し] ダイアログの [操作] で [結合] を選択します。
- **18** [OK] をクリックします。

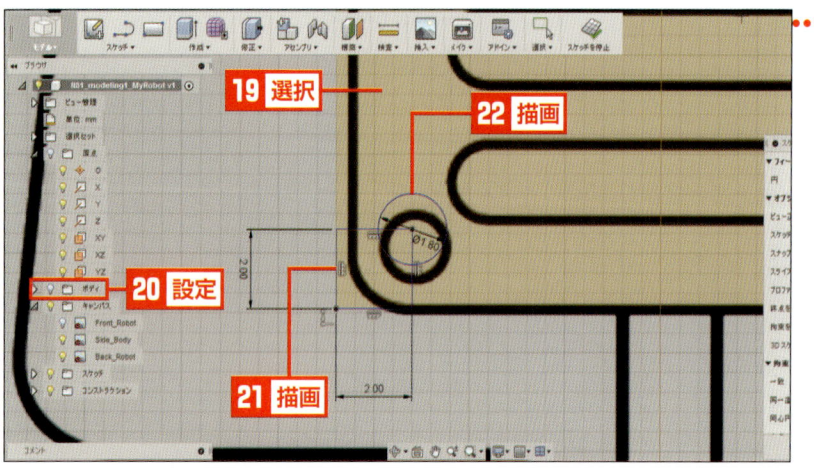

- **19** [スケッチを作成] をクリックし、押し出しでできた直方体の背面を選択します。
- **20** ブラウザの [ボディ] で胴体を非表示にします。
- **21** [2点指定の長方形] をクリックし、左下の頂点から右上方向に、縦横2mmに確定した正方形をスケッチします。
- **22** [スケッチ] − [円] − [中心と直径で指定した円] を選択し、正方形の右上の頂点を中心に、直径1.8mmに確定した円をスケッチします。

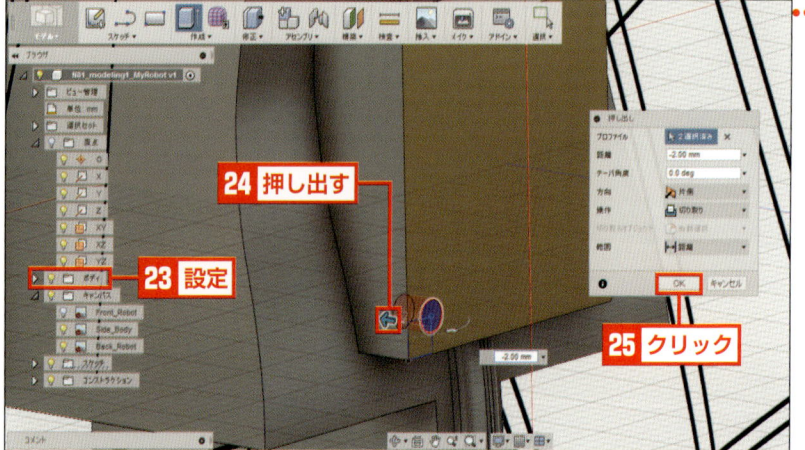

- **23** ブラウザの [ボディ] で胴体を再表示します。
- **24** [押し出し] をクリックし、描画した円を構成する2つの領域を選択して内側に2mm押し出してカットします。
- **25** [押し出し] ダイアログの [OK] をクリックします。

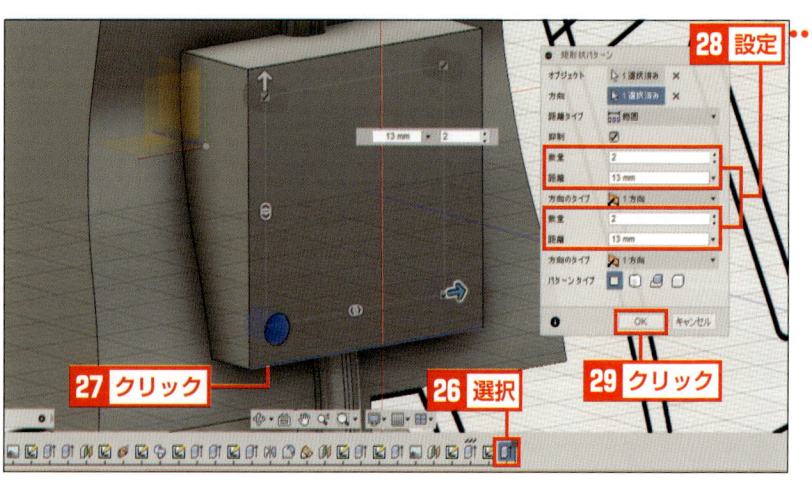

- **26** [作成] − [パターン] − [矩形状パターン] を選択し、画面下の履歴で、最後の [押し出し] を選択して、押し出しで作成された穴を選択します。
- **27** [矩形状パターン] ダイアログの [方向] で [選択] をクリックし、直方体の背面の下の辺をクリックして選択します。
- **28** [矩形状パターン] ダイアログで、縦横ともに [数量] を「2」、[距離] を「13」mmに設定します。
- **29** [OK] をクリックします。

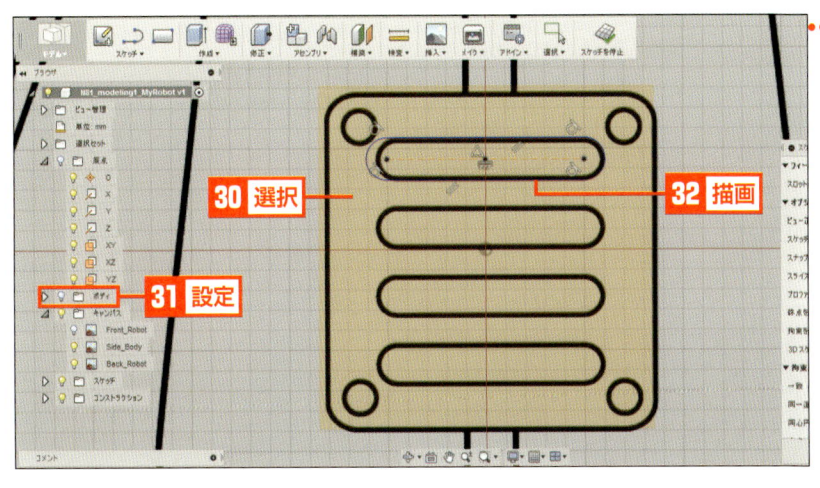

30 [スケッチを作成] をクリックし、押し出しでできた直方体の背面を選択します。

31 ブラウザの [ボディ] で胴体を非表示にします。

32 [スケッチ]－[スロット]－[中心点スロット]を選択し、下絵を参考に、スロットをスケッチします。

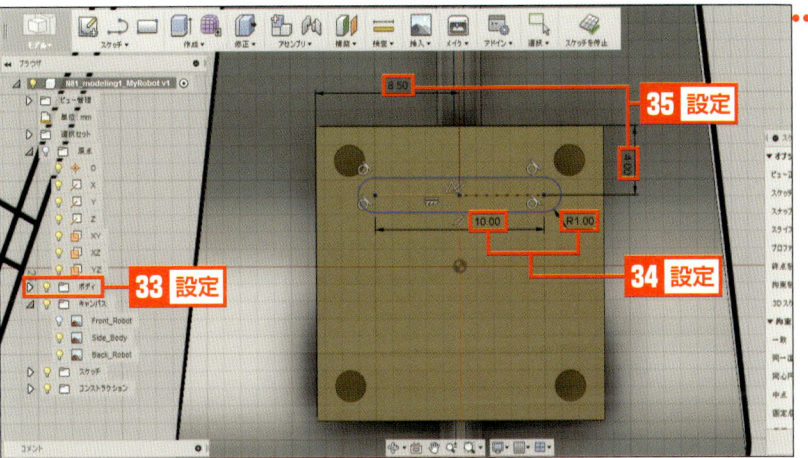

33 ブラウザの [ボディ] で胴体を再表示します。

34 [スケッチ]－[スケッチ寸法]を選択し、横の距離を10mm、半径を1mmにします。

35 上辺から中心点までを4mm、左辺から中心点までを8.5mmにします。

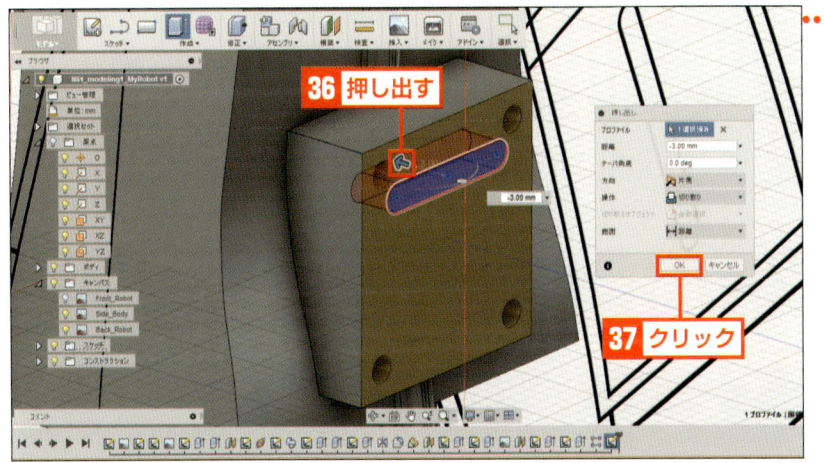

36 [押し出し] をクリックし、スロットを選択して、内側に3mm押し出してカットします。

37 [押し出し] ダイアログの [OK] をクリックします。

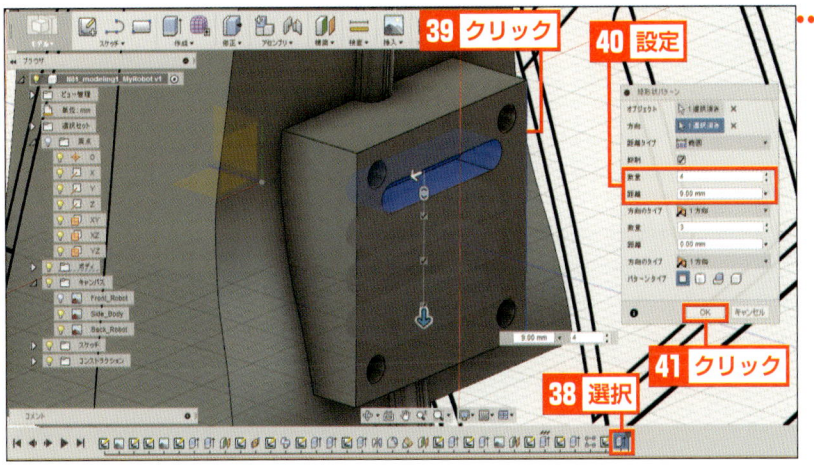

38 [作成]－[パターン]－[矩形状パターン]を選択し、画面下の履歴で、最後の[押し出し]を選択して、押し出しで作成された穴を選択します。

39 [矩形状パターン] ダイアログの [方向] で [選択] をクリックし、直方体の背面の右辺をクリックして選択します。

40 [矩形状パターン]ダイアログで、縦の[数量]を「4」、[距離] を「9」mmに設定します。

41 [OK] をクリックします。

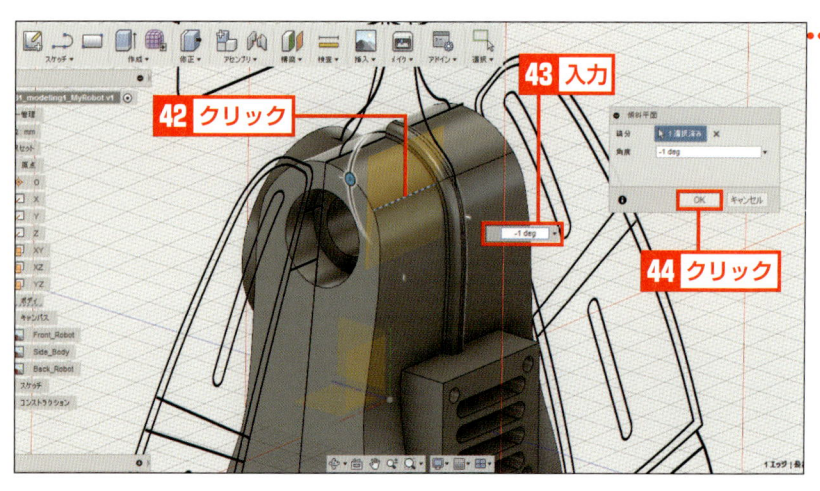

- **42** [構築]－[傾斜平面]を選択し、背中と肩のつなぎめのエッジをクリックして指定します。
- **43** 新たな作業平面が作成されるので、角度を表すダイアログに「-1」degと入力し、マイナス1度傾けます。
- **44** [傾斜平面]ダイアログの[OK]をクリックします。

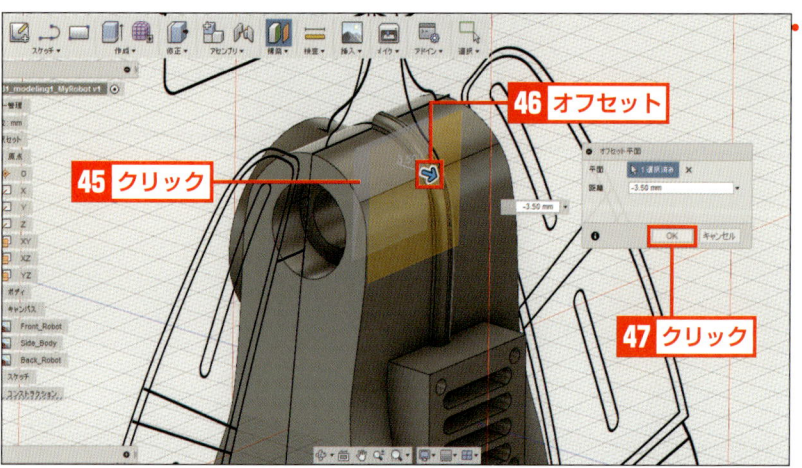

- **45** [オフセット平面]をクリックし、作成した平面をクリックします。
- **46** 後方に3.5mmオフセットします。
- **47** [オフセット平面]ダイアログの[OK]をクリックします。

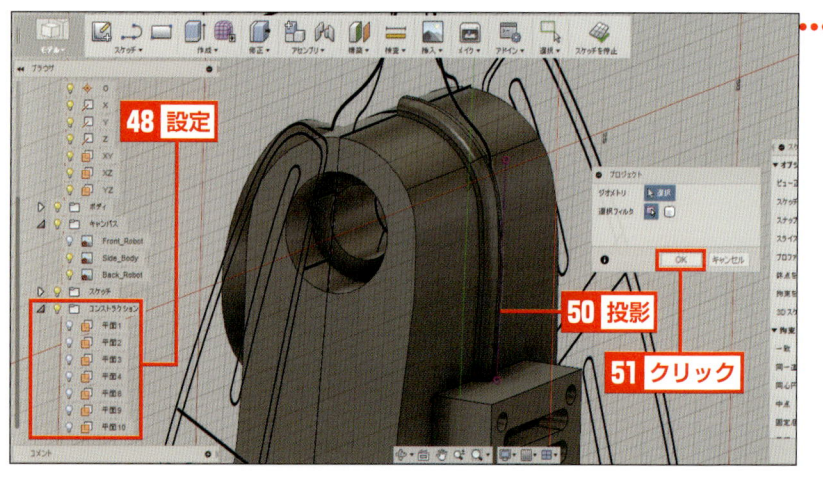

- **48** ブラウザの[コンストラクション]で、オフセット元の平面を非表示にします。
- **49** [スケッチを作成]をクリックし、オフセットした平面を選択します。
- **50** [スケッチ]－[プロジェクト/含める]－[プロジェクト]を選択し、レールの中央のエッジを投影します。
- **51** [プロジェクト]ダイアログの[OK]をクリックします。

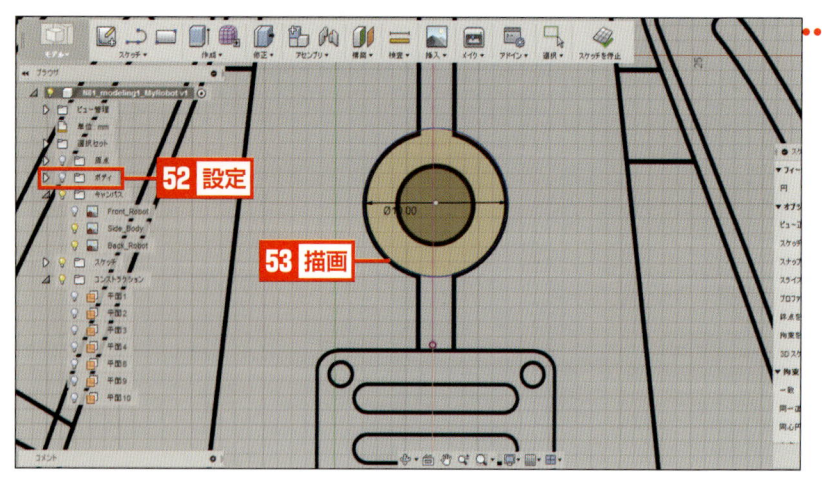

- **52** ブラウザの[ボディ]で胴体を非表示にします。
- **53** [スケッチ]－[円]－[2点指定の円]を選択し、下絵を参考に、直径10mmの円をスケッチします。

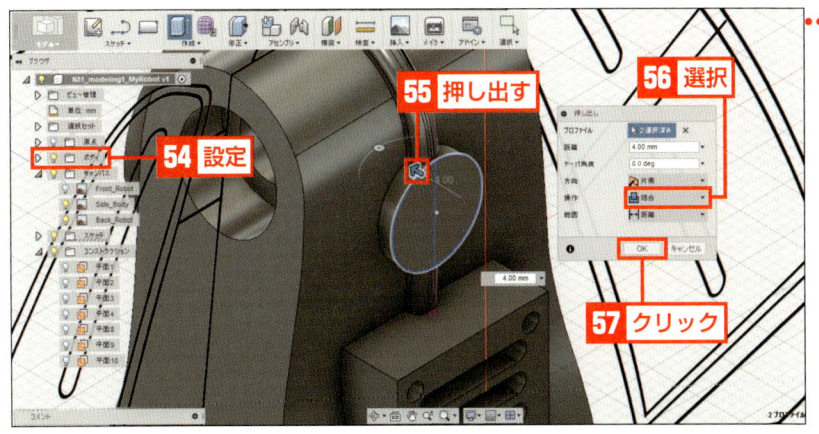

54 ブラウザの [ボディ] で胴体を再表示します。

55 [押し出し] をクリックし、円を構成する2つの領域を選択して、内側に4mmほど押し出します。

56 [押し出し] ダイアログの [操作] で [結合] を選択します。

57 [OK] をクリックします。

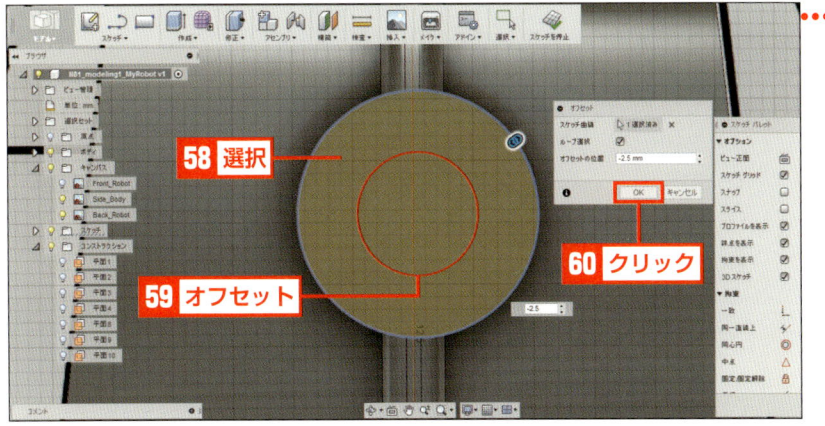

58 [スケッチを作成] をクリックし、押し出してできた円柱の上面を選択します。

59 [スケッチ] − [オフセット] を選択し、円柱のエッジを内側に2.5mmオフセットします。

60 [オフセット] ダイアログの [OK] をクリックします。

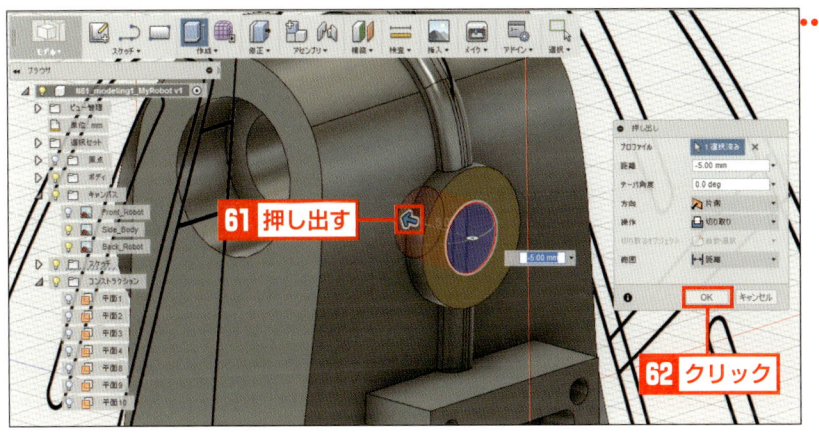

61 [押し出し] をクリックし、内側の円を選択して、胴体の内側方向に、5mm押し出してカットします。

62 [押し出し] ダイアログの [OK] をクリックします。以上で背面の形状が完成しました。

首の作成

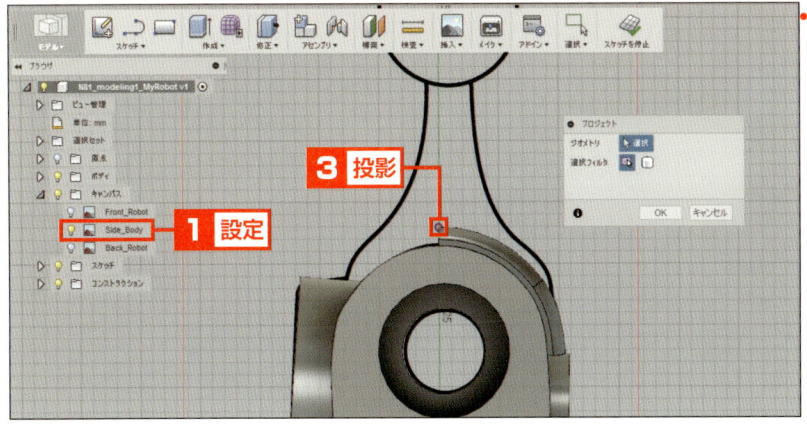

1 [右] からの視点に変更し、ブラウザの [キャンバス] で、側面の下絵だけを表示します。

2 [スケッチを作成] をクリックし、YZ平面をクリックして選択します。

3 [スケッチ] − [プロジェクト/含める] − [プロジェクト] を選択し、レールの上端を投影します。

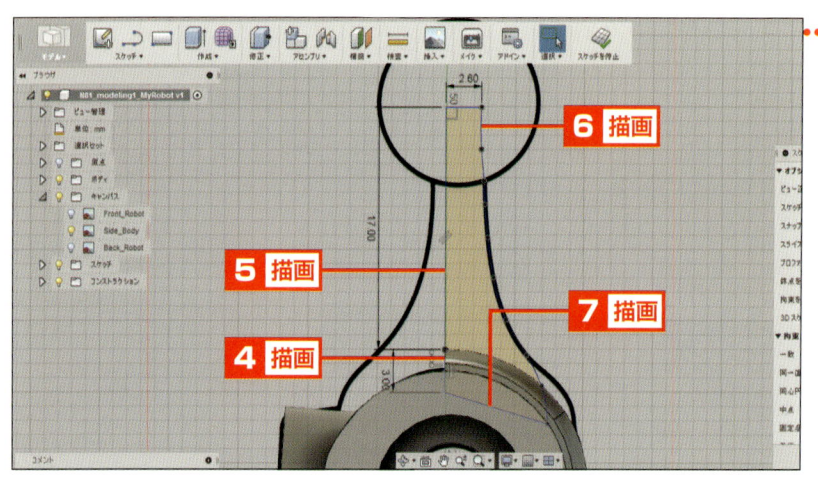

4 　[線分]をクリックし、投影した点から真下に3mm
で数値を確定して直線をスケッチします。

5 　投影した点から真上に17mm、そこから右側に2.6mm
で数値を確定して直線をスケッチします。

6 　[スケッチ]－[スプライン]－[フィット点スプライン]
を選択し、首の曲線に沿って適当な間隔でクリック
してスプライン曲線をスケッチします。ただし、首の
下の部分は、下絵に合わせると飛び出しすぎるので、
ここは少し手前に作成しています。

7 　[線分]をクリックし、スプライン曲線の下端と、
中心の線の下端をつなぎ、閉じた領域を作成します。

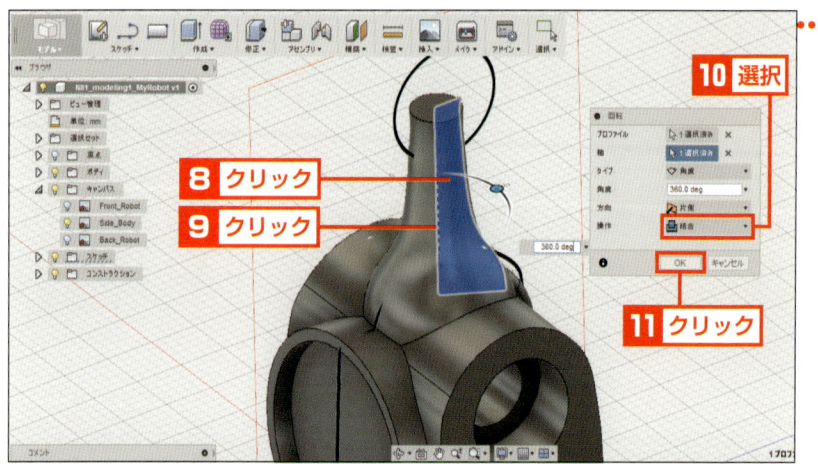

8 　[作成]－[回転]を選択し、閉じた領域をクリックし
ます。

9 　[回転]ダイアログの[軸]の[選択]をクリックし、
中心位置の直線をクリックします。[1 選択済み]に
変わります。

10 　[操作]で[結合]を選択します。

11 　[OK]をクリックします。

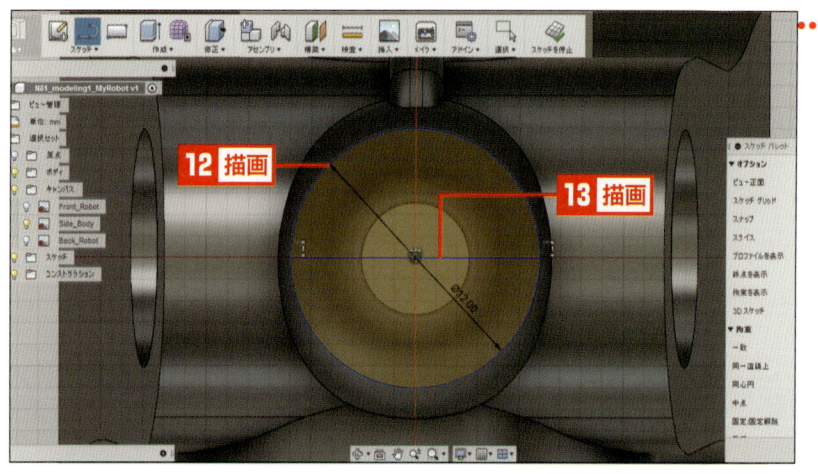

12 　[上]からの視点に変更し、[スケッチ]－[円]－[中
心と直径で指定した円]を選択して、首の上面の断
面に、直径12mmで数値を確定して円をスケッチし
ます。

13 　[線分]をクリックし、中心を通る線をスケッチし
て2つの半円にします。

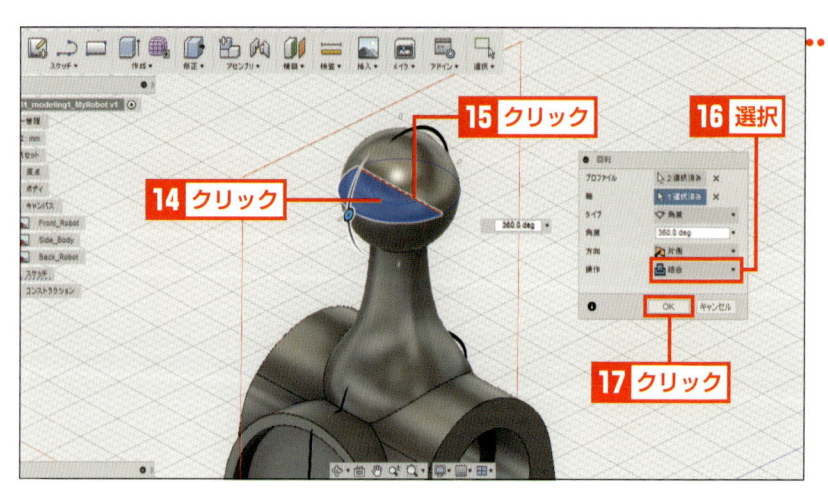

14 　[作成]－[回転]を選択し、どちらかの半円を構成
する2つの領域をクリックします。

15 　[回転]ダイアログの[軸]の[選択]をクリックし、
中心位置の直線をクリックします。[1 選択済み]に
変わります。

16 　[操作]で[結合]を選択します。

17 　[OK]をクリックします。

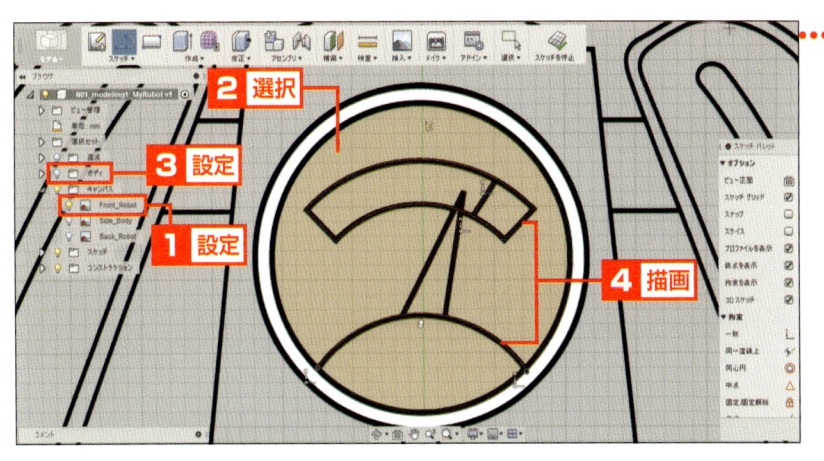

1 ブラウザの [キャンバス] で、正面の下絵だけを表示します。

2 [スケッチを作成] をクリックし、胸のメーターの内側の面をクリックして選択します。

3 ブラウザの [ボディ] で胴体を非表示にします。

4 [スケッチ] – [円弧] – [3点指定の円弧] と、[線分] で、下絵を参考にメーター部分のスケッチをします。

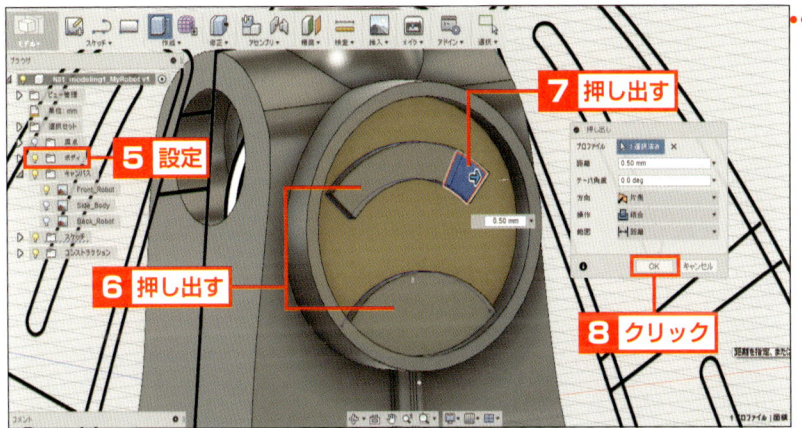

5 ブラウザの [ボディ] で胴体を再表示します。

6 [押し出し] をクリックし、下の部分と、メーターのメモリの左側を外側に1mm押し出します。

7 メモリの右側は外側に0.5mm押し出します。

8 [押し出し] ダイアログの [OK] をクリックします。

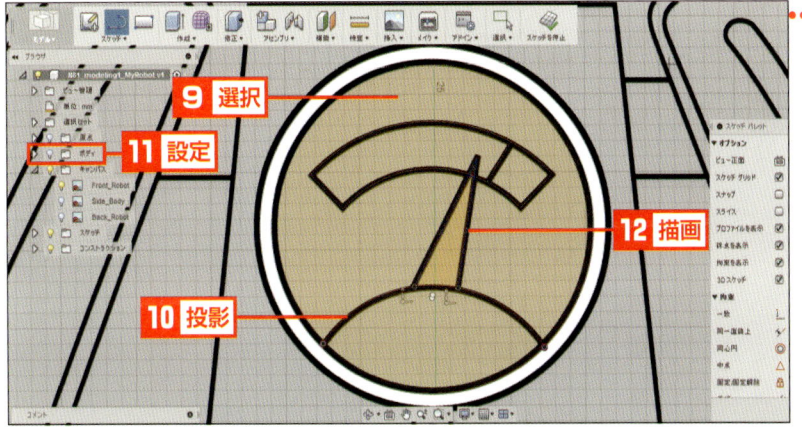

9 [スケッチを作成] をクリックし、再度、胸のメーターの内側の面をクリックして選択します。

10 [スケッチ] – [プロジェクト/含める] – [プロジェクト]を選択し、下の部分の円弧を投影します。

11 ブラウザの [ボディ] で胴体を非表示にします。

12 [線分] を選択し、下絵を参考に、針の部分をスケッチします。

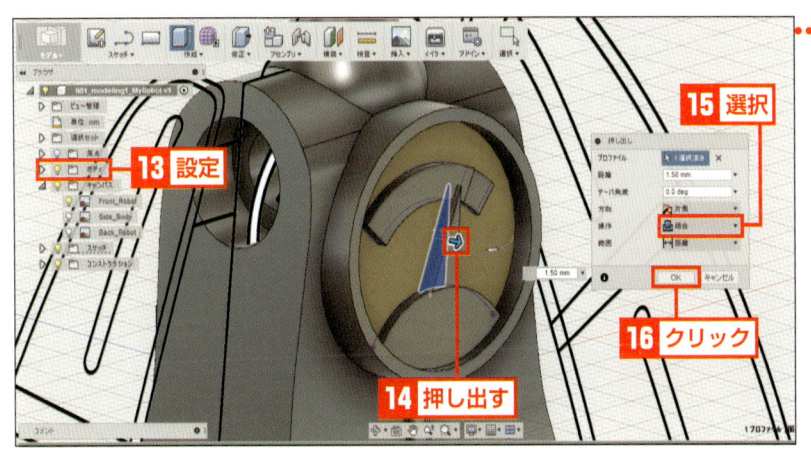

13 ブラウザの [ボディ] で胴体を再表示します。

14 [押し出し] をクリックし、針の部分を外側に1.5mm押し出します。

15 [押し出し] ダイアログの [操作] で [結合] を選択します。

16 [OK] をクリックします。

④ エッジの丸み付け

最後にいくつかのエッジに丸みを付けます。ブラウザの [キャンバス] と [スケッチ] で、下絵とスケッチを非表示にしたほうが分かりやすいでしょう。

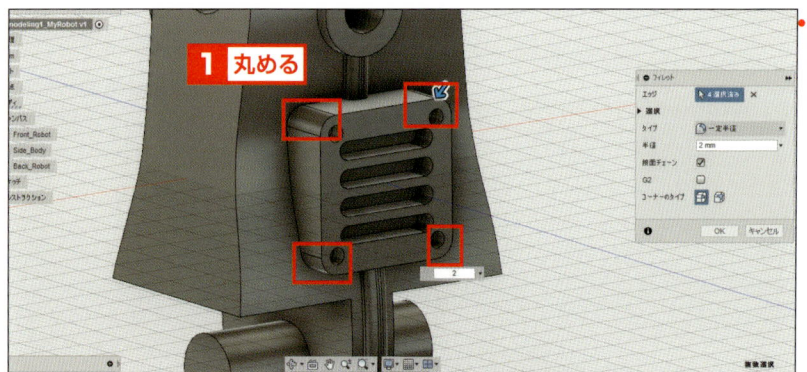

1 [修正] − [フィレット] を選択し、背面の四角い部分の4つの角のエッジを、半径2㎜で丸めます。

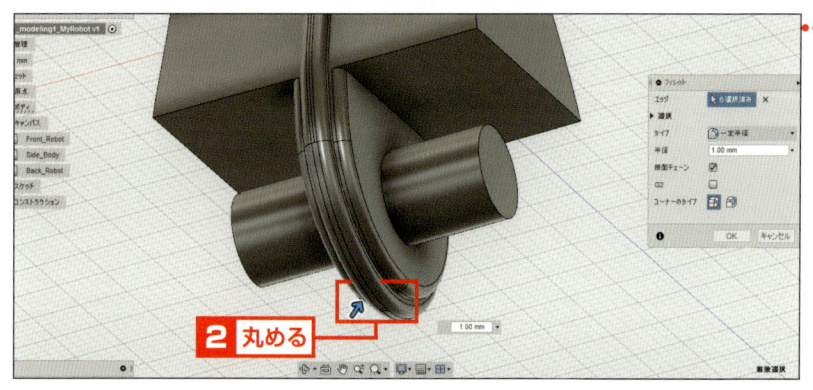

2 同様にして、脚の付け根の中央部分の両脇のエッジ6カ所を半径1㎜で丸めます。

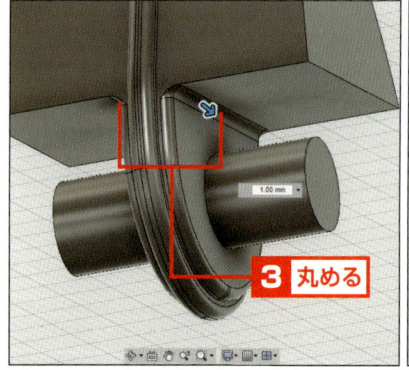 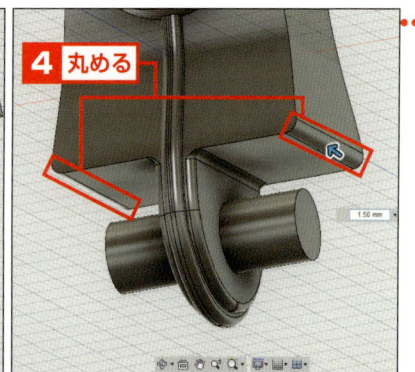

3 胴体下部と脚の取り付け部側面のエッジも半径1㎜で丸めます。

4 腰の両脇のエッジも半径1.5㎜で丸めます。

完成!

これで、胴体が完成しました。ファイルを保存しておきましょう。

次回に続く!

MODELING

いちから！作って学ぶモデリングガイド

モデリング 04

オリジナルロボットを作る
頭部の作成

今回はアンテナを除く頭部の作成にチャレンジします。頭部は胴体とは別の部品として作成します。Fusion 360は、コンポーネントという考え方をもっています。前回作った胴体と頭部を別のコンポーネント、つまり別の部品としてモデリングをすると、あとで2つのパーツを組み合わせるアセンブリという操作を行うことができます。

boxくん キャラクターデザイン：
イトウケイイチロウ

今回のテンプレート
（ファイル名：MyRobot_04）

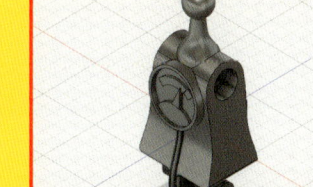

完成図

操作STEP

1 頭部の基本形状の作成
2 側頭部と後頭部の造形
3 目と口の造形
4 頭頂部の造形と首の取り付け部の作成

始める前の準備 ▶ 使用する下絵ファイルやテンプレートファイルは、ジャムハウスのダウンロードサイト（http://www.jam-house.co.jp/fusion360/）からダウンロードしてください。

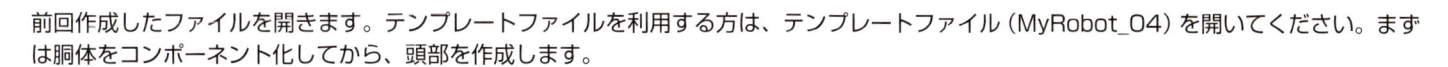

1 頭部の基本形状の作成

前回作成したファイルを開きます。テンプレートファイルを利用する方は、テンプレートファイル（MyRobot_04）を開いてください。まずは胴体をコンポーネント化してから、頭部を作成します。

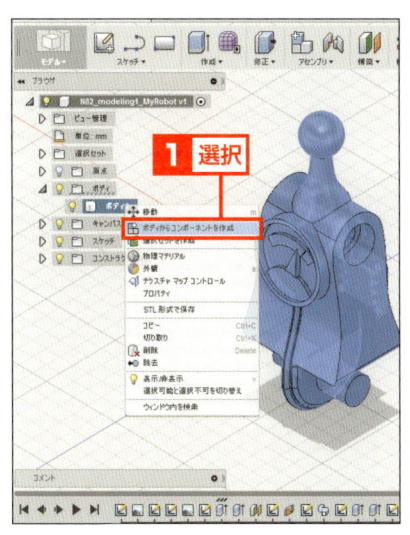

1 ブラウザの［ボディ］で、胴体のボディを右クリックし、［ボディからコンポーネントを作成］を選択します。

2 ブラウザに［コンポーネント］が追加されます。これで胴体のコンポーネントが作成されました。

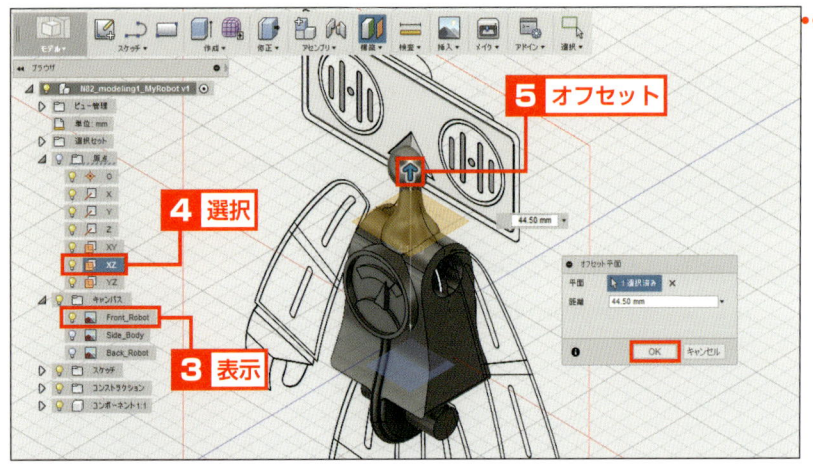

3 ブラウザの[キャンバス]で、正面の下絵を表示します。

4 [オフセット平面]をクリックし、ブラウザの[原点]で[XZ]をクリックして、XZ平面を選択します。

5 上方に44.5㎜オフセットし、[OK]をクリックしてコマンドを終了します。

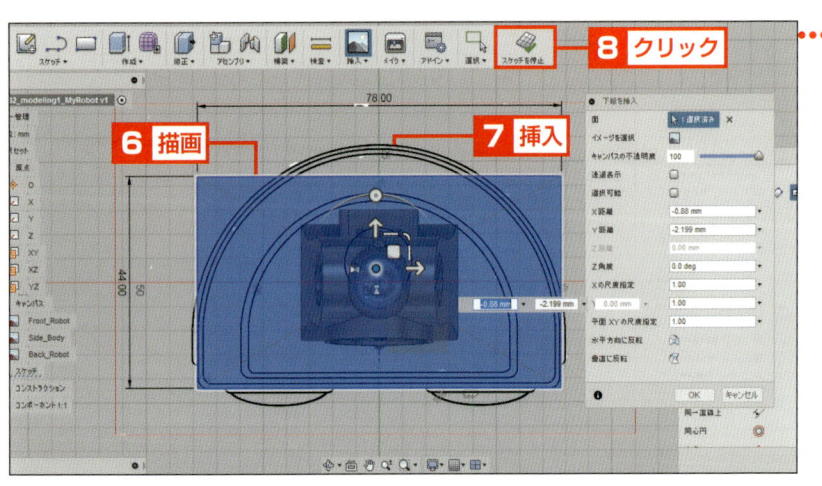

6 [スケッチ]-[長方形]-[中心の長方形]を選択し、作成した平面をスケッチ面として、原点を中心に、縦44㎜、横78㎜に確定した長方形をスケッチします。

7 頭の上面の下絵を挿入します。[下絵を挿入]をクリックして、作成した長方形にロボットの頭の上からの画像「Top_Head」を挿入し、頭の左右が長方形の横幅に合うように、顔の前面が長方形の下辺に合うように調整します。

8 [スケッチを停止]をクリックします。

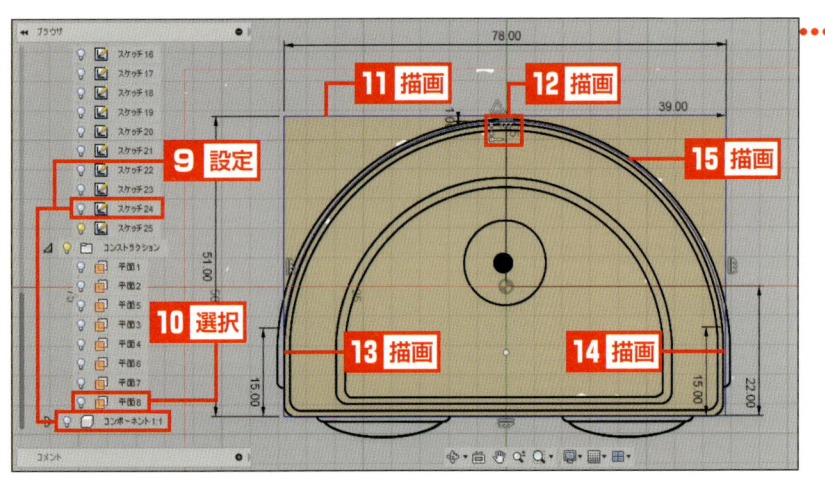

9 ブラウザの[スケッチ]で長方形のスケッチを非表示にし、[コンポーネント]で胴体を非表示にします。

10 [スケッチを作成]をクリックし、ブラウザの[コンストラクション]で、オフセットした平面を選択します。

11 [2点指定の長方形]をクリックし、縦51㎜、横78㎜に確定した長方形をスケッチし、[スケッチ]-[スケッチ寸法]で、原点から右辺までを39㎜、原点から下辺までを22㎜にします。

12 [線分]をクリックし、長方形の上辺の中点から、真下に1㎜で数値を確定して直線をスケッチします。

13 左下の頂点から、真上に15㎜で数値を確定して直線をスケッチします。

14 右下の頂点からも、真上に15㎜で数値を確定して直線をスケッチします。

15 [スケッチ]-[円弧]-[3点指定の円弧]を選択し、描画した左右の直線の上端と、上にある直線の下端をクリックして円弧をスケッチします。

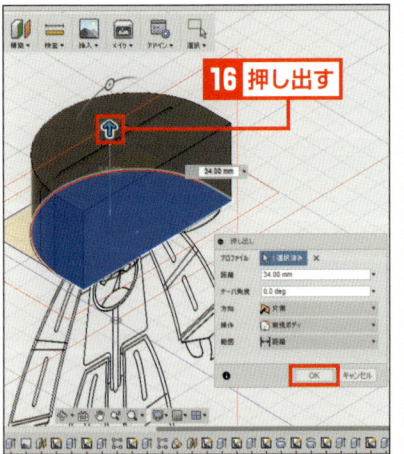 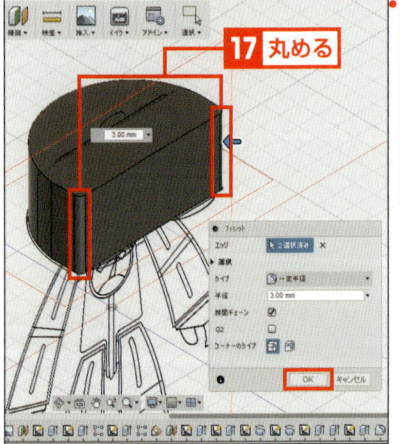

16 [押し出し]をクリックし、円弧で囲まれた領域を選択して上方向に34㎜押し出し、[OK]をクリックしてコマンドを終了します。

17 [修正]-[フィレット]を選択し、左右のエッジを半径3㎜で丸め、[OK]をクリックしてコマンドを終了します。

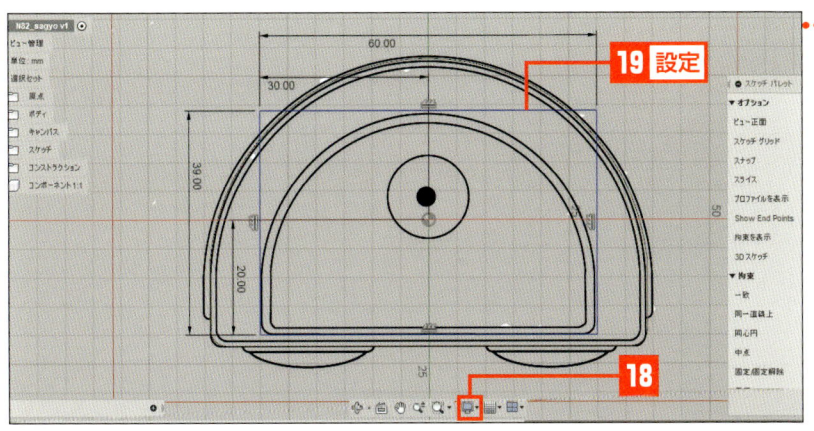

18 [上]からの視点に変更します。画面下の[表示設定]をクリックし、[表示スタイル]−[ワイヤフレーム]を選択して、アウトライン表示に切り替えます。

19 [2点指定の長方形]をクリックし、頭部の上面をスケッチ面として、縦39mm、横60mmに確定した長方形をスケッチし、[スケッチ]−[スケッチ寸法]で、原点から左辺までを30mm、原点から下辺までを20mmにします。

> 📌 **MEMO** メモ
>
> このあとも、必要に応じて、[ワイヤフレーム]と[シェーディング、エッジ表示のみ]を切り替えて作業してください。

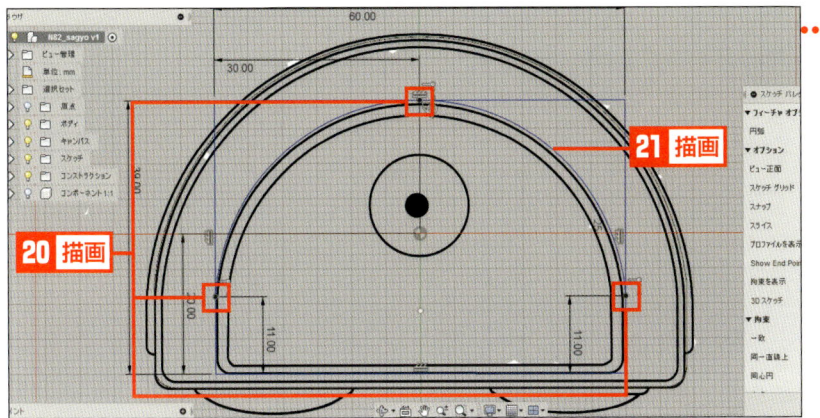

20 [スケッチ]−[点]を選択し、長方形の左辺と右辺の任意の位置と、上辺の中点に点をスケッチし、[スケッチ]−[スケッチ寸法]で、左辺と右辺の点を、どちらも下から11mmにします。

21 [スケッチ]−[円弧]−[3点指定の円弧]を選択し、3つの点をクリックして円弧をスケッチします。

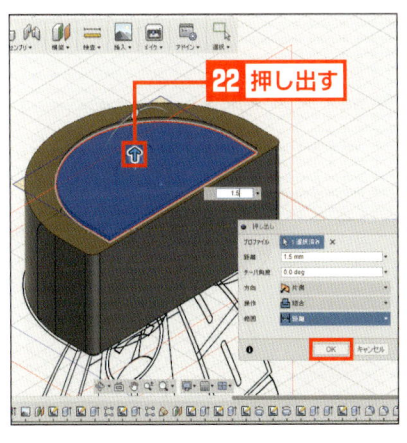
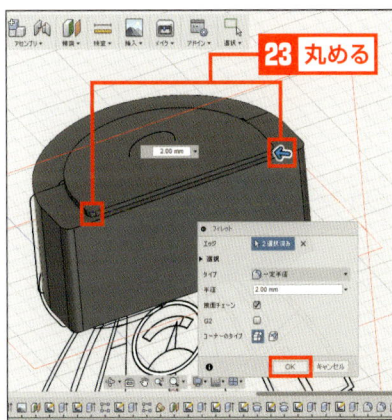

22 [押し出し]をクリックし、円弧で囲まれた領域を選択して上方向に1.5mm押し出し、[OK]をクリックしてコマンドを終了します。

23 [修正]−[フィレット]を選択し、左右のエッジを半径2mmで丸め、[OK]をクリックしてコマンドを終了します。

2 側頭部と後頭部の造形

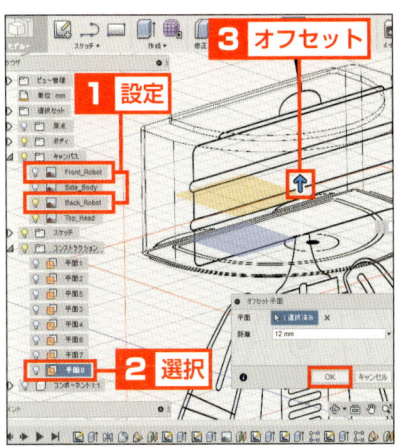
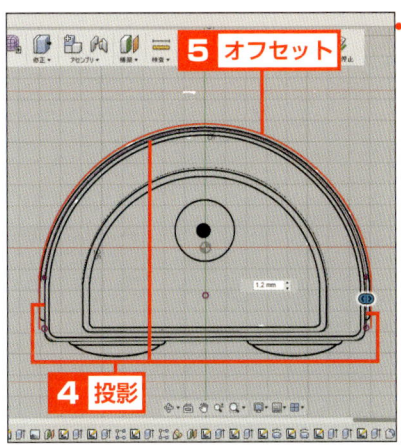

1 ブラウザの[キャンバス]で、正面の下絵を非表示にし、背面の下絵を表示します。

2 [オフセット平面]をクリックし、ブラウザの[コンストラクション]でSTEP1で作成した平面を選択します。

3 上方に12mmオフセットし、[OK]をクリックしてコマンドを終了します。

4 [スケッチ]−[プロジェクト/含める]−[プロジェクト]を選択し、オフセットした平面をスケッチ面として、左右の直線と円弧を投影します。

5 [スケッチ]−[オフセット]を選択し、投影線を外側に1.2mmオフセットします。

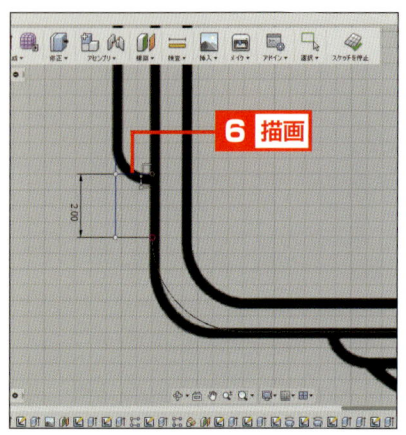
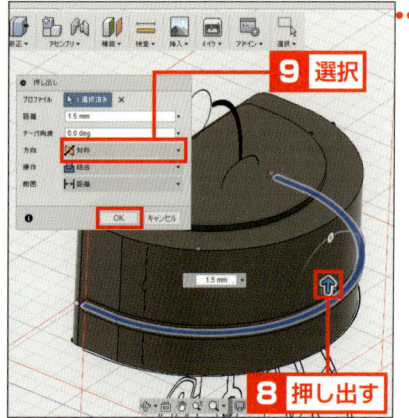

6 📐 [線分] をクリックし、内側と外側の線をつなぐように直線をスケッチし、[スケッチ] − [スケッチ寸法] で、作成した直線が、下端から2㎜となるようにします。

7 反対側も同様に直線を作成します。

8 🔲 [押し出し] をクリックし、囲まれた領域を1.5㎜押し出します。

9 [押し出し] ダイアログの [方向] で [対称] を選択し、[OK] をクリックしてコマンドを終了します。

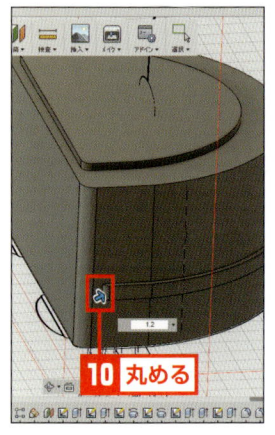
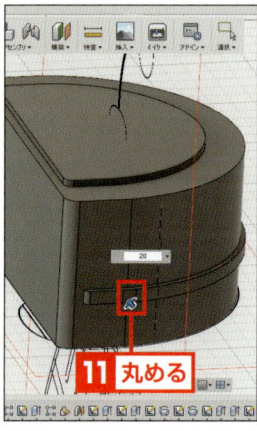
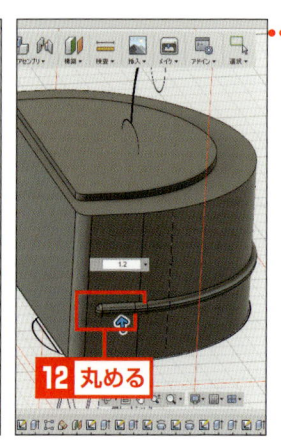

10 [修正] − [フィレット] を選択し、両先端のエッジを半径1.2㎜で丸め、コマンドを終了します。

11 同様にして、直線から円弧になる部分のエッジ2カ所を半径20㎜で丸めます。

12 上下のエッジは半径1.2㎜で丸めます。

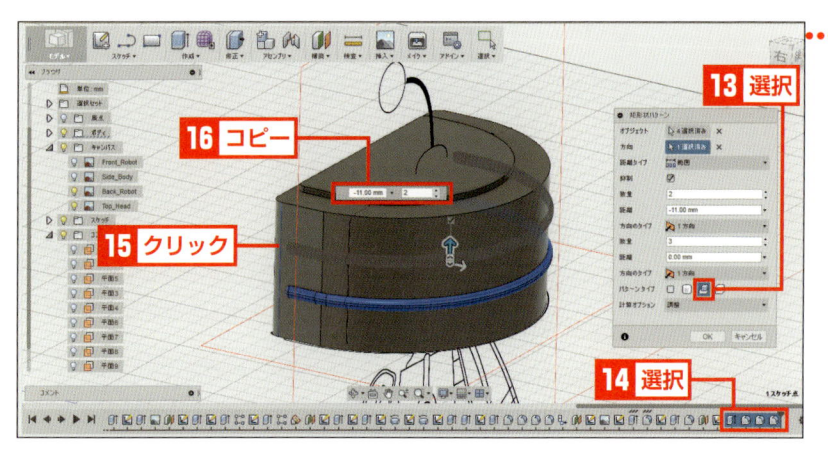

13 [作成] − [パターン] − [矩形状パターン] を選択し、[矩形状パターン] ダイアログの [パターン タイプ] で 📄 [フィーチャ] を選択します。

14 画面下の履歴で、最後尾の [押し出し] と3つの [フィレット] を選択します。

15 [方向] で [選択] をクリックし、縦のエッジをクリックして選択します。

16 矢印のハンドルをドラッグして、上方向に数量「2」、距離「11」㎜でコピーし、コマンドを終了します。

🔳 目と口の造形

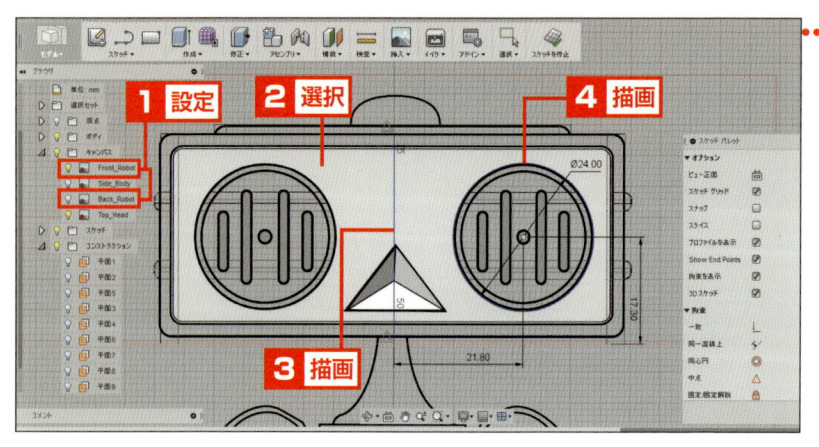

1 ブラウザの [キャンバス] で、背面の下絵を非表示にし、正面の下絵を表示します。

2 📝 [スケッチを作成] をクリックし、顔の正面の面を選択します。

3 📐 [線分] をクリックし、上下の辺の中点同士をつなぐように直線をスケッチします。

4 [スケッチ] − [円] − [中心と直径で指定した円] を選択し、下絵を参考に、直径24㎜に確定した円を、目の外周に沿ってスケッチし、[スケッチ] − [スケッチ寸法] で、円の中心点が、下辺から17.3㎜、左右中央の直線から21.8㎜となるようにします。

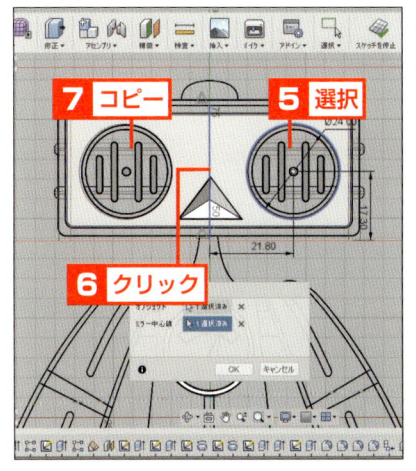
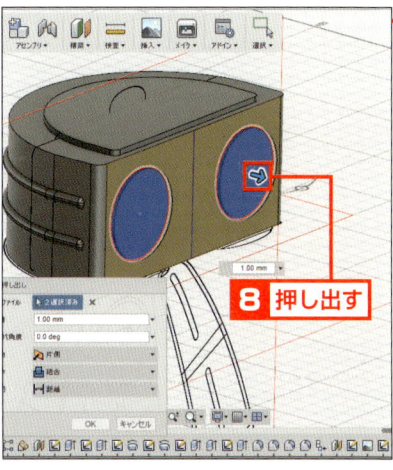

••• 5 [スケッチ]−[ミラー]を選択し、スケッチした円を選択します。

6 [ミラー]ダイアログの[ミラー中心線]の[選択]をクリックし、左右中央の直線をクリックします。

7 円が反対側にコピーされるので、コマンドを終了します。

8 [押し出し]をクリックし、2つの円を外側に1mm押し出し、コマンドを終了します。

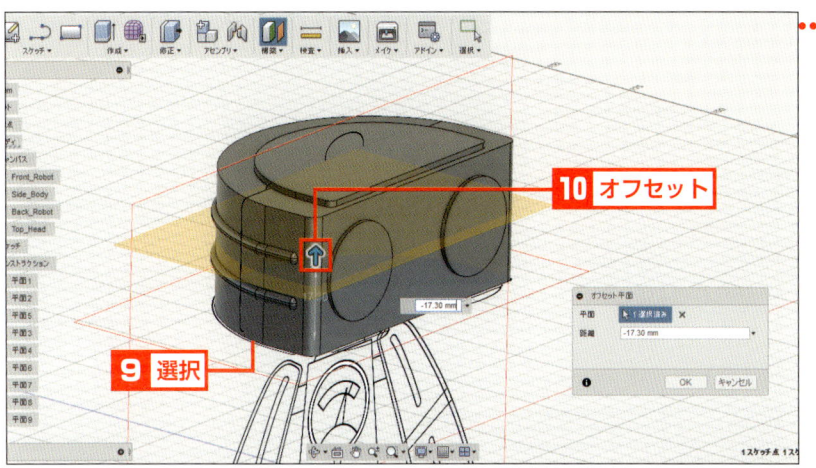

••• 9 [オフセット平面]をクリックし、頭部の下面を選択します。

10 上方に17.3mmオフセットし、コマンドを終了します。

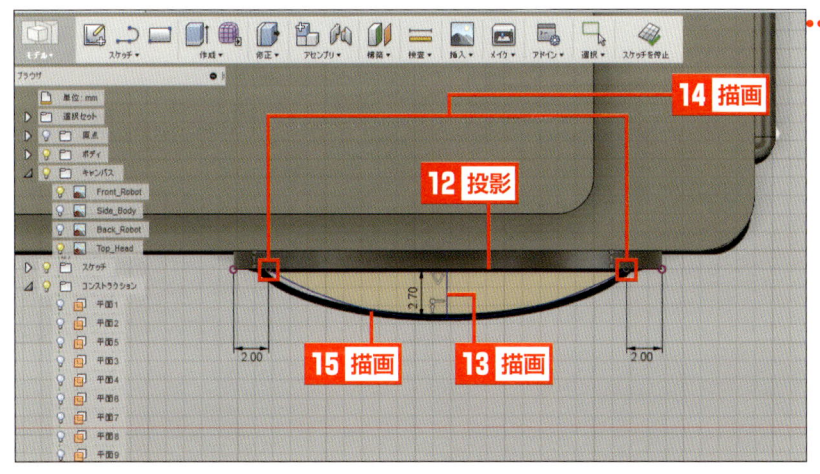

••• 11 [スケッチを作成]をクリックし、作成した平面を選択します。

12 [スケッチ]−[プロジェクト/含める]−[プロジェクト]を選択し、片方の目の前面のエッジを投影します。

13 [線分]をクリックし、投影線の中点から、顔の前方向に向かって2.7mmに確定した直線をスケッチします。

14 [スケッチ]−[点]を選択し、投影線上の、下絵の円弧の両端あたりに点をスケッチし、[スケッチ]−[スケッチ寸法]で、どちらも端から2mmにします。

15 [スケッチ]−[円弧]−[3点指定の円弧]を選択し、3つの点をクリックして円弧をスケッチします。

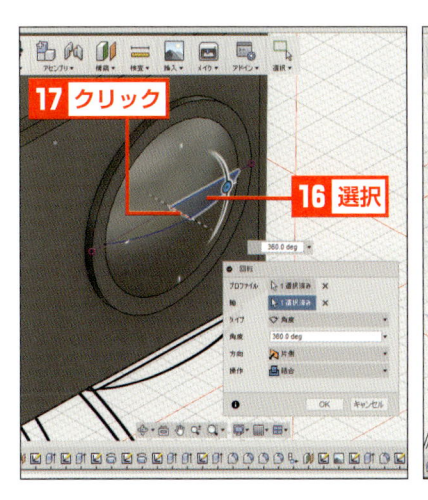
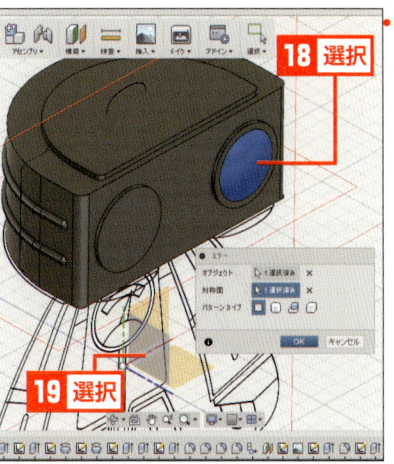

••• 16 [作成]−[回転]を選択し、円弧で囲まれた領域のどちらか片方を選択します。

17 [回転]ダイアログの[軸]の[選択]をクリックし、中心位置の直線をクリックし、コマンドを終了します。

18 [作成]−[ミラー]を選択し、作成されたドーム状の目を選択します。

19 [ミラー]ダイアログの[対称面]の[選択]をクリックし、YZ平面を選択します。コマンドを終了すると、目が反対側にコピーされます。

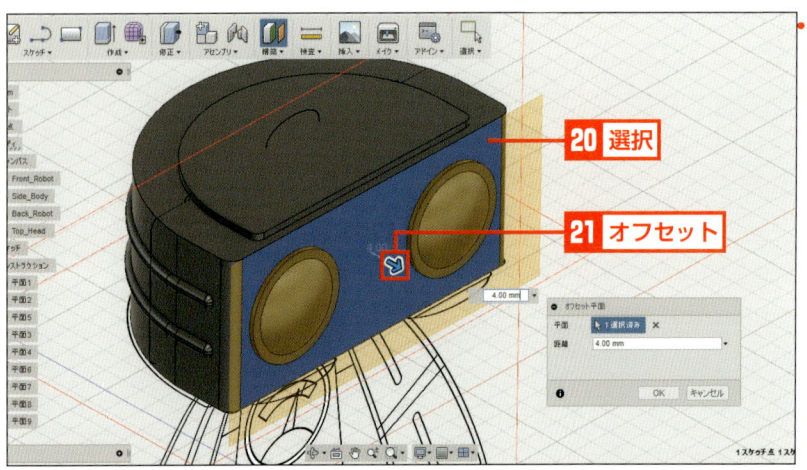

20 [オフセット平面] をクリックし、顔の前面を選択します。

21 手前側に4mmオフセットし、コマンドを終了します。

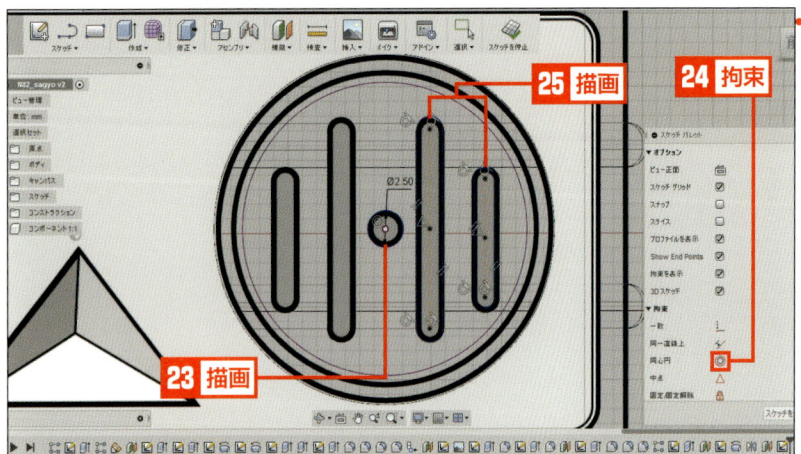

22 [スケッチを作成] をクリックし、作成した平面を選択します。

23 [スケッチ] − [円] − [中心と直径で指定した円] を選択し、下絵を参考に、直径2.5mmに確定した円をスケッチします。

24 [スケッチ パレット]の[拘束]で [同心円]をクリックし、目の外周の円と、スケッチした円をクリックして、同心円になるよう、中心点を拘束します。

25 [スケッチ]−[スロット]−[中心点スロット]を選択し、下絵を参考に、右側2つのスロットをスケッチします。

MEMO メモ

あとから位置を調整したりする際に、スケッチの形が崩れてしまわないように、スケッチ寸法や、一致や平行、直角といった拘束条件を定義するようにしましょう。

26 [線分] をクリックし、円の中心点から、真下に、2番目の円に交わるまで直線をスケッチします。

27 [スケッチ] − [ミラー] を選択し、2つのスロットを構成する計8カ所のエッジを選択します。

28 [ミラー] ダイアログの [ミラー中心線] の [選択] をクリックし、26 で描画した直線をクリックします。

29 反対側にコピーされるので、コマンドを終了します。

30 [押し出し] をクリックし、円を内側に1mm押し出してカットし、コマンドを終了します。

31 スケッチが非表示となるので、ブラウザの[スケッチ]でスケッチを再表示します。

32 同様にして、中央の円の両脇の大きなスロットを内側に2.5mm押し出してカットします。

33 両端のスロットは、内側に3mm押し出してカットします。

34 ブラウザの[スケッチ]で、スケッチを非表示にします。

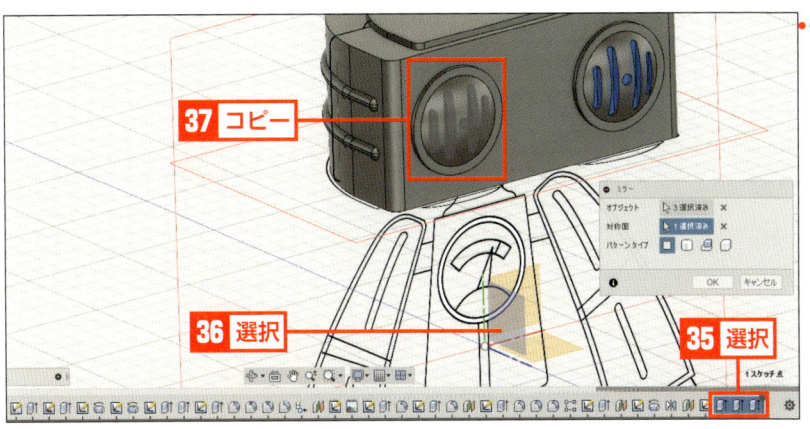

35 コピー

36 選択

35 選択

・・・ 35 [作成]−[ミラー]を選択し、画面下の履歴で、最後の3つの[押し出し]を選択します。

36 [ミラー]ダイアログの[対称面]の[選択]をクリックし、YZ平面を選択します。

37 スリットが反対側の目にコピーされるので、コマンドを終了します。

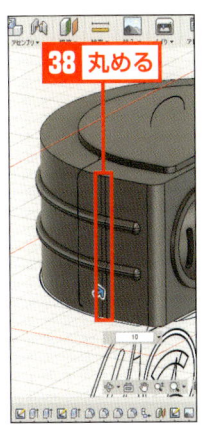

38 丸める

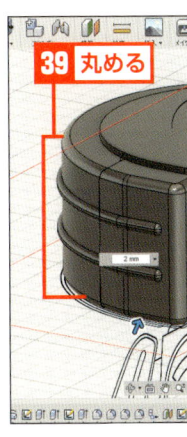

39 丸める

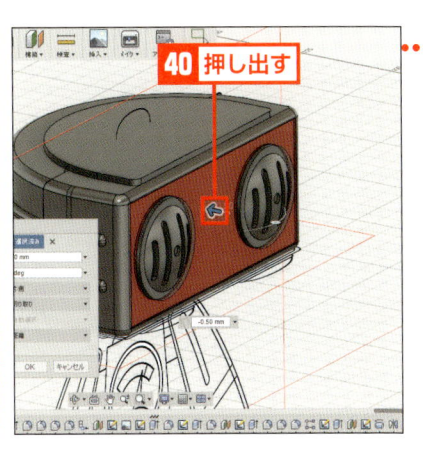

40 押し出す

・・・ 38 [修正]−[フィレット]を選択し、頭部側面の平面と曲面が接するエッジ、左右合わせて6カ所を半径10mmで丸め、コマンドを終了します。

39 同様にして、頭部の上下のエッジを半径2mmで丸めます。

40 [押し出し]をクリックし、顔の前面の平面を内側に0.5mm押し出してカットし、コマンドを終了します。

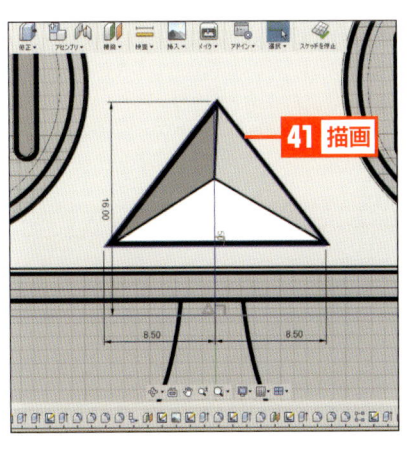

41 描画

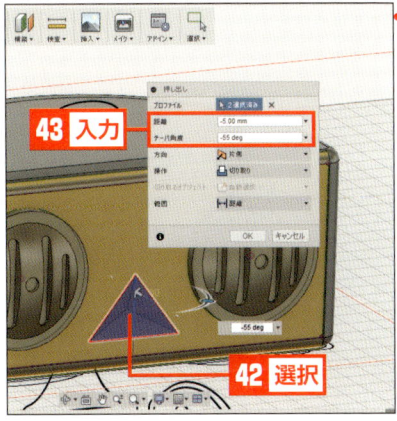

43 入力

42 選択

・・・ 41 [線分]をクリックし、顔の正面の面をスケッチ面として、下辺の中点から、真上に16mmの直線をスケッチし、そこから下絵に沿うように三角形をスケッチし、[スケッチ]−[スケッチ寸法]で、三角形の下の2つの頂点と、中心の直線の距離を8.5mmにします。

42 [押し出し]をクリックし、2つの三角形の領域を選択します。

43 [押し出し]ダイアログの[距離]に「-5」mm、[テーパ角度]に「-55」degと入力します。これで、内側の側面が中心に向かって集まるので、三角錐でカットしたような形になります。コマンドを終了します。

4 頭頂部の造形と首の取り付け部の作成

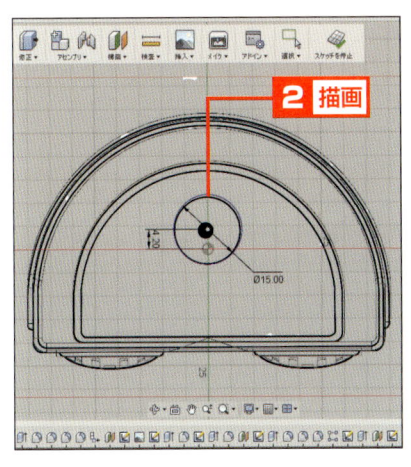

2 描画

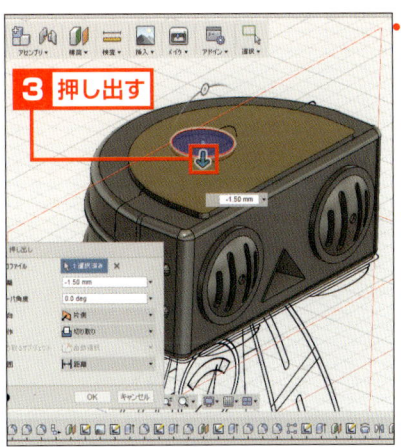

3 押し出す

・・・ 1 [上]からの視点に変更します。

2 [スケッチ]−[円]−[中心と直径で指定した円]を選択し、頭部上面をスケッチ面として、原点の真上に中心点が来るような、直径15mmに確定した円をスケッチし、[スケッチ]−[スケッチ寸法]で、円の中心点と原点との距離が4.2mmとなるようにします。

3 [押し出し]をクリックし、円を内側に1.5mm押し出してカットして、アンテナを取り付けるためのくぼみを作成します。コマンドを終了します。

 **MEMO メモ**

アンテナは別パーツとして、別の回で作成します。

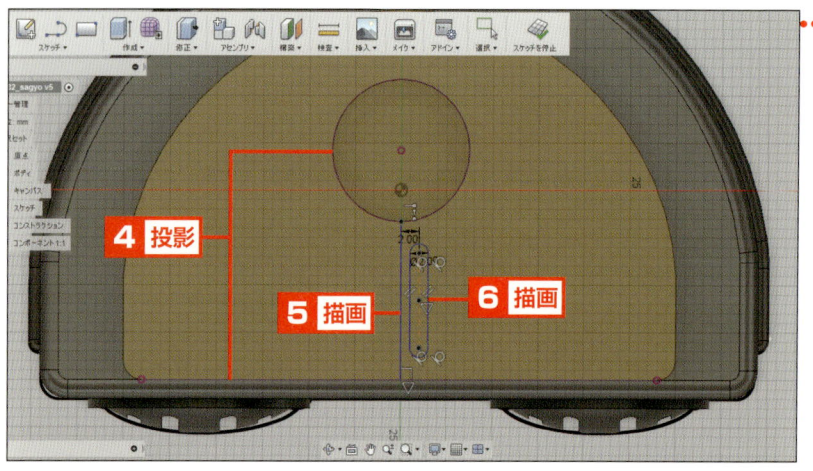

4 [スケッチ]−[プロジェクト／含める]−[プロジェクト] を選択し、頭部上面をスケッチ面として、顔の前面の直線と円を投影します。

5 [線分] をクリックし、投影線の中点から、円に向かって真上に直線をスケッチします。

6 [スケッチ]−[スロット]−[中心点スロット]を選択し、描画した直線の中点と同じ高さに中心が来るようにして、真上に5㎜で数値を確定して2点目をクリックし、幅2㎜で数値を確定してスロットをスケッチします。[スケッチ]−[スケッチ寸法]で、スロットの中央の縦線と、直線との距離を2㎜にします。

🔴 MEMO メモ

マウスポインターを直線の中点に合わせ、そのまま右方向に動かすと参照線が表示されるので、これに合わせてスロットの中心点を決めます。

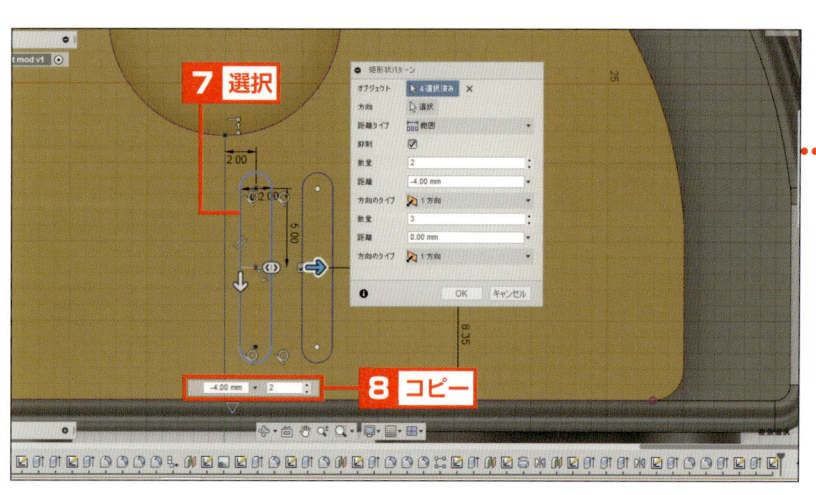

7 [スケッチ]−[矩形状パターン]を選択し、スロットを構成する4つのエッジを選択します。

8 矢印のハンドルを右方向にドラッグし、数量2、距離4㎜でコピーし、コマンドを終了します。

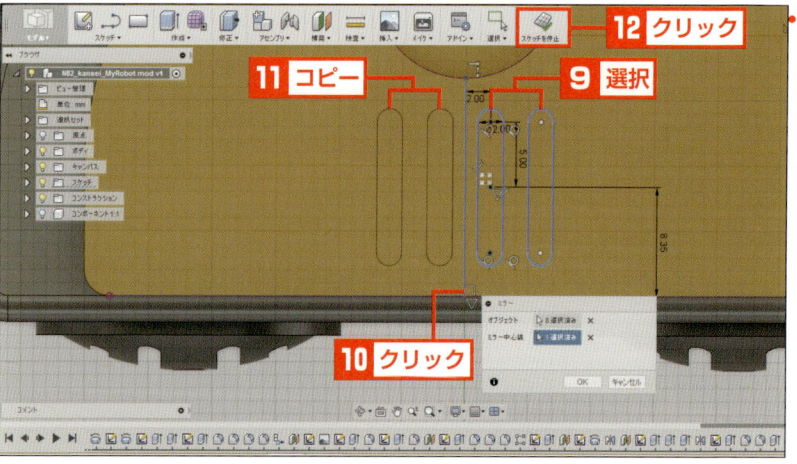

9 [スケッチ]−[ミラー]を選択し、2つのスロットを構成する計8カ所のエッジを選択します。

10 [ミラー]ダイアログの[ミラー中心線]の[選択]をクリックし、直線をクリックします。

11 反対側にコピーされるので、コマンドを終了します。

12 [スケッチを停止]をクリックします。

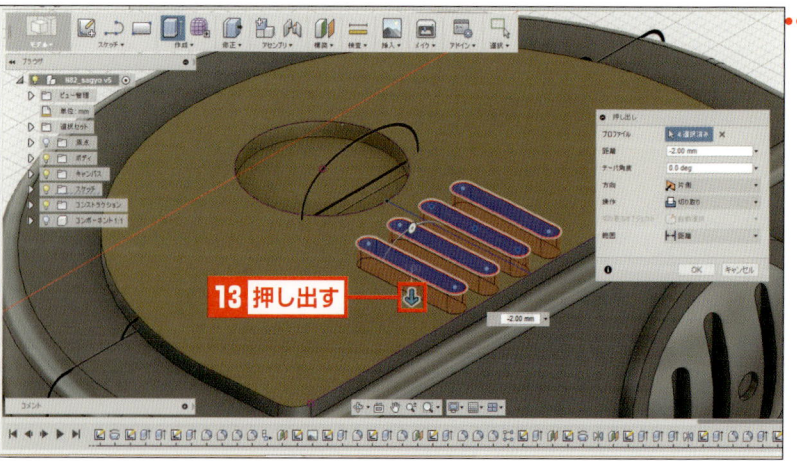

13 [押し出し]をクリックし、4つのスロットを内側に2㎜押し出してカットし、コマンドを終了します。

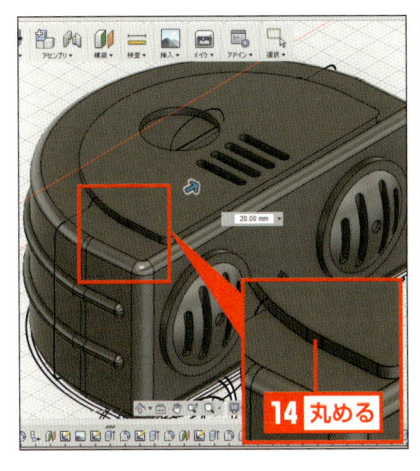
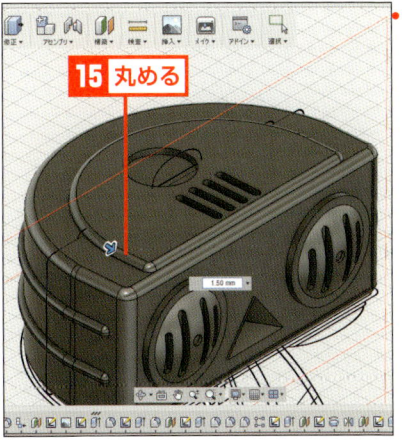

14 [修正]−[フィレット]を選択し、頭部上面の押し出し部分の、平面と曲面が接するエッジ、左右合わせて2カ所を半径20㎜で丸め、コマンドを終了します。

15 同様にして、上面のエッジを半径1.5㎜で丸めます。

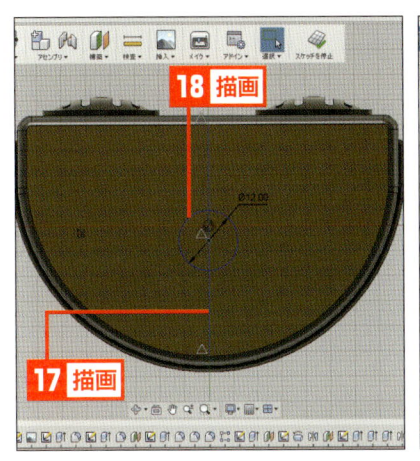
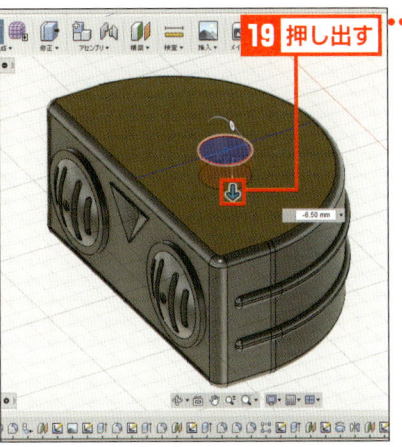

16 [下]からの視点に変更し、ブラウザの[キャンバス]で下絵を非表示にします。

17 [線分]をクリックし、頭部の底面をスケッチ面にして、左右を中央で分割するように直線をスケッチします。

18 [スケッチ]−[円]−[中心と直径で指定した円]を選択し、直線の中点を中心として、直径12㎜に確定した円をスケッチします。

19 [押し出し]をクリックし、円を構成する2つの領域を選択し、内側に6.5㎜押し出してカットし、コマンドを終了します。

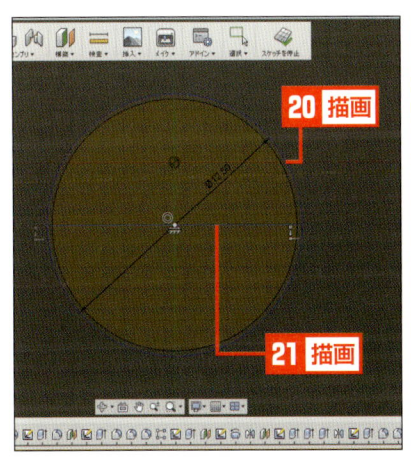

20 [スケッチ]−[円]−[中心と直径で指定した円]を選択し、穴の底をスケッチ面として、中心点を同じにして直径12.5㎜に確定した円をスケッチします。

21 [線分]をクリックし、円の中央を分割するように直線をスケッチします。

22 [作成]−[回転]を選択し、どちらかの半円を選択します。

23 [回転]ダイアログの[軸]の[選択]をクリックし、直線をクリックしてカットし、コマンドを終了します。

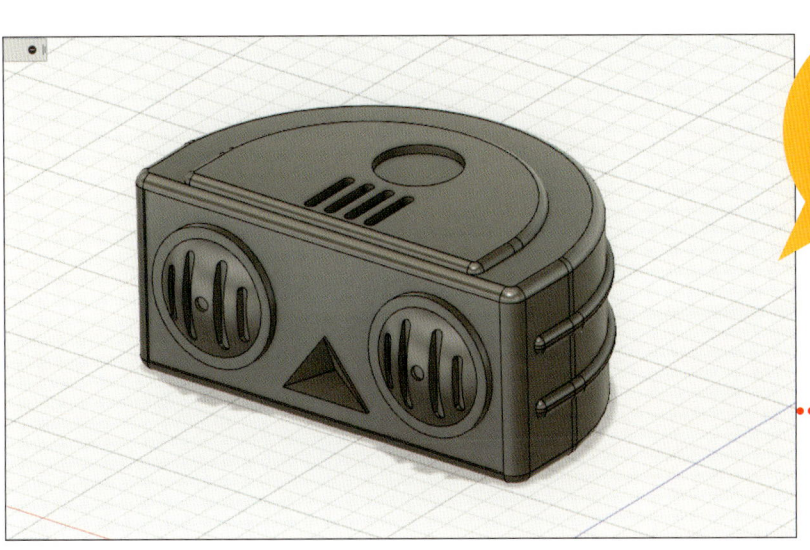

完成!

これで、頭部が完成しました。ファイルを保存しておきましょう。

次回に続く!

MODELING
いちから！作って学ぶモデリングガイド

**Fusion 360で学ぶモデリング
はじめたい人から、もっと極めたい人まで**

オリジナルロボットを作る
腕の作成①

今回からは腕を作成して、上半身を完成させていきます。ロボットという機械的なものなので、今までどおり、ソリッドモデリングで進めてもいいのですが、せっかくなので、フリーフォームで感覚的に丸い感じで腕の基本形状を作ってみましょう。

box くん キャラクターデザイン：
イトウケイイチロウ

今回のテンプレート
（ファイル名：MyRobot_05）

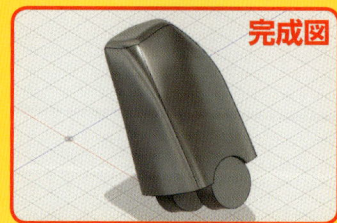
完成図

操作STEP

1 下絵の読み込みとセット
2 腕の基本形状の作成
3 形状の修正
4 上腕と前腕の分割

始める前の準備 ▶ 使用する下絵ファイルやテンプレートファイルは、ジャムハウスのダウンロードサイト（http://www.jam-house.co.jp/fusion360/）からダウンロードしてください。

1 下絵の読み込みとセット

前回作成したファイルを開きます。テンプレートファイルを利用する方は、テンプレートファイル（MyRobot_05）を開いてください。

[画面図]
1 設定
2 挿入

1 ［右］からの視点に変更し、ブラウザの［キャンバス］で、胴体の側面の下絵を表示します。

2 ［下絵を挿入］をクリックして、YZ平面にロボットを横から見た画像「Side_Robot」を挿入し、胸の前面のメーター部分がほぼ重なるように、大きさと位置を調整します。

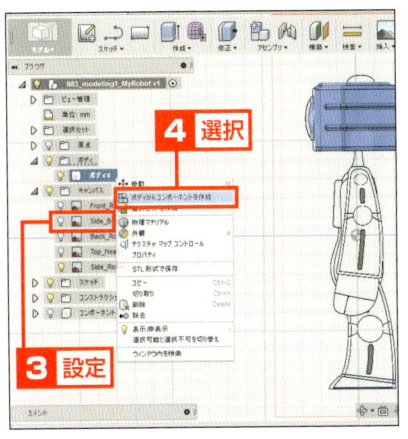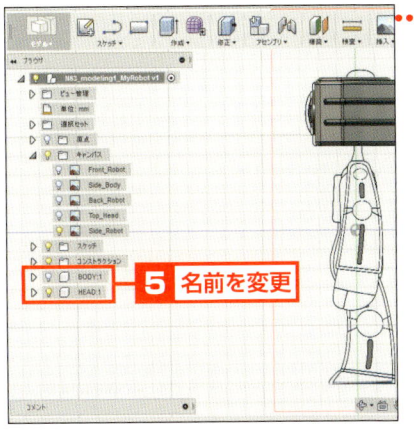

3 下絵の位置が確定できたらブラウザの[キャンバス]で「Side_body」は非表示にします。

4 ブラウザの[ボディ]で、頭部のボディを右クリックし、[ボディからコンポーネントを作成]を選択します。

5 このあともコンポーネントが増えるため、ひと目で分かるように名前を変更します。ブラウザで名前を変更したいコンポーネントを選択し、さらにクリックして変更してください。

2 腕の基本形状の作成

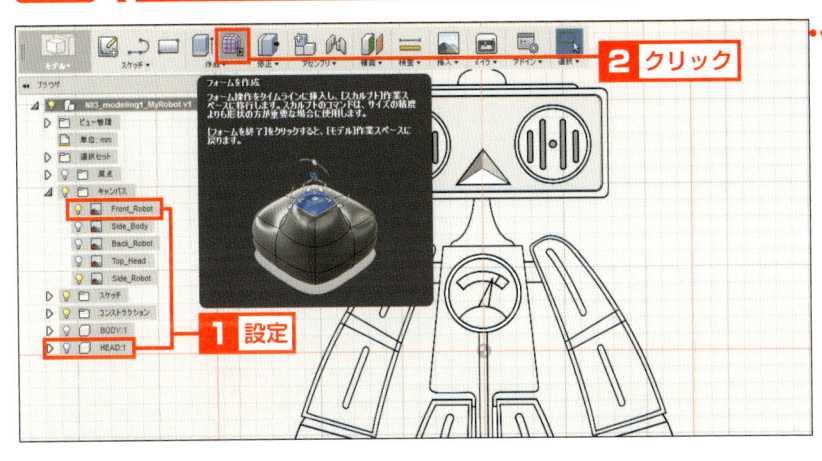

1 [前]からの視点に変更し、ブラウザの[キャンバス]で正面の下絵を表示し、頭部のコンポーネントを非表示にします。

2 [フォームを作成]をクリックします。

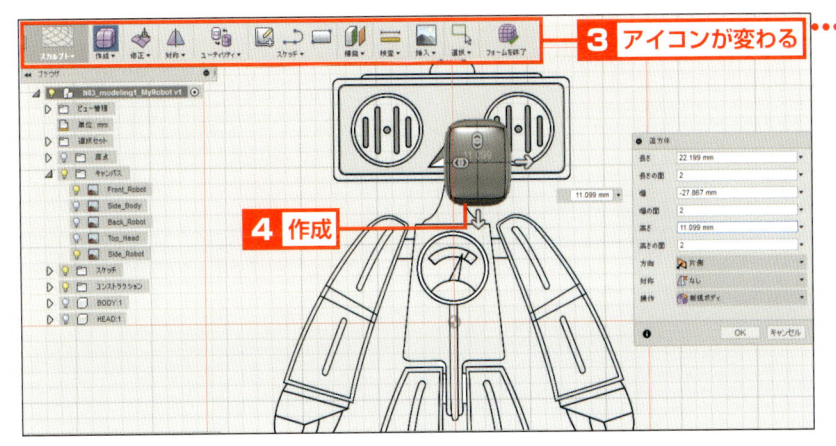

3 スカルプト環境への移行の確認メッセージで[OK]をクリックすると、スカルプトモードとなり、アイコンの内容が変わります。

4 [直方体]をクリックし、XY平面に、適当な大きさの直方体を作成します。

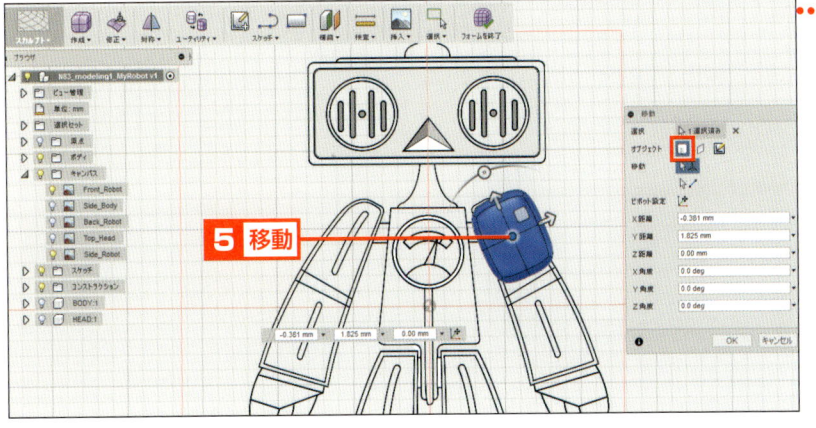

5 [修正]-[移動/コピー]を選択し、[移動/コピー]ダイアログの[オブジェクトを移動]で[ボディ]を選択したら、直方体を、だいたい上腕と位置と角度が合うように移動し、コマンドを終了します。

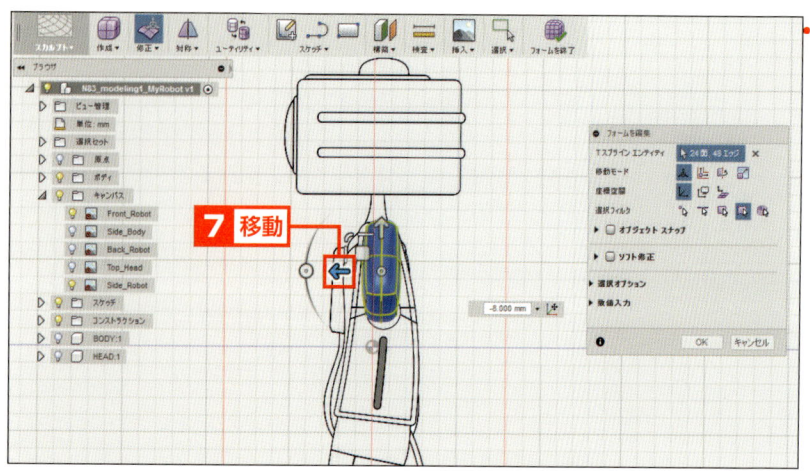

••• 6 [右] からの視点に変更します。

7 [フォームを編集] をクリックし、全体をドラッグして選択したら、矢印のハンドルをドラッグして、横から見たときに、腕の前後中央付近に移動します。

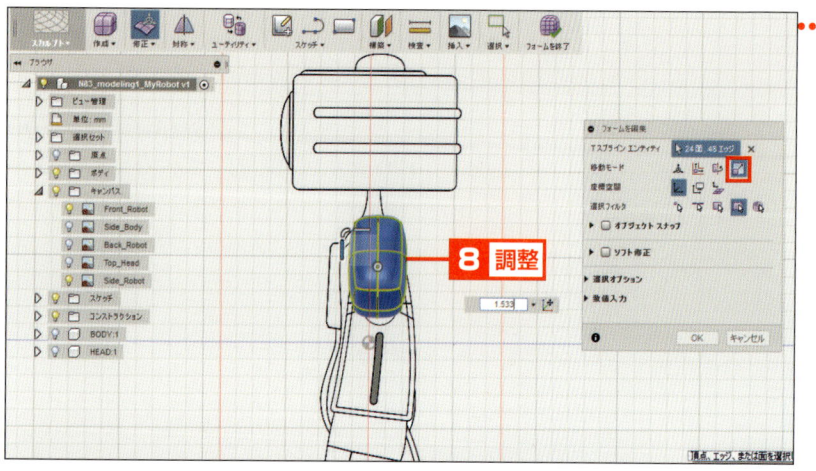

••• 8 [フォームを編集] ダイアログの [移動モード] で [尺度] を選択し、ハンドルをドラッグして、前後の幅を少し太くし、コマンドを終了します。

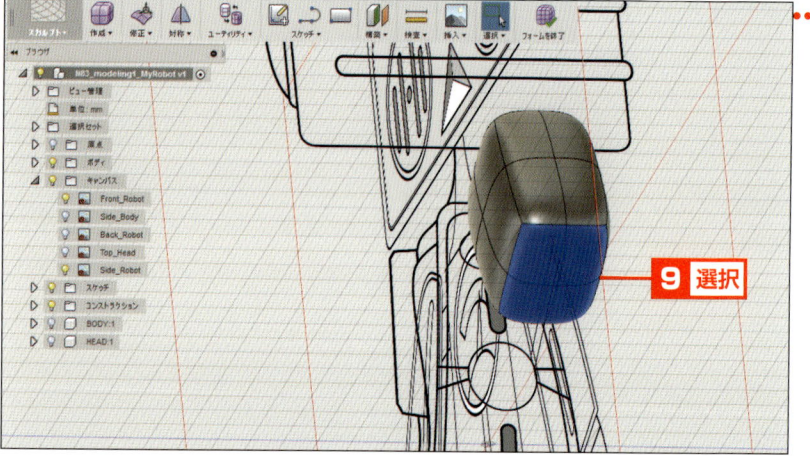

••• 9 下の4つの面を、[Shift] キーを押しながらクリックして選択します。

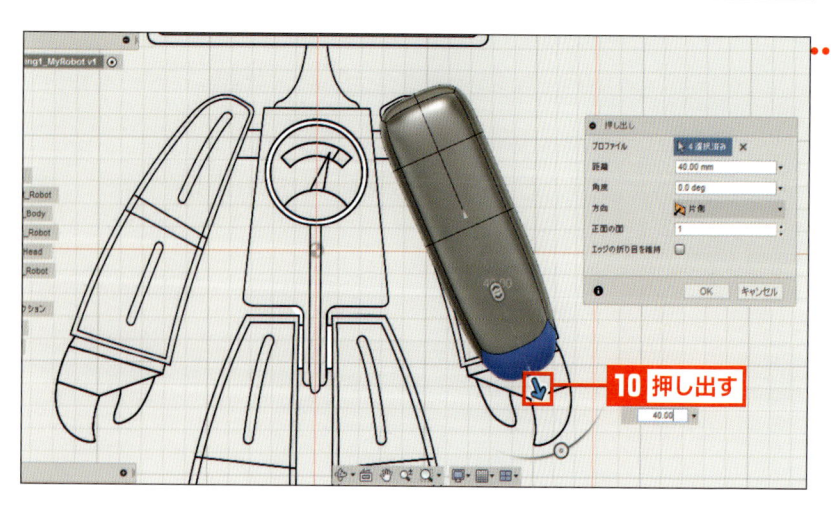

••• 10 [作成]−[押し出し] を選択し、手首あたりまで押し出し、コマンドを終了します。先端の形が少し丸いですが、この時点では特に気にしなくてかまいません。このあとで腕の形を整えていきます。

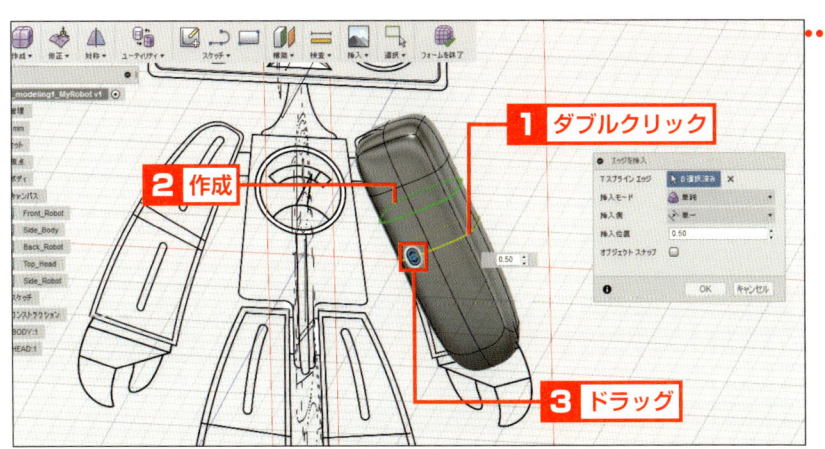

1 形状を調整しやすくするため、エッジを追加して、面の数を増やします。[修正]−[エッジを挿入]を選択し、中央のエッジをダブルクリックして1周選択します。

2 エッジが上下どちらかに作成されます。

3 ◉ をドラッグして位置を調整します。

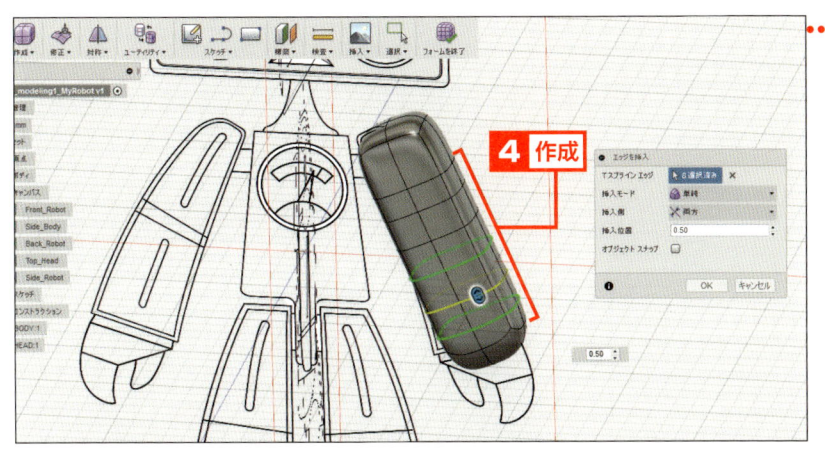

4 同様にしてさらにもう何本かエッジを作成します。あまり細かくしすぎると、あとで調整するのが大変なので、細かすぎないようにしてください。

> ## 🔖 MEMO メモ
>
> [エッジを挿入]ダイアログの[挿入側]で、[両方]を選択すると、選択したエッジの両側に一度にエッジを追加できます。

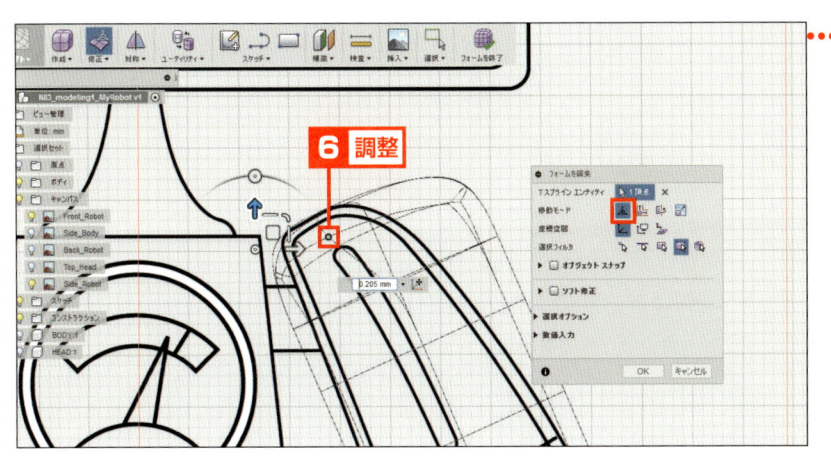

5 頂点の位置合わせをしていきます。まずは正面から見たときの形を整えます。⬔[フォームを編集]をクリックし、移動したい頂点をクリックして選択します。複数の頂点を一度に動かしたいときは、[Shift]キーを押しながらクリックして選択します。

> ## 🔖 MEMO メモ
>
> 肩から上腕部にかけては、下絵が隠れてしまっているので、表示スタイルをワイヤフレームにしたほうが操作しやすいかもしれません。しかし、全体の形はシェーディングのほうが分かりやすいので、適宜切り替えながら操作します。

6 [フォームを編集]ダイアログの[移動モード]で、⬔[マルチ]を選択し、ハンドルをドラッグして位置を調整します。ドラッグするハンドルによって、動きが異なるので、いろいろと試してみてください。

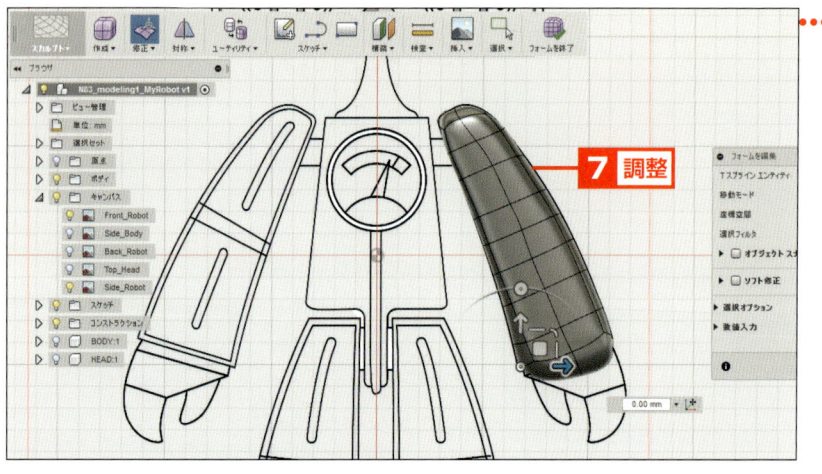

7 調整がすんだら、一度何もないところをクリックしてから、再度別の頂点をクリックして選択し、調整します。こうすることで、コマンドを停止せずに、連続して操作できます。全体的に整えられたら、コマンドを終了します。

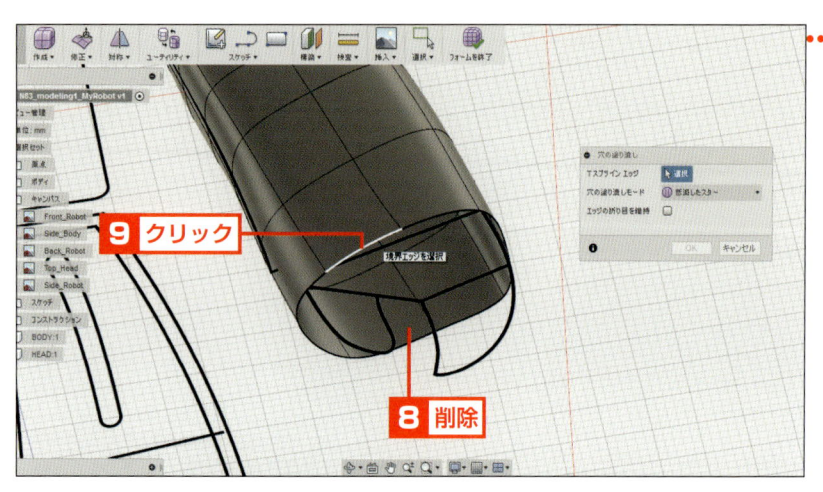

8 下面の丸みが調整しにくい場合は、28～29ページで紹介した、[穴の塗り潰し]を利用します。まずは、下面の面を[Shift]キーを押しながらクリックして選択し、[Delete]キーで削除します。

9 [修正]－[穴の塗り潰し]を選択し、断面のエッジをどれか1つクリックして選択します。

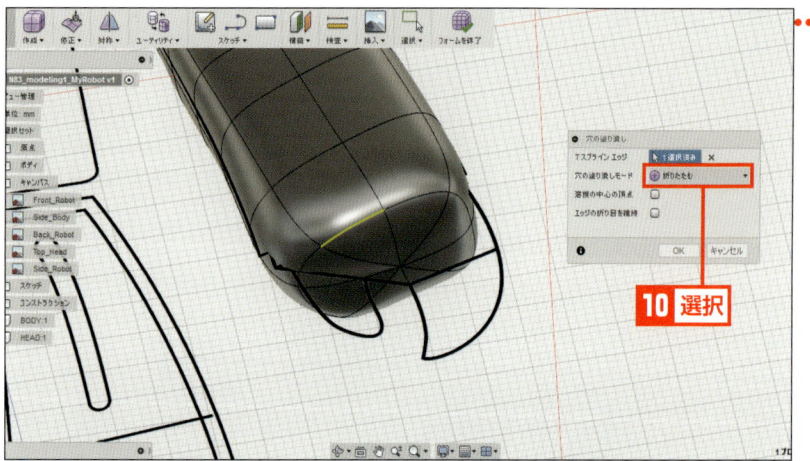

10 [穴の塗り潰し]ダイアログの[穴の塗り潰しモード]で、[折りたたむ]を選択し、コマンドを終了します。

11 腕の先端が丸いので、一番下のエッジのすぐ上にエッジを追加して、もう少し広げて角をシャープにします。[修正]－[エッジを挿入]を選択し、一番下のエッジのどれかをダブルクリックして、1周全部のエッジを選択します。

12 エッジが作成されるので、選択したエッジに近い位置に移動し、コマンドを終了します。

13 腕の側面から下のエッジが、かなり角がたったことが分かります。

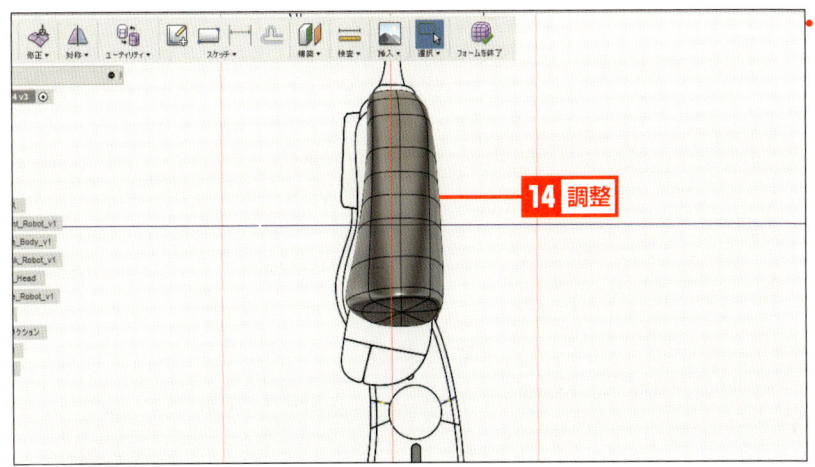

•••• **14** 正面から見た形が整えられたら、同様にして、側面から見たときの形も整えます。

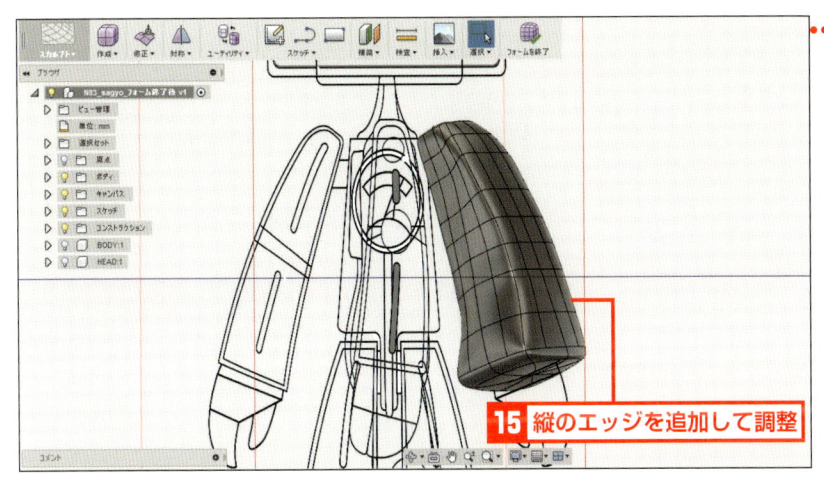

•••• **15** 腕の断面は四角い感じにしたいので、上面4面と下面16面分を除いた面に [修正] - [エッジを挿入] を利用して縦方向のエッジを追加し、形を整えます。

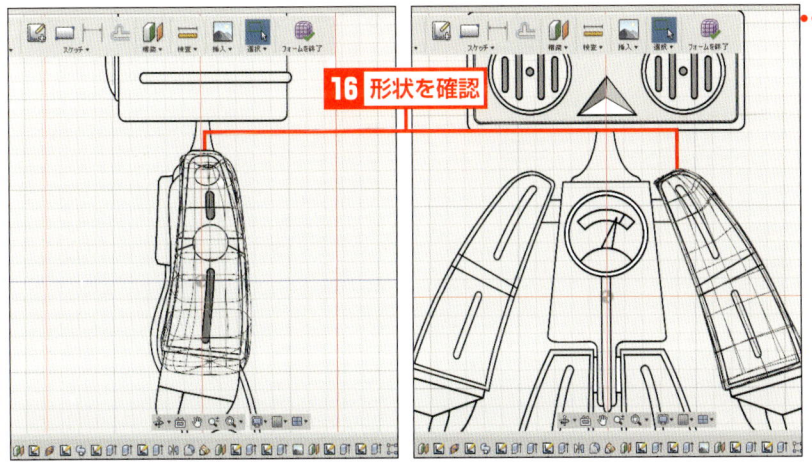

•••• **16** だいたい形が整ったら、ワイヤフレーム表示にして、側面、正面から見て下絵と形状を比較します。

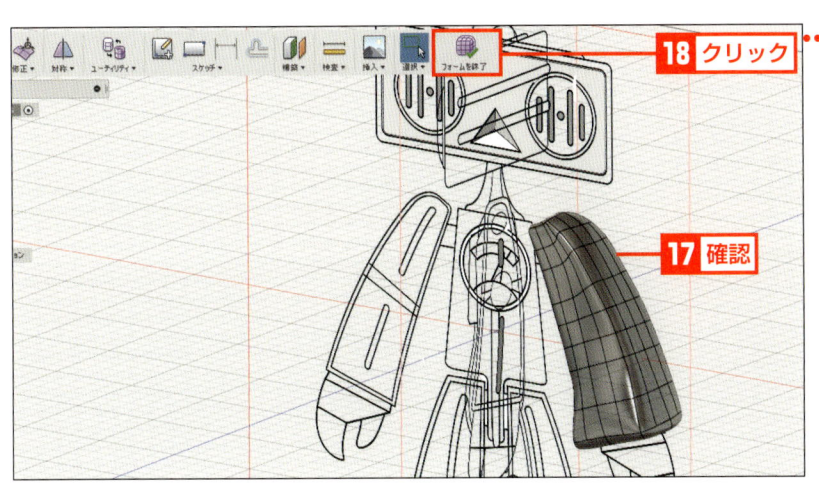

•••• **17** 表示をシェーディングに戻し、形を確認します。だいたいの雰囲気が出ていればOKです。

18 [フォームを終了] をクリックします。

[フォームを終了]をクリックした際、エラーメッセージが表示されてフォームを終了できないことがあります。これは、頂点を何度も動かしていくうちに、一見したところ問題ないように見えるものの、実は面同士が交差しているなど、形状的に問題がある場合です。そのようなときは、エラーメッセージを閉じ、表示モードをボックスにして、形状を修正してください。

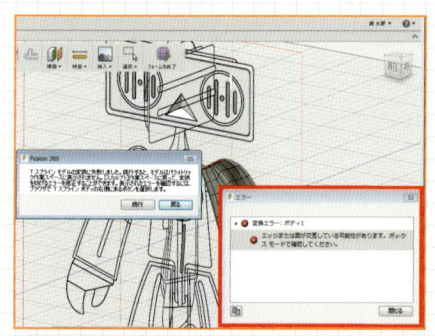

フォームを終了しようとしたら、エラーメッセージが表示されました。肩の付け根あたりにエラーがあるようです。

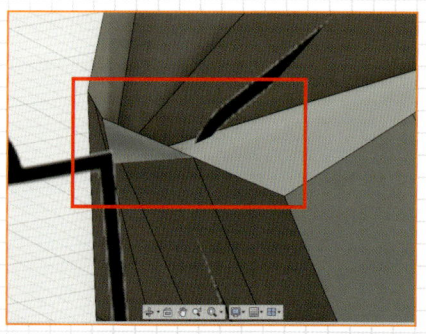

[ユーティリティ]－[表示モード]を選択し、[表示モード]ダイアログの[表示モード]で、[ボックス表示]を選択すると、頂点が下のほうに食い込んでいて、面が交差していることが分かります。

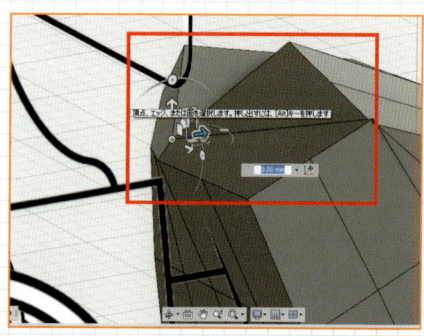

[フォームを編集]をクリックし、頂点を移動して重なりを回避します。ほかにも問題があるところがないか、全体的に確認し、なければ[ユーティリティ]－[表示モード]で[スムーズの表示]を選択して表示を戻し、フォームを終了します。

4 上腕と前腕の分割

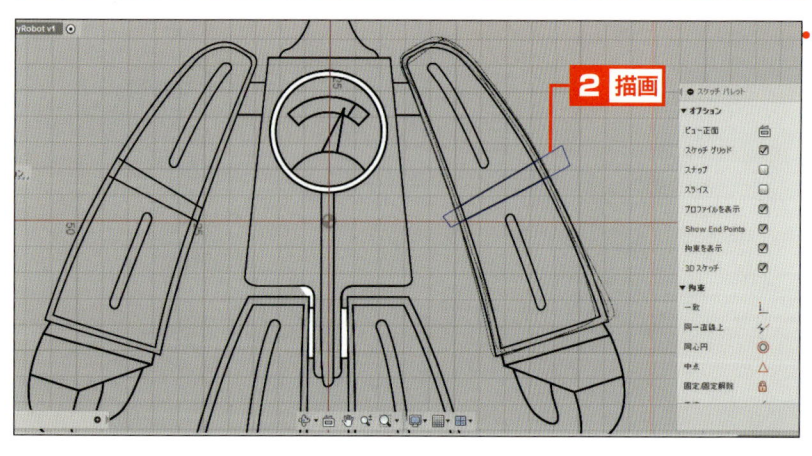

1 上腕と前腕を分割します。[前]からの視点にし、ワイヤフレーム表示にしたら、[スケッチを作成]をクリックし、XY平面を選択します。

2 [線分]をクリックし、下絵の肘の部分に合わせて、少し大きめに四角形をスケッチします。

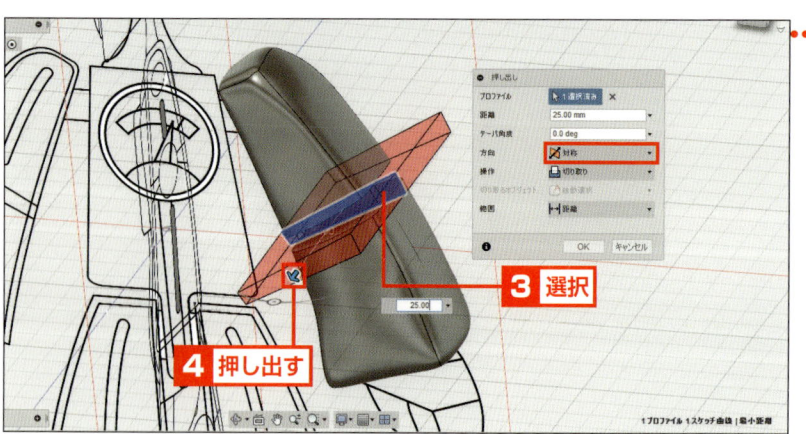

3 シェーディング表示に戻します。[押し出し]をクリックして四角形の領域を選択し、[押し出し]ダイアログの[方向]で[対称]を選択します。

4 腕が分割されるまで押し出してカットし、コマンドを終了します。

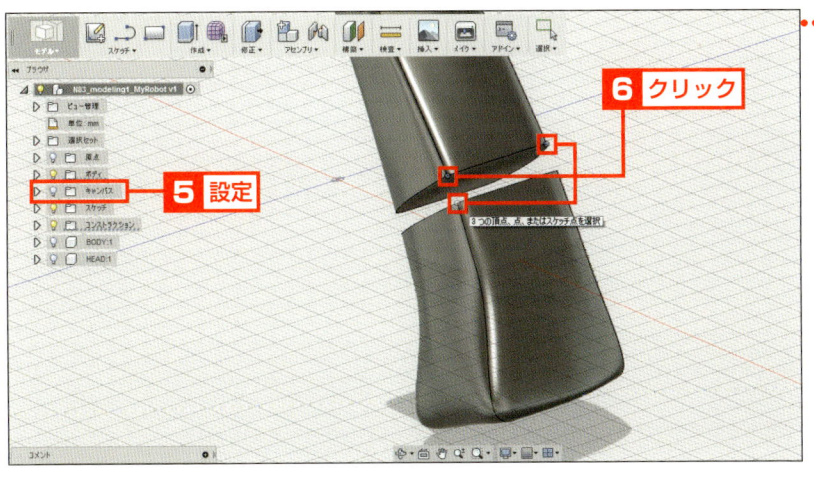

・・・▶ **5** ブラウザの[キャンバス]で、下絵を非表示にします。

6 [構築]－[3点を通過する平面]を選択し、上腕の外側のエッジの下端2点と、その下の前腕のエッジの上端1点をクリックします。

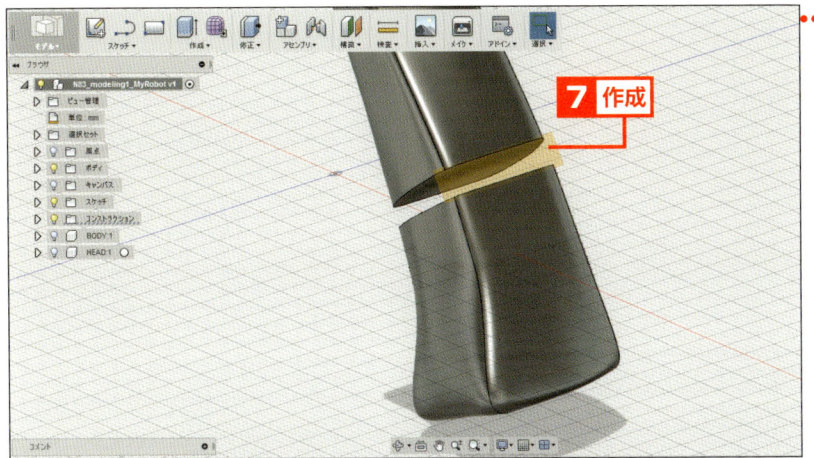

・・・▶ **7** 平面が作成されます。

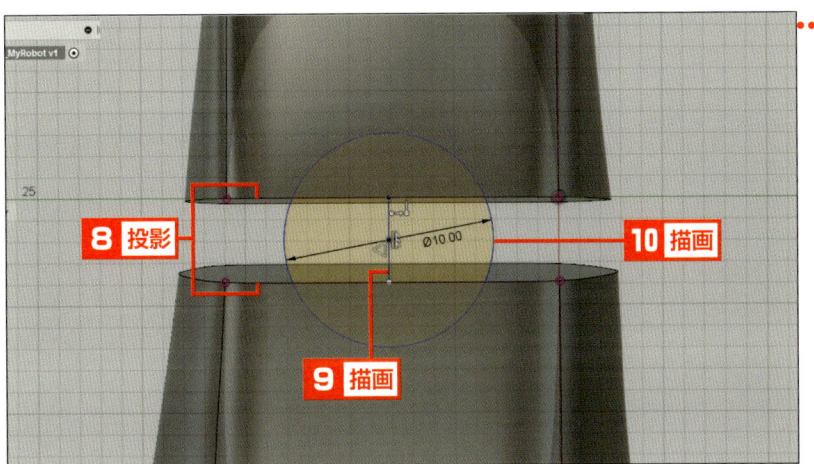

・・・▶ **8** [スケッチ]－[プロジェクト/含める]－[プロジェクト]を選択し、作成した平面をスケッチ面として、上下のエッジを投影します。

9 [線分]をクリックし、投影線の中点同士をつなぐ直線をスケッチします。

10 [スケッチ]－[円]－[中心と直径で指定した円]を選択し、直線の中点を中として、直径10mmの円をスケッチします。

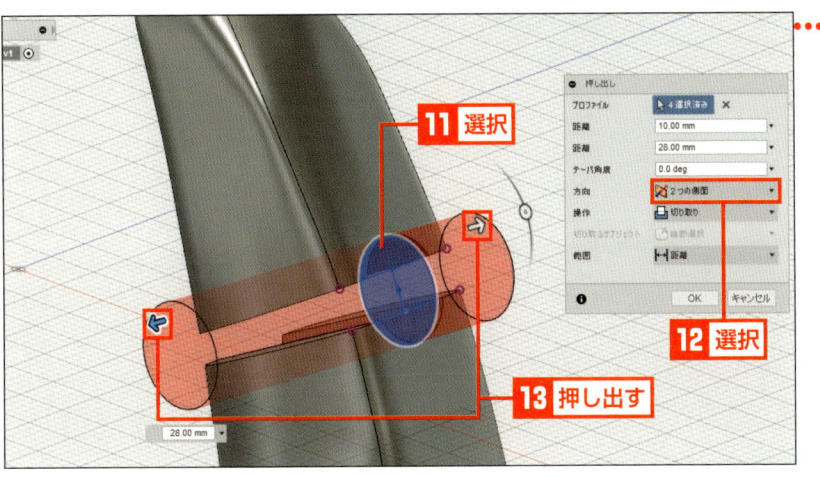

・・・▶ **11** [押し出し]をクリックして円を構成する4つの領域を選択して円全体を選択します。上下の部分は、そのままでは選択できないので、マウスを長押しし、[プロファイル]を選択してください。

12 円は腕の少し内側にあるので、[方向]で[2つの側面]を選択します。

13 2つの矢印のハンドルをそれぞれドラッグし、円を両方向に押し出してカットし、コマンドを終了します。

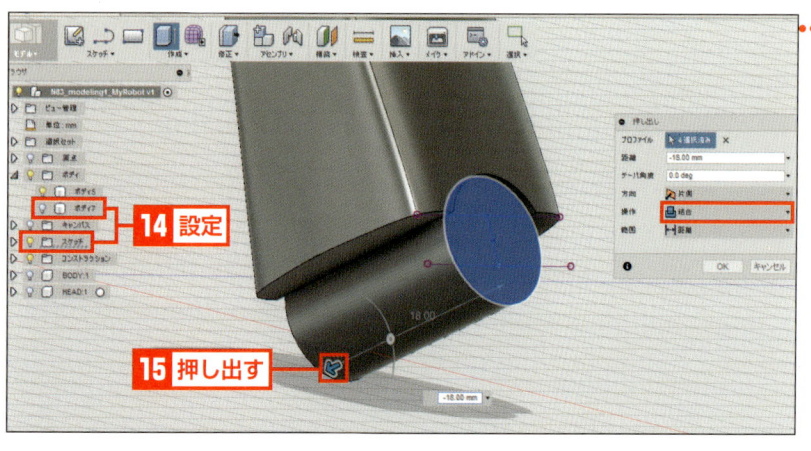

••• 14 ブラウザの [ボディ] で、前腕のボディを非表示にし、[スケッチ] で非表示になってしまった円のスケッチを再表示します。

15 ▨ [押し出し] をクリックして円を構成する4つの領域を選択し、18㎜内側に押し出し、[押し出し] ダイアログの [操作] で [結合] を選択してコマンドを終了します。

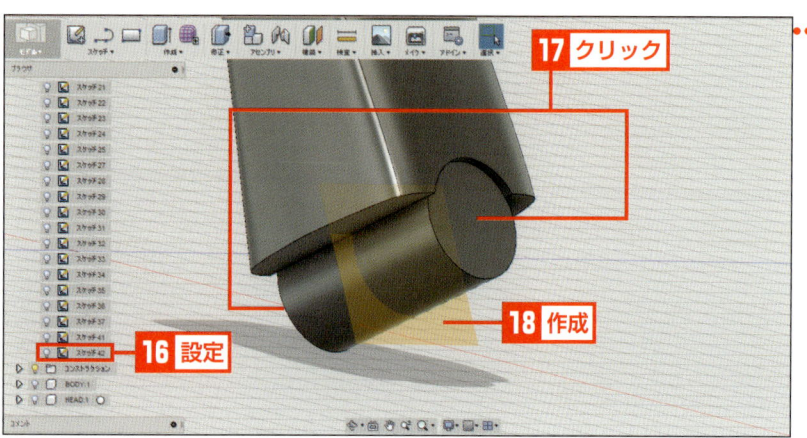

••• 16 ブラウザの [スケッチ] で、円のスケッチを非表示にします。

17 [構築] − [中立面] を選択し、円柱の両端をクリックします。

18 ちょうど中間に作業平面が作成されます。

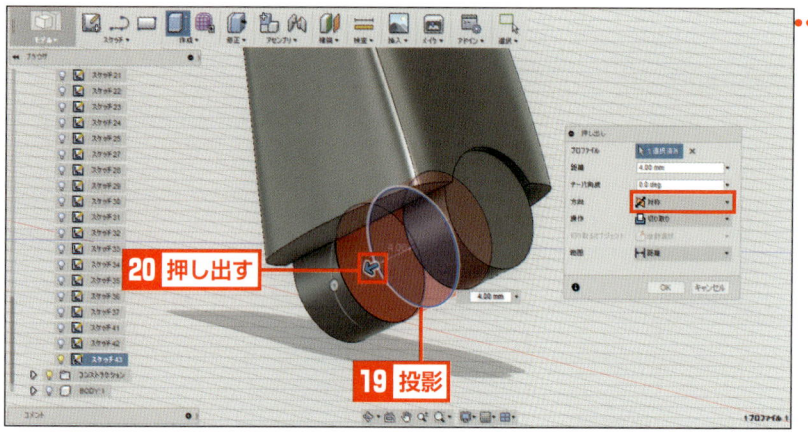

••• 19 [スケッチ] − [プロジェクト/含める] − [プロジェクト] を選択し、作成した平面をスケッチ面として、円の断面を投影します。

20 ▨ [押し出し] をクリックして投影した円を選択し、[押し出し] ダイアログの [方向] で [対称] を選択して、4㎜押し出してカットし、コマンドを終了します。

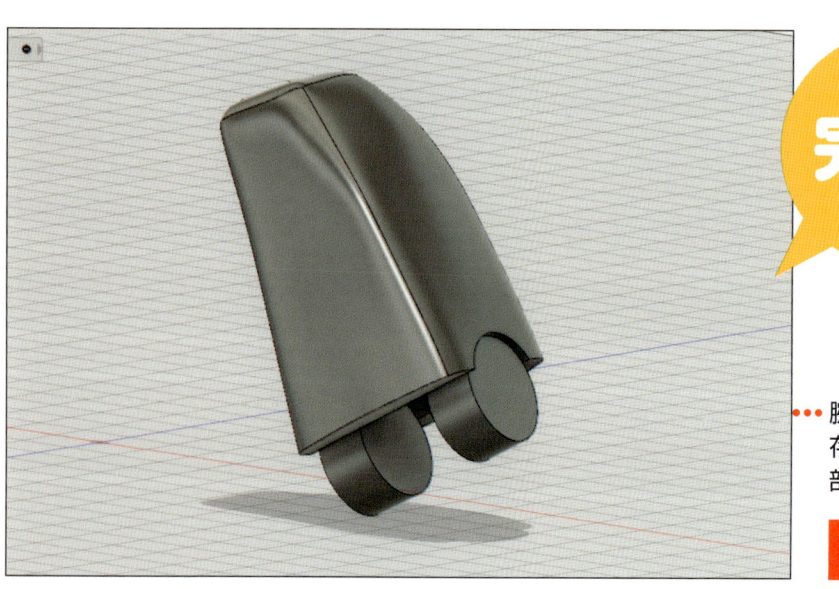

完成!

••• 腕の上腕部の形状ができあがりました。ファイルを保存しておきましょう。次回は肘のヒンジの部分や、前腕部を作っていきます。

次回に続く！

MODELING
いちから！作って学ぶモデリングガイド

モデリング 06

オリジナルロボットを作る
腕の作成②

今回は、前腕部や肩まわり、それに手の指の部分に加えて、腕の面にある装飾や肘関節を作成し、腕を完成させます。なお、今回は、あくまでも腕自体の形状の完成をめざしています。実際には、パーツを組み上げるためのフィーチャ※も必要ですが、それらはパーツのアセンブリをする際に作成していきます。

※特定の形状をあらかじめ決めておいた操作手順にしたがってモデリングする機能

box くん キャラクターデザイン：
イトウケイイチロウ

今回のテンプレート
（ファイル名：MyRobot_06）

完成図

操作STEP

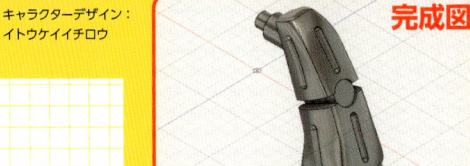

1️⃣ 肘関節部の作成　　　3️⃣ 腕の模様の作成

2️⃣ 肩関節部の作成　　　4️⃣ 手の指の作成

始める前の準備 ▶ テンプレートファイルを利用する場合は、ジャムハウスのダウンロードサイト（http://www.jam-house.co.jp/fusion360/）からダウンロードしてください。

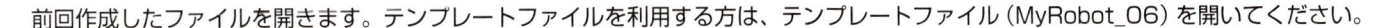

1️⃣ 肘関節部の作成

前回作成したファイルを開きます。テンプレートファイルを利用する方は、テンプレートファイル（MyRobot_06）を開いてください。

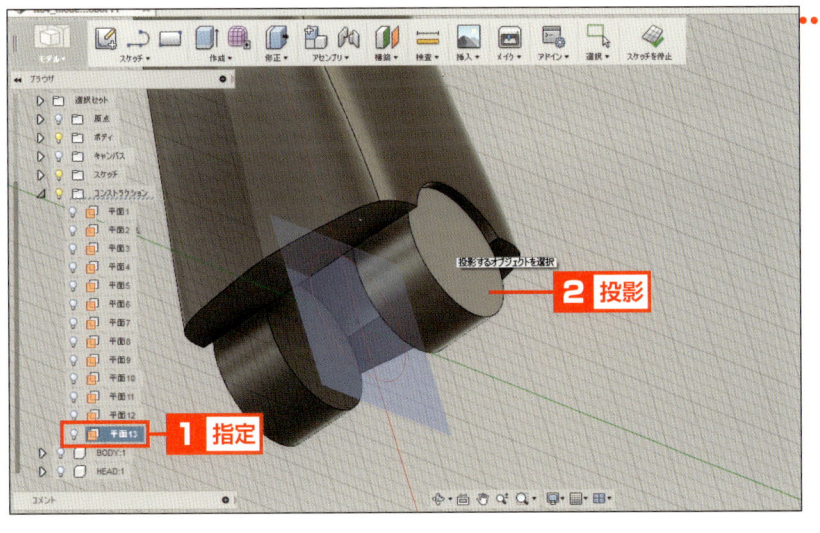

1️⃣ [スケッチ]－[プロジェクト/含める]－[プロジェクト]を選択し、ブラウザの [コンストラクション] で、前回肘部分に作成した作業平面をスケッチ面として指定します。

2️⃣ 円の断面を投影します。

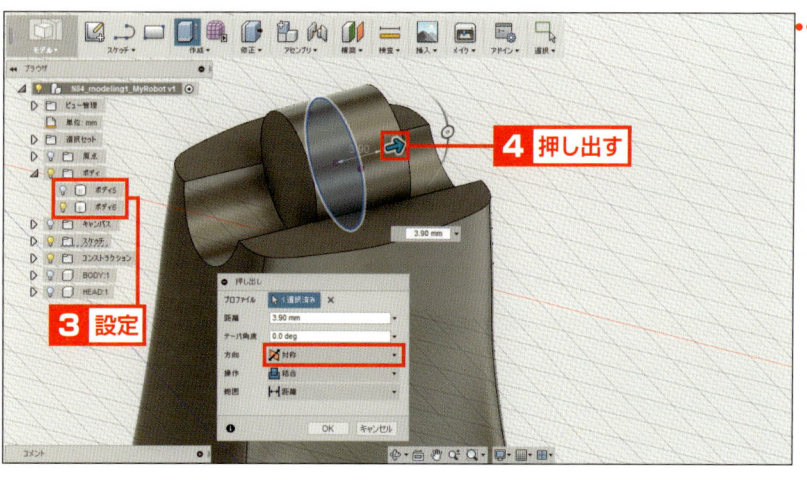

- ·····③ ブラウザの [ボディ] で、上腕を非表示に、前腕を表示します。

- ④ [押し出し] をクリックして円を選択して、[押し出し]ダイアログの[方向]で[対称]を選択し、3.9㎜押し出します。

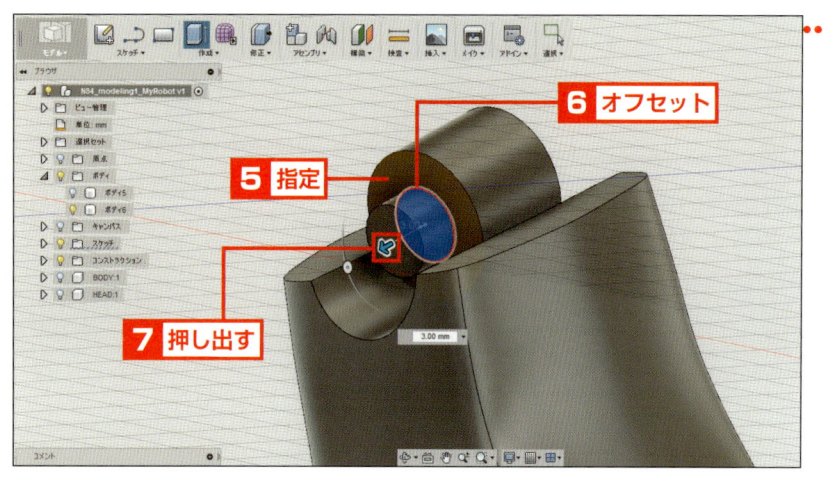

- ·····⑤ [スケッチを作成] をクリックし、円柱の片方の面をスケッチ面として指定します。

- ⑥ [スケッチ] – [オフセット] を選択し、円柱の断面のエッジを内側に2.5㎜ほどオフセットします。

- ⑦ [押し出し] をクリックしてオフセットした円を選択し、外側に3㎜押し出してボスを作成します。

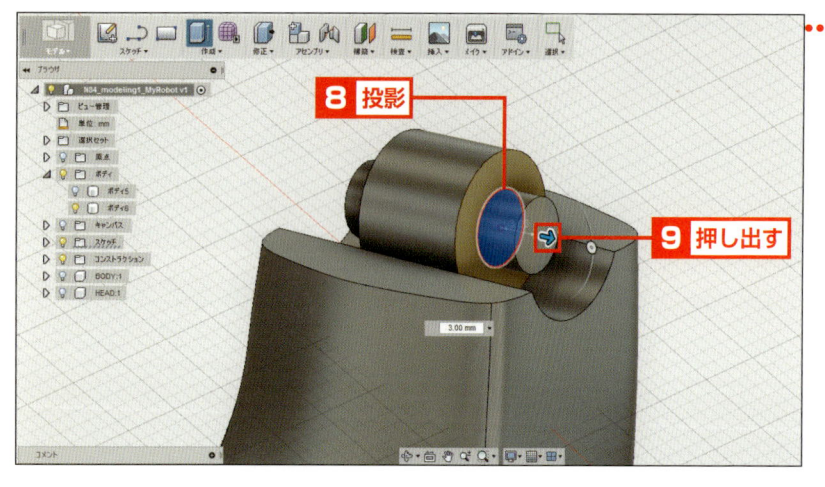

- ·····⑧ [スケッチ]-[プロジェクト/含める]-[プロジェクト]を選択し、円柱の反対側の面に、押し出した円柱のエッジを投影します。

- ⑨ 同様にして投影した円を外側に3㎜押し出します。

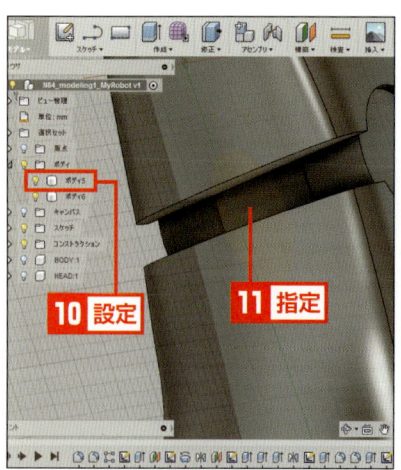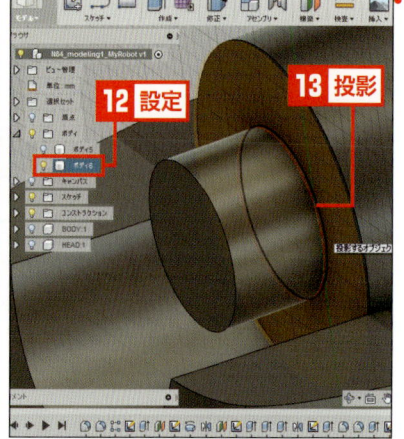

- ·····⑩ ブラウザの [ボディ] で、上腕を再表示します。

- ⑪ [スケッチを作成] をクリックし、上腕の2つの円柱のうち、どちらか片方の内側の面をスケッチ面として指定します。

- ⑫ ブラウザの [ボディ] で、上腕を非表示にします。

- ⑬ [スケッチ]-[プロジェクト/含める]-[プロジェクト]を選択し、スケッチ面に、リング状の断面を投影します。

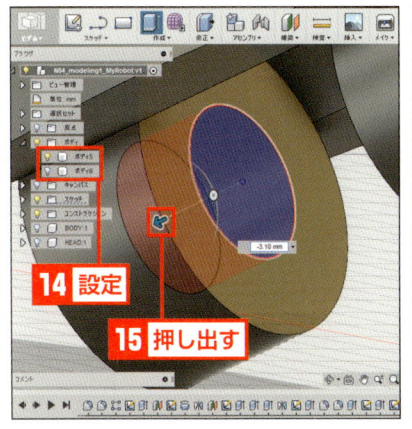 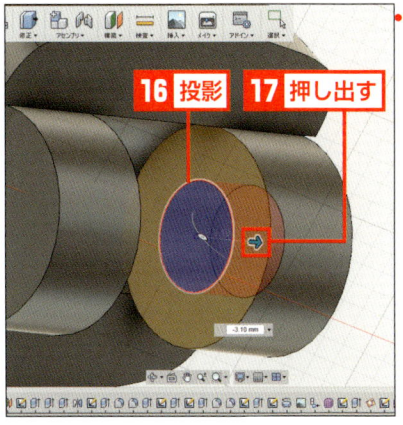

14 ブラウザの[ボディ]で、上腕を再表示し、前腕を非表示にします。

15 [押し出し]をクリックして投影した円を選択し、内側に3.1mm押し出してカットします。

16 [スケッチ]−[プロジェクト/含める]−[プロジェクト]を選択し、円柱の反対側の面に、投影した円のエッジを投影します。

17 同様にして投影した円を内側に3.1mm押し出してカットします。

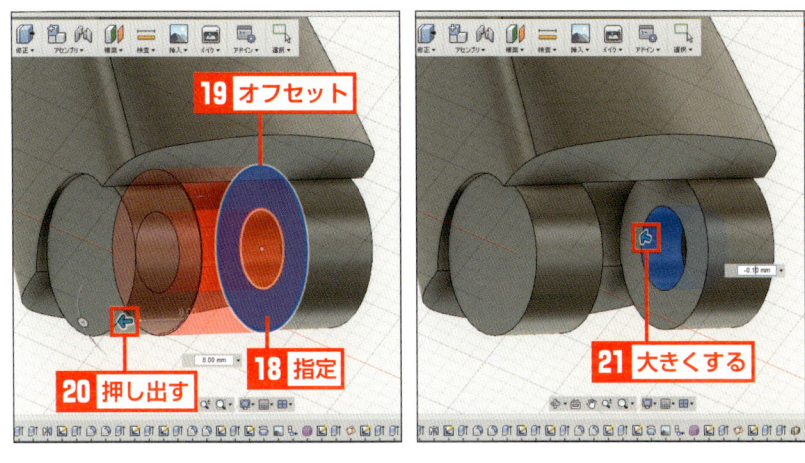 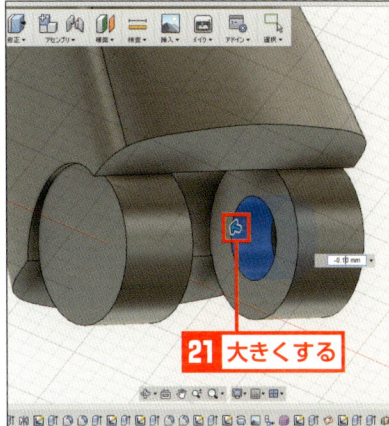

18 このままだと、肘のジョイント部分のサイズが同じため、はめ合わせのための隙間を作成します。[スケッチを作成]をクリックし、肘の内側の断面をスケッチ面として指定します。

19 [スケッチ]−[オフセット]を選択し、断面の外側のエッジを外側に0.1mmオフセットします。

20 [押し出し]をクリックし、断面とオフセットした外側の部分を選択し反対側に8mm押し出してカットします。

21 [プレス/プル]を選択し、穴の内側を選択し、0.1mm程度大きくします。

22 同様にして反対側の穴も大きくします。

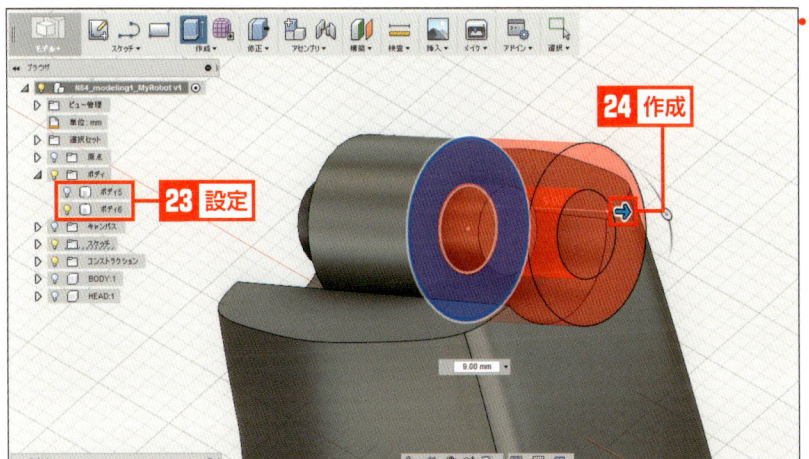

23 ブラウザの[ボディ]で、上腕を非表示にし、前腕を表示します。

24 **19**〜**20**と同様に操作して、ジョイント部の両側に、はめ合わせのための隙間を作成します。

MEMO メモ

ブラウザの[ボディ]で上腕を再表示すると、ピッタリではなくて、隙間ができているのを確認できます。ただし、この2つのパーツは、はめ合いの関係は持っていません。最後にアセンブリを行う際に組み合わせます。また、隙間は出力後に調整が必要な場合があります。ゆるくしすぎると調整が大変なので、少しきつめに作成するようにしましょう。こうしておけば、ヤスリで磨くことで簡単に調整することができます。

2 肩関節部の作成

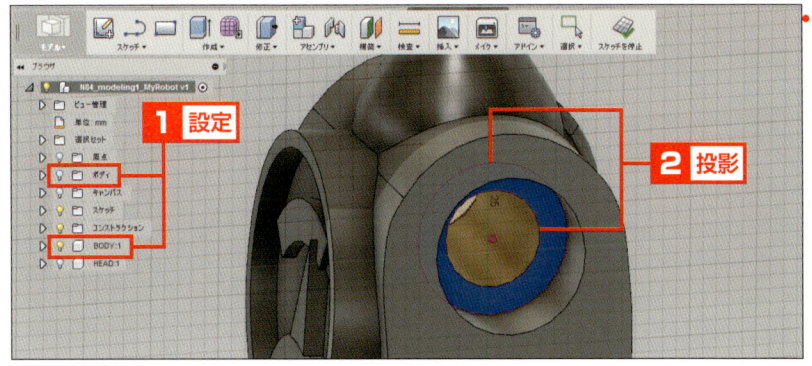

1 肩のはめ込み部分を作成します。ブラウザの[ボディ]を非表示にし、胴体のコンポーネント(ここでは[BODY])を表示します。

2 [スケッチ]−[プロジェクト/含める]−[プロジェクト]を選択し、肩の内部のドーナツ状の面に、2つの円のエッジを投影します。

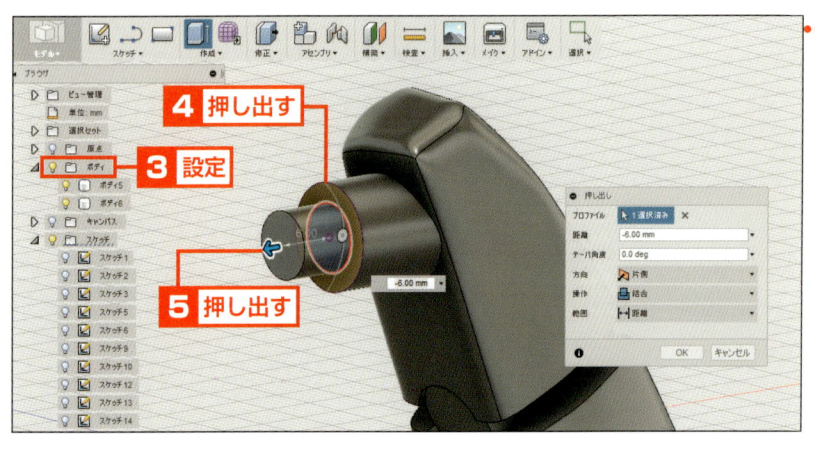

3 ブラウザの[ボディ]を再表示し、胴体のコンポーネントを非表示にします。

4 [押し出し]をクリックし、投影した2つの円の領域を選択し、腕につながるまで14mm程度押し出し、[押し出し]ダイアログの[操作]で[結合]を選択して実行します。

5 ブラウザの[スケッチ]で、非表示になってしまった円のスケッチを表示し、[押し出し]をクリックして、内側の円の領域を、外側に6mm押し出してボスを作成します。

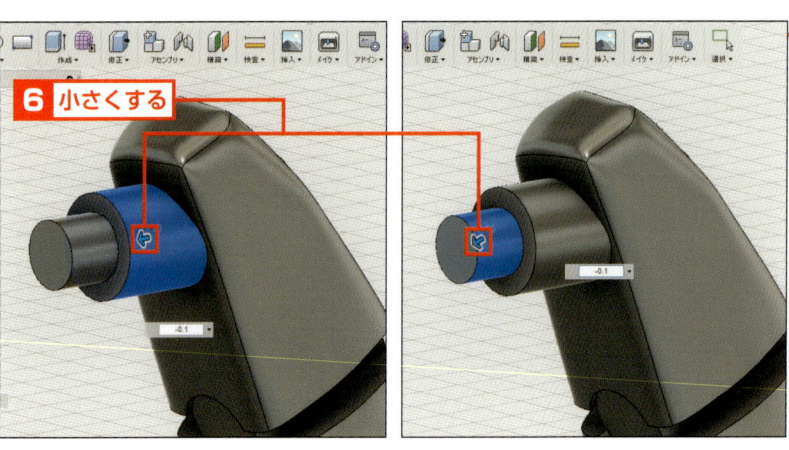

6 ブラウザの[スケッチ]で再表示した円のスケッチを非表示にし、[プレス/プル]を選択し、押し出しでできた2本の円柱を、それぞれ0.1mm程度小さくします。

腕の模様の作成

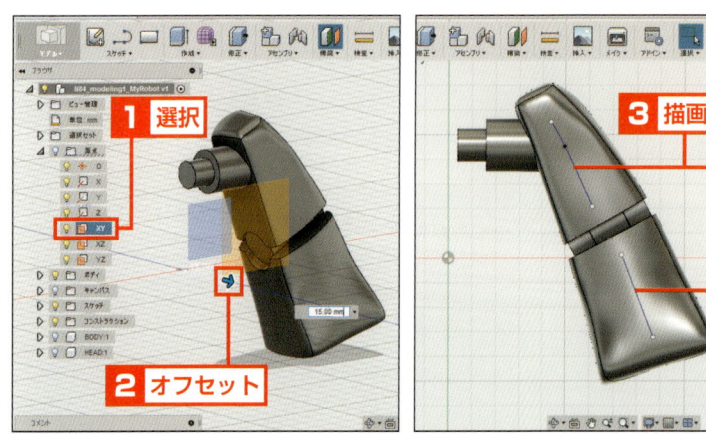

1 [オフセット平面]をクリックし、ブラウザの[原点]で[XY]をクリックして、XY平面を選択します。

2 手前に15mmほどオフセットします。

3 作成した作業平面上に、腕の流れに沿って、上腕、前腕それぞれだいたい中央部分に線をスケッチします。下絵を参考にしてもかまいません。ここでは、上腕は[スケッチ]-[スプライン]-[フィット点スプライン]で、前腕は[線分]で作成しました。[スケッチを停止]をクリックします。

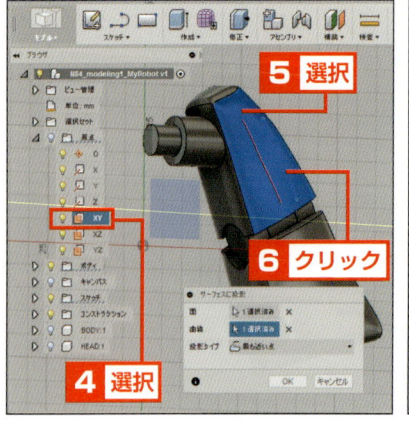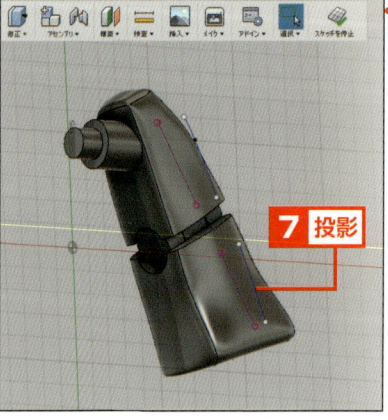

4 [スケッチ]-[プロジェクト/含める]-[サーフェスに投影]を選択し、ブラウザの[原点]で[XY]平面を選択します。

5 腕の面を選択します。

6 [サーフェスに投影]ダイアログの[曲線]の[選択]をクリックし、描画した線をクリックして投影します。[投影タイプ]は[最も近い点]のままで問題ないでしょう。[スケッチを停止]をクリックします。

7 同様にして、もう片方の線も投影します。

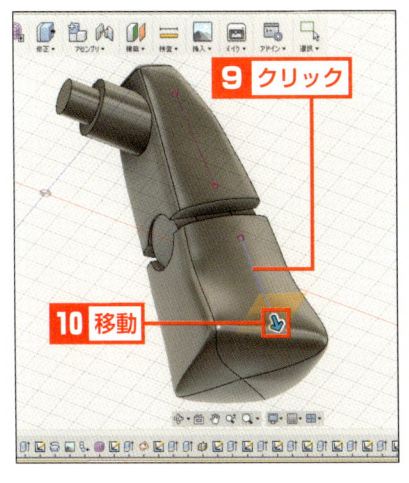
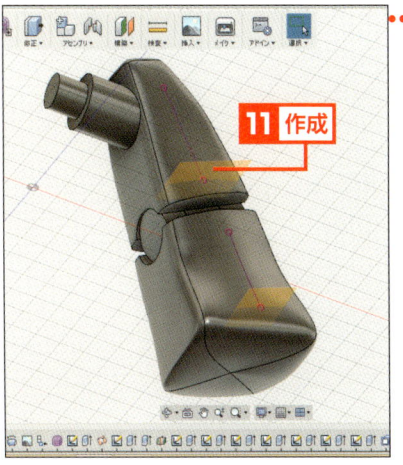

••• **8** ブラウザの [スケッチ] で投影元のスケッチを非表示にします。

9 [構築]－[パスに沿った平面] を選択し、前腕部の投影線をクリックします。

10 平面が作成されるので、矢印をドラッグして、投影線の下端まで移動します。

11 同様にして、上腕部の投影線の下端にも作業平面を作成します。

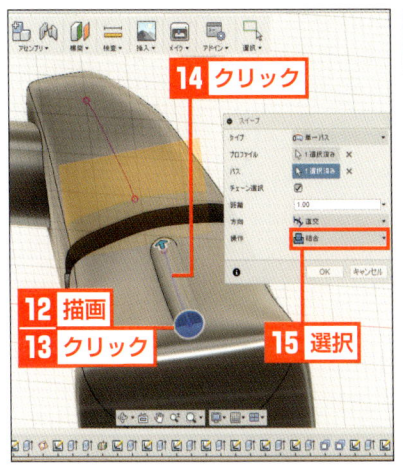
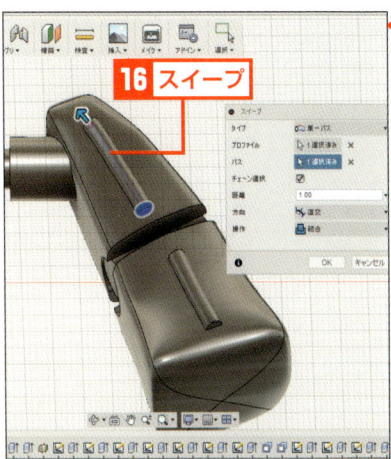

••• **12** [スケッチ]－[円]－[中心と直径で指定した円] を選択し、前腕部の作業平面に、直径3mmの円をスケッチします。

13 [作成]－[スイープ] を選択し、円をクリックします。

14 [スイープ] ダイアログの [パス] の [選択] をクリックし、投影線をクリックします。

15 [操作] で [結合] を選択して実行します。

16 同様にして、上腕部でもスイープを実行します。

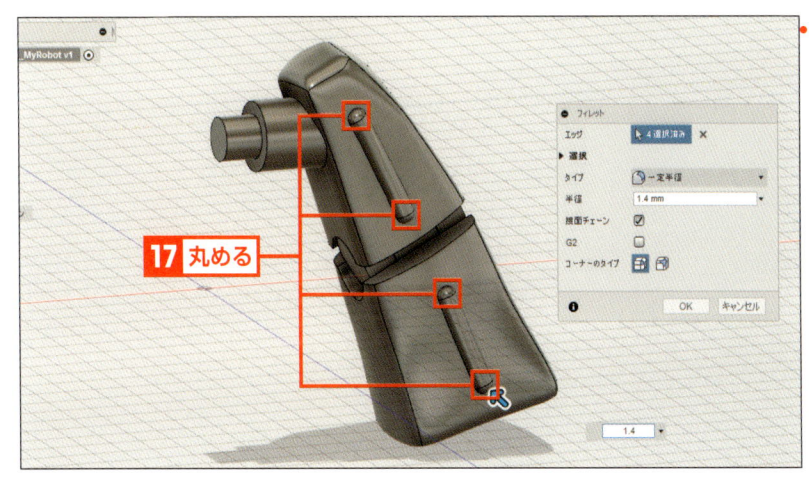

••• **17** [修正]－[フィレット] を選択し、半円状の円柱のそれぞれ上面、下面、合計4つのエッジを半径1.4mmで丸めます。

MEMO メモ

フィレットを実行する際には、作成した形状の違いなどにより、解説している半径ではエラーになる場合があります。そのようなときは、半径を少しずつ小さくしながら実行してみてください。

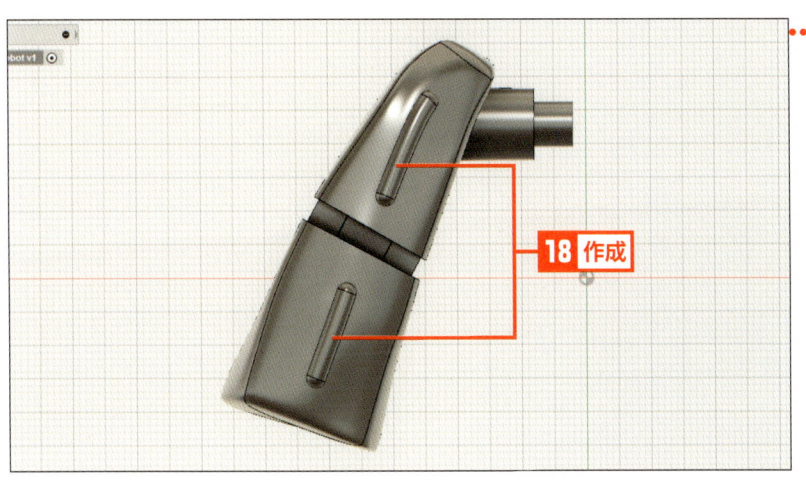

••• **18** **1**〜**17**と同様に操作し、腕の後ろの面にもモールド（凸凹形状）を作成します。

19 腕の外側のモールドは、YZ平面を60mmほど外側にオフセットしたところに作業平面を作成し、そこに [線分] で線をスケッチして作成します。ただし、[サーフェスに投影] を実行する際は、[面] で腕の面を、[曲線] で描画した線を選択し、[投影タイプ] で [ベクトルに沿って] を選択したら、[投影方向] で [YZ] 平面を選択して実行します。

20 **8** ～ **14** と同様に操作します。[スイープ] ダイアログの [操作] は、[切り取り] のまま実行し、今度は凹型のモールドにし、半径1.4mmでフィレットをかけます。

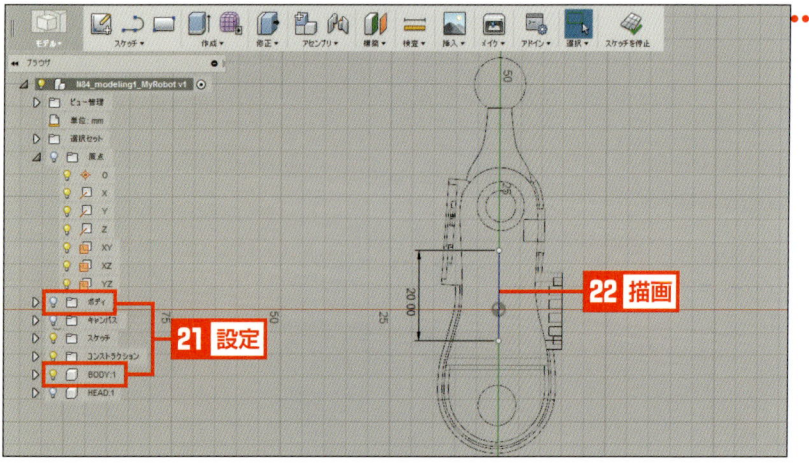

21 同じタイプのモールドが胴体の左右にも付いているので、作成します。ブラウザの [ボディ] を非表示にし、胴体のコンポーネントを表示します。ワイヤフレーム表示に変更します。

22 [線分] をクリックし、YZ平面をスケッチ面として、胴体のちょうど上下左右の中央付近に20mm程度の縦の直線をスケッチします。

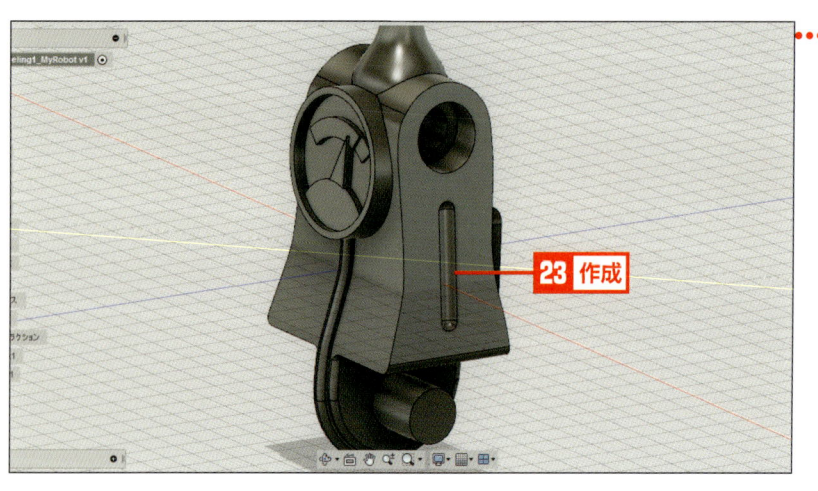

23 [サーフェスに投影] は、[投影タイプ] で [ベクトルに沿って] を選択して実行します。胴体の左右両方に投影し、先ほどと同様にして凹型のモールドを作成したら、半径1.4mmでフィレットをかけます。

4 手の指の作成

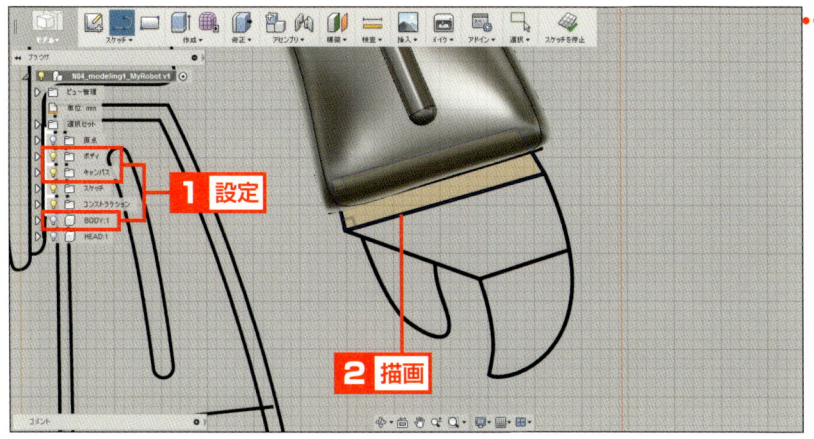

- **1** 設定
- **2** 描画

•••• **1** ブラウザの [ボディ] と [キャンバス] を再表示し、胴体のコンポーネントを非表示にします。

2 [前] からの視点に変更し、 [線分] をクリックし、XY平面をスケッチ面として、下絵に沿って手首の部分をスケッチして閉じた領域を作成します。前腕部に食い込むようにスケッチしてください。

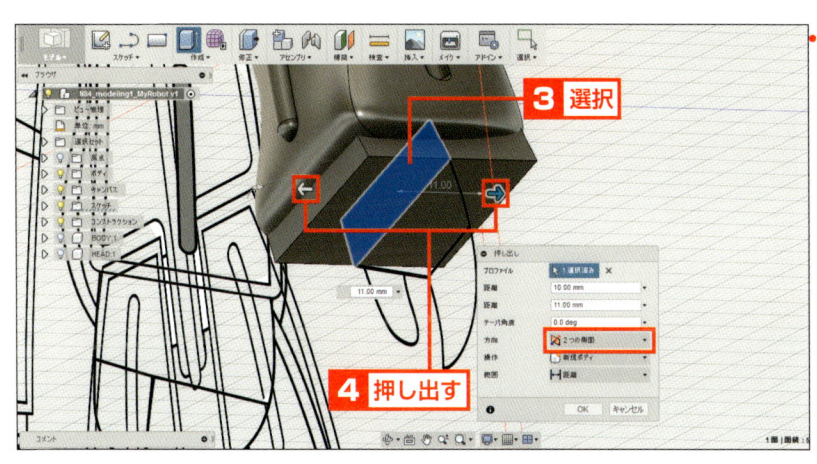

- **3** 選択
- **4** 押し出す

•••• **3** [押し出し] をクリックし、作成した領域を選択します。

4 [押し出し] ダイアログの [方向] で [2つの側面] を選択して、前後にそれぞれ押し出し、[操作] で [新規ボディ] を選択して実行します。

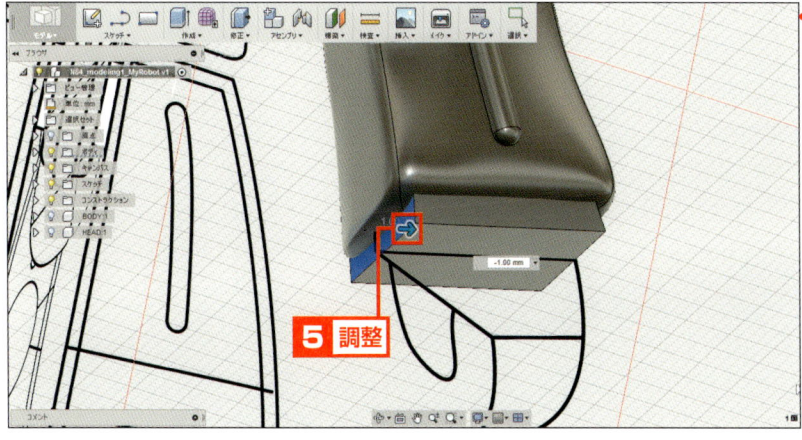

- **5** 調整

•••• **5** 視点を変えて確認し、はみ出てしまっているようであれば、 [プレス/プル] で、面を内側に1mm程度移動して調整します。

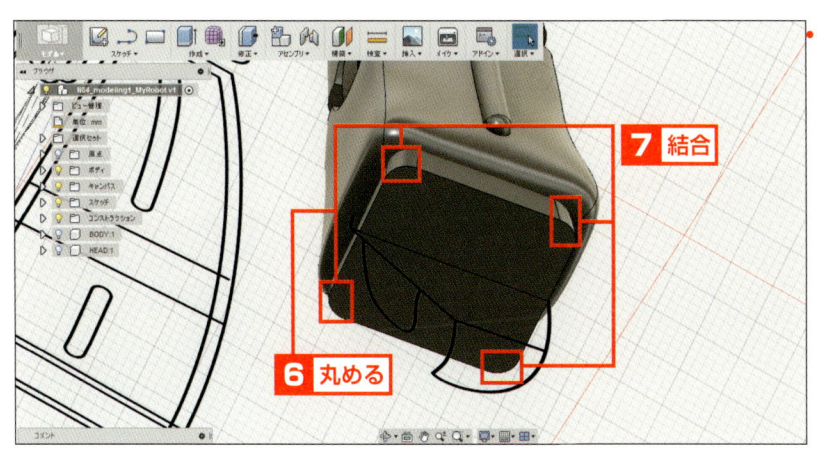

- **6** 丸める
- **7** 結合

•••• **6** [修正] － [フィレット] を選択し、4つの角を半径2.5mmで丸めます。

7 ちょうどよい大きさと形状になったら、[修正] － [結合] を選択し、前腕と手首のボディを選択して結合します。

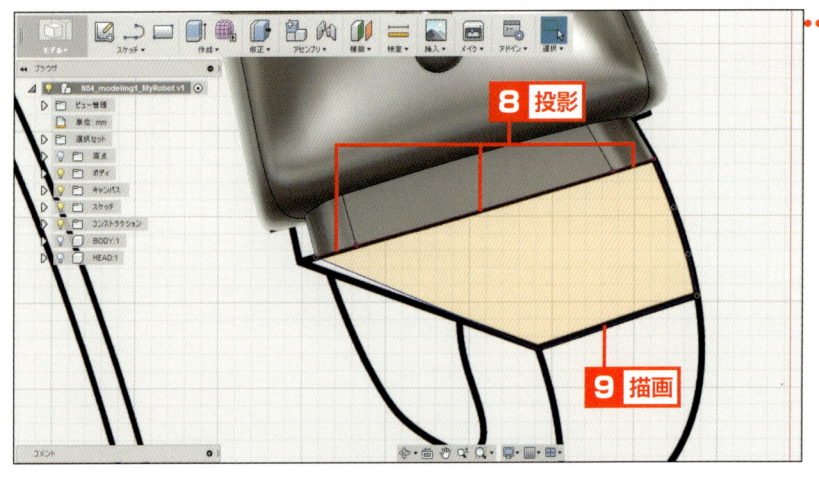

8 [前]からの視点に変更し、[スケッチ]−[プロジェクト/含める]−[プロジェクト]を選択して、XY平面をスケッチ面として、手首の下辺部分のエッジ3本を投影します。

9 [線分]と[スケッチ]−[スプライン]−[フィット点スプライン]で、投影線とつなぐようにして、下絵に沿って手のひらにあたる部分をスケッチし、閉じた領域を作成します。

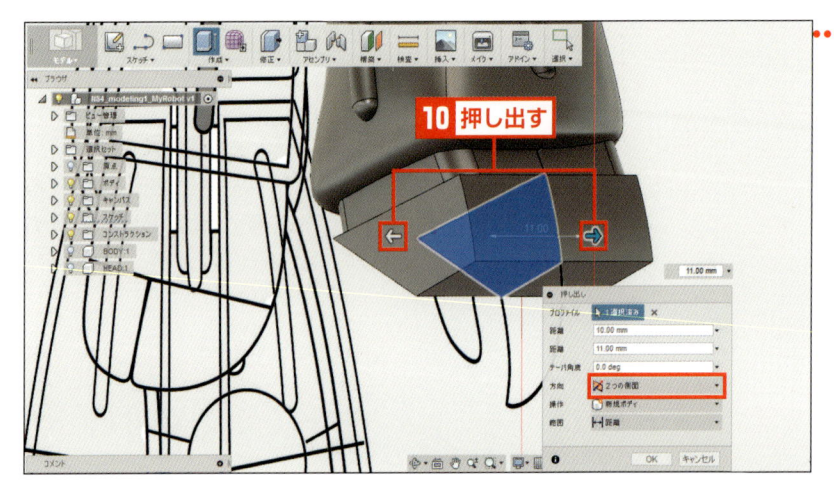

10 3〜4と同様に操作して、手首の位置と同じになるよう前後に押し出します。

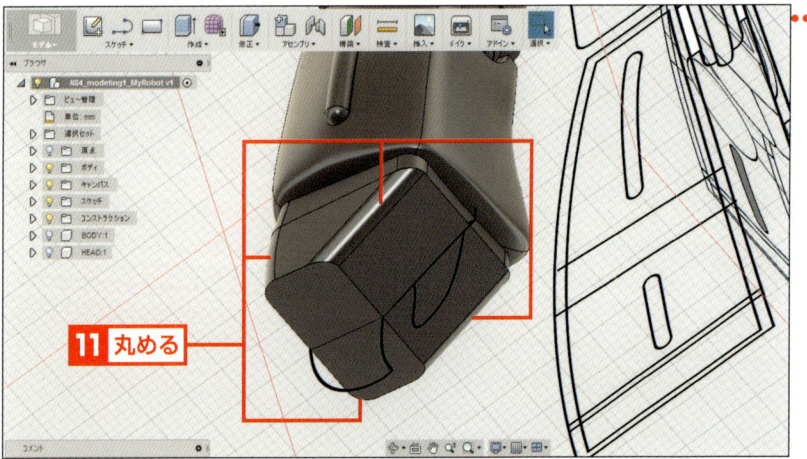

11 [修正]−[フィレット]を選択し、手首の半径の大きさを見ながら角を丸めていきます。ここでは、外側の前後のエッジを半径2.5mm、内側前面のエッジを1.6mm、内側後面のエッジを半径2mmで丸めました。

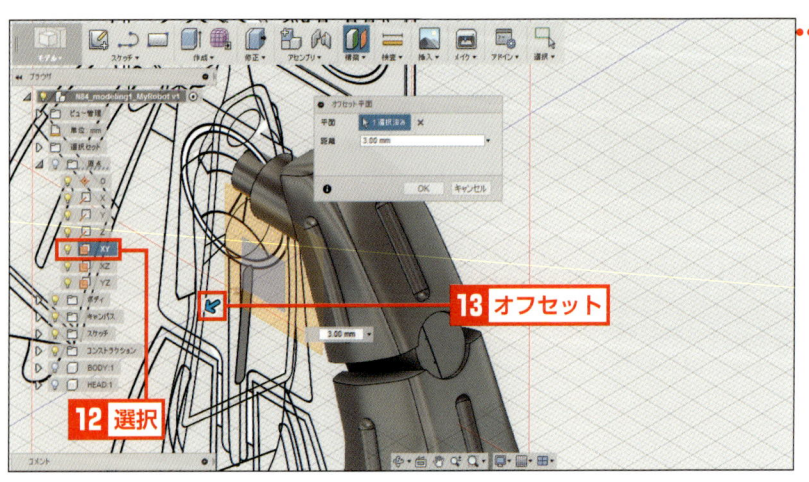

12 [オフセット平面]をクリックし、ブラウザの[原点]で[XY]をクリックして、XY平面を選択します。

13 手前側に3mmオフセットします。

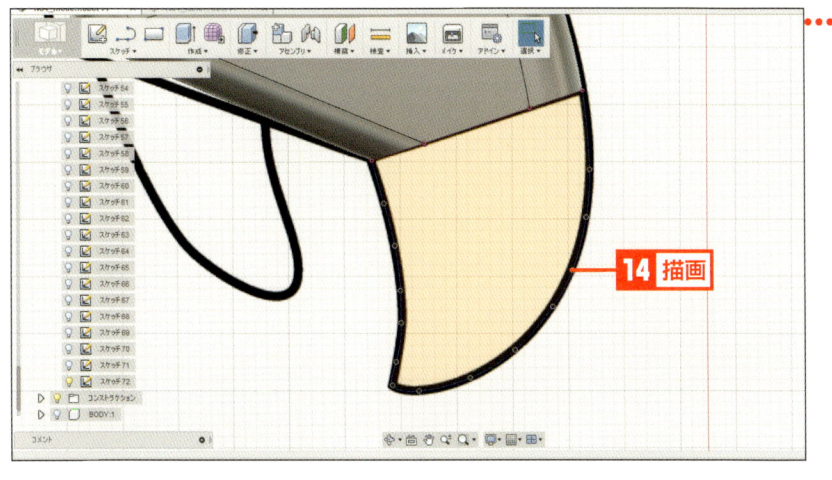

14 [前] からの視点に変更し、新しく作成した作業平面に、[スケッチ]－[プロジェクト/含める]－[プロジェクト]と[スケッチ]－[スプライン]－[フィット点スプライン]で、指の部分をスケッチして、閉じた領域を作成します。

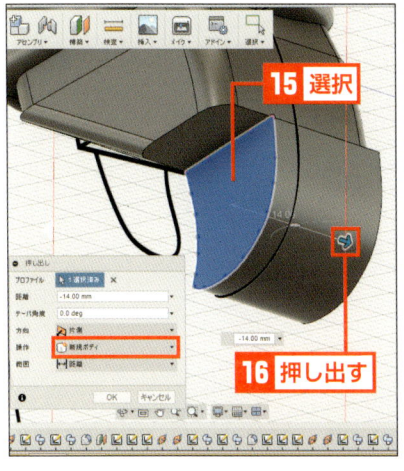 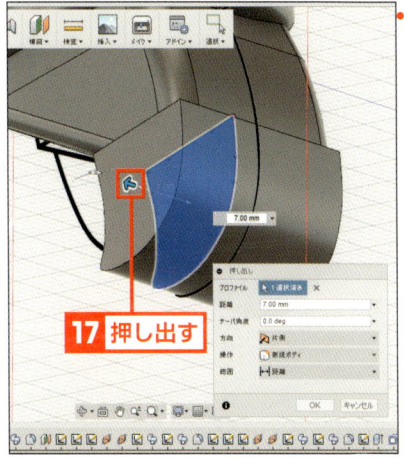

15 [押し出し] をクリックし、作成した領域を選択します。

16 手のひらと同じ位置になるように後方に押し出し、[操作] で [新規ボディ] を選択して実行します。

17 ブラウザの[スケッチ]でスケッチを再表示し、[押し出し] をクリックして、手のひらと同じ位置になるように前方に押し出し、[操作] で [新規ボディ] を選択して実行します。スケッチは非表示に戻しておきます。

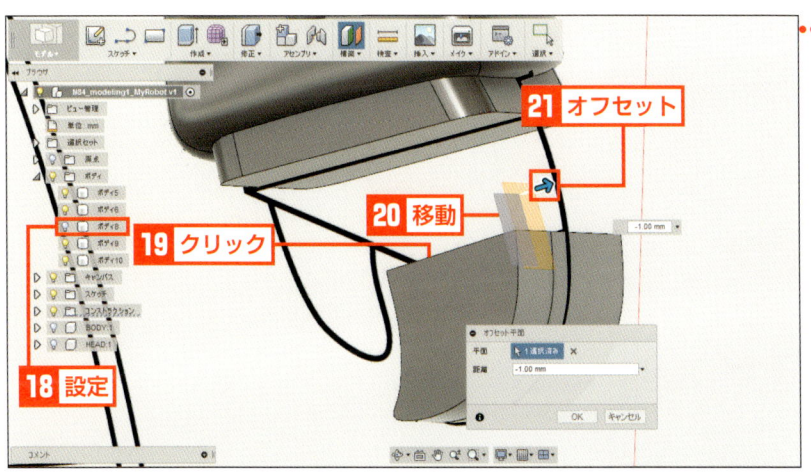

18 ブラウザの [ボディ] で、手のひらのボディを非表示にします。

19 [構築]－[パスに沿った平面] を選択し、指の手前の上面のまっすぐなエッジをクリックします。

20 平面が作成されるので、矢印のハンドルをドラッグして一番外側に移動します。

21 [オフセット平面] をクリックし、作成した平面を、さらに外側に1mmほどオフセットします。ブラウザの[コンストラクション] で、20 で作成した平面は非表示にしておきます。

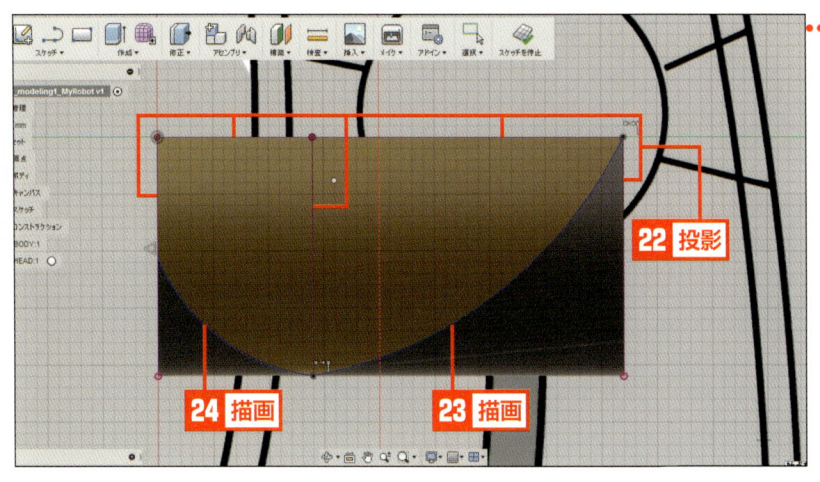

22 [スケッチ]－[プロジェクト/含める]－[プロジェクト]を選択し、オフセットした平面をスケッチ面として、指の垂直なエッジ3本と、上側のエッジ2本を投影します。

23 [スケッチ]－[円弧]－[3点指定の円弧] を選択し、右上と中央の線の下端を両端にして、左図を参考にしながら中点を指定して円弧をスケッチします。

24 同様にして、中央の線の下端と、左側の線の中点を両端にして円弧をスケッチします。

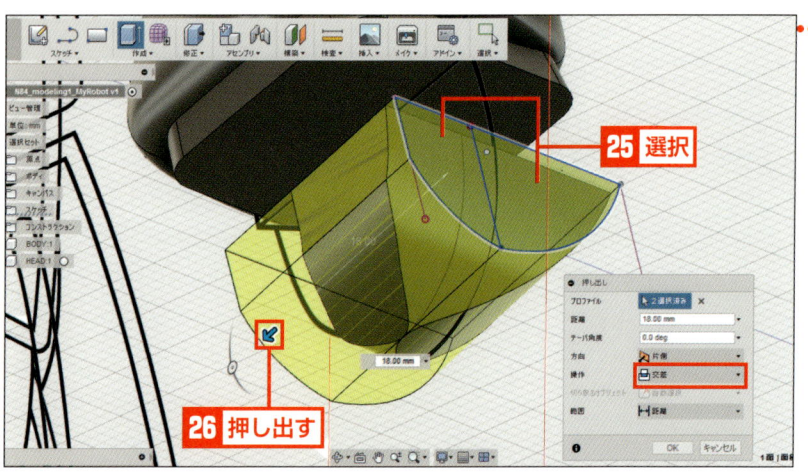

25 ▢ [押し出し] をクリックし、作成した2つの領域を選択します。

26 内側方向に突き抜けるまで押し出し、[押し出し] ダイアログの [操作] で [交差] を選択して実行します。

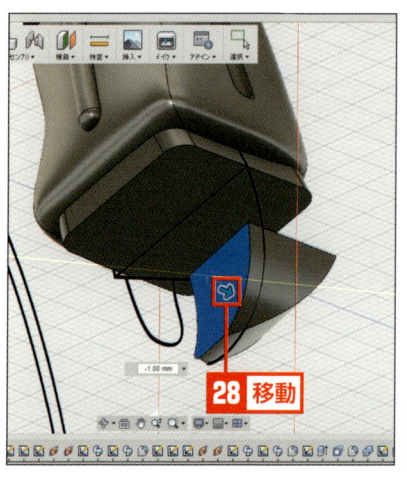 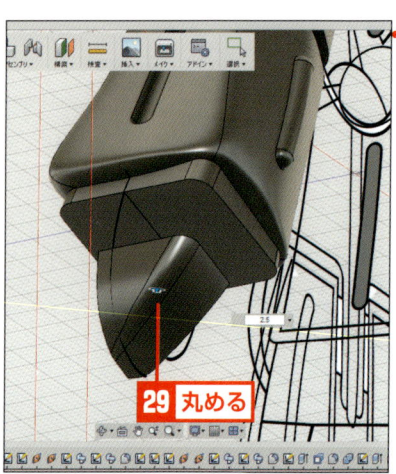

27 ブラウザの[ボディ]で、手前側の指を非表示にします。

28 ▢ [プレス/プル] を選択し、後ろ側の指の手前の面を、後方に1mmほど移動します。

29 [修正] － [フィレット] を選択し、後ろ外側の斜めのエッジを、半径2.5mmで丸めます。

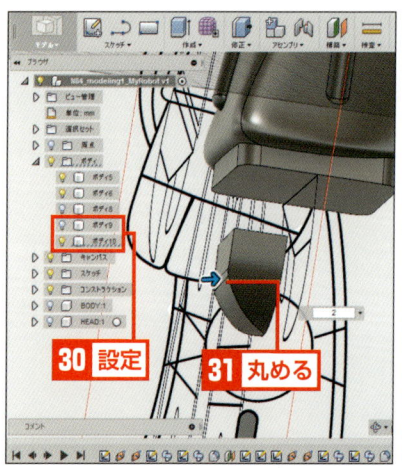 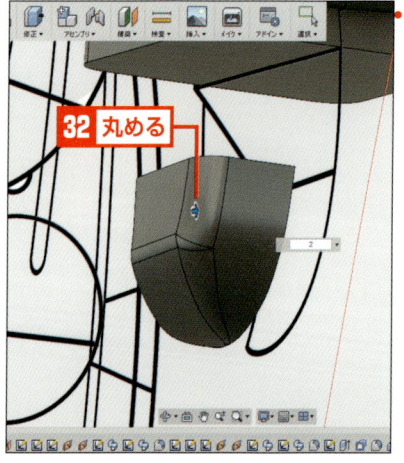

30 ブラウザの [ボディ] で、手前側の指を再表示し、後ろ側の指を非表示にします。

31 [修正] － [フィレット] を選択し、前側の平面と曲面の境のエッジを、半径2mmで丸めます。

32 前面外側のエッジは半径2mmで丸めます。

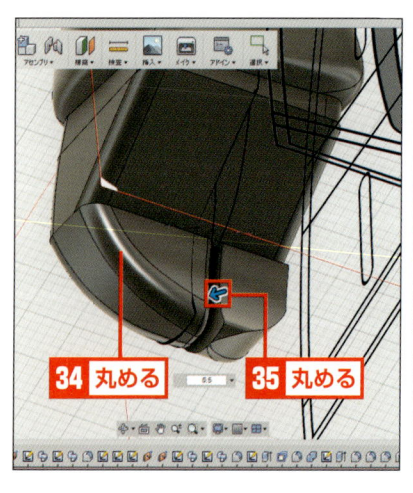 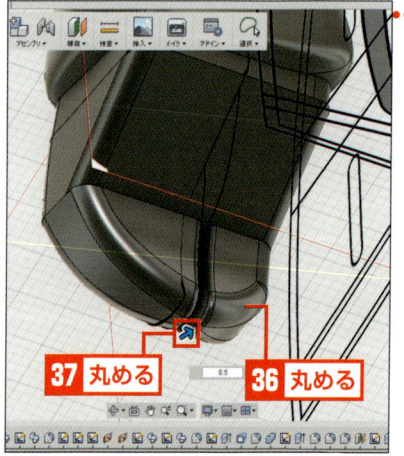

33 ブラウザの [ボディ] で、手のひらと後ろ側の指を再表示します。

34 [修正] － [フィレット] を選択し、後ろ内側のエッジを、半径2mmで丸めます。

35 後ろの指の前面のエッジを、半径0.5mmで丸めます。

36 前の指の前面内側のエッジを、半径2mmで丸めます。

37 後ろ側の面のエッジ2本を、半径0.5mmで丸めます。

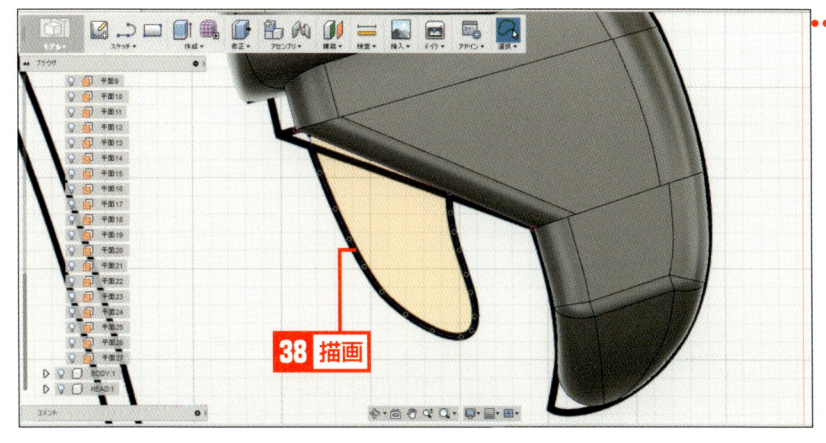

••• **38** **13**で作成した作業平面に、[スケッチ]-[プロジェクト/含める]-[プロジェクト]と[スケッチ]-[スプライン]-[フィット点スプライン]で、親指の部分をスケッチして、閉じた領域を作成します。

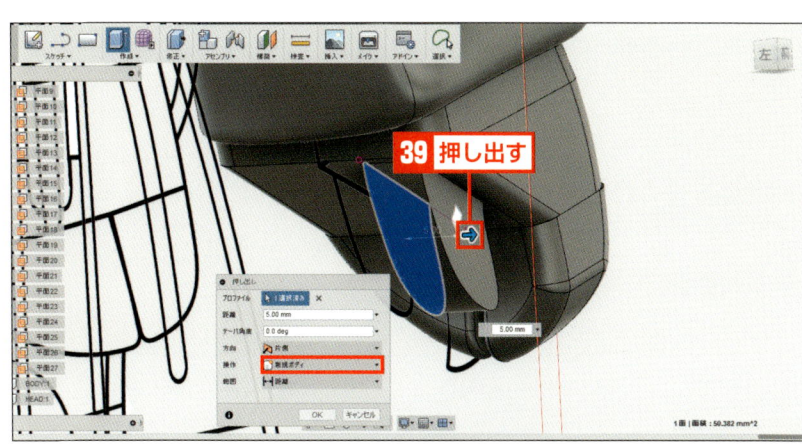

••• **39** 手のひらよりちょっと内側になるように前方に押し出し、[操作]で[新規ボディ]を選択して実行します。

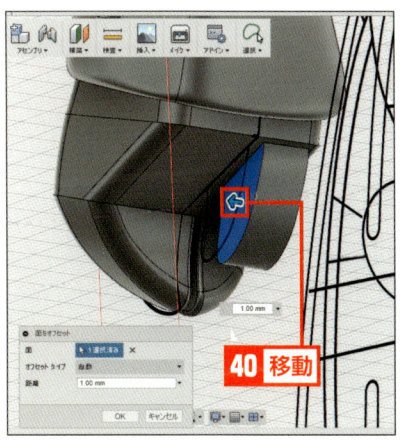 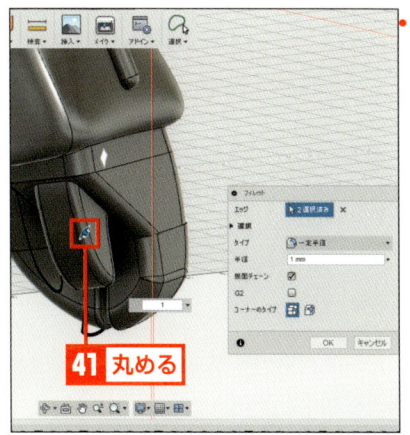

••• **40** 親指の幅をあと少しだけ太くしたいので、[プレス/プル]を選択し、後方の面を後ろに1mm移動します。

41 [修正]-[フィレット]を選択し、親指の前面、後面の平面の曲線のエッジを、半径1mmで丸めます。

完成!

••• これで、腕が完成しました。ブラウザの[キャンバス]で下絵を非表示にし、胴体と頭部のコンポーネントを再表示して、全体を確認してみましょう。ファイルを保存しておきます。

次回に続く!

モデリング 07

オリジナルロボットを作る
足の作成①

足の作成にとりかかります。腕に関しては少し有機的な形も取り入れるようにフリーフォームを使用しましたが、足に関しては、ほかのパーツ同様に、ソリッドモデリングで作成していきます。なお、パーツの分割や関節の作り方は、腕の作成に準じます。

boxくん キャラクターデザイン：イトウケイイチロウ

今回のテンプレート
（ファイル名：MyRobot_07）

完成図

操作STEP

1️⃣ 下絵の挿入

2️⃣ 足の大まかな形状の作成とパーツ分割

3️⃣ 膝関節部分の作成とつま先の調整

4️⃣ 股関節部分の作成

始める前の準備 ▶ 使用する下絵ファイルやテンプレートファイルは、ジャムハウスのダウンロードサイト（http://www.jam-house.co.jp/fusion360/）からダウンロードしてください。

下絵の挿入

前回作成したファイルを開きます。テンプレートファイルを利用する方は、テンプレートファイル（MyRobot_07）を開いてください。まずは腕の各ボディをコンポーネント化してから下絵を読み込みます。

1 作成して名前を変更

1 ブラウザの［ボディ］で、ボディを右クリックしては［ボディからコンポーネントを作成］を選択してコンポーネント化します。コンポーネント化した各パーツは、分かりやすいように名前を変更しておきましょう。

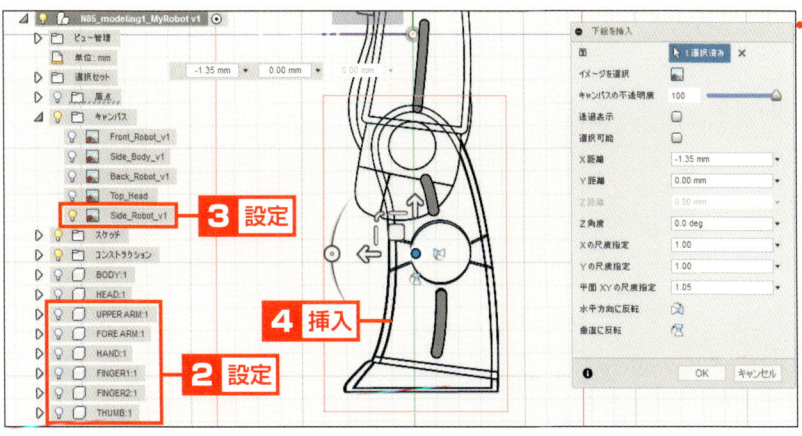

2 ブラウザで、すべてのコンポーネントを非表示にします。

3 [右] からの視点に変更し、ブラウザの [キャンバス] で、ロボットの側面の下絵を表示します。

4 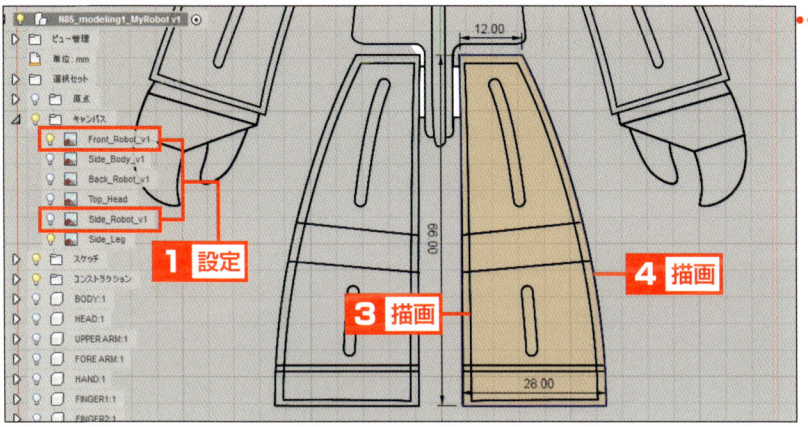 [下絵を挿入] をクリックして、YZ平面に足の側面の画像「Side_Leg」を挿入し、大きさと位置が合うように調整します。

足の大まかな形状の作成とパーツ分割

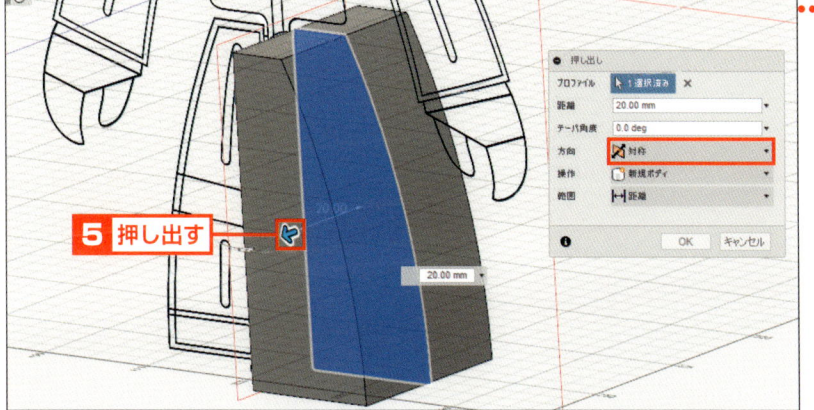

1 ブラウザの [キャンバス] で、正面の下絵を表示し、ロボットの側面の下絵を非表示にします。

2 [スケッチを作成] をクリックし、XY平面をスケッチ面として指定します。

3 [線分] をクリックし、右側の足の外側の曲線以外の直線を下絵を参考にスケッチします。ここでは垂直に66㎜の縦線をスケッチし、上端から真横に12㎜、下端から真横に28㎜の直線をスケッチしています。

4 [スケッチ] − [円弧] − [3点指定の円弧] を選択し、曲線をスケッチし、閉じた領域を作成します。

5 [押し出し] をクリックして描画した領域を選択し、[押し出し] ダイアログの [方向] で [対称] を選択して、20㎜押し出します。

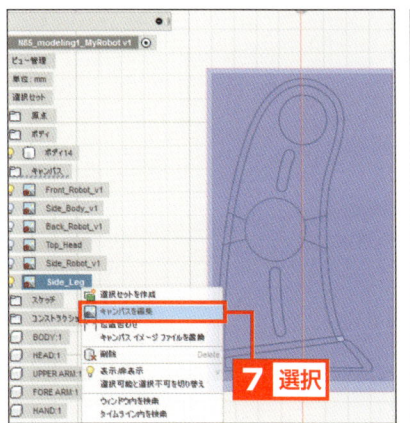
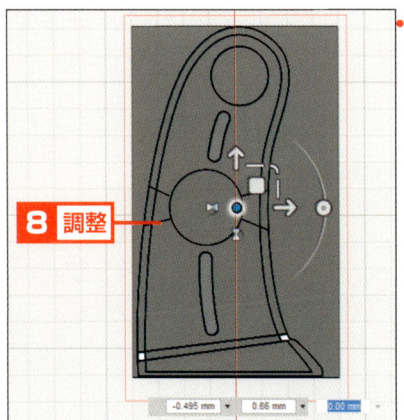

6 [左] からの視点に変更します。側面の下絵が若干小さいので調整します。

7 ブラウザの [キャンバス] で足の側面の下絵を右クリックし、[キャンバスを編集] を選択します。

8 下絵が編集できる状態になるので、高さが同じになるくらいに拡大します。

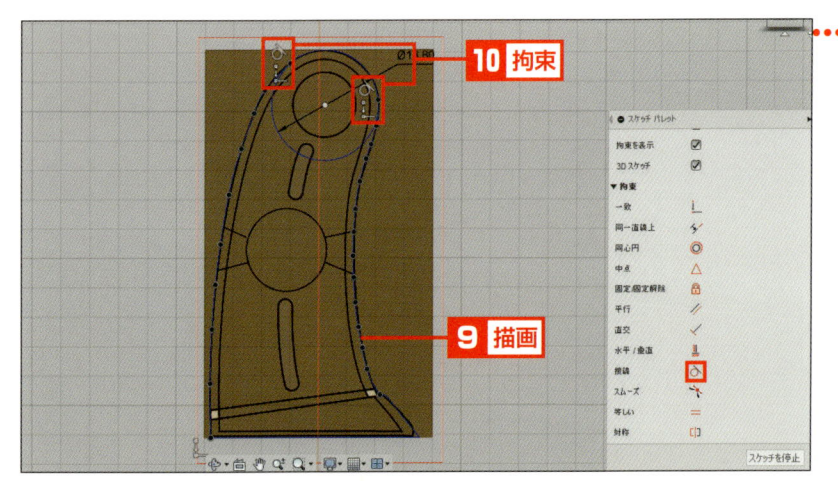

9 [線分] で足の裏とつま先を、[スケッチ]−[スプライン]−[フィット点スプライン]で足の前後の曲線をスケッチします。股関節の最上部は、[スケッチ]−[円]−[3点指定の円]でスケッチします。

10 [スケッチ パレット]ダイアログの[拘束]で[接線]をクリックし、スプライン曲線と円に対して、接線連続の幾何拘束を付けておきます。

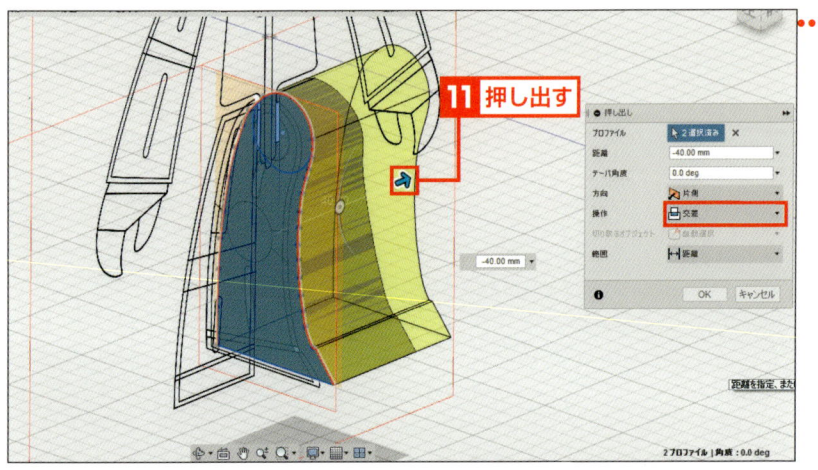

11 [押し出し]をクリックして描画した2つの領域を選択し、[押し出し]ダイアログの[操作]で[交差]を選択して、右方向に押し出してカットします。これで、足の基本形状ができあがりました。

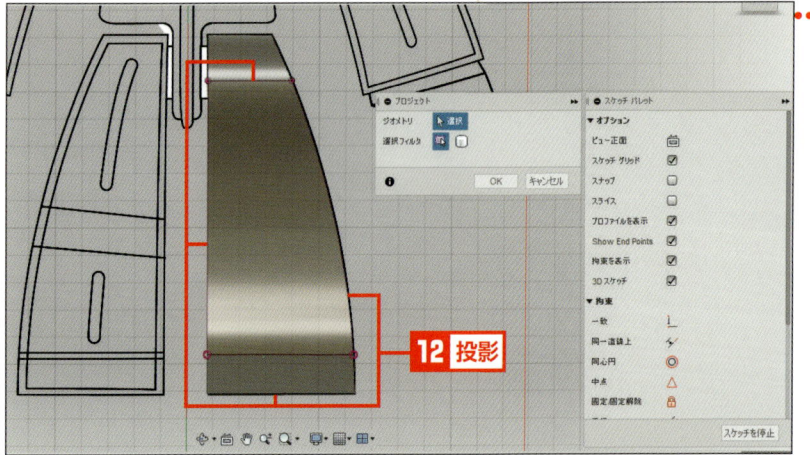

12 [スケッチ]−[プロジェクト/含める]−[プロジェクト]を選択して、XY平面をスケッチ面として、足の太ももからくるぶしの上あたりの領域のエッジを投影します。

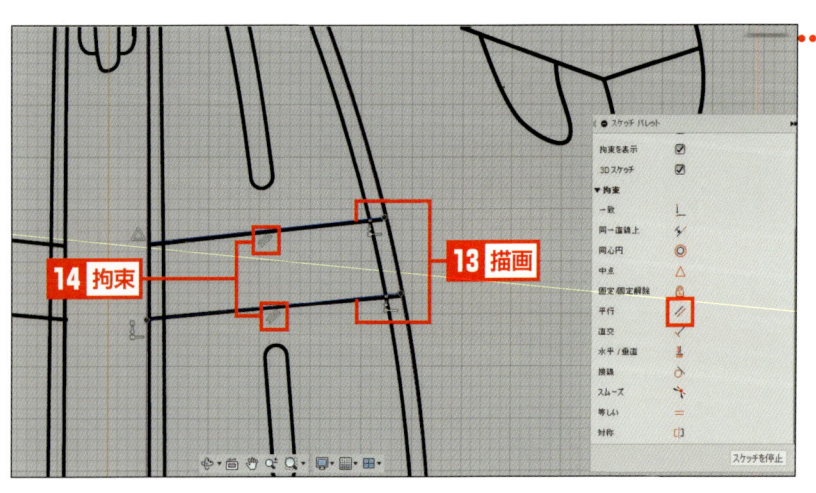

13 画面下の[表示設定]をクリックし、[表示スタイル]−[ワイヤフレーム]を選択してワイヤフレーム表示に変更します。[線分]をクリックし、下絵を参考に、XY平面をスケッチ面として、膝の部分の直線2本をスケッチします。

14 [スケッチ パレット]ダイアログの[拘束]で、[平行]をクリックし、2本の線が平行になるように幾何拘束を付けます。

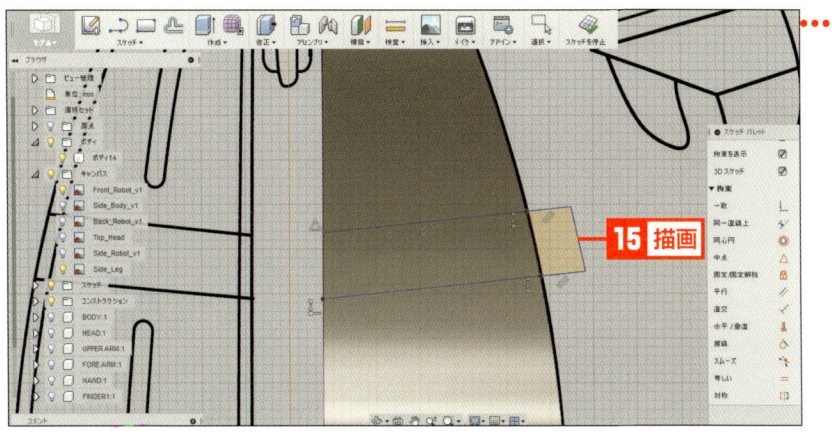

15 [線分]をクリックし、さらに右側にはみ出すようにスケッチします。横線については、同様にして元の直線と平行の幾何拘束を付けます。シェーディング表示に戻しておきます。

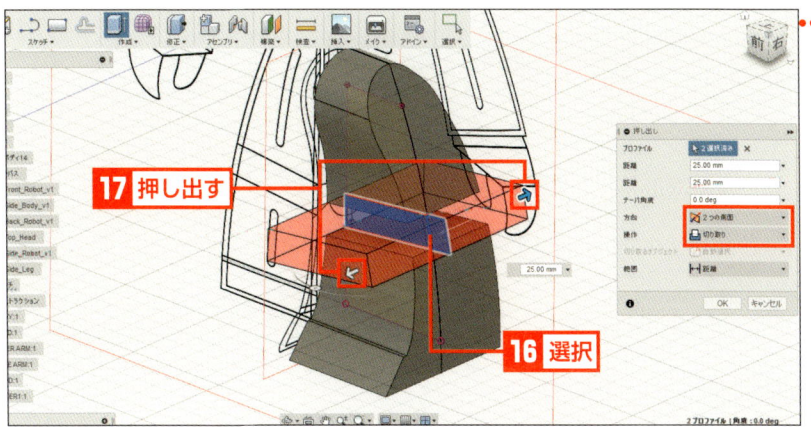

16 [押し出し]をクリックし、14 15で描画した2つの領域を選択します。

17 [押し出し]ダイアログの[方向]で[2つの側面]を、[操作]で[切り取り]を選択し、前後に押し出してカットします。

膝関節部分の作成とつま先の調整

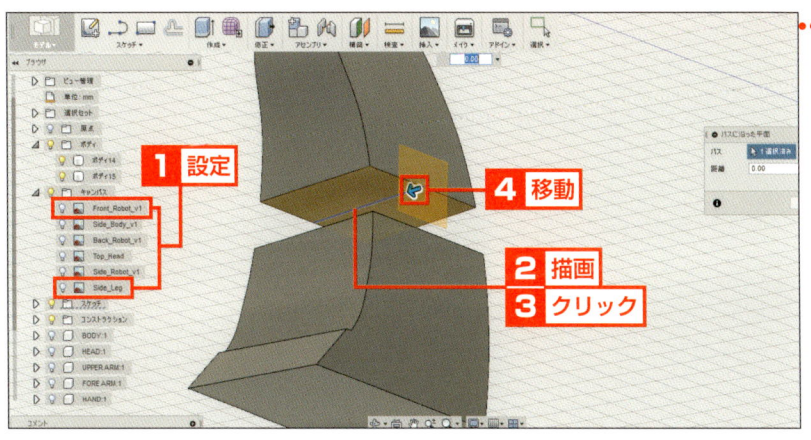

1 膝関節を作成します。ブラウザの[キャンバス]で、正面の下絵と足の側面の下絵を非表示にします。

2 [線分]をクリックし、大腿部の下側の平面をスケッチ面にして、左右の中点同士を結ぶ直線をスケッチします。

3 [構築]－[パスに沿った平面]を選択し、描画した直線をクリックします。

4 平面が作成されるので、矢印のハンドルをドラッグして一番外側まで移動します。

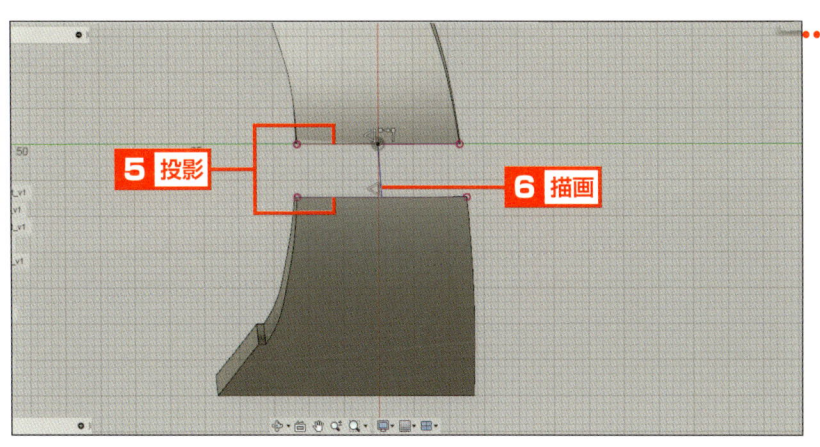

5 [スケッチ]－[プロジェクト/含める]－[プロジェクト]を選択して、作成した平面をスケッチ面として、膝の上下のエッジを投影します。

6 [線分]をクリックし、上下の投影線の中点同士を結ぶ直線をスケッチします。

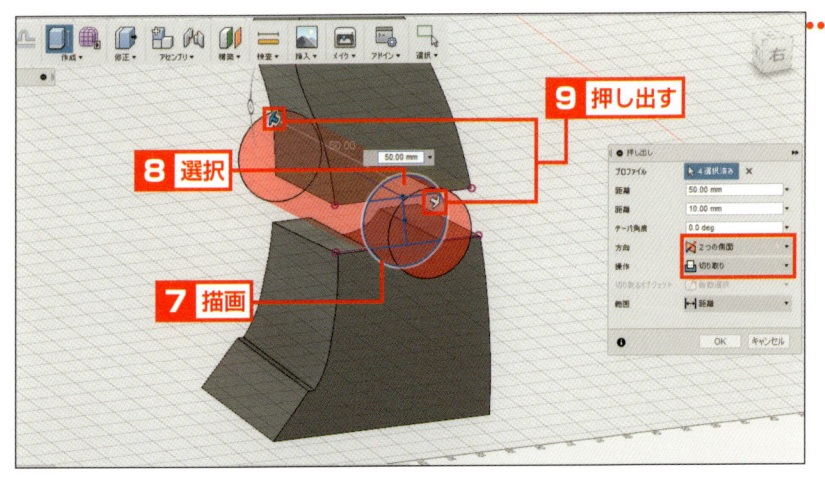

7 [スケッチ]－[円]－[中心と直径で指定した円]を選択し、描画した直線の中点を中心に、直径14㎜の円をスケッチします。

8 [押し出し]をクリックし、円を構成する4つの領域を選択します。

9 [押し出し]ダイアログの[方向]で[2つの側面]を、[操作]で[切り取り]を選択し、左右に押し出してカットします。

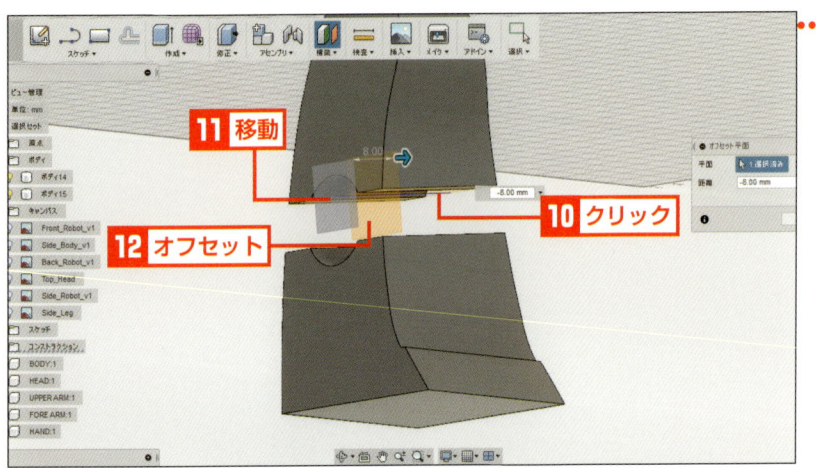

10 [構築]－[パスに沿った平面]を選択し、**3**と同じ直線をクリックします。

11 平面が作成されるので、矢印のハンドルをドラッグして一番内側まで移動します。

12 [オフセット平面]をクリックし、作成した平面を内側に8㎜オフセットします。

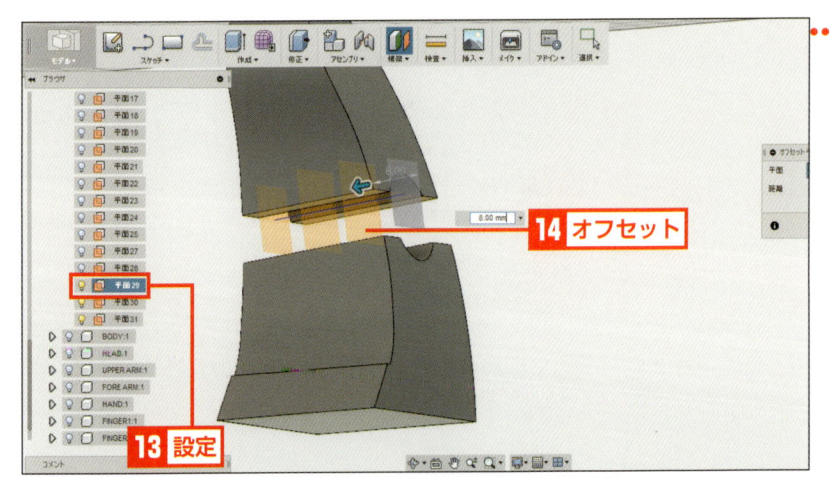

13 ブラウザの[コンストラクション]で、**4**で作成した平面を再表示します。

14 [オフセット平面]をクリックし、内側に8㎜オフセットします。

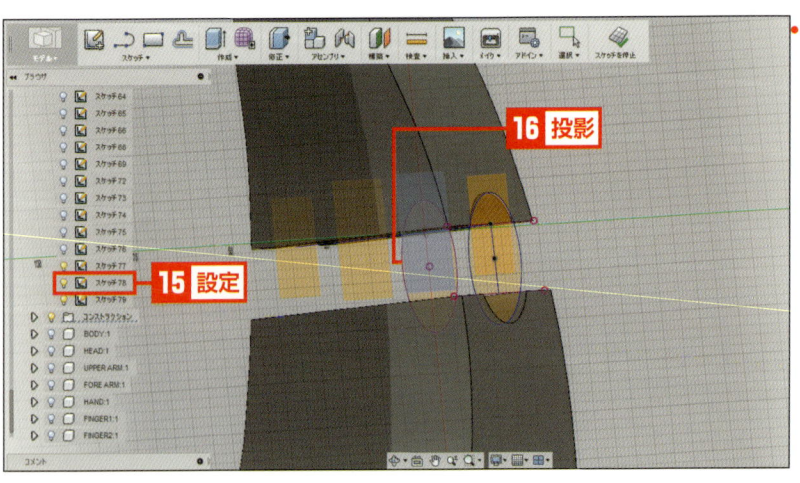

15 ブラウザの[スケッチ]で、**7**で描画した円のスケッチを再表示します。

16 [スケッチ]－[プロジェクト/含める]－[プロジェクト]を選択して、再表示した円のスケッチを、1つ内側の作業平面に投影します。

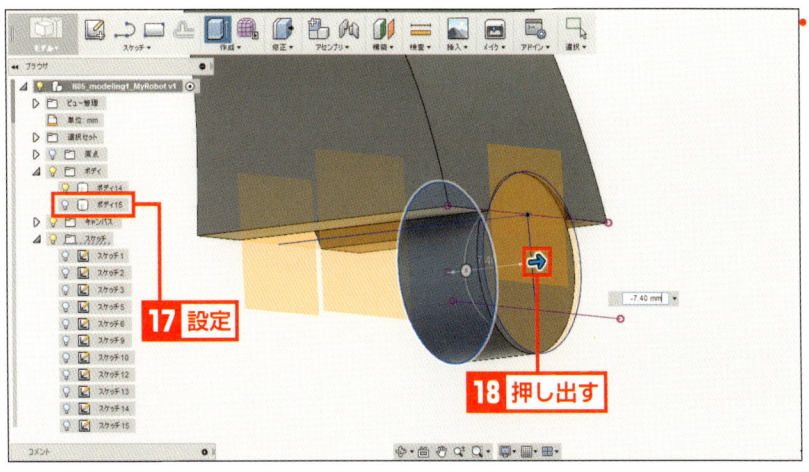

- 17 ブラウザの [ボディ] で、下腿部を非表示にします。
- 18 [押し出し] をクリックし、投影した円の領域を選択し、外側に7.4㎜押し出します。

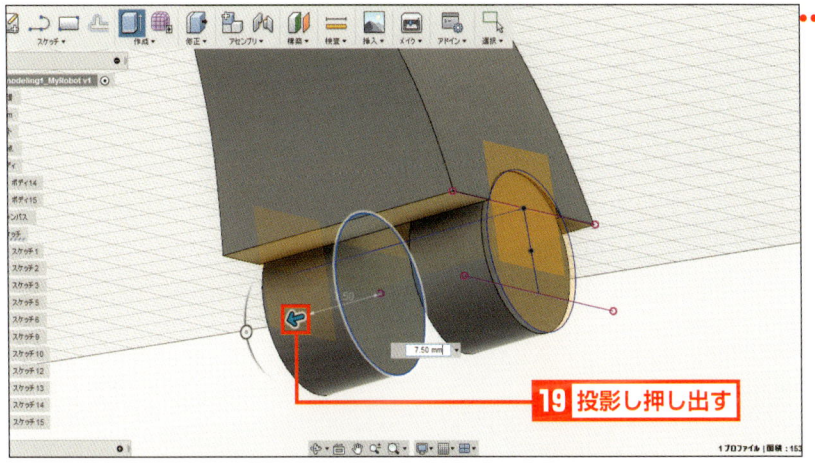

- 19 反対側も同様に、オフセットした平面に円のスケッチを投影し、外側に7.5㎜押し出します。

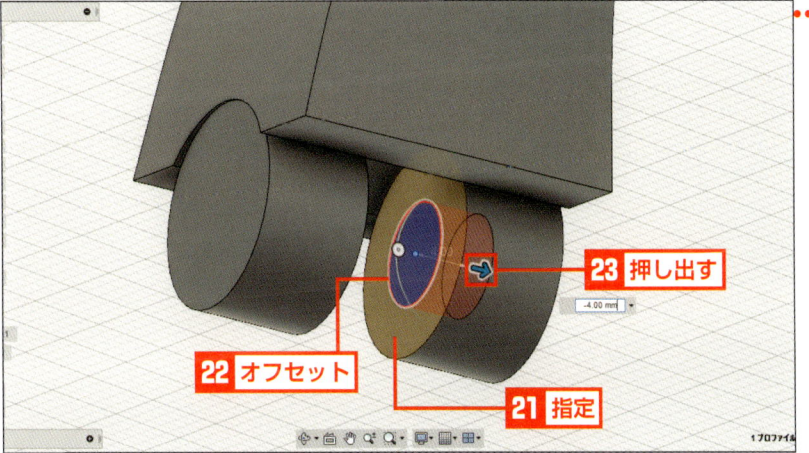

- 20 ブラウザの [スケッチ] と [コンストラクション] で、今表示されているスケッチと平面を非表示にします。
- 21 [スケッチを作成] をクリックし、押し出しでできた円柱の内側の面をスケッチ面として指定します。
- 22 [スケッチ]－[オフセット] を選択し、断面のエッジを内側に3.5㎜オフセットします。
- 23 [押し出し] をクリックし、オフセットした円を外側に4㎜押し出してカットします。

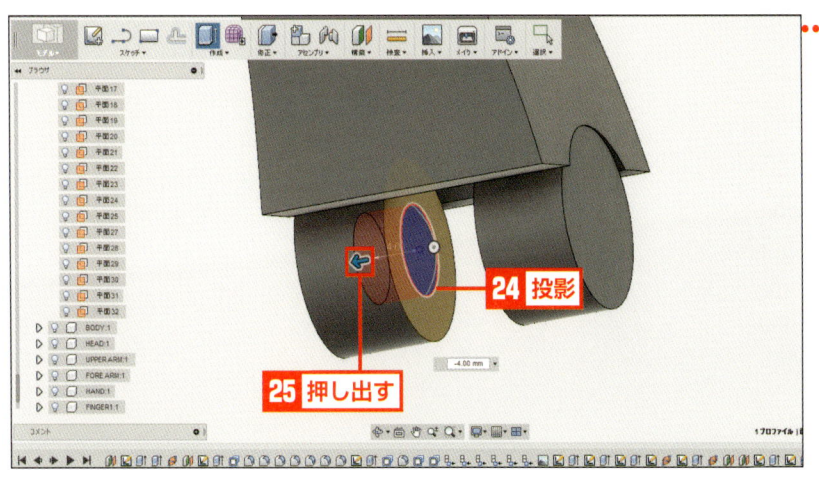

- 24 [スケッチ]－[プロジェクト/含める]－[プロジェクト] を選択して、穴のエッジを反対側の面に投影します。
- 25 [押し出し] をクリックし、投影した円を外側に4㎜押し出してカットします。

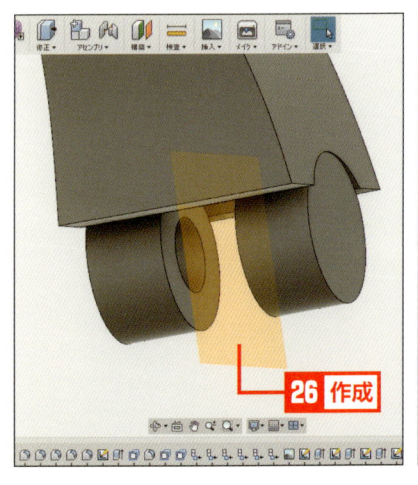
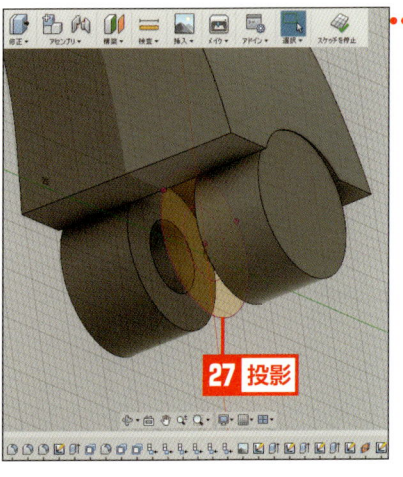

- 26 [構築]－[中立面] を選択して、内側の2つの面を
  クリックして、中央に作業平面を作成します。
- 27 [スケッチ]－[プロジェクト/含める]－[プロジェクト]
  を選択して、リング状の断面を、作成した作業平面
  に投影します。

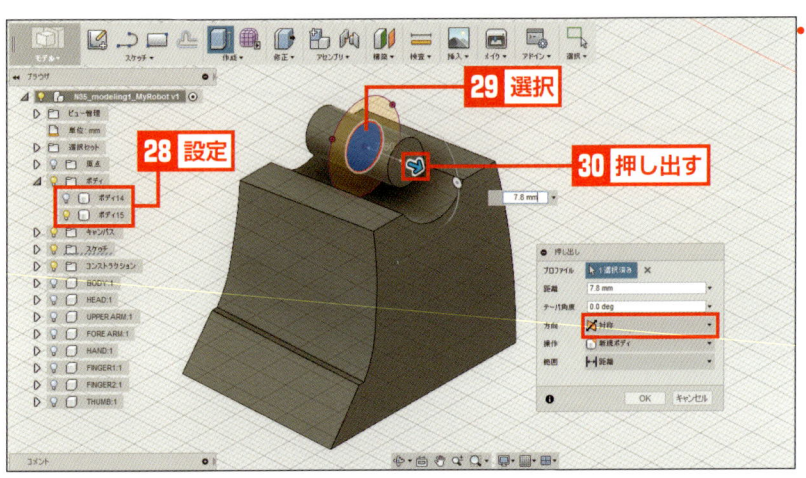

- 28 ブラウザの [ボディ] で、大腿部を非表示にして、下
  腿部を再表示します。
- 29 [押し出し]をクリックし、内側の円を選択します。
- 30 [押し出し] ダイアログの [方向] で [対称] を選択し、
  7.8mm 押し出します。

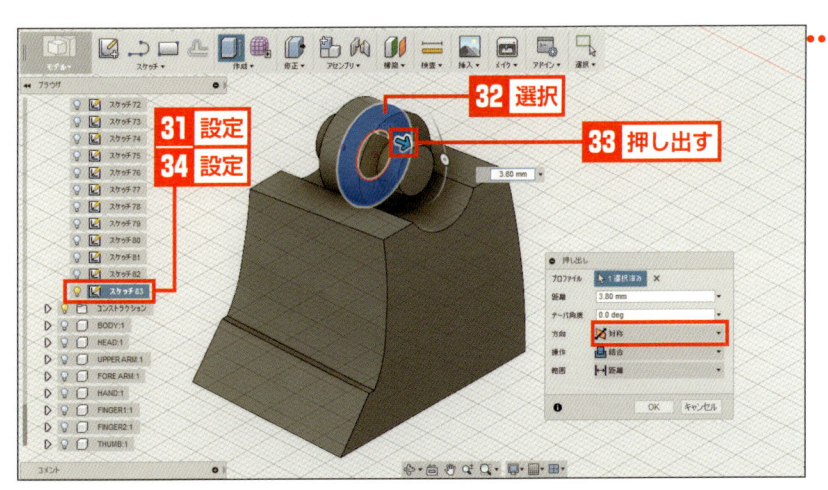

- 31 ブラウザの [スケッチ] で、非表示になったスケッチ
  を再表示します。
- 32 [押し出し] をクリックし、外側のリング部分を選
  択します。
- 33 [押し出し] ダイアログの [方向] で [対称] を選択し、
  3.8mm 押し出します。
- 34 スケッチは非表示に戻しておきます。

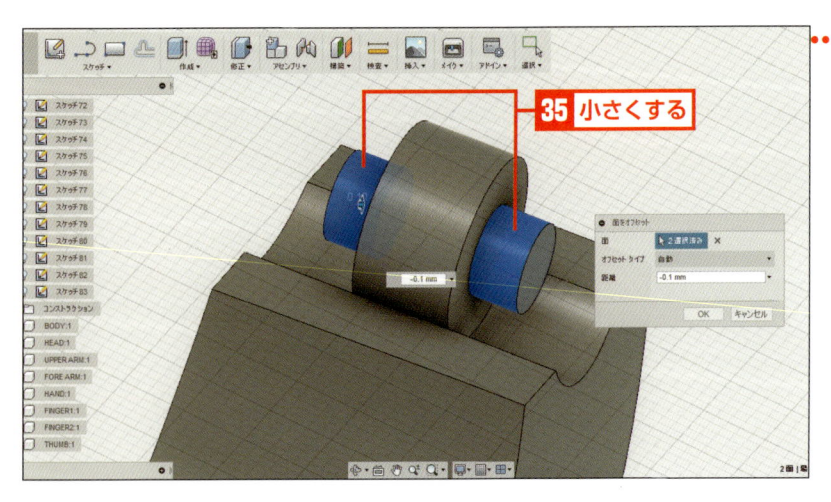

- 35 [プレス/プル] をクリックし、両サイドの円柱を
  0.1mm 程度小さくします。

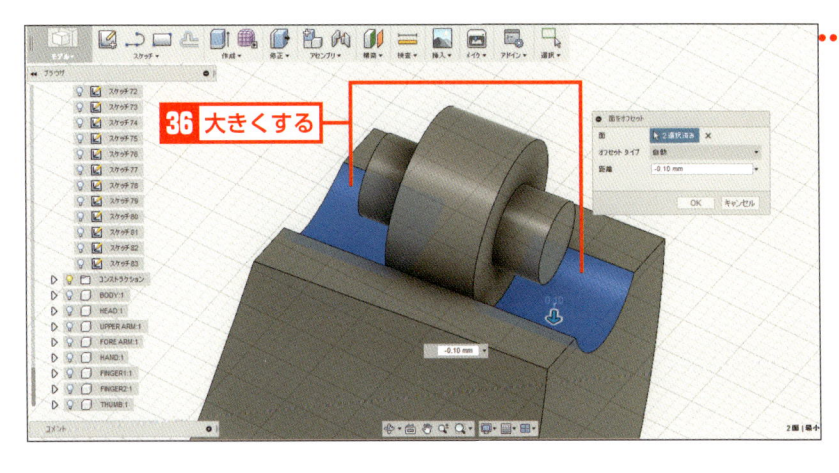

36 同様にして、大きくカットされた面の部分を0.1㎜程度大きくします。

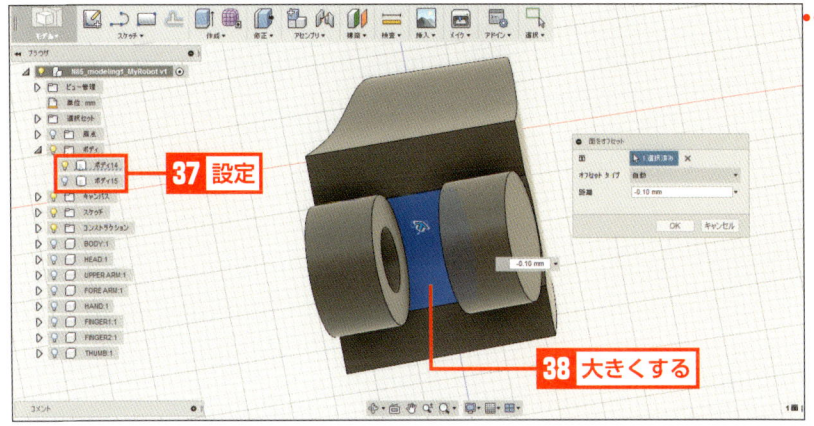

37 ブラウザの[ボディ]で、下腿部を非表示にして、大腿部を再表示します。

38 [プレス/プル]をクリックし、中央のくぼみ部分を0.1㎜程度大きくします。

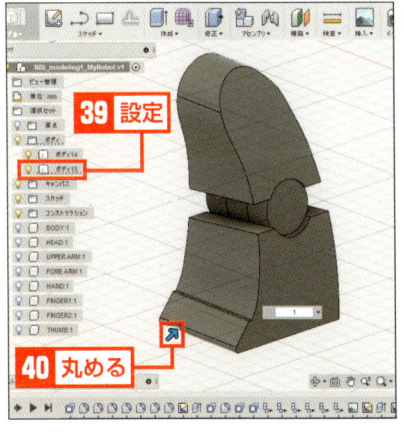 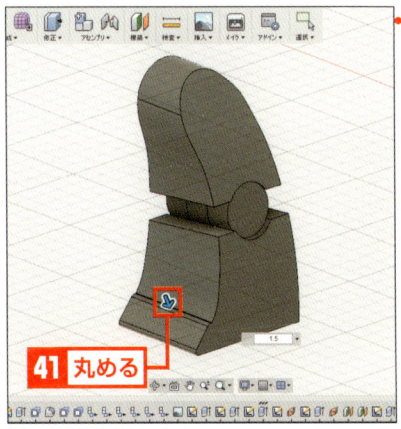

39 ブラウザの[ボディ]で、下腿部を再表示します。

40 [修正]-[フィレット]を選択し、つま先のエッジを、半径1㎜で丸めます。

41 同様にして、足首のエッジを、半径1.5㎜で丸めます。

股関節部分の作成

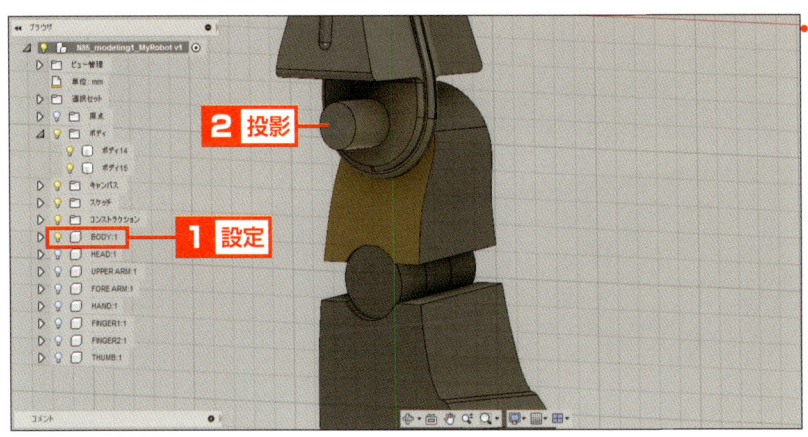

1 股関節を作成します。ブラウザで胴体のコンポーネントを表示します。

2 [スケッチ]-[プロジェクト/含める]-[プロジェクト]を選択し、大腿部の内側の平面をスケッチ面として、胴体の円柱の断面を投影します。

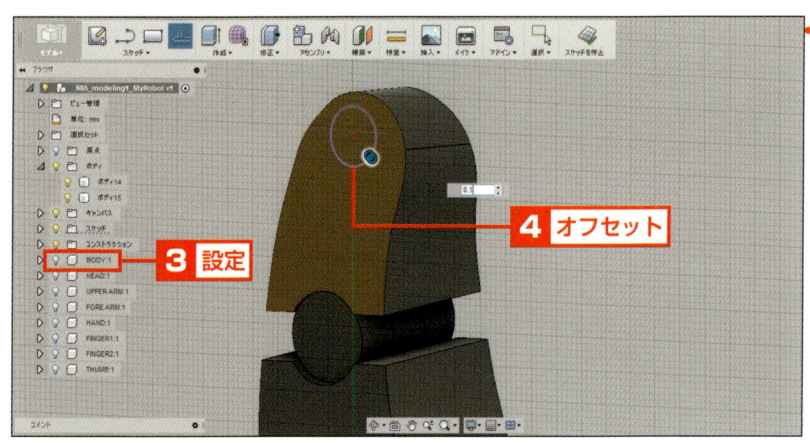

••• 3 ブラウザで胴体のコンポーネントを非表示にします。

4 [スケッチ]－[オフセット]を選択し、投影した円を外側に0.1㎜オフセットします。

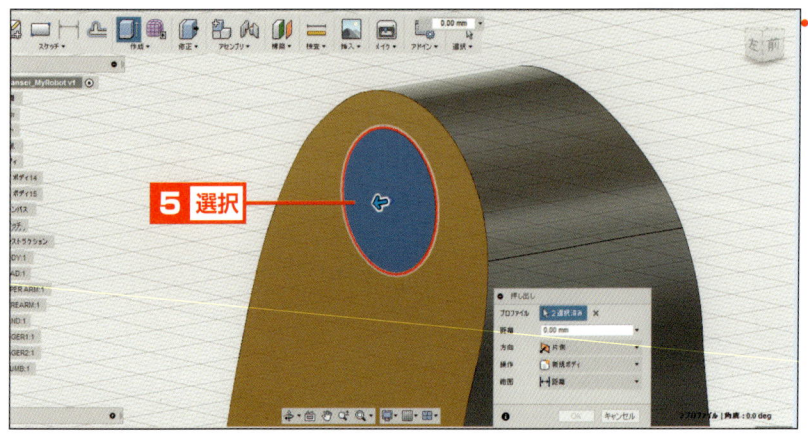

••• 5 [押し出し]をクリックし、オフセットした円の内側の2つの領域（左図の青い部分）を選択します。

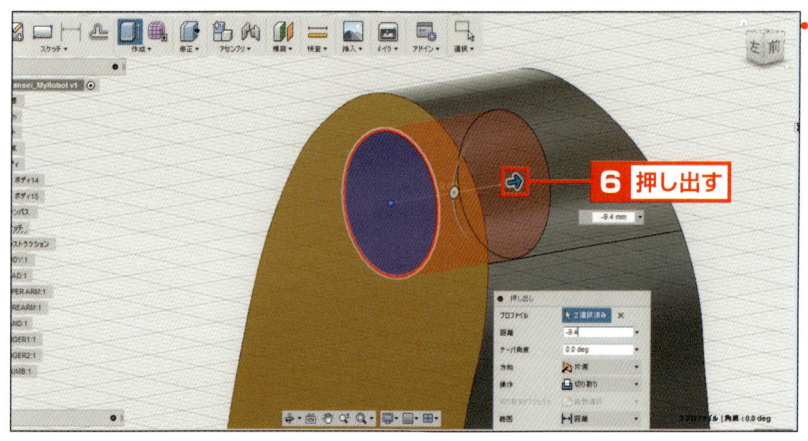

••• 6 内側に9.4㎜押し出して、胴体のボスを取り付ける穴をカットします。

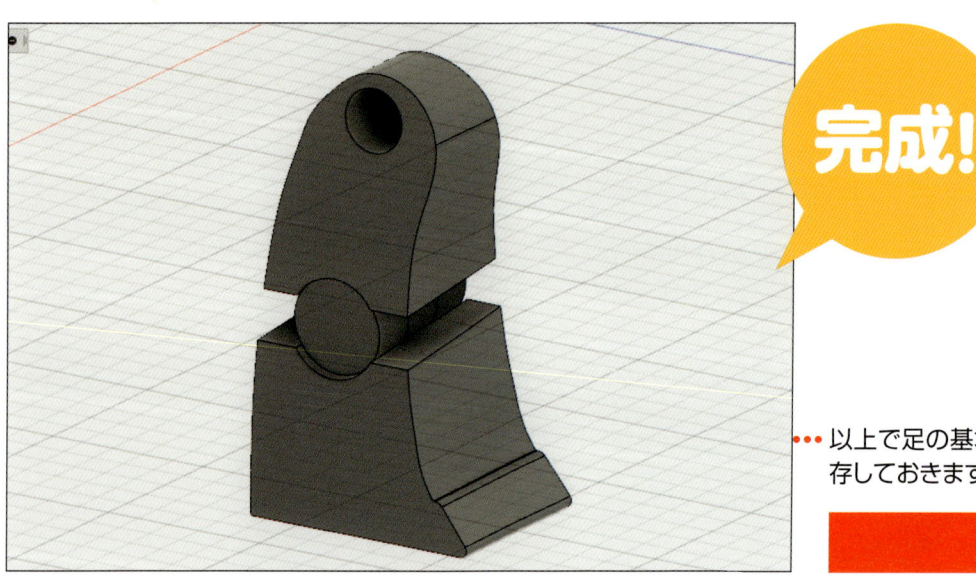

完成！

••• 以上で足の基本形状の作成が終了です。ファイルを保存しておきます。

次回に続く！

MODELING
いちから！作って学ぶモデリングガイド

モデリング 08

オリジナルロボットを作る
足の作成②

前回は、足の主要な形状を作成しました。引き続き足の作成を行い、完成させましょう。腕と同じような、モールド（凸凹形状）の作成が中心となります。さらに今回は、新しく「パッチ」の機能を利用して、サーフェス形状（厚みのない形状）で股関節の外側にくぼみを作成します。

boxくん キャラクターデザイン：イトウケイイチロウ

今回のテンプレート
（ファイル名：MyRobot_08）

完成図

操作STEP

1 足の正面のモールドの作成

2 足の背面のモールドの作成

3 足の側面のモールドの作成

4 股関節の外側のモールドの作成と仕上げ

始める前の準備 ▶ テンプレートファイルを利用する場合は、ジャムハウスのダウンロードサイト（http://www.jam-house.co.jp/fusion360/）からダウンロードしてください。

---

1 足の正面のモールドの作成

前回作成したファイルを開きます。テンプレートファイルを利用する方は、テンプレートファイル（MyRobot_08）を開いてください。

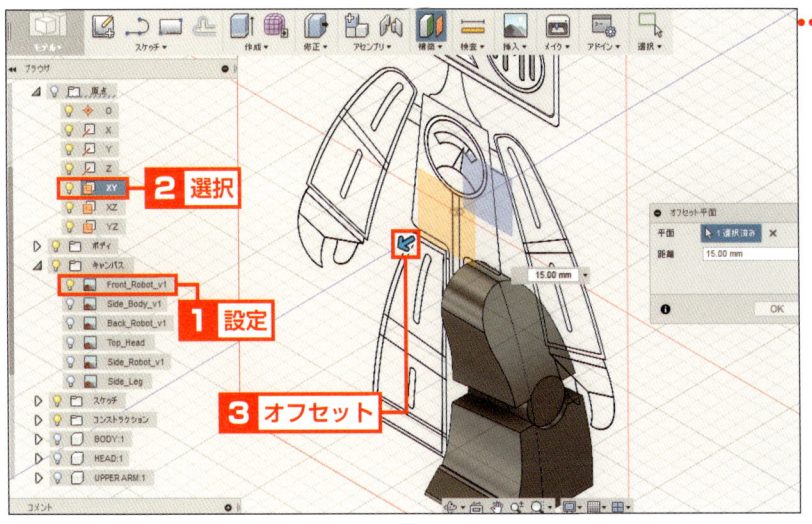

… 1 ブラウザの[キャンバス]で、正面の下絵を表示します。

2 [オフセット平面]をクリックし、ブラウザの[原点]で[XY]平面を選択します。

3 前方に15mmオフセットします。

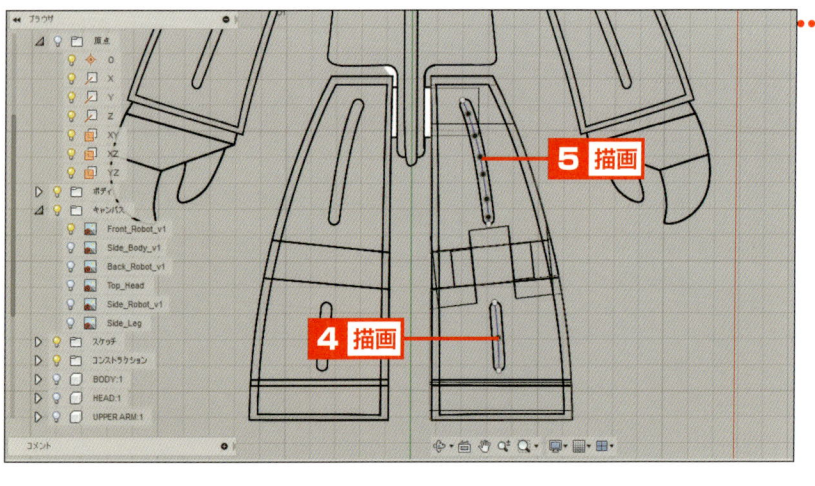

••• **4** 画面下の 🖥️ [表示設定] をクリックし、[表示スタイル] – [ワイヤフレーム] を選択してワイヤフレーム表示にします。[スケッチ] – [スプライン] – [フィット点スプライン] を選択し、オフセットした平面をスケッチ面として、下腿部のモールド部分のスケッチを作成します。

5 同様にして、大腿部にもモールドのためのスケッチを作成します。🖼️ [スケッチを停止] をクリックし、シェーディング表示に戻します。

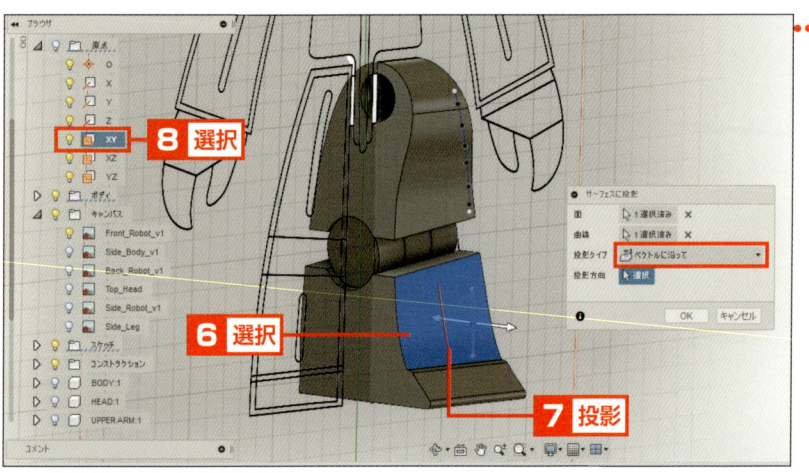

••• **6** [スケッチ] – [プロジェクト/含める] – [サーフェスに投影] を選択し、下腿部の正面の面を選択します。

7 [サーフェスに投影] ダイアログの [曲線] の [選択] をクリックし、描画した線をクリックし、[投影タイプ] で [ベクトルに沿って] を選択します。

8 [投影方向] でブラウザの [原点] の [XY] 平面を選択します。

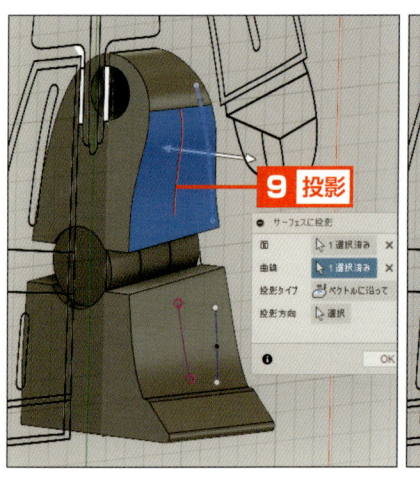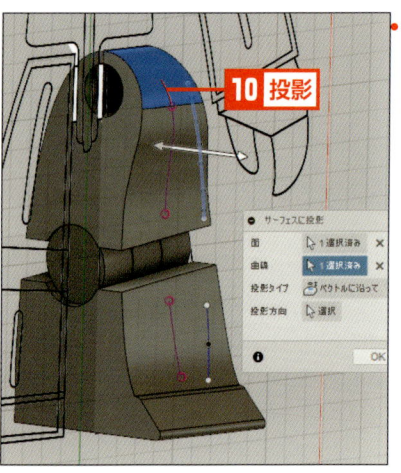

••• **9** 大腿部は曲線が 2 つの面にかかっているので、両方に投影する必要があります。まずは [スケッチ] – [プロジェクト/含める] – [サーフェスに投影] を選択し、大腿部の正面の下側の面を選択して投影します。

10 再度コマンドを選択し、今度は上側の面を選択して投影します。ブラウザの [スケッチ] で、投影元のスケッチを非表示にします。

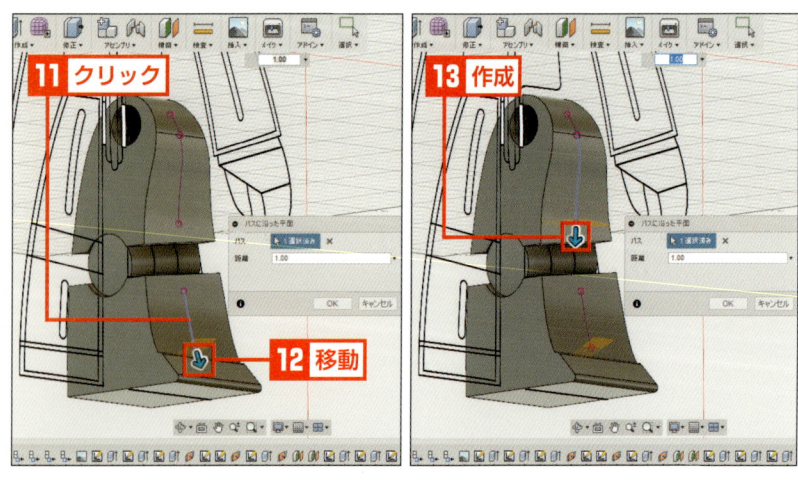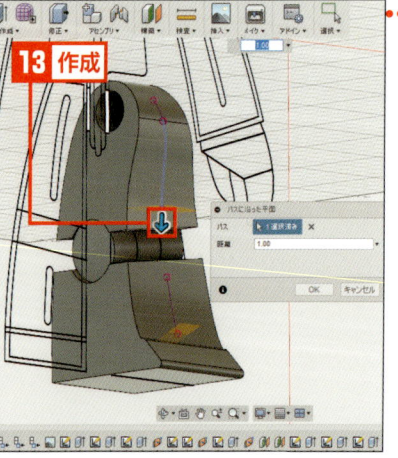

••• **11** [構築] – [パスに沿った平面] を選択し、下腿部の投影線をクリックします。

12 平面が作成されるので、矢印をドラッグして、投影線の下端まで移動します。

13 同様にして、大腿部の投影線の下端にも作業平面を作成します。

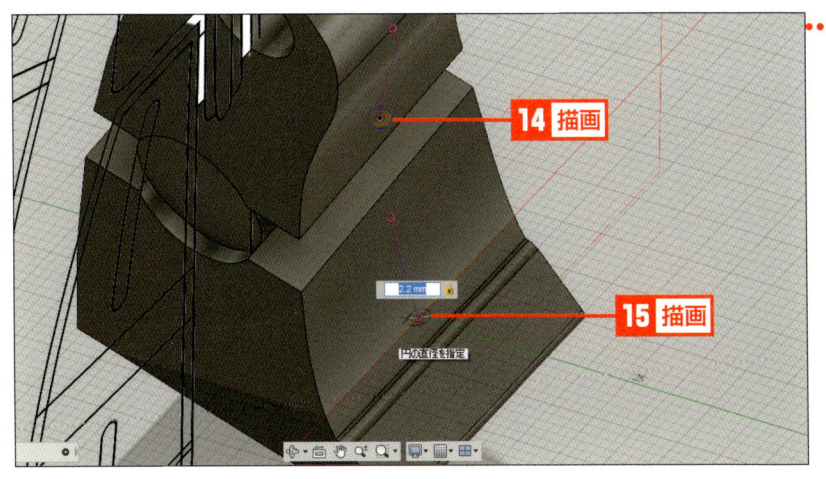

14 [スケッチ]−[円]−[中心と直径で指定した円]を選択し、大腿部の作業平面に、直径2.2mmの円をスケッチします。 [スケッチを停止]をクリックします。

15 同様にして、下腿部の作業平面にも、直径2.2mmの円をスケッチします。

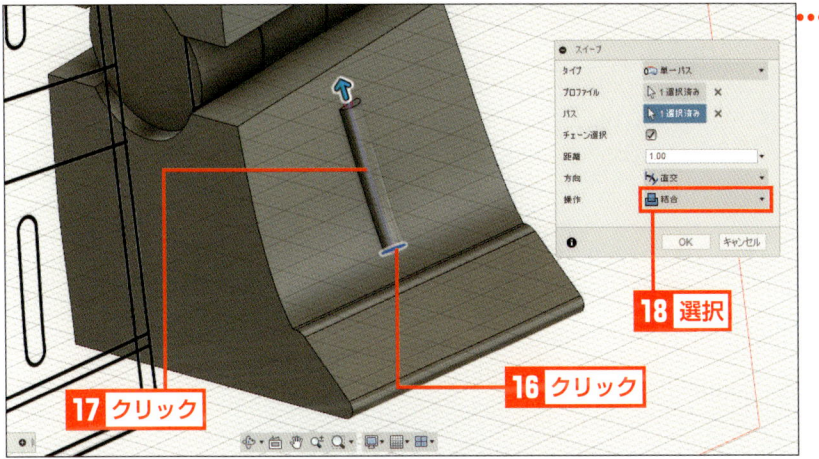

16 [作成]−[スイープ]を選択し、下腿部の円をクリックします。

17 [スイープ]ダイアログの[パス]の[選択]をクリックし、投影線をクリックします。

18 [操作]で[結合]を選択して実行します。

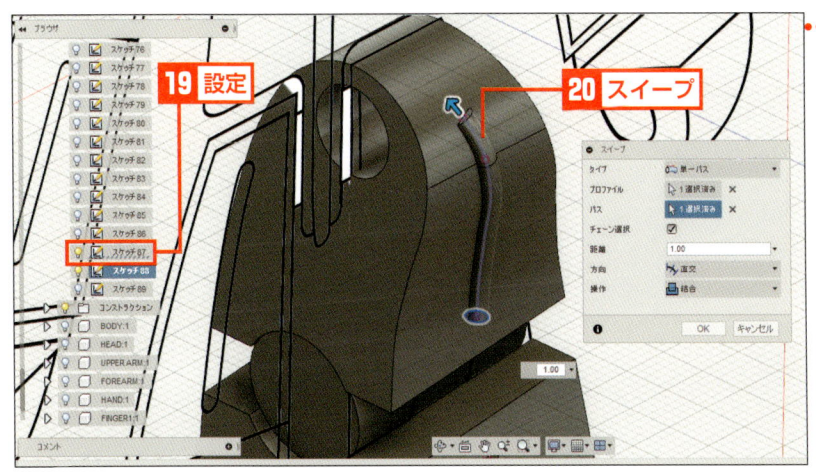

19 投影線のスケッチが非表示になってしまうので、ブラウザの[スケッチ]で再表示します。

20 同様にして、大腿部でもスイープを実行します。大腿部のパスを選択する際には、2本の投影線を順にクリックして選択してください。

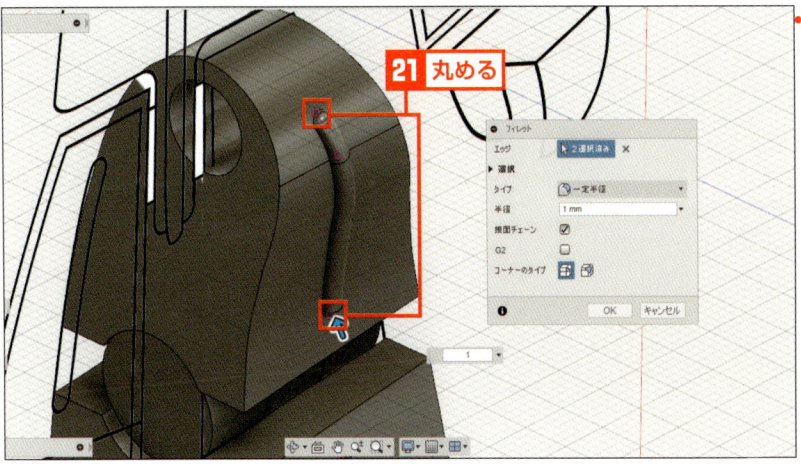

21 [修正]−[フィレット]を選択し、大腿部のモールドの上下のエッジを半径1mmで丸めます。

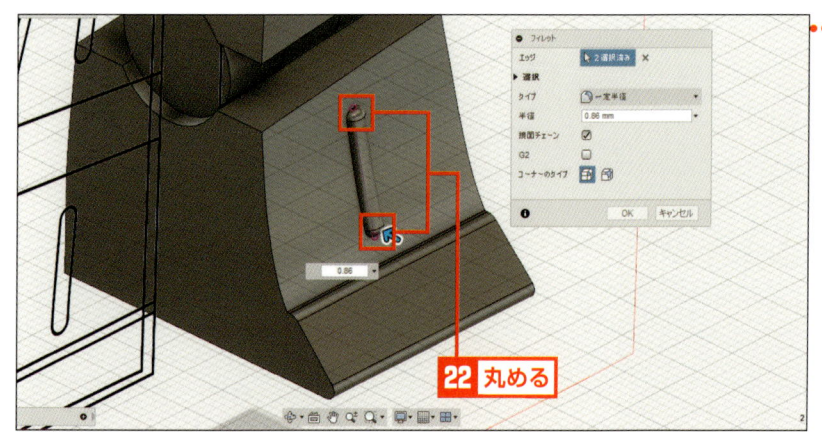

22 同様にして、下腿部のモールドの上下のエッジを、半径0.86㎜で丸めます。ブラウザの[スケッチ]で、投影線のスケッチを非表示にしておきます。

22 丸める

足の背面のモールドの作成

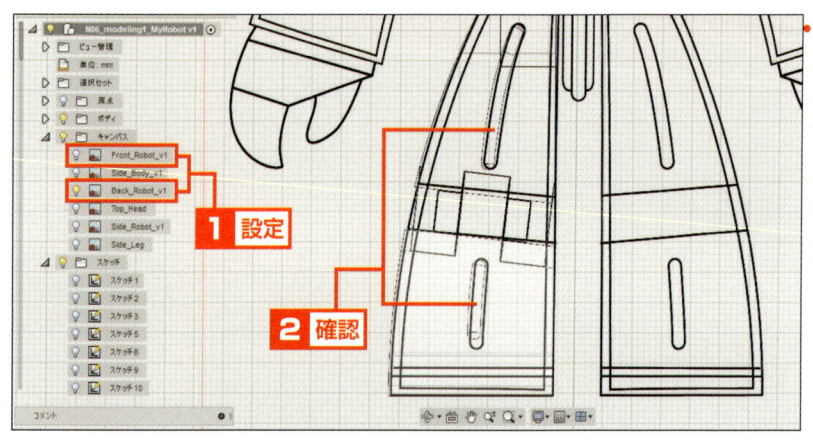

1 設定

2 確認

1 次に足の背面のモールドを作成します。ブラウザの[キャンバス]で、正面の下絵を非表示にし、背面の下絵を表示します。

2 [後]からの視点に変更し、ワイヤフレーム表示にすると、モールドの位置はほぼ前面と重なることが分かります。ここでは新たにスケッチを作成するのではなく、前面のスケッチを再利用して背面のモールドを作成することにします。

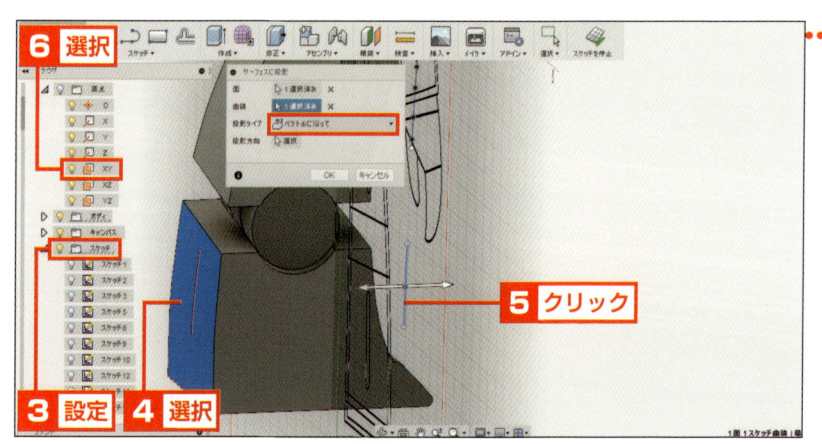

6 選択

3 設定 **4 選択**

5 クリック

3 シェーディング表示に戻し、ブラウザの[スケッチ]で、前面のスイープのパス曲線用に描画したスケッチを表示します。

4 [スケッチ]−[プロジェクト/含める]−[サーフェスに投影]を選択し、下腿部の背面の面を選択します。

5 [サーフェスに投影]ダイアログの[曲線]の[選択]をクリックし、描画した線をクリックし、[投影タイプ]で[ベクトルに沿って]を選択します。

6 [投影方向]でブラウザの[原点]の[XY]平面を選択します。

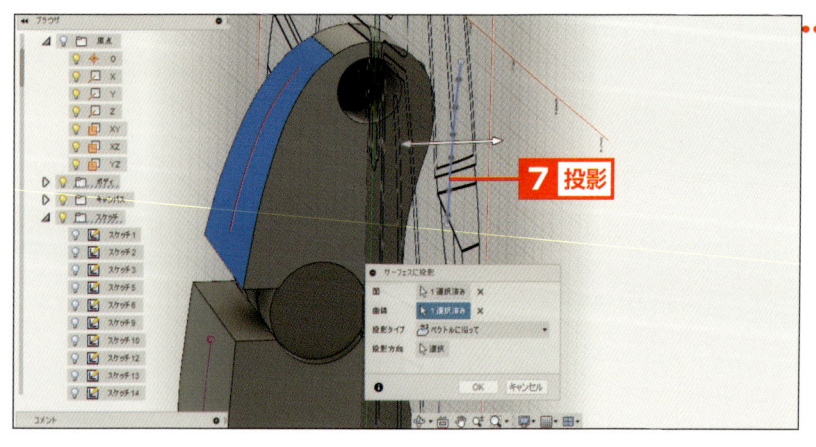

7 投影

7 同様にして、大腿部の背面にもスケッチを投影します。[スケッチを停止]をクリックし、ブラウザの[スケッチ]で、投影元のスケッチを非表示にします。

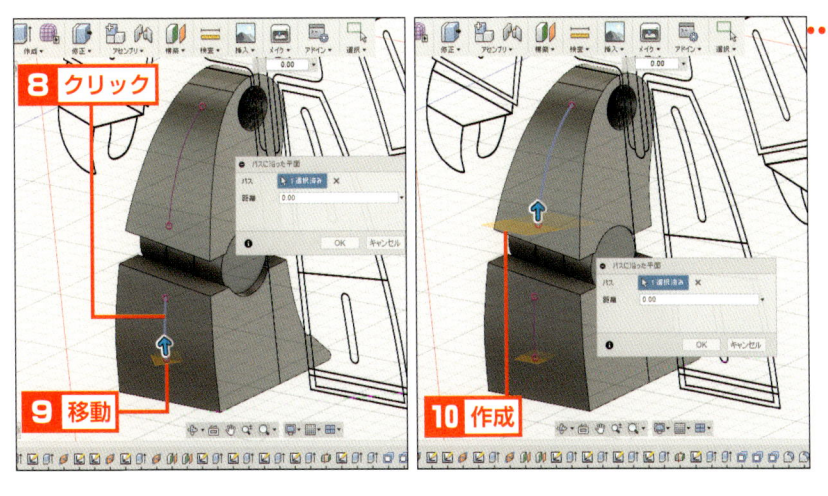

8 [構築] − [パスに沿った平面] を選択し、下腿部の投影線をクリックします。

9 平面が作成されるので、矢印をドラッグして、投影線の下端まで移動します。

10 同様にして、大腿部の投影線の下端にも作業平面を作成します。

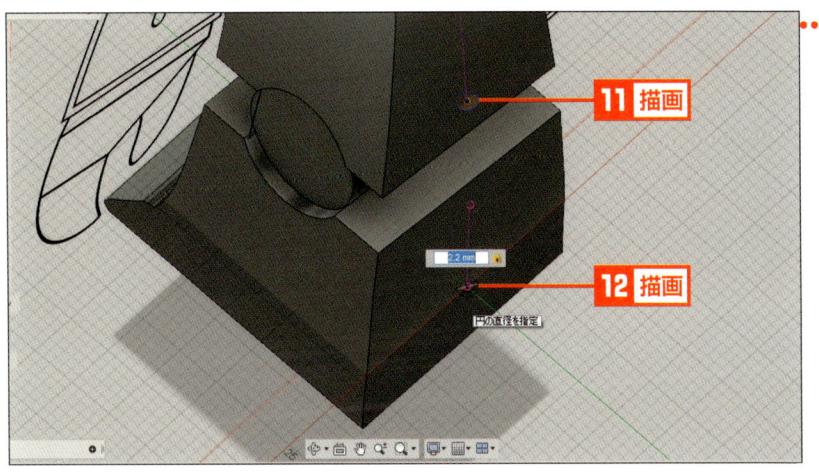

11 [スケッチ] − [円] − [中心と直径で指定した円] を選択し、大腿部の作業平面に、直径2.2㎜の円をスケッチします。 [スケッチを停止] をクリックします。

12 同様にして、下腿部の作業平面にも、直径2.2㎜の円をスケッチします。

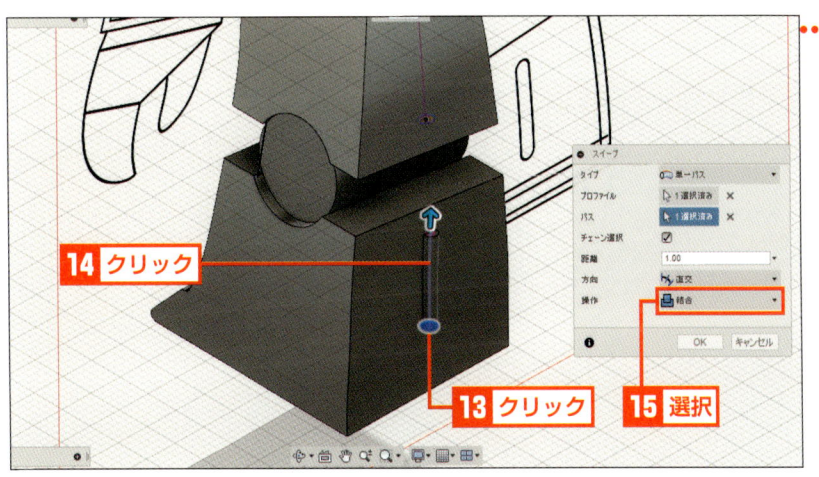

13 [作成] − [スイープ] を選択し、下腿部の円をクリックします。

14 [スイープ] ダイアログの [パス] の [選択] をクリックし、投影線をクリックします。

15 [操作] で [結合] を選択して実行します。

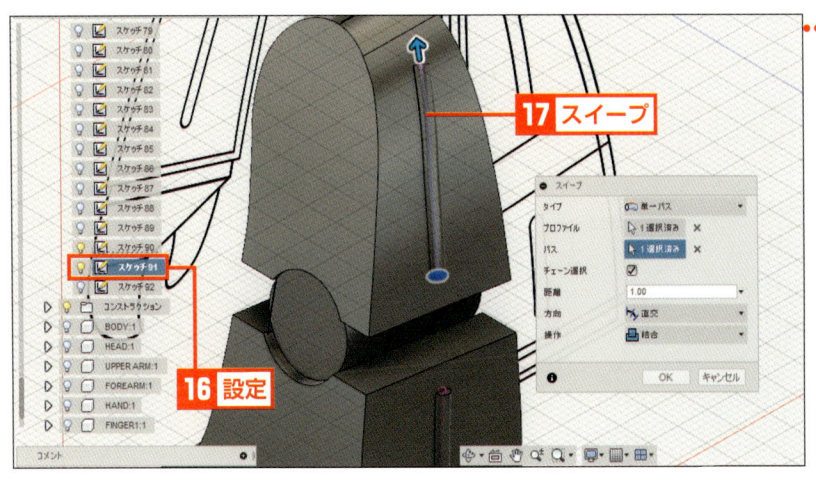

16 投影線のスケッチが非表示になってしまうので、ブラウザの [スケッチ] で再表示します。

17 同様にして、大腿部でもスイープを実行します。

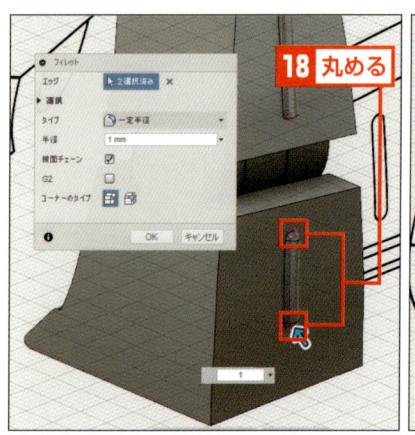
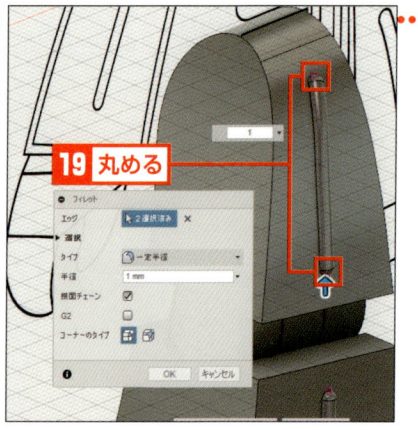

18 [修正]－[フィレット]を選択し、下腿部のモールドの上下のエッジを半径1mmで丸めます。

19 同様にして、大腿部のモールドの上下のエッジも、半径1mmで丸めます。ブラウザの[スケッチ]で、投影線のスケッチを非表示にしておきます。

ヨ 足の側面のモールドの作成

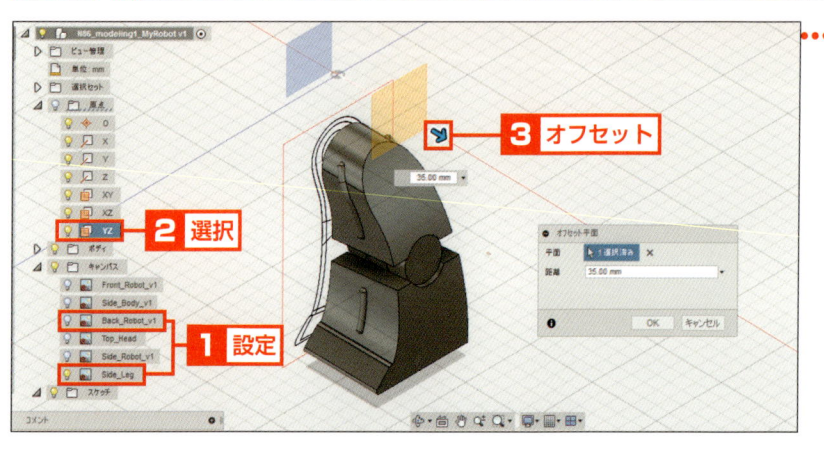

1 足の側面のモールドを作成します。ブラウザの[キャンバス]で、背面の下絵を非表示にし、足の側面の下絵を表示します。

2 [オフセット平面]をクリックし、ブラウザの[原点]で[YZ]平面を選択します。

3 右方向に35mmオフセットします。

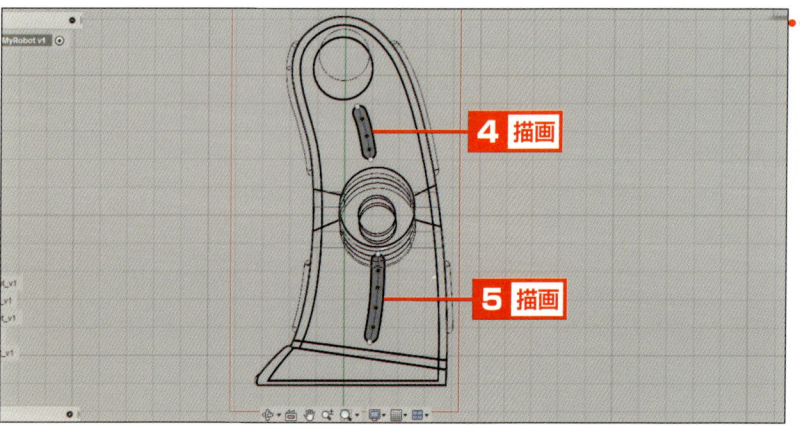

4 ワイヤフレーム表示にします。[スケッチ]－[スプライン]－[フィット点スプライン]を選択し、オフセットした平面をスケッチ面として、大腿部のモールド部分のスケッチを作成します。

5 同様にして、下腿部にもモールドのためのスケッチを作成します。[スケッチを停止]をクリックし、シェーディング表示に戻します。

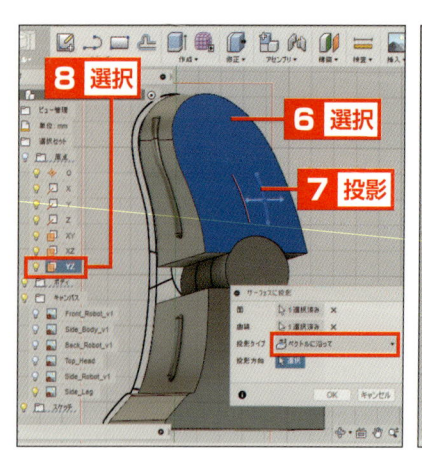
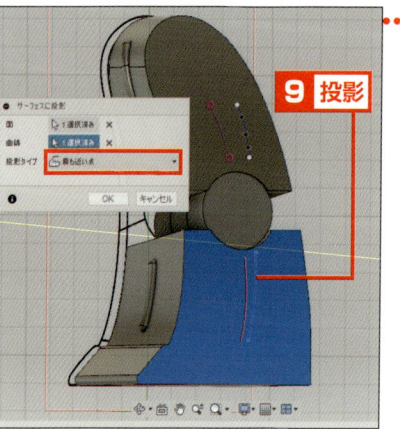

6 [スケッチ]－[プロジェクト/含める]－[サーフェスに投影]を選択し、大腿部の面を選択します。

7 [サーフェスに投影]ダイアログの[曲線]の[選択]をクリックし、描画した線をクリックして、[投影タイプ]で[ベクトルに沿って]を選択します。

8 [投影方向]でブラウザの[原点]の[YZ]平面を選択します。

9 同様にして、下腿部の線も投影します。[投影タイプ]は[最も近い点]にしたほうが、膝に近すぎない位置に投影線を作成できてよいでしょう。[スケッチを停止]をクリックし、ブラウザの[スケッチ]で、投影元のスケッチを非表示にします。

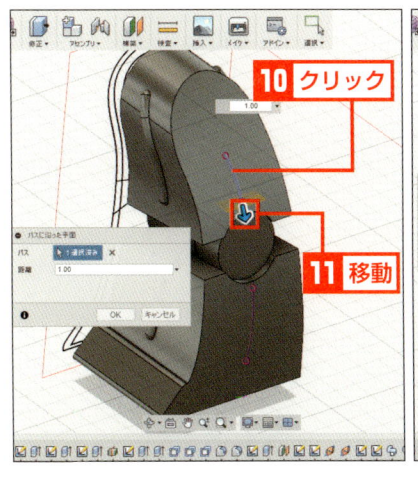
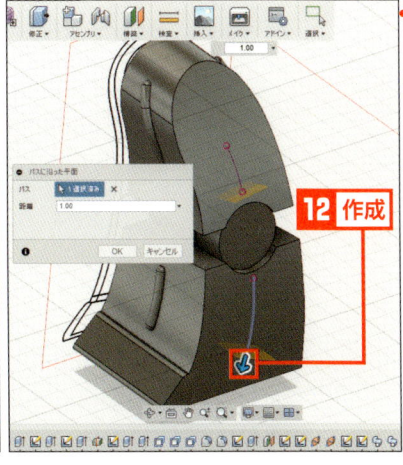

- ••• 10 [構築]－[パスに沿った平面]を選択し、大腿部の投影線をクリックします。
- 11 平面が作成されるので、矢印をドラッグして、投影線の下端まで移動します。
- 12 同様にして、下腿部の投影線の下端にも作業平面を作成します。

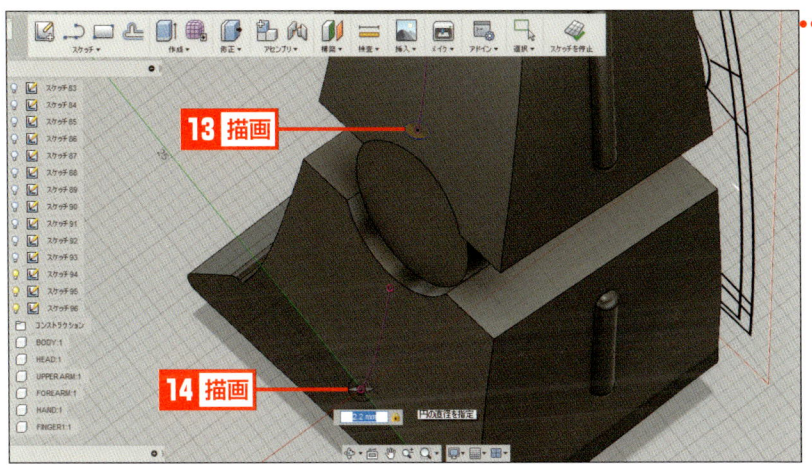

- ••• 13 [スケッチ]－[円]－[中心と直径で指定した円]を選択し、大腿部の作業平面に、直径2.2mmの円をスケッチします。 [スケッチを停止]をクリックします。
- 14 同様にして、下腿部の作業平面にも、直径2.2mmの円をスケッチします。

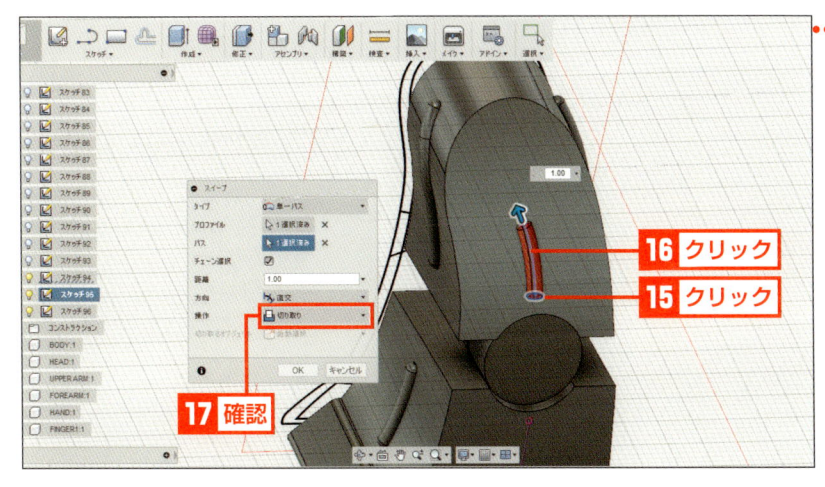

- ••• 15 [作成]－[スイープ]を選択し、大腿部の円をクリックします。
- 16 [スイープ]ダイアログの[パス]の[選択]をクリックし、投影線をクリックします。
- 17 [操作]は[切り取り]のまま実行します。

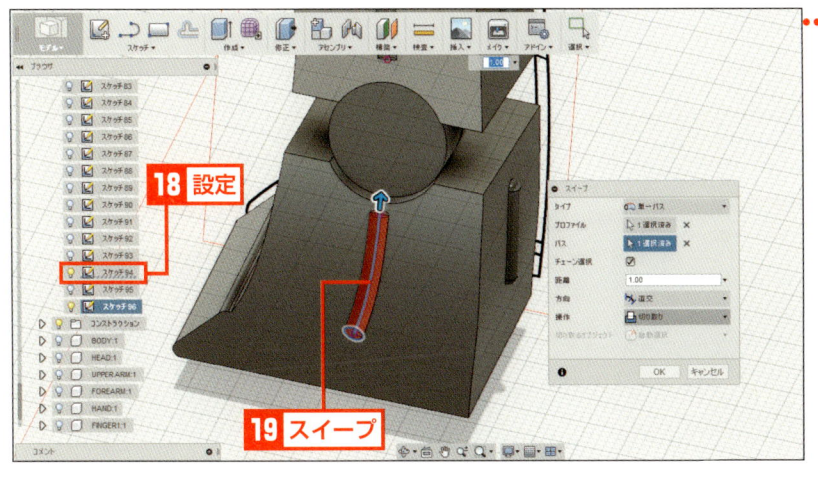

- ••• 18 投影線のスケッチが非表示になってしまうので、ブラウザの[スケッチ]で再表示します。
- 19 同様にして、下腿部でもスイープを実行します。

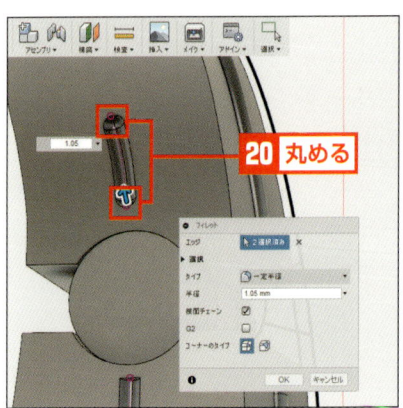
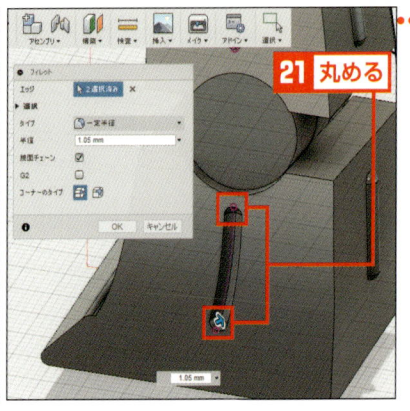

- 20 [修正]－[フィレット] を選択し、大腿部のモールドの上下のエッジを半径1.05㎜で丸めます。
- 21 同様にして、下腿部のモールドの上下のエッジを、半径1.05㎜で丸めます。[スケッチを停止] をクリックし、ブラウザの[スケッチ]で、投影線のスケッチを非表示にしておきます。

股関節の外側のモールドの作成と仕上げ

脚の側面の下絵では、胴体からの軸がはまる部分に丸い形状があります。今回、股関節は貫通穴としていないので外側の面は平らなままですが、真横から見たときに丸く見えるようなくぼみを作りたいと思います。

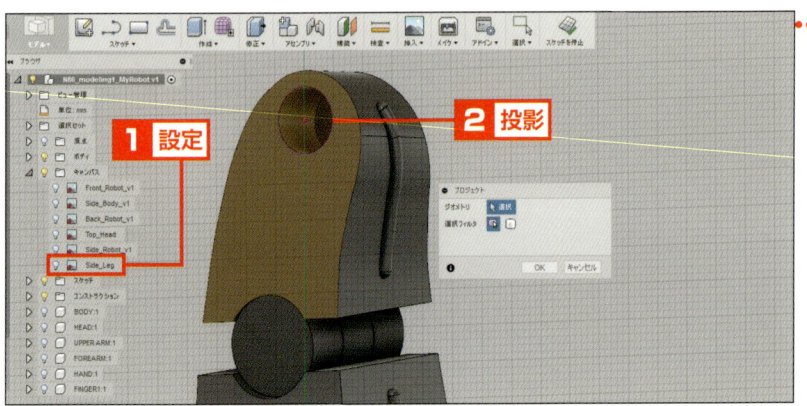

- 1 ブラウザの [キャンバス] で足の側面の下絵を非表示にします。
- 2 [スケッチ]－[プロジェクト/含める]－[プロジェクト] を選択し、大腿部の内側の面に、軸がはまる穴のエッジを投影します。[スケッチを停止] をクリックします。

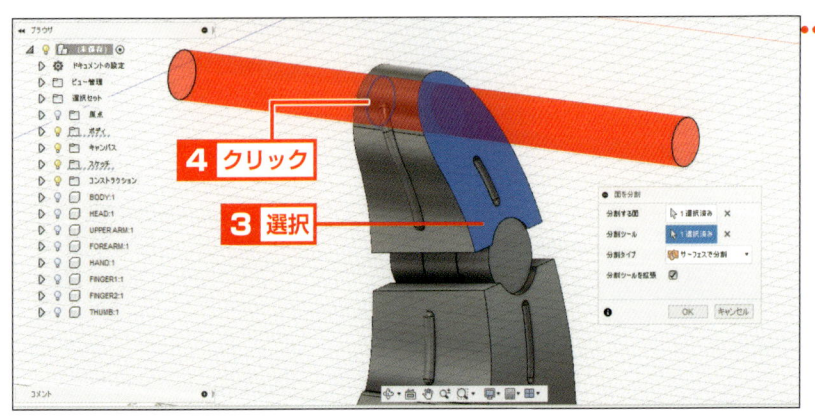

- 3 [修正]－[面を分割] を選択し、大腿部の外側の面を選択します。
- 4 [面を分割]ダイアログの[分割ツール]をクリックし、投影した線をクリックして実行します。

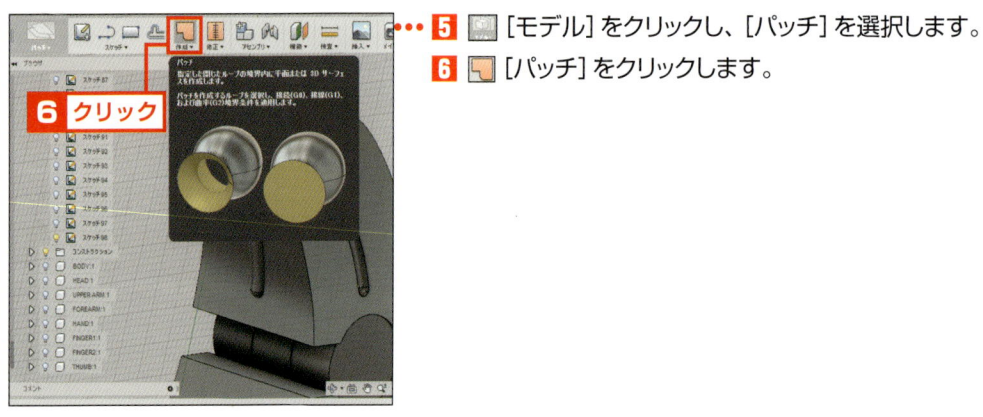

- 5 [モデル] をクリックし、[パッチ] を選択します。
- 6 [パッチ] をクリックします。

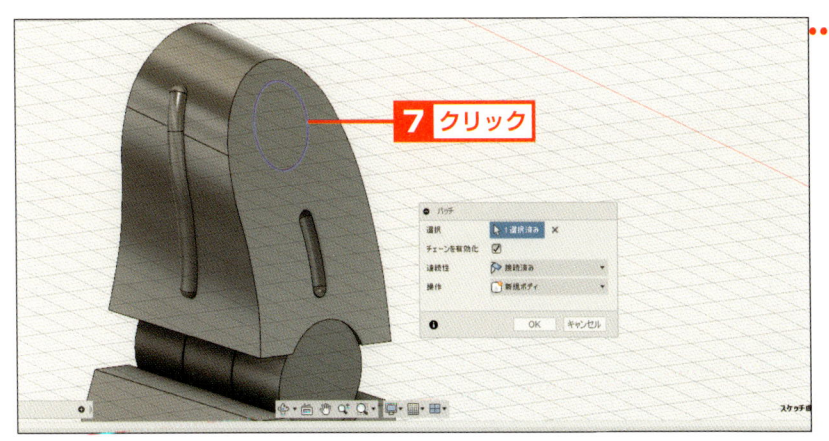

••• **7** 投影した線をクリックし、コマンドを終了します。一見、大腿部の側面を円で分割したように見えますが、この面の内側にサーフェスが貼られ、重なっている状態です。

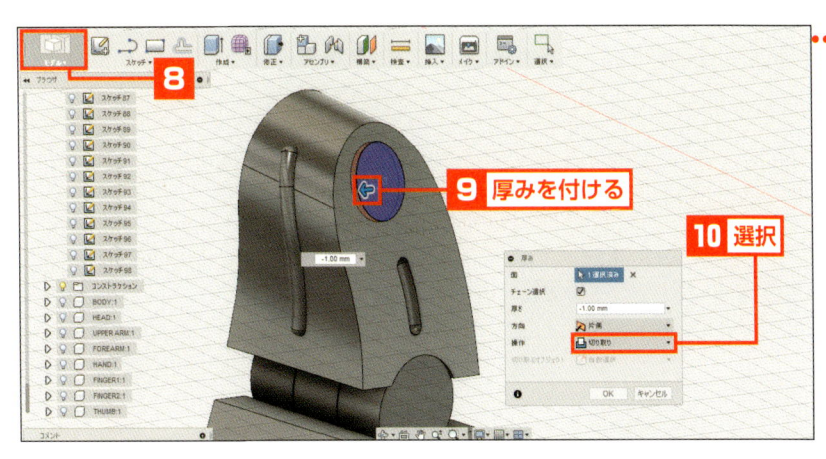

••• **8** [パッチ] をクリックし、[モデル] を選択します。

9 [作成] − [厚み] を選択し、円をクリックして、内側方向に1mm厚みを作ります。

10 [厚み] ダイアログの [操作] で [切り取り] を選択し、カットします。

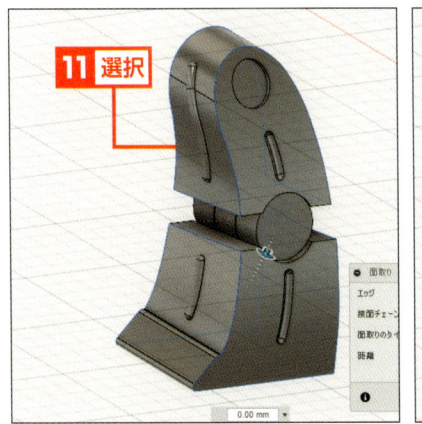

••• **11** [修正] − [面取り] を選択し、つま先とかかとを除く前後のエッジと膝部分を除く左右のエッジ、計12カ所を選択します。

12 距離0.5mmで面取りします。

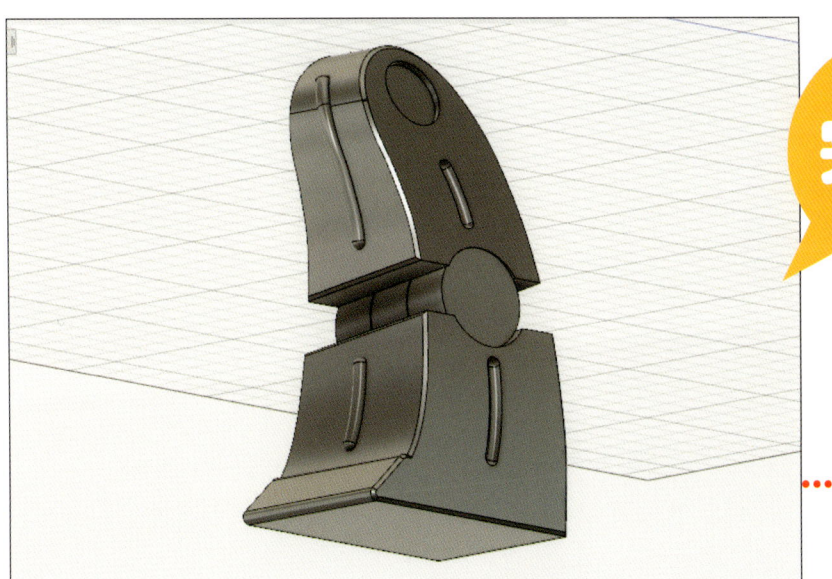

完成!

••• 以上で、足が完成しました。ファイルを保存しておきます。

次回に続く!

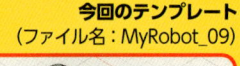

Fusion 360で学ぶモデリング
はじめたい人から、もっと極めたい人まで

モデリング09

オリジナルロボットを作る
アンテナの作成とパーツの分割

box くん　キャラクターデザイン：イトウケイイチロウ

今回は、最後のパーツである頭の上のアンテナを作成したあとに、すでに作成したパーツをさらに編集します。首を頭部に差し込むジョイントや、肘や膝の関節は、現状のままでは物理的にはめ合わせることができないので、パーツをさらに分割してはめ合わせることができるようにします。

今回のテンプレート
（ファイル名：MyRobot_09）

完成図

操作STEP

1 アンテナの作成

2 頭部のパーツの分割

3 上腕部のパーツの分割と手と指の統合

4 大腿部のパーツの分割

始める前の準備 ▶ 使用する下絵ファイルやテンプレートファイルは、ジャムハウスのダウンロードサイト（http://www.jam-house.co.jp/fusion360/）からダウンロードしてください。

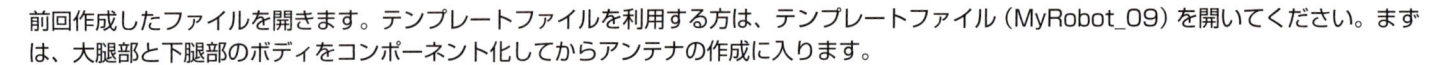

1 アンテナの作成

前回作成したファイルを開きます。テンプレートファイルを利用する方は、テンプレートファイル（MyRobot_09）を開いてください。まずは、大腿部と下腿部のボディをコンポーネント化してからアンテナの作成に入ります。

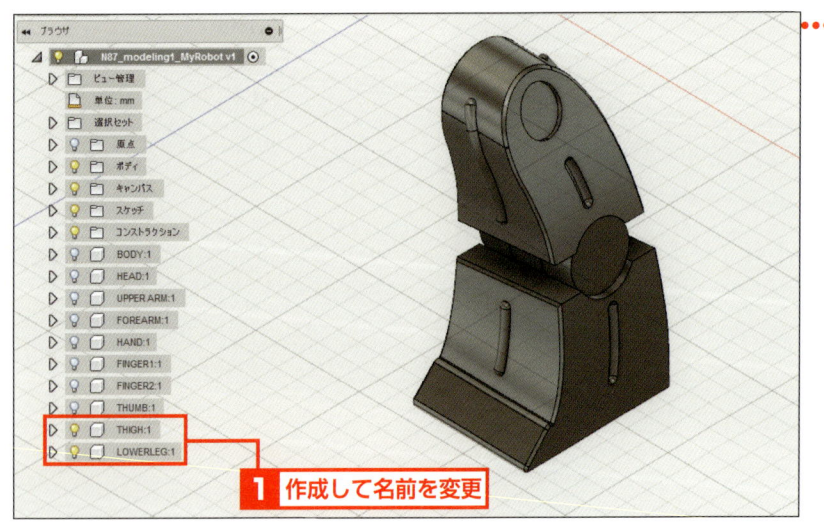

1 作成して名前を変更

•••**1** ブラウザの［ボディ］で、大腿部と下腿部のボディを右クリックしては［ボディからコンポーネントを作成］を選択してコンポーネント化します。コンポーネント化したパーツは、分かりやすいように名前を変更しておきます。

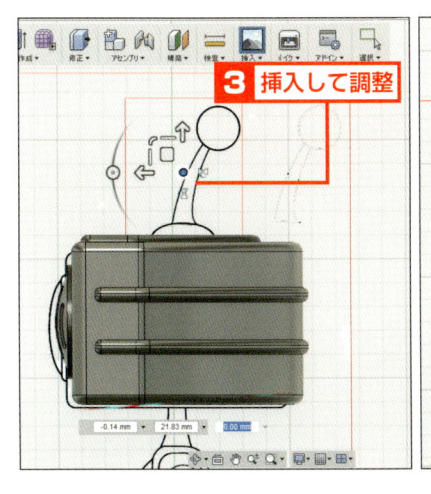
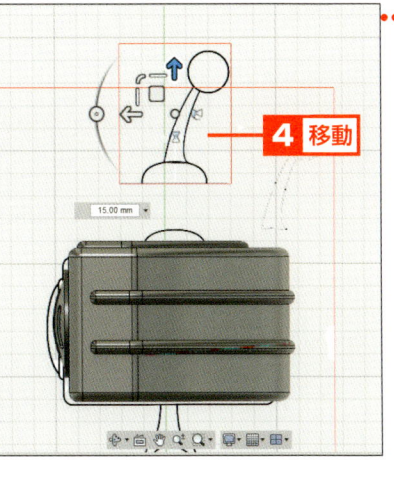

2 ブラウザで大腿部と下腿部を非表示にし、頭を表示します。[キャンバス]でロボットの側面の下絵を表示します。

3 [下絵を挿入]をクリックして、YZ平面にアンテナの側面の画像「antenna_side」を挿入し、大きさと位置が合うように調整します。アンテナ下部の丸い部分をピッタリと合わせるか、または右側に薄く表示されているアンテナ本体の輪郭に合わせてもよいでしょう。

4 大きさが調整できたら、モデリングがしやすいように少し上方に移動します。正確な位置合わせは、次回のアセンブリで行うので、適当な位置でかまいません。

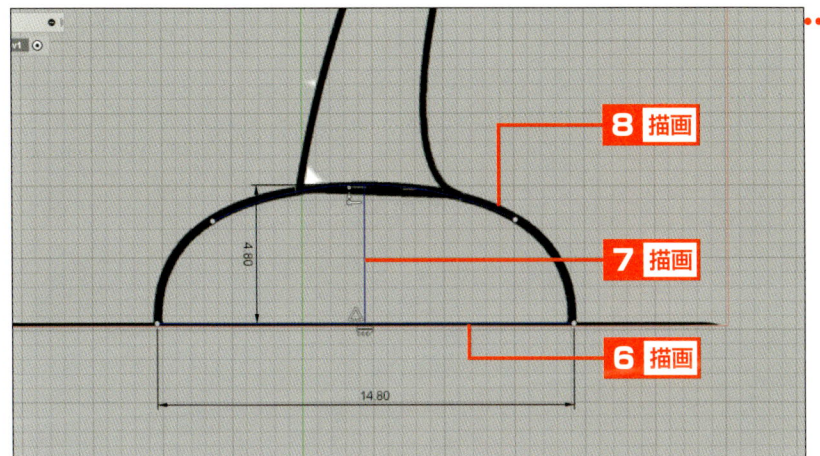

5 ブラウザで頭を非表示にし、[キャンバス]でロボットの側面の下絵を非表示にします。

6 [線分]をクリックし、YZ平面をスケッチ面として、アンテナの下部に14.8㎜の直線をスケッチします。

7 中点から真上に、4.8㎜の直線をスケッチします。

8 [スケッチ]－[円弧]－[3点指定の円弧]を選択し、曲線上で左右の任意の点をクリックし、最後に縦線の上端をクリックして円弧をスケッチします。

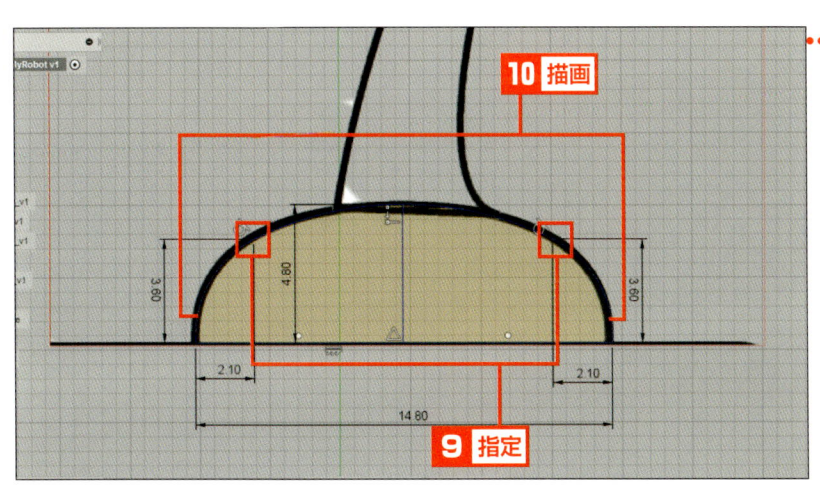

9 [スケッチ]－[スケッチ寸法]を選択し、円弧の両端を、それぞれ横線の端点より内側に2.1㎜、上方向に3.6㎜の位置に指定します。

10 [スケッチ]－[円弧]－[接線円弧]を選択し、円弧の端点と、横線の端点をクリックして円弧をスケッチします。左右とも行います。

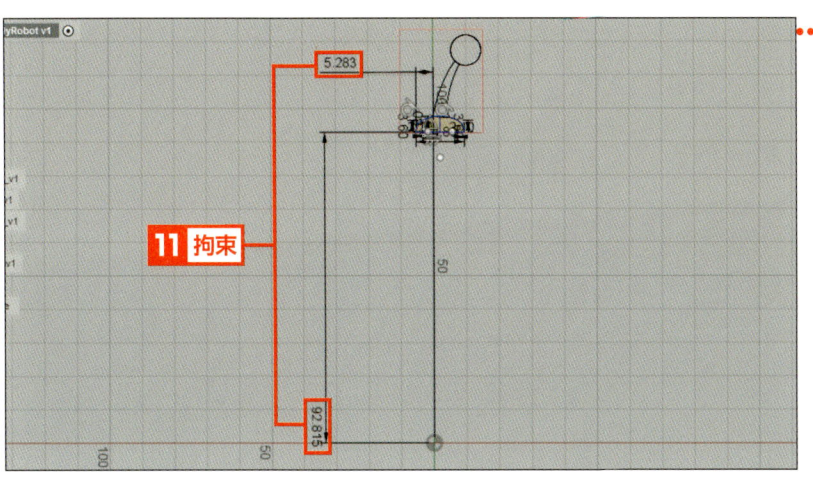

11 [スケッチ]－[スケッチ寸法]を選択し、横線の左端と原点との間に、左右、上下とも寸法線を付けて寸法拘束を付けておきます。左端を現在の位置に固定するためなので、寸法値はそのままでかまいません。これですべての寸法が完全に拘束され、あとで操作した際に、意図しない形状の変更を防げます。

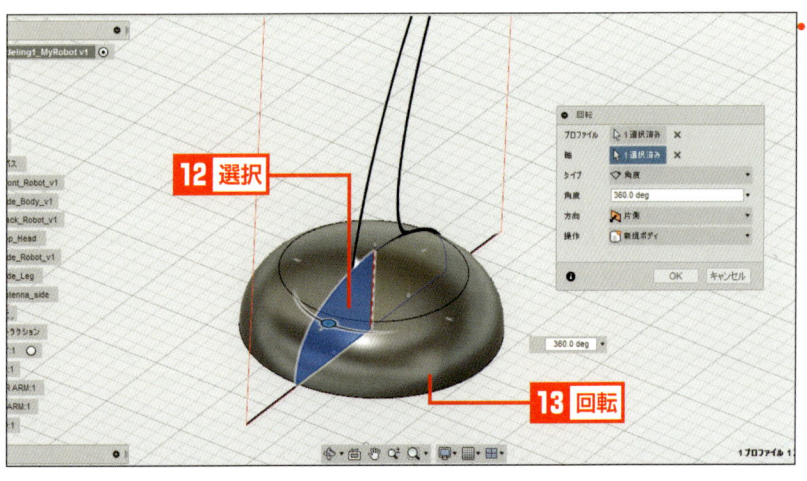

••• **12** ［作成］－［回転］を選択し、左右どちらかの断面を選択します。

13 ［回転］ダイアログの［軸］を選択して、中央の直線をクリックし、アンテナの台座となるソリッドを作成します。

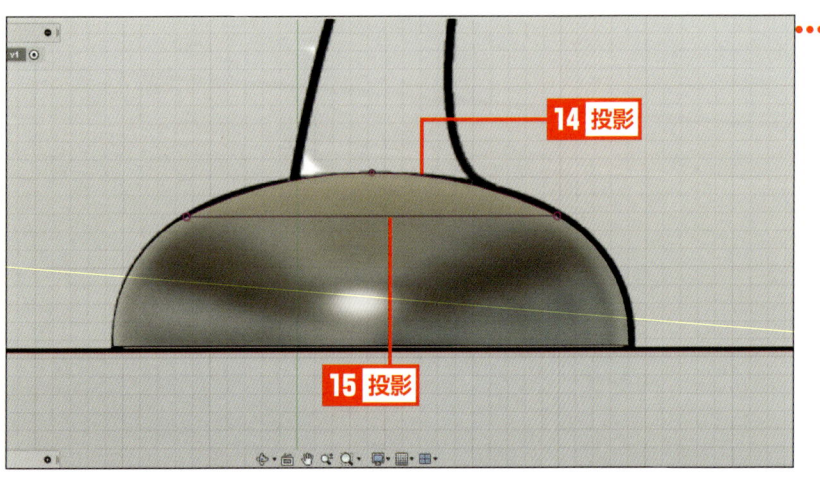

••• **14** ［スケッチ］－［プロジェクト／含める］－［交差］を選択し、YZ平面をスケッチ面として、台座の上の部分をクリックします。作業平面（YZ平面）とソリッドが交差している部分の輪郭が投影線となります。

15 ［スケッチ］－［プロジェクト／含める］－［プロジェクト］を選択し、先ほどと同じソリッドの下のラインを投影します。

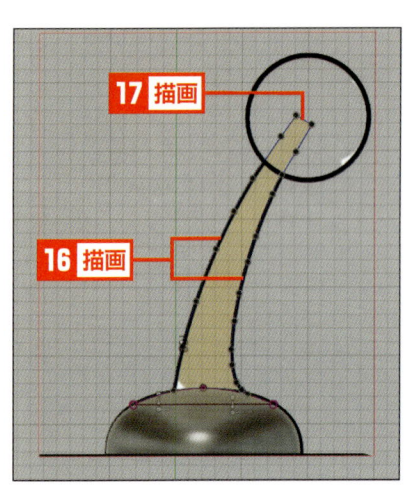
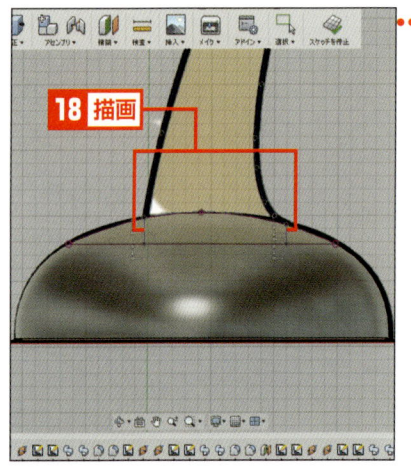

••• **16** ［スケッチ］－［スプライン］－［フィット点スプライン］を選択し、下絵に沿ってアンテナの軸の輪郭をスケッチします。上の部分は軸を延長し、だいたい円の中央にくるようにします。

17 ［線分］をクリックし、上端部分を直線で結びます。

18 下端はそれぞれ下の直線にぶつかるまで真下に直線をスケッチします。

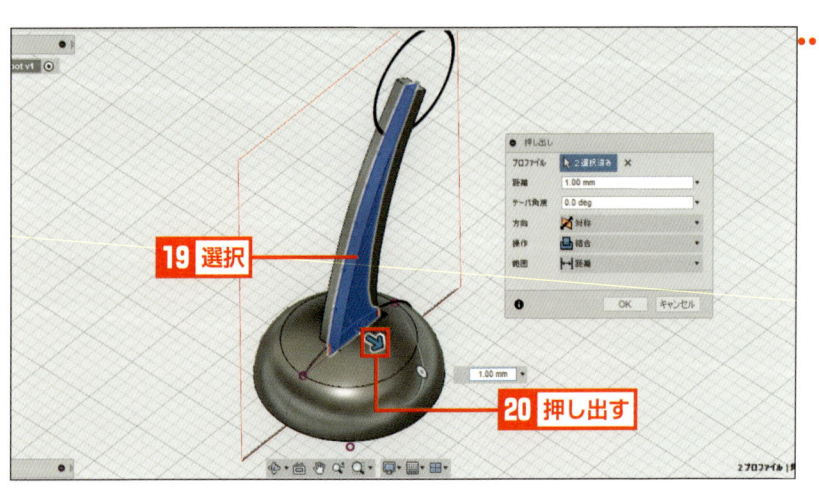

••• **19** ［押し出し］をクリックして、2つの領域を選択します。

20 ［押し出し］ダイアログの［方向］で［対称］を選択して1㎜押し出し、［操作］で［結合］を選択して実行します。

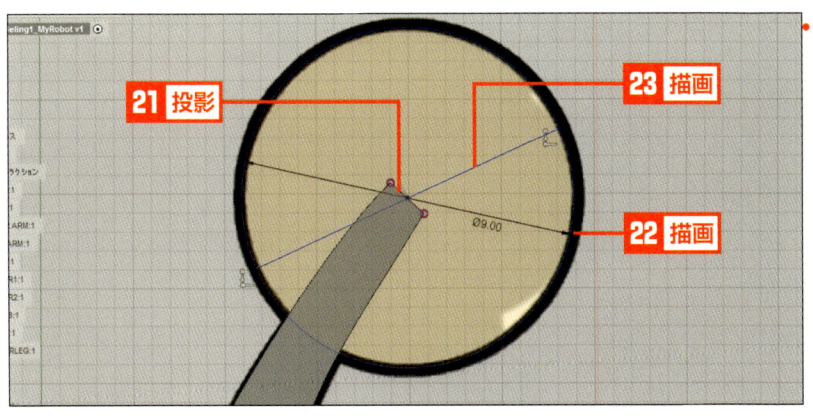

21 [スケッチ]−[プロジェクト/含める]−[プロジェクト]を選択し、YZ平面をスケッチ面として、アンテナの最上部の直線を投影します。

22 [スケッチ]−[円]−[中心と直径で指定した円]を選択し、投影線の中点を中心として、直径9㎜の円をスケッチします。

23 [線分]をクリックし、円をちょうど半分に分割するように直線をスケッチします。

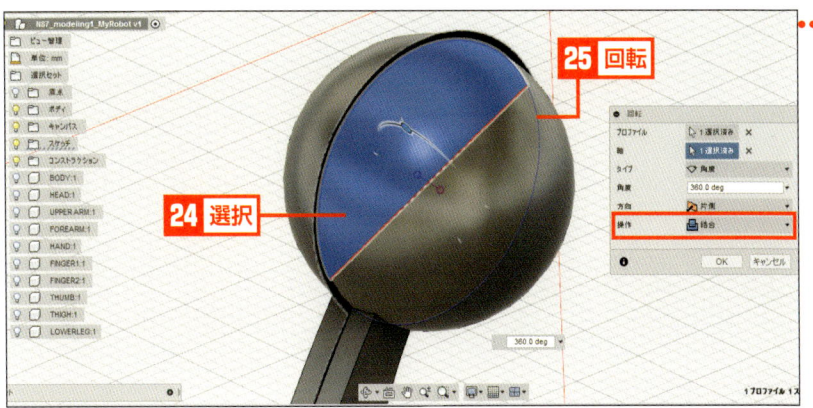

24 [作成]−[回転]を選択し、半円部分を選択します。

25 [回転]ダイアログの[軸]を選択して、中央の直線をクリックし、[操作]で[結合]を選択して実行します。

26 これでアンテナの完成です。ブラウザの[ボディ]でアンテナのボディを右クリックし、[ボディからコンポーネントを作成]を選択してコンポーネント化し、分かりやすいように名前を変更しておきます。

2 頭部のパーツの分割

ロボットはコンポーネントごとに出力し、それぞれをはめ込むことになりますが、今のままでははめ込むことができません。必要に応じてパーツを分割し、はさんではめ込むようにします。

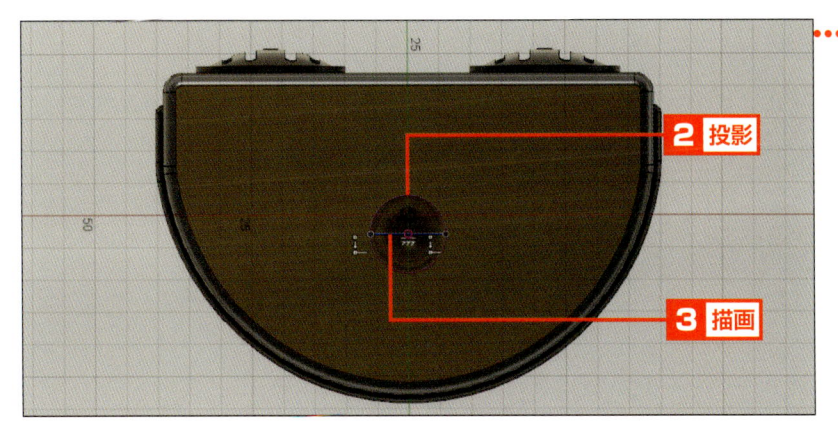

1 ブラウザでアンテナを非表示にし、頭を表示します。[キャンバス]で、アンテナの側面の下絵を非表示にします。

2 [スケッチ]−[プロジェクト/含める]−[プロジェクト]を選択し、頭部の底面をスケッチ面として、穴の輪郭を投影します。

3 [線分]をクリックし、円をちょうど前後に分割するように直線をスケッチします。

> 🖈 **MEMD** メモ
> 直線をスケッチする際は、一度マウスポインターを円の中心に合わせてから真横に動かします。参照線が表示されるので、それを参考にしてスケッチします。

4 [修正]−[ボディを分割]を選択し、頭部をクリックします。

5 [ボディを分割]ダイアログの[分割ツール]の[選択]をクリックし、描画した直線をクリックして実行します。

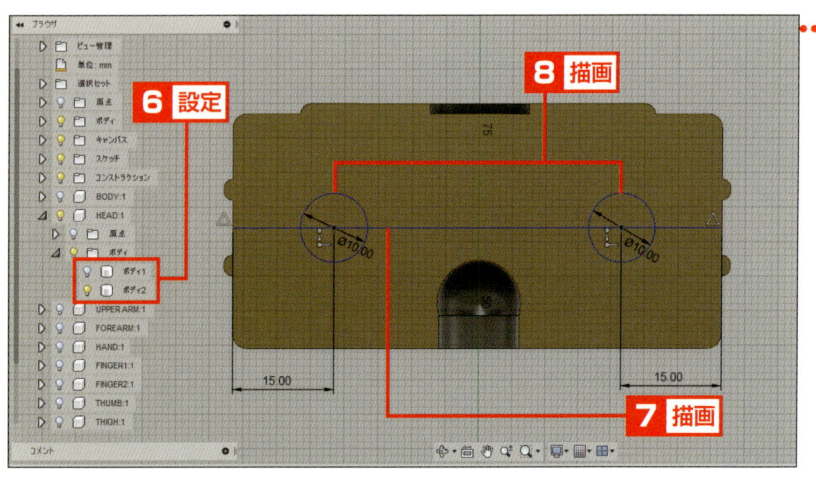

6 ブラウザで頭部のコンポーネントを展開すると、2つのボディがあることが分かります。前側のボディを非表示にします。

7 [線分] をクリックし、切断面をスケッチ面として、上下ちょうど中央に直線をスケッチします。

8 [スケッチ]－[円]－[中心と直径で指定した円] を選択し、横線上に、直径10㎜の円を2つ描画します。[スケッチ]－[スケッチ寸法] を選択し、円の中心がそれぞれ端点から15㎜となるようにします。

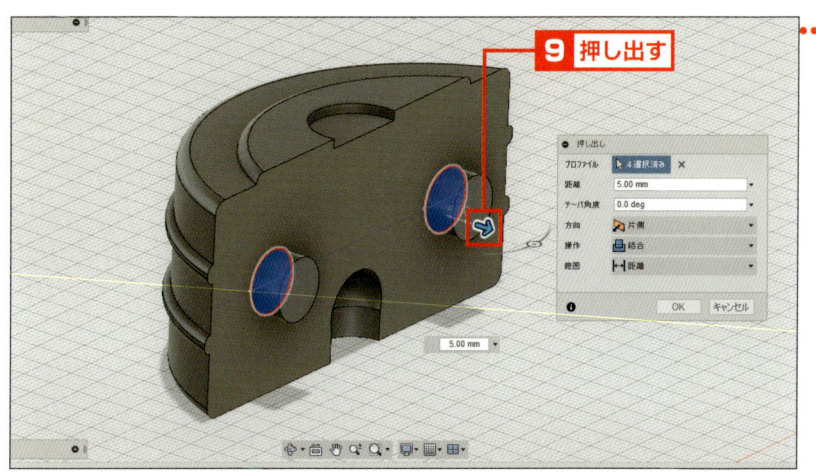

9 [押し出し] をクリックし、2つの円を構成する4つの領域を選択して、外側に5㎜押し出してボスを作成します。

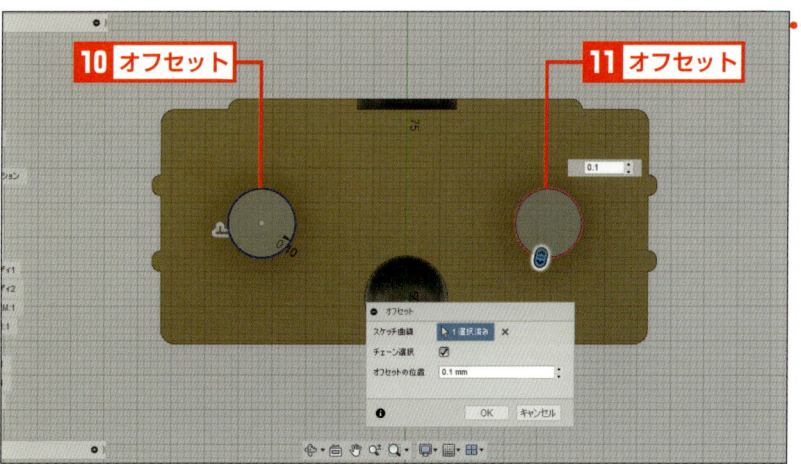

10 [スケッチ]－[オフセット] を選択し、切断面をスケッチ面として、ボスの輪郭を選択し、外側に0.1㎜オフセットします。

11 もう片方のボスのほうも、同様にオフセットします。

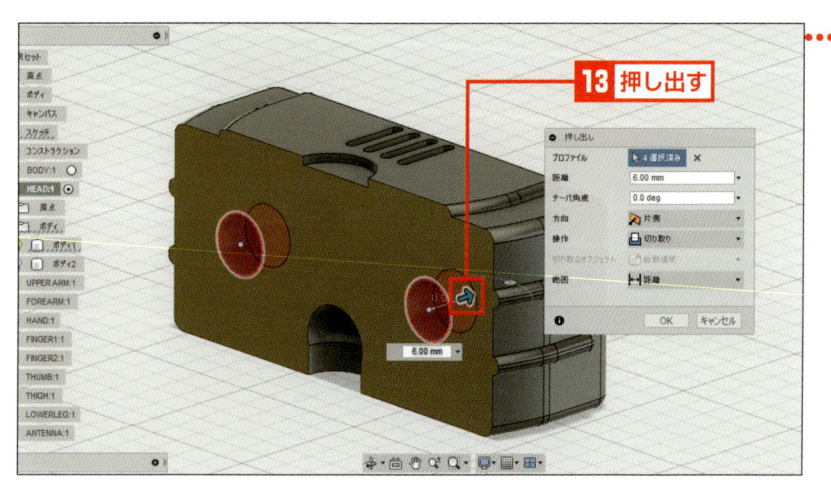

12 ブラウザで、頭部の後ろ側のボディを非表示にし、前側のボディを表示します。

13 [押し出し] をクリックし、オフセットした2つの円内部の領域4カ所を選択して、内側に6㎜押し出してカットします。

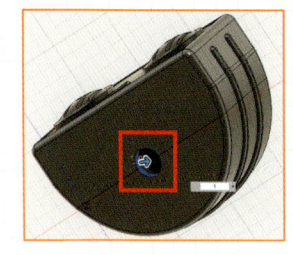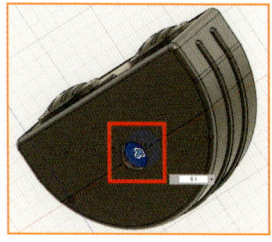
ヨ 上腕部のパーツの分割と手と指の統合

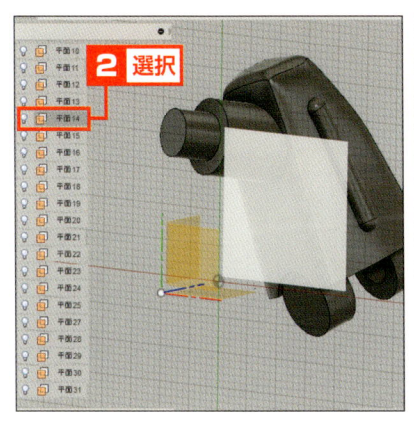

2 選択

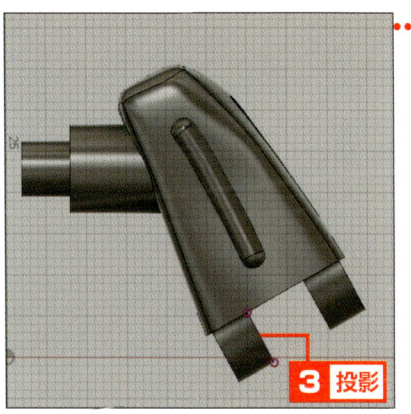

3 投影

1 ブラウザで、上腕だけを表示します。

2 [スケッチ]−[プロジェクト/含める]−[プロジェクト]を選択し、ブラウザの[コンストラクション]で前面のモールドを作成する際に使用した作業平面（86ページSTEP3の2）を選択してスケッチ面とします。

3 胴体寄りの肘関節の内側のエッジを投影します。

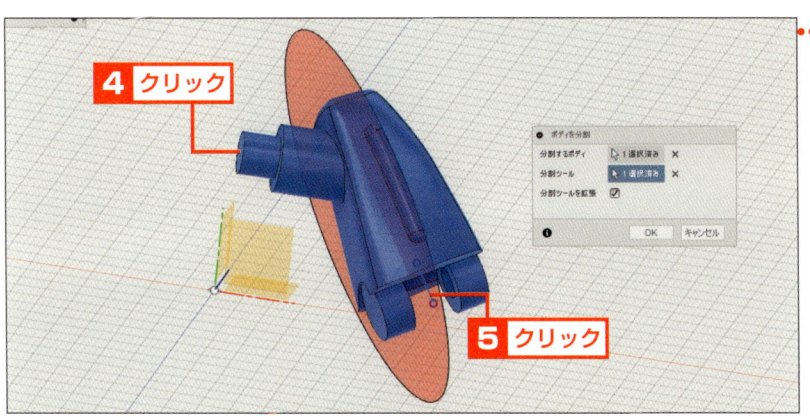

4 クリック

5 クリック

4 [修正]−[ボディを分割]を選択し、上腕をクリックします。

5 [ボディを分割]ダイアログの[分割ツール]の[選択]をクリックし、投影線をクリックして実行します。

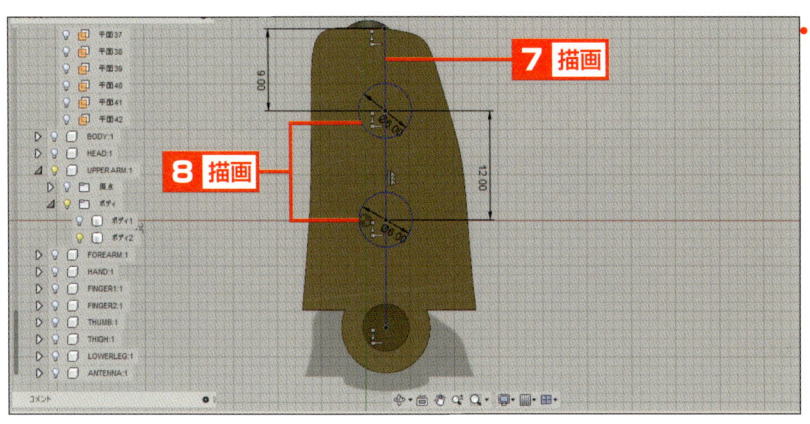

7 描画

8 描画

6 ブラウザで上腕の外側のボディを非表示にします。

7 [線分]をクリックし、切断面をスケッチ面として、円の中心点から、真上に直線をスケッチします。

8 [スケッチ]−[円]−[中心と直径で指定した円]を選択し、直線上に、直径6㎜の円を2つ描画します。[スケッチ]−[スケッチ寸法]を選択し、上の円は中心が上端から9㎜に、上の円と下の円の中心の距離が12㎜となるようにします。

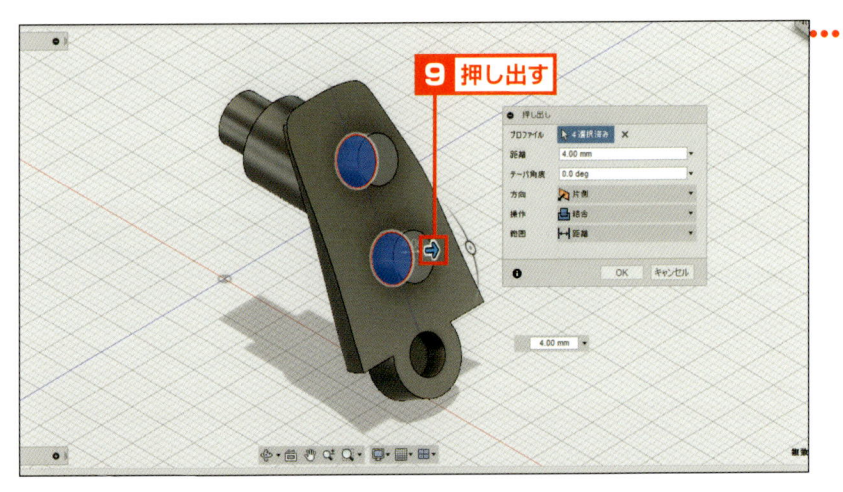

9 [押し出し] をクリックし、2つの円を構成する4つの領域を選択して、外側に4mm押し出してボスを作成します。

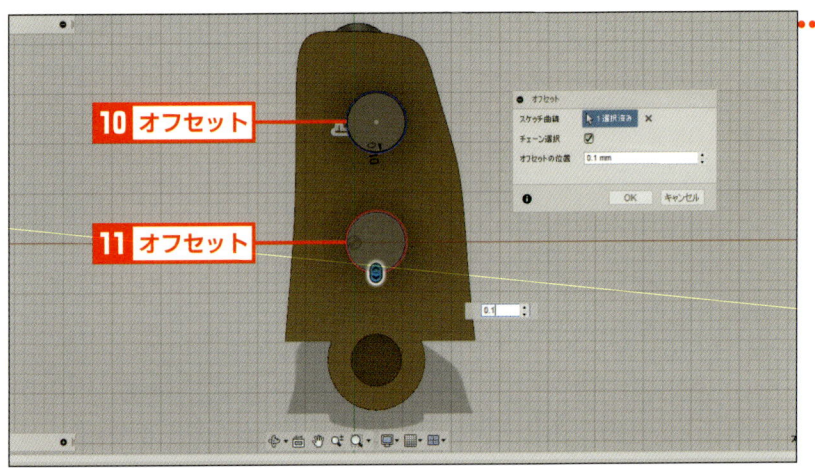

10 [スケッチ] − [オフセット] を選択し、切断面をスケッチ面として、ボスの輪郭を選択し、外側に0.1mmオフセットします。

11 もう片方のボスのほうも、同様にオフセットします。

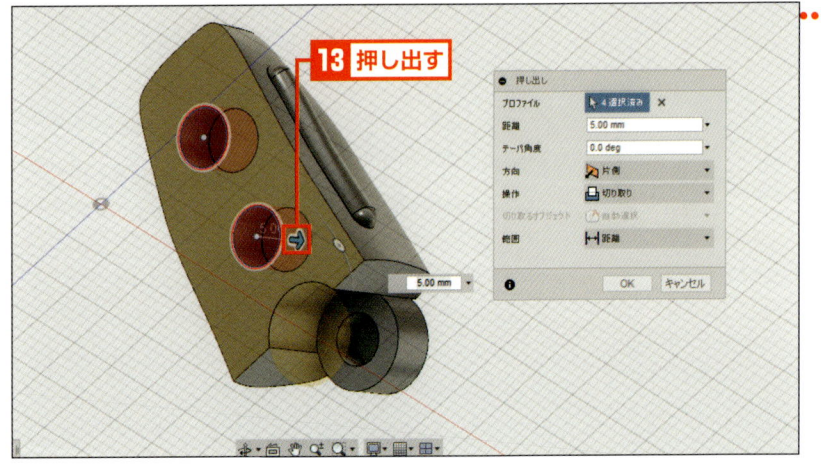

12 ブラウザで、上腕の内側のボディを非表示にし、外側のボディを表示します。

13 [押し出し] をクリックし、オフセットした2つの円の内部の領域4カ所を選択して、内側に5mm押し出してカットします。

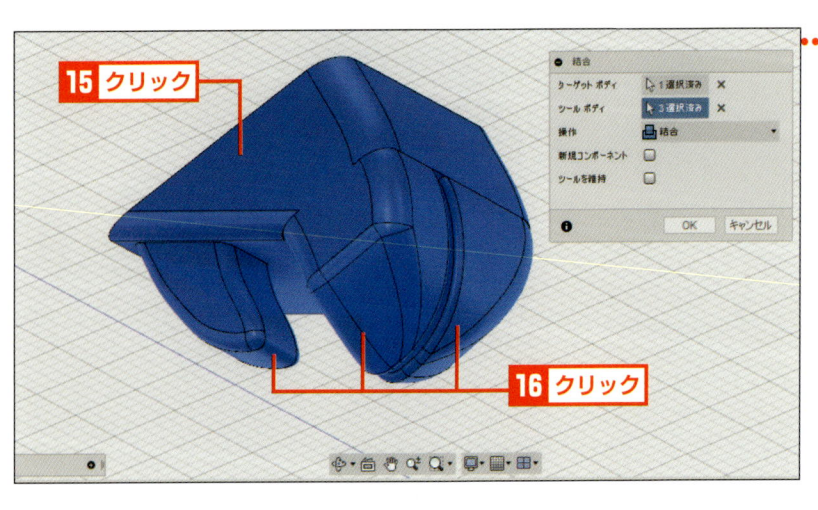

14 手のひらと指は、パーツが小さいこともあるので、今回は手のひらのコンポーネントにまとめてしまいます。ブラウザで、手のひらと指のボディだけを表示します。

15 [修正] − [結合] を選択し、手のひらをクリックします。

16 3つの指をクリックして選択し、結合します。

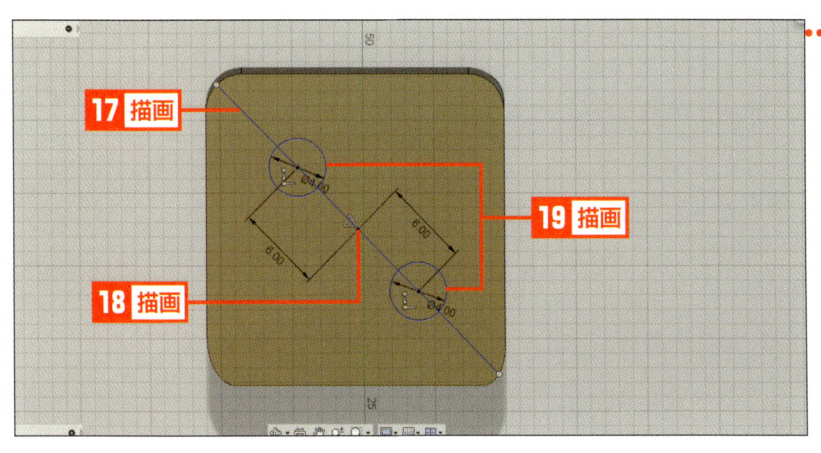

17 ••• [線分] をクリックし、手首につながる平面をスケッチ面として、対角線をスケッチします。

18 ••• [スケッチ]－[点] を選択し、対角線の中点に点をスケッチします。

19 ••• [スケッチ]－[円]－[中心と直径で指定した円] を選択し、直線上に、直径4㎜の円を2つ描画します。[スケッチ]－[スケッチ寸法] を選択し、円の中心がそれぞれ対角線の中点から6㎜となるようにします。

> **MEMO メモ**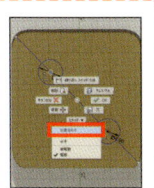
> 対角線に沿った寸法線を付けるには、中点と円の中心をクリックしたあと、右クリックしてマーキングメニューを表示し、[位置合わせ] をクリックします。

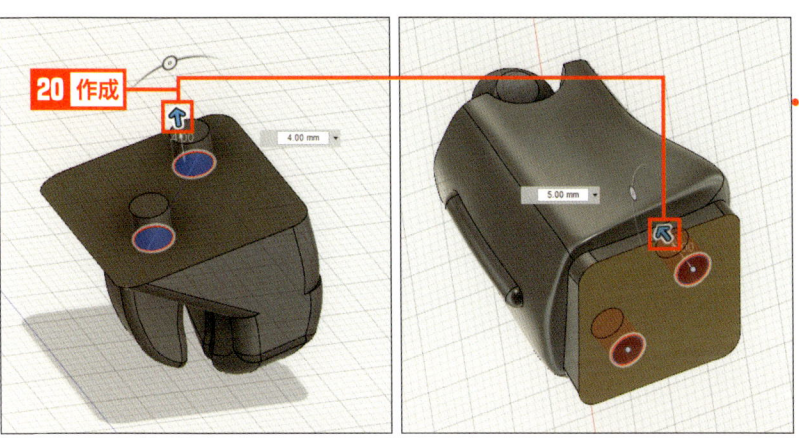

20 ••• 10～14と同様に操作し、手のひらに2つのボスを、前腕に2つの穴を作成します。

大腿部のパーツの分割

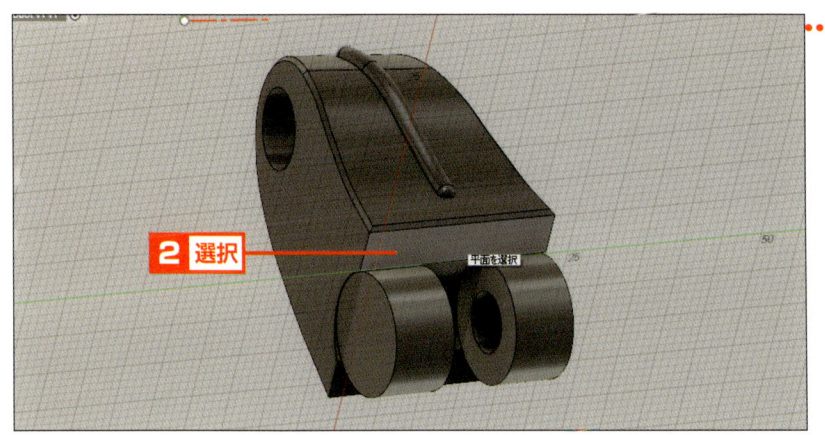

1 ••• ブラウザで、大腿部だけを表示します。

2 ••• [スケッチ]－[プロジェクト/含める]－[プロジェクト] を選択し、膝の部分の平面をスケッチ面とします。

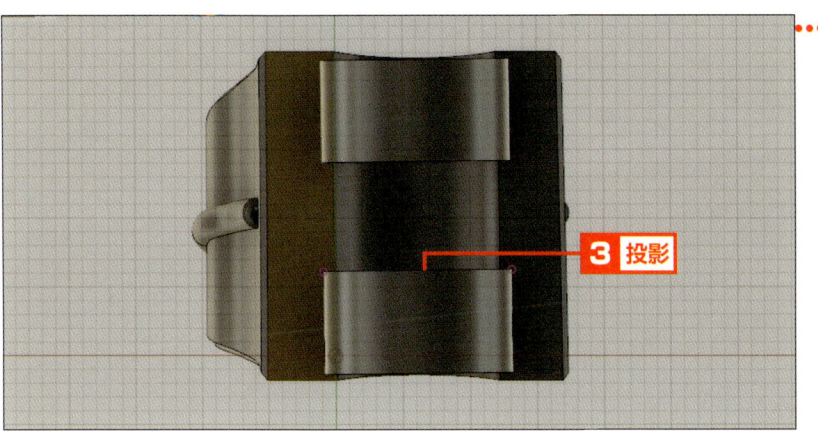

3 ••• 腕のときと同様に、胴体寄りの膝関節の内側のエッジを投影します。

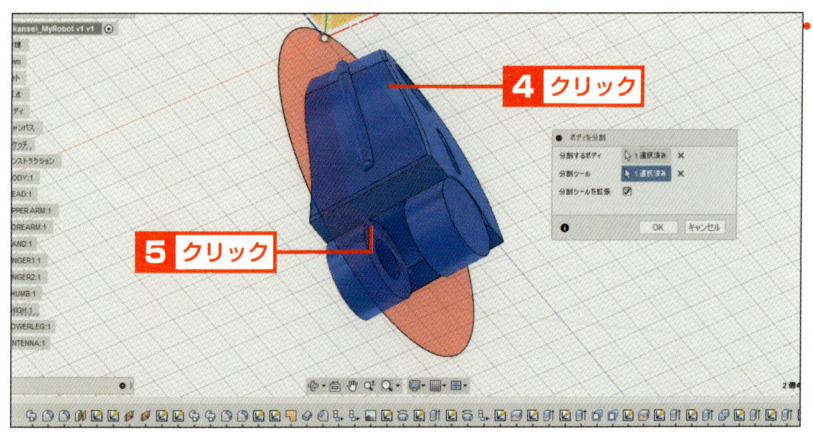

- **4** [修正] – [ボディを分割] を選択し、大腿部をクリックします。
- **5** [ボディを分割] ダイアログの [分割ツール] の [選択] をクリックし、延長した直線をクリックして実行します。

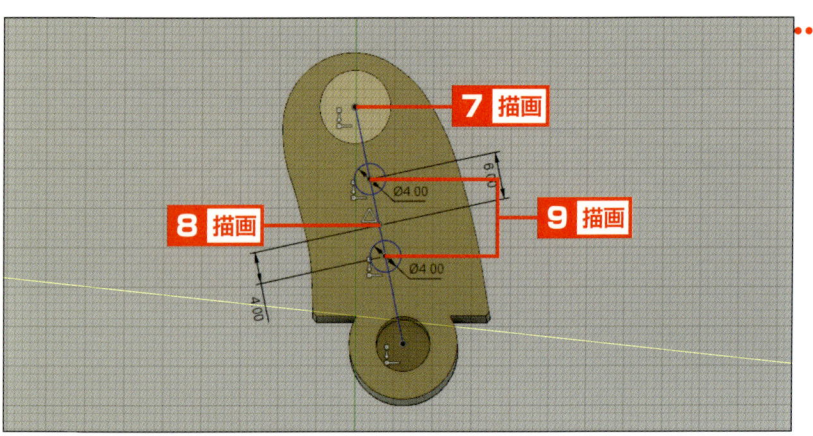

- **6** ブラウザで大腿部の外側のボディを非表示にします。
- **7** [線分] をクリックし、切断面をスケッチ面として、上下の円の中心点を結ぶ直線をスケッチします。
- **8** [スケッチ] – [点] を選択し、直線の中点に点をスケッチします。
- **9** [スケッチ] – [円] – [中心と直径で指定した円] を選択し、直線上に、直径4㎜の円を2つ描画します。[スケッチ] – [スケッチ寸法] を選択し、それぞれ中点から上に6㎜、下に4㎜となるようにします。

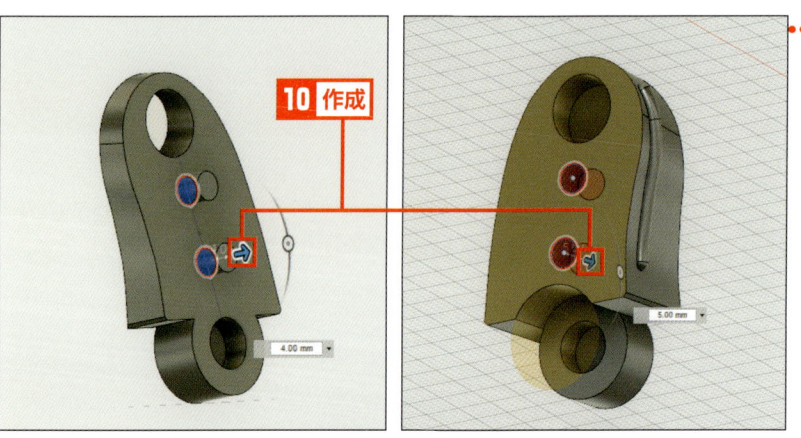

- **10** STEP3の**10**〜**14**と同様に操作し、内側のボディに2つのボスを、外側のボディに2つの穴を作成します。

完成!

ブラウザですべてのパーツを表示して、全体を確認したら完成です。ファイルを保存しておきましょう。次回は右側の腕と足のパーツを作成し、すべてのパーツを組み合わせるアセンブリの作業を行ってモデリングを完了します。また、3Dプリンターでの出力の注意点も述べていきます。

次回に続く!

MODELING
いちから！作って学ぶモデリングガイド

モデリング 10

オリジナルロボットを作る
アセンブリを行い
ロボットを完成させる

作成した各パーツをアセンブリという機能を使って組み上げてロボットを完成させます。ジョイントコマンドを使ってジョイントの条件を定義すれば、単にパーツ同士の位置を合わせるだけではなく、回転やスライドなどの条件を定義できるほか、最後に紹介するようなモーションのシミュレーションも可能となります。

今回のテンプレート
（ファイル名：MyRobot_10）

完成データ
（ファイル名：MyRobot）

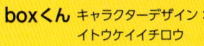

boxくん キャラクターデザイン：
イトウケイイチロウ

操作STEP

1 ロボットの仕上げ
2 頭部の胴体への取り付け
3 腕の胴体への取り付け
4 足の胴体への取り付け

始める前の準備 ▶ テンプレートファイル、および完成データは、ジャムハウスのダウンロードサイト（http://www.jam-house.co.jp/fusion360/）からダウンロードすることができます。

---

1 ロボットの仕上げ

前回作成したファイルを開きます。テンプレートファイルを利用する方は、テンプレートファイル（MyRobot_10）を開いてください。すべてのボディをコンポーネント化したら、腕と足をミラーコピーして全体を仕上げます。

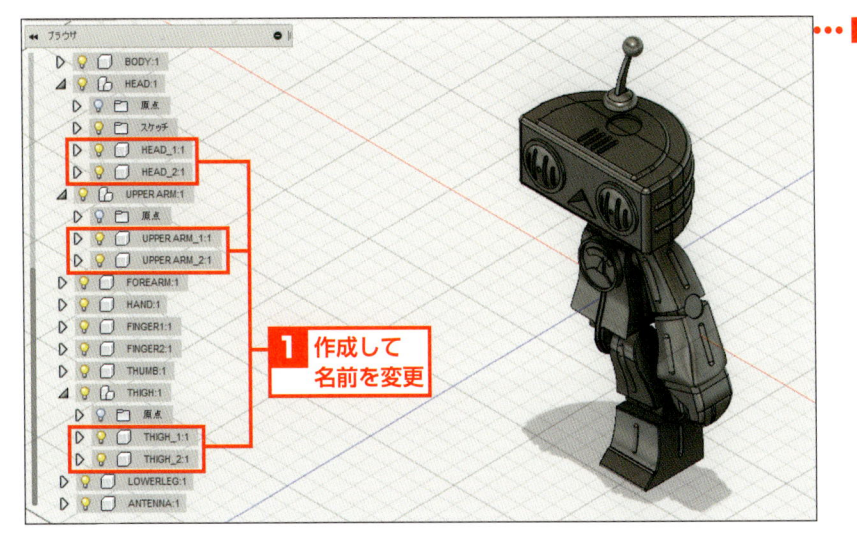

1 作成して名前を変更

···1 前回分割して新たにできた、頭部、上腕部、大腿部のボディはまだコンポーネント化されていません。ブラウザで該当するコンポーネントの［ボディ］を開き、右クリックしては［ボディからコンポーネントを作成］を選択してコンポーネント化します。コンポーネント化したパーツは、分かりやすいように名前を変更しておきます。

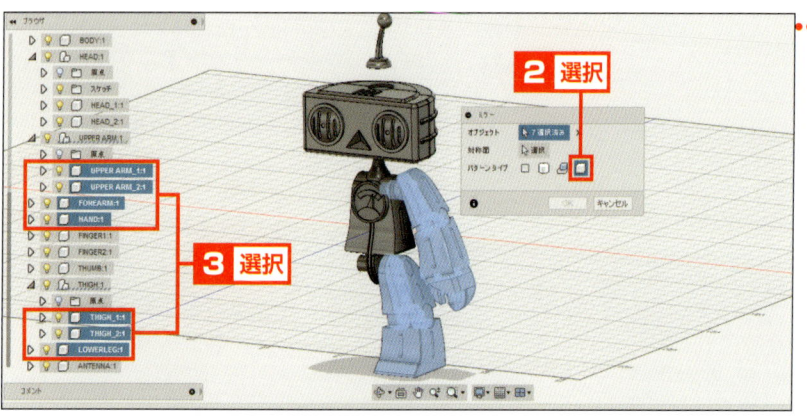

2 [作成]－[ミラー]を選択し、[ミラー]ダイアログの[パターンタイプ]で[コンポーネント]を選択します。

3 腕と足のコンポーネント7カ所を、クリックして選択します。

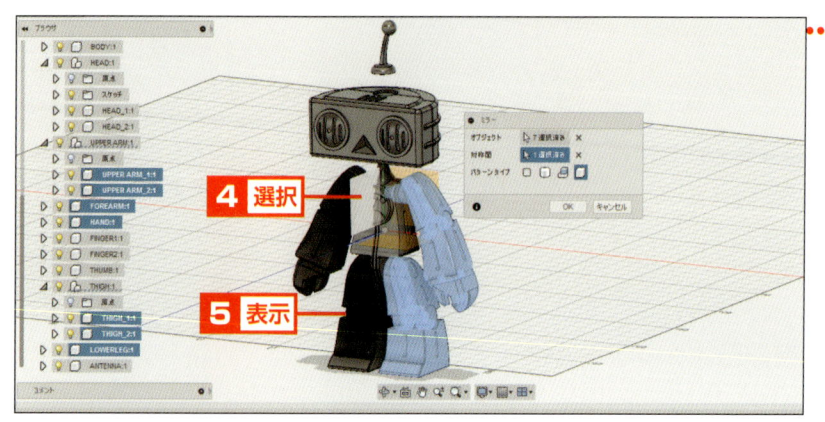

4 [ミラー]ダイアログの[対称面]の[選択]をクリックし、YZ平面を選択します。

5 ロボットのボディの反対側に、腕と足がプレビュー表示されるので、問題がなければ[OK]をクリックして確定します。

6 コピーされます。以上で必要なすべてのパーツができあがりました。このあと、アセンブリの操作に入るので、一度ファイルを保存しておきましょう。

頭部の胴体への取り付け

アセンブリのジョイント機能を使って、ロボットの部品を組み立てます。

1 いったん、部品をバラバラにしたほうが作業がしやすいので、バラバラにします。それぞれのパーツをマウスでドラッグして移動します。

2 [ジョイント]をクリックします。「一部のコンポーネントが移動されています」というメッセージが表示されるので、[位置をキャプチャ]をクリックします。

MEMO メモ

このメッセージは、オリジナルの位置から手動でパーツを移動したために表示されます。[続行]をクリックすると、移動する前の状態に戻ります。[位置をキャプチャ]をクリックすると、現在の位置から作業を始めることができます。

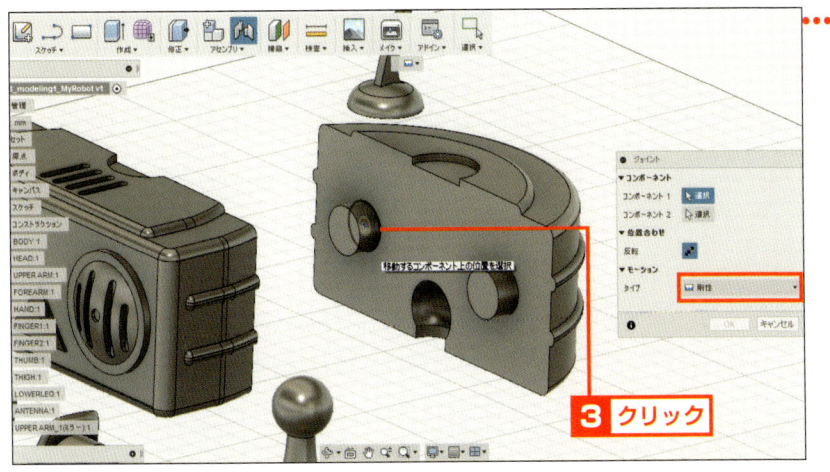

••• **3** [ジョイント]ダイアログの[モーション]の[タイプ]で、[剛性]が選択されていることを確認し、後頭部のボスの根元のエッジにマウスポインターを合わせます。根元の円の中心に、ジョイントの原点が表示されたら、クリックします。これでコンポーネント1が定義されます。こちらが動く側です。

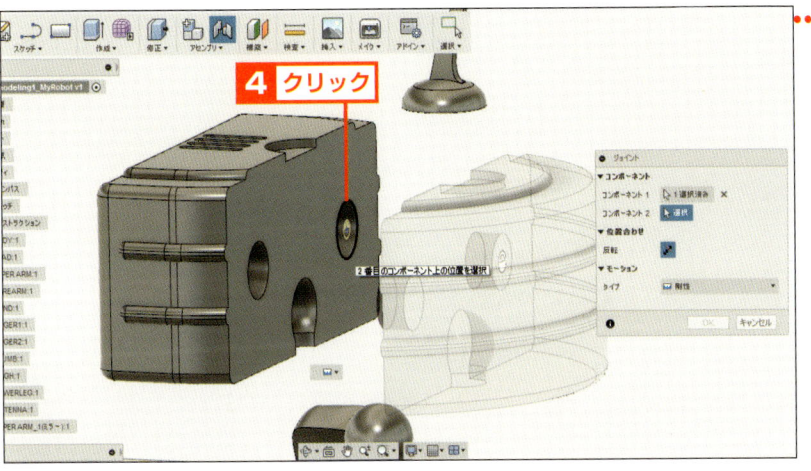

••• **4** コンポーネント2を定義します。コンポーネント1と対応する前頭部側の穴のエッジにマウスポインターを合わせます。ちょうど穴の上面にジョイントの原点が表示されるのでクリックします。

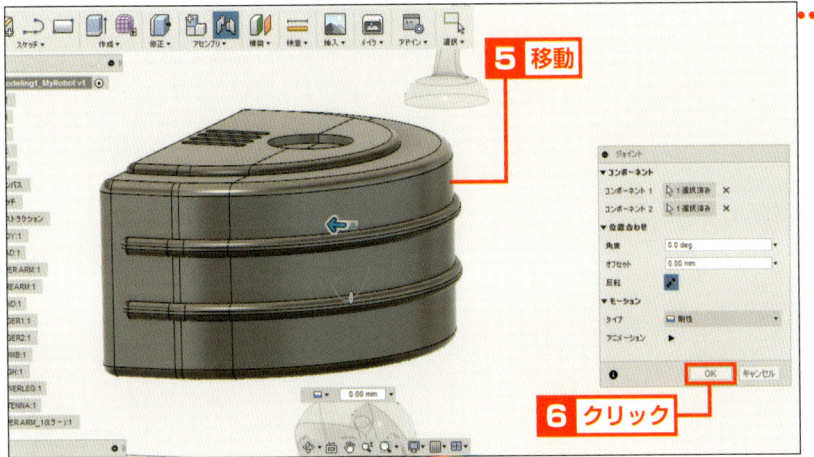

••• **5** 後頭部が前頭部側に移動して、固定された状態になります。[タイプ]が[剛性]の場合は、完全に位置や向きが固着された状態となります。

6 頭部の2つのパーツ間の関係の定義は、これ以上行う必要はありません。[OK]をクリックしてコマンドを確定します。

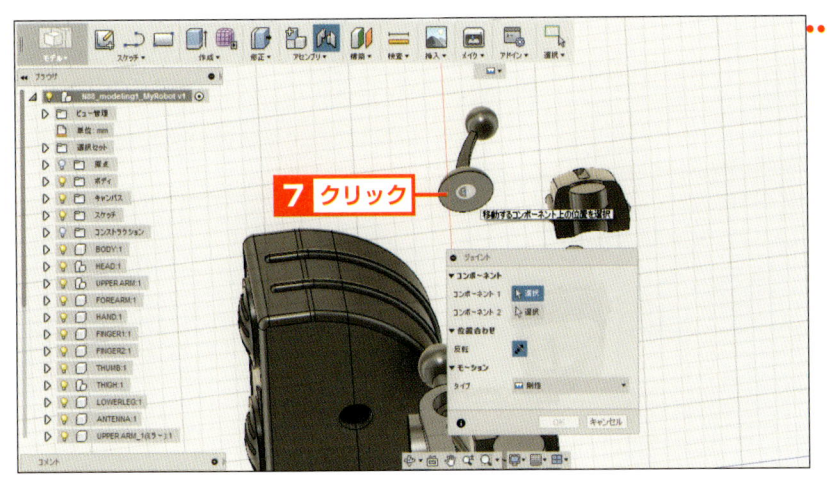

••• **7** 同様にして、アンテナを頭部に取り付けます。[ジョイント]をクリックし、アンテナの底面をクリックします。

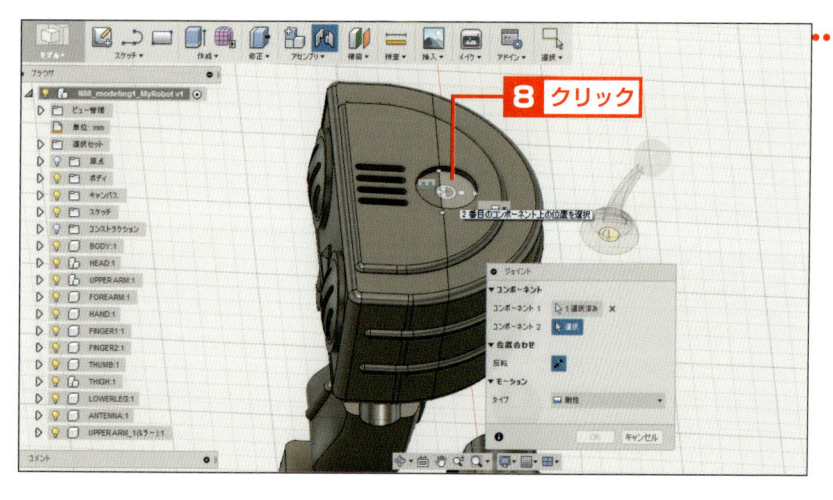

••• 8 後頭部のアンテナがはまる穴にマウスポインターを移動します。ポインターの位置により、ジョイントの原点が移動するので、穴の中央付近に表示される+マークに合わせてクリックします。

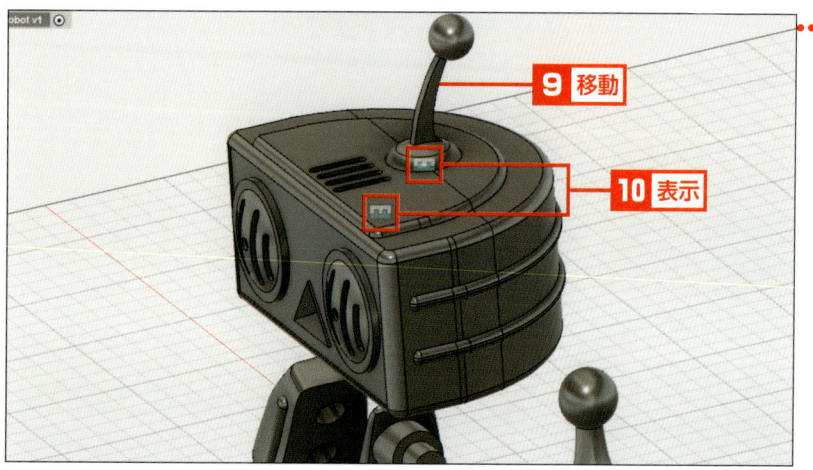

••• 9 アンテナが移動して、穴にちょうどはまるので、[OK]をクリックしてコマンドを確定します。

10 ジョイントのある場所には、マークが表示されます。

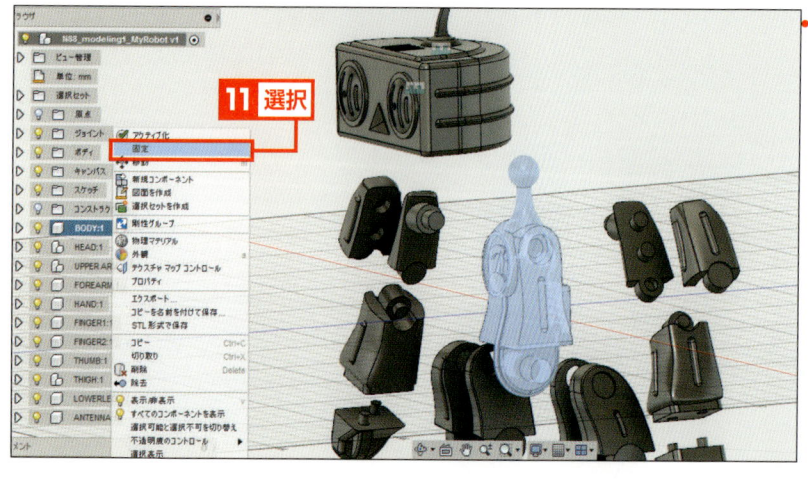

••• 11 胴体に頭部を取り付けます。胴体を基準とするので、まずは胴体の位置を固定します。ブラウザで胴体のコンポーネントを右クリックし、[固定]を選択します。

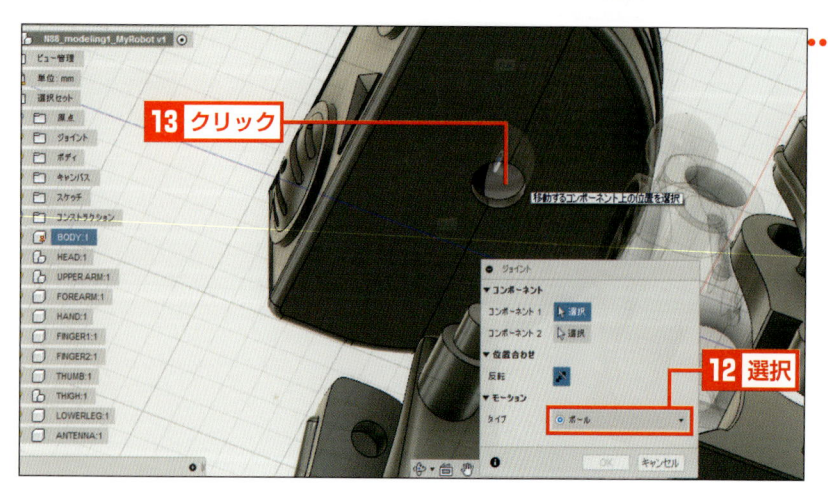

••• 12 [ジョイント]をクリックし、[ジョイント]ダイアログの[モーション]の[タイプ]で[ボール]を選択します。

13 頭部下部にある穴の奥にある球形のくぼみのうち、後頭部側のくぼみをクリックします。

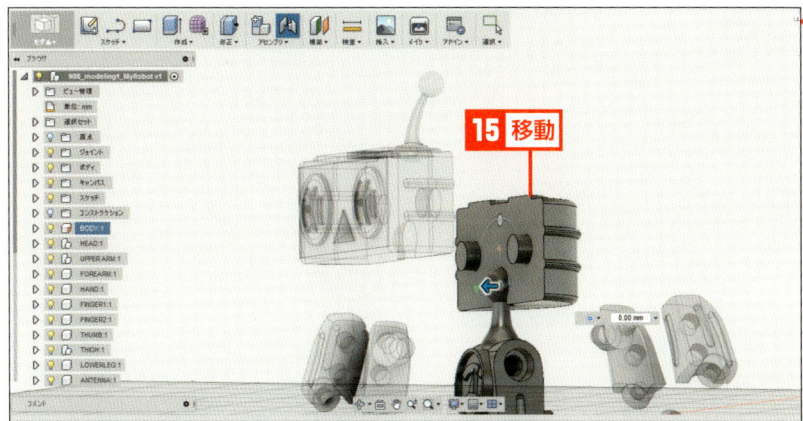

•••• **14** 胴体の首の上の球面をクリックします。

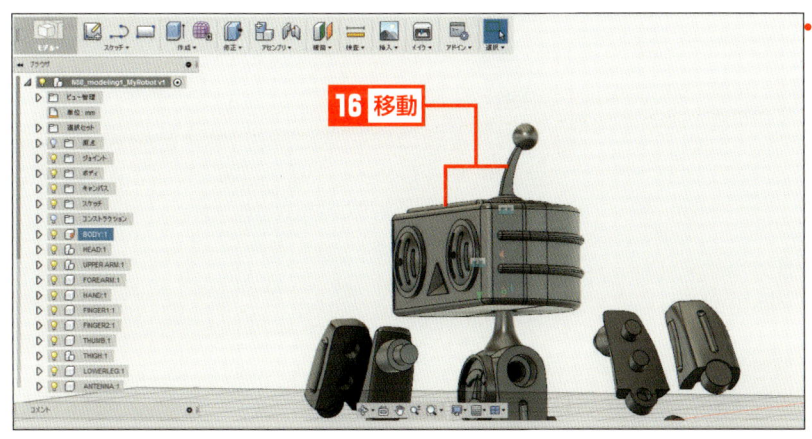

•••• **15** 後頭部が首の位置に移動します。

•••• **16** [OK] をクリックしてコマンドを確定すると、前頭部とアンテナも移動します。これで頭部と胴体の取り付けが完了です。

腕の胴体への取り付け

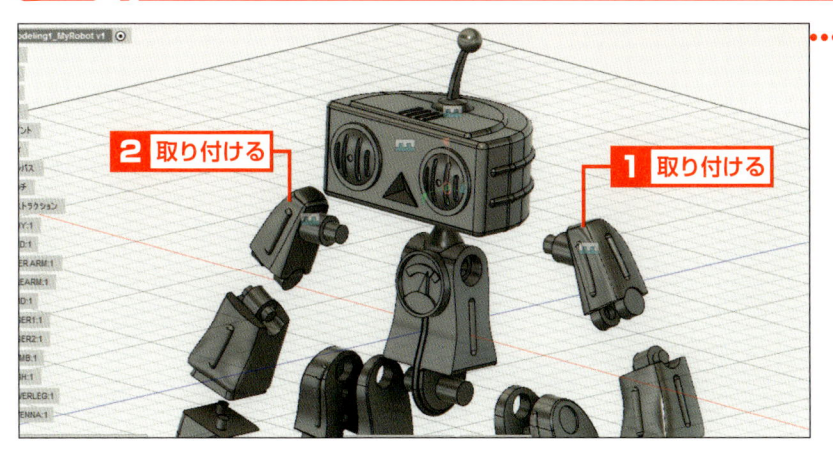

•••• **1** STEP2の**3**〜**6**と同様に操作して、上腕部外側のパーツを、内側のパーツに取り付けます。[ジョイント] ダイアログの [モーション] の [タイプ] では、[剛性] を選択してください。

2 反対側の上腕も同様に操作します。

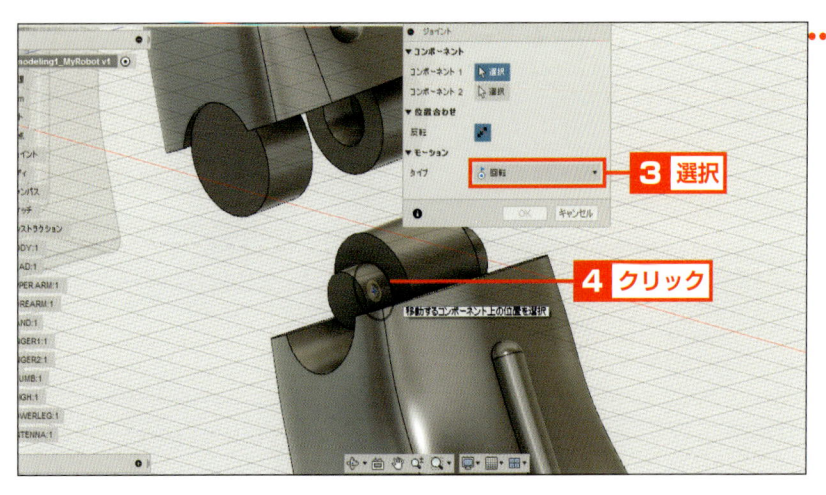

••• **3** 上腕に前腕を取り付けます。🦾 [ジョイント]をクリックし、[ジョイント] ダイアログの [モーション] の [タイプ] で [回転] を選択します。

4 前腕の肘部分の内側にあるボスの根元のエッジをクリックします。

••• **5** 上腕の対応する穴のエッジをクリックします。

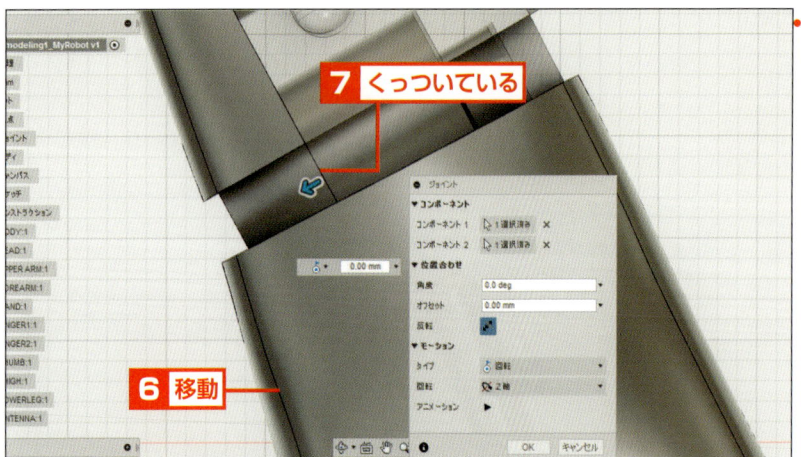

••• **6** 前腕が移動して、穴にちょうどはまります。

7 前腕と上腕の間には、左右にそれぞれ0.1mmずつ隙間を開けていましたが、内側にくっついた状態になってしまっています。

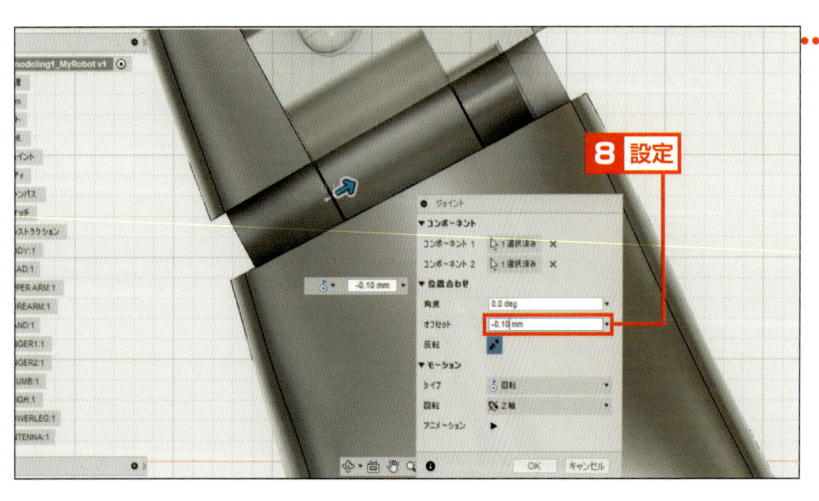

••• **8** [ジョイント] ダイアログの [位置合わせ] の [Zをオフセット] で、オフセット量を「-0.1mm」(左腕の場合)にして、両側に隙間ができるようにし、[OK] をクリックしてコマンドを確定します。

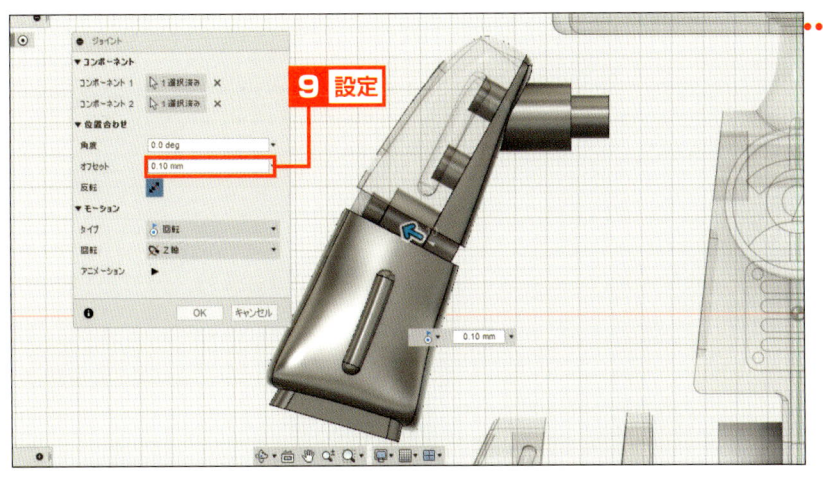

9 反対側の腕も同様に操作します。オフセット量は「0.1㎜」(右腕の場合)とします。

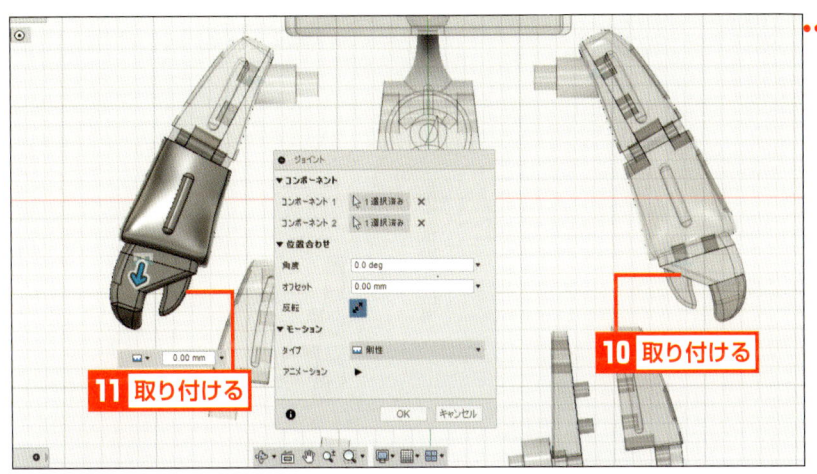

10 STEP2の**3**〜**6**と同様に操作して、手を前腕に取り付けます。[ジョイント] ダイアログの [モーション] の [タイプ] は [剛性] を、[位置合わせ] の [オフセット] はすべて「0㎜」を選択してください。

11 反対側の手も同様に操作します。

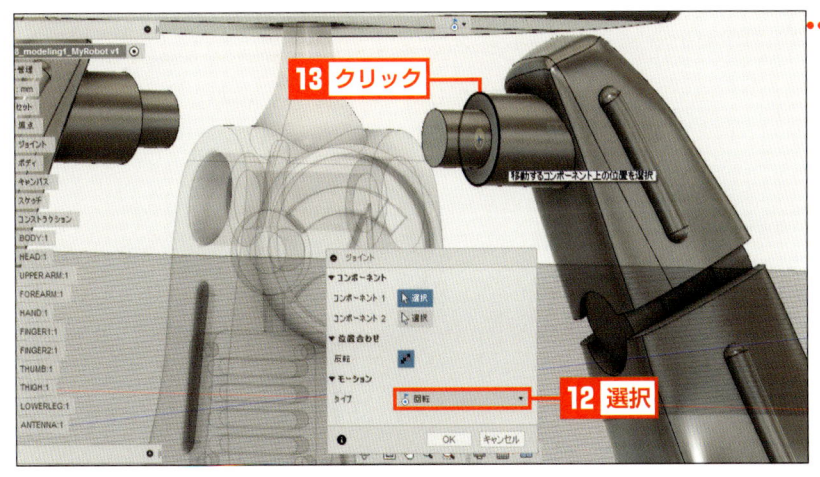

12 腕を胴体にジョイントします。[ジョイント] をクリックし、[ジョイント] ダイアログの [モーション] の [タイプ] で [回転] を選択します。

13 上腕のボスの太いほうのエッジをクリックします。

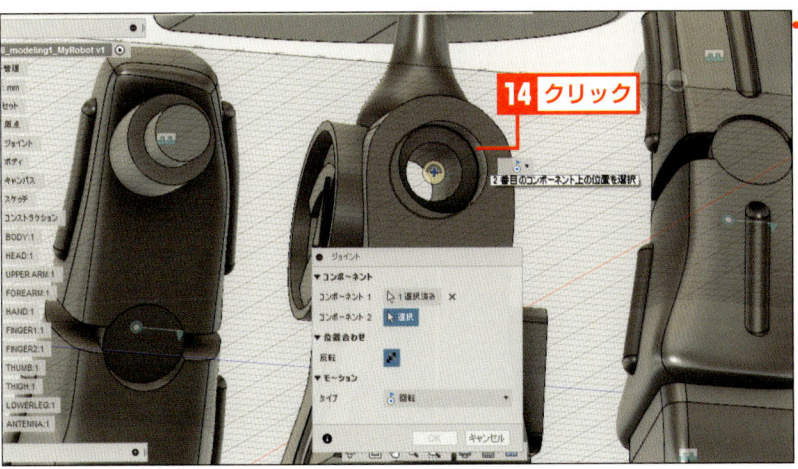

14 胴体の大きい穴の底側のエッジをクリックします。

15 上腕の内側のパーツが胴体の位置に移動します。

16 [OK] をクリックしてコマンドを確定すると、そのほかの腕のパーツも移動します。

17 反対側の腕も同様に操作したら、腕と胴体の取り付けが完了です。[モーション] の [タイプ] が [回転] のパーツは、ぐるぐると回すことができます。

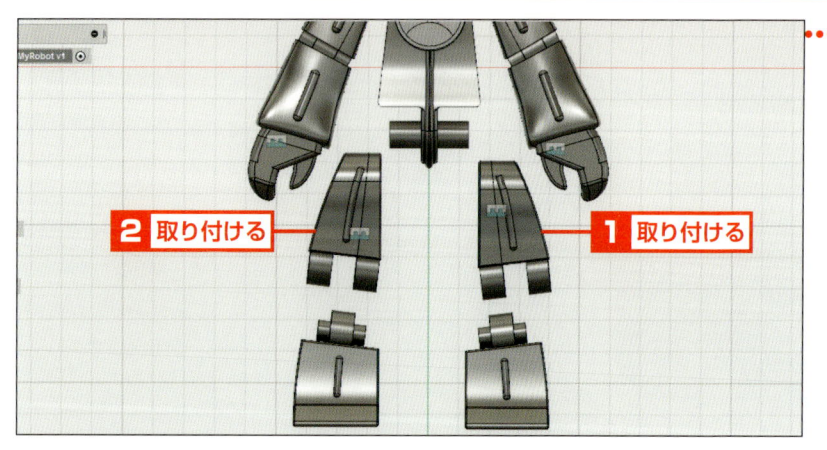

足の胴体への取り付け

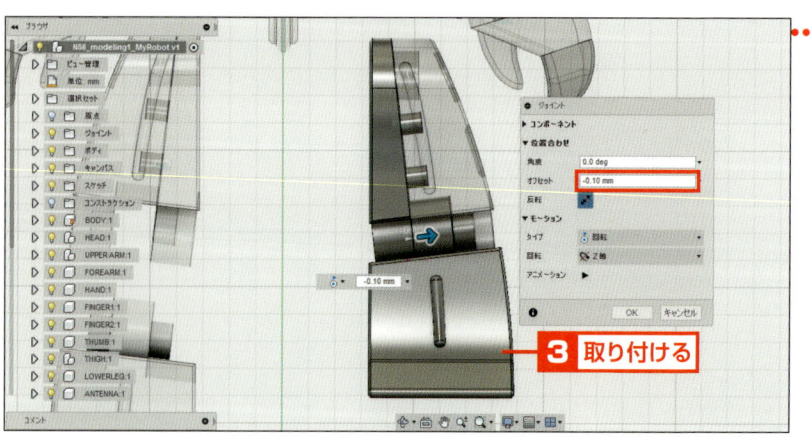

1 STEP2の**3**～**6**と同様に操作して、大腿部の内側のパーツを外側のパーツに取り付けます。[ジョイント]ダイアログの[モーション]の[タイプ]は[剛性]を選択してください。

2 反対側の大腿部も同様に操作します。

3 STEP3の**3**～**9**と同様に操作して、下腿部を大腿部に取り付けます。[ジョイント] ダイアログの [モーション] の [タイプ] は [回転] を、[位置合わせ] の [Z オフセット] は「-0.1㎜」（左足の場合）を選択してください。

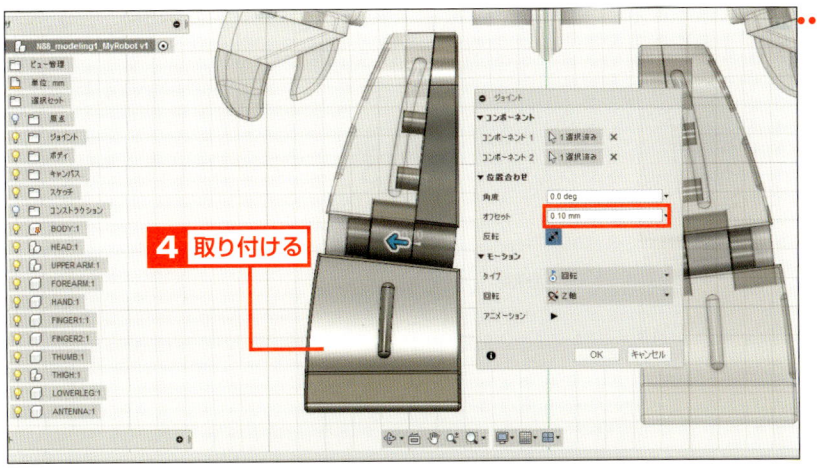

••• **4** 反対側の下腿部も同様に操作します。オフセット量は「0.1mm」（右足の場合）とします。

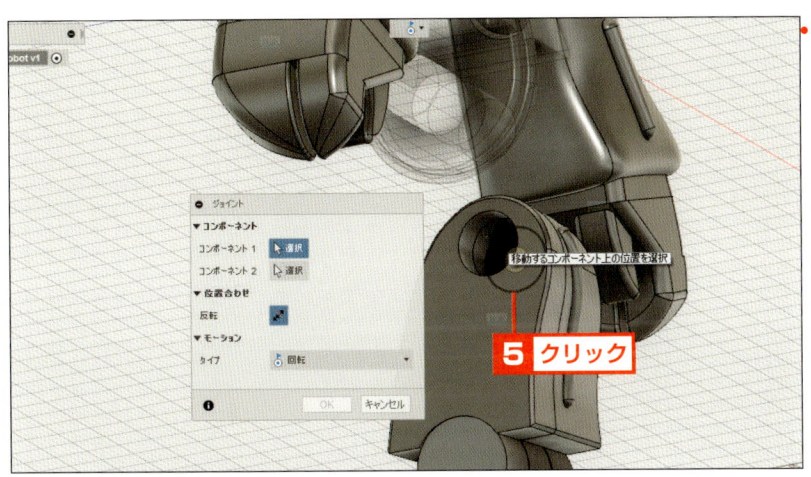

••• **5** 足を胴体にジョイントします。[ジョイント] をクリックし、大腿部の穴の底のエッジをクリックします。

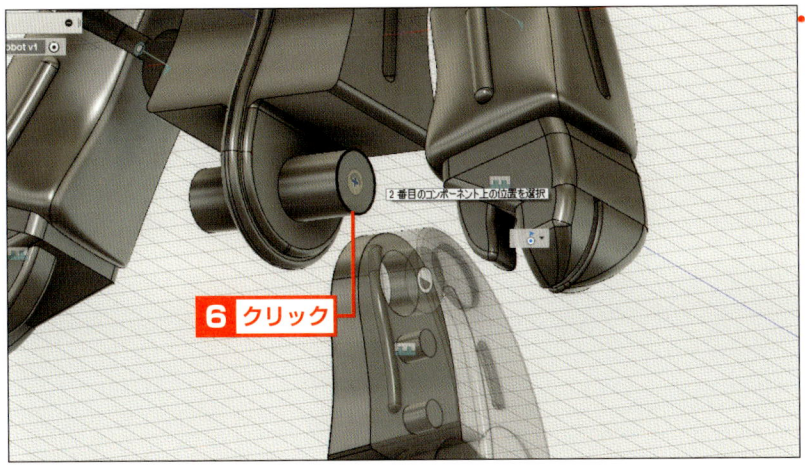

••• **6** 胴体のボスの先端のエッジをクリックします。

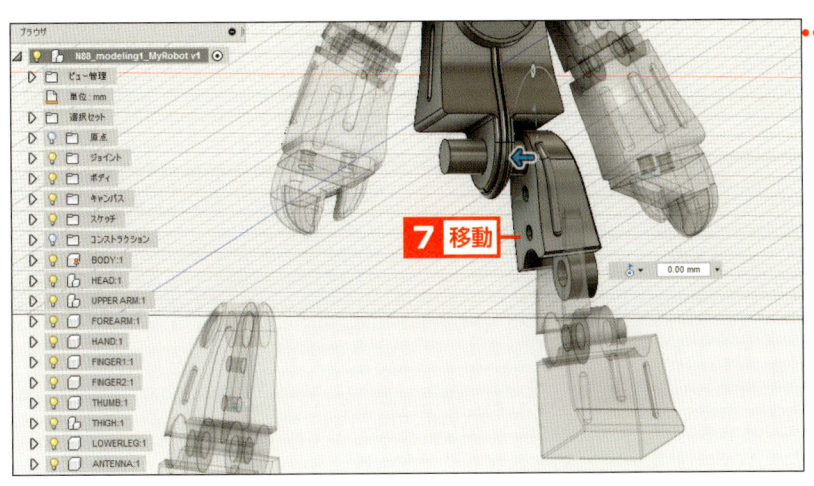

••• **7** 大腿部の外側のパーツが胴体の位置に移動します。[位置合わせ] の [オフセット] をすべて「0mm」とします。

8 [OK] をクリックしてコマンドを確定すると、そのほかの足のパーツも移動します。

9 反対側の足も同様に操作したら、足と胴体の取り付けが完了です。

10 実際にロボットの各パーツを動かしてみましょう。胴体以外はすべて可動パーツなので、マウスでドラッグすることで動かすことができます。首を上に向けて、腕も動かしてみました。

> **MEMO メモ**
> 物理的なパーツと違って、パーツ同士が干渉しても、ぶつかって止まるということはありません。

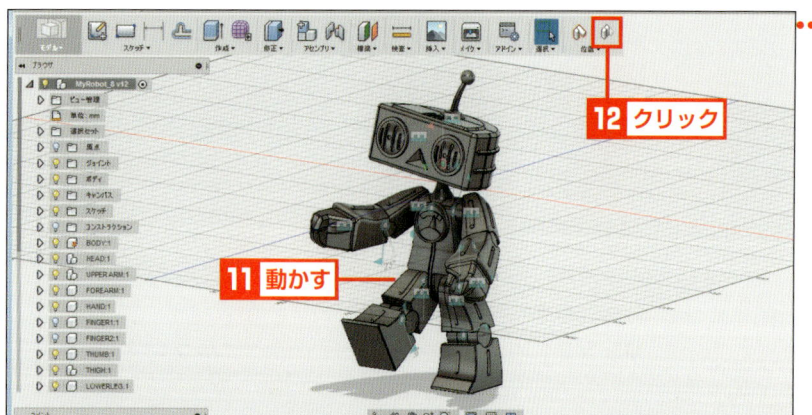

11 足も動かしてみます。このように、実際に3Dプリンターで出力する前に、パソコンの画面上でいろいろなポーズを取らせて確認することができます。

12 元の姿勢に戻すときは、[元に戻す] をクリックします。

完成！

以上でロボットのモデリングとアセンブリがすべて完了しました。実際に出力して、塗装して組み立てる方法を168ページから紹介しています。自分だけのboxくんを組み立ててみてください。

STLファイルへの書き出しとはめ合いの調整

STLファイルの書き出しは、ブラウザで目的のコンポーネントを右クリックし、[STL形式で保存] を選択して行います。

実際に3Dプリンターで出力してみると、パーツ同士をはめ合わせる際に、きつすぎてはまらない、あるいは、はまるけれど「ゆるゆる」になってしまうということがあると思います。そのような場合は、はめ合うボスか穴のどちらかを0.1mm間隔で調整してみてください。大きく変更すると、今まできつかったものが、逆にゆるすぎてしまう、などといったことが起きます。調整は、細かく行ってください。

今回のモデリングの設定では、きつめになることが多いと思います。きつめの場合は、少しヤスリで削ればいいなど、比較的調整が楽です。逆にゆるすぎる場合は、パテ等を盛ったり、出力し直したりと調整が若干面倒になります。

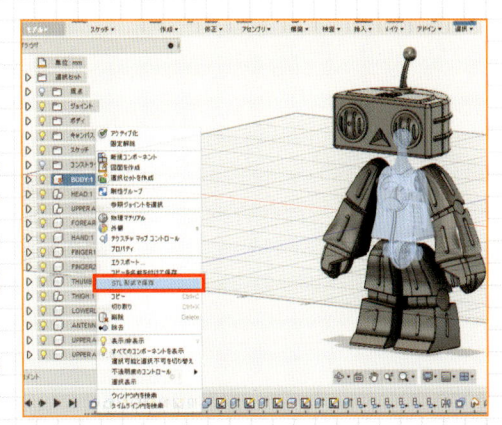

アニメーションで動かしてみる

アセンブリのモーションスタディという機能を使うと、動きを設定することで、アニメーションで動かすこともできます。

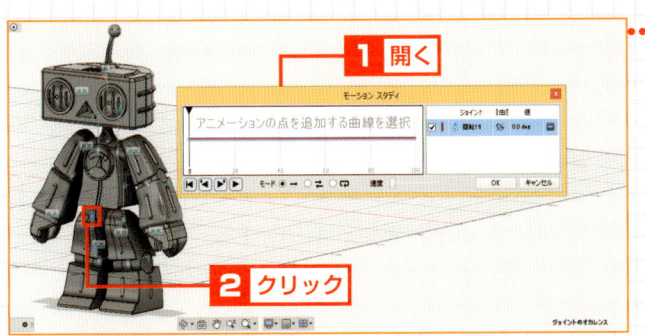

1 [アセンブリ]－[モーションスタディ]を選択します。[モーションスタディ] ダイアログが開きます。

2 動かしたいジョイントのマークをクリックすると、グラフに線が追加されます。

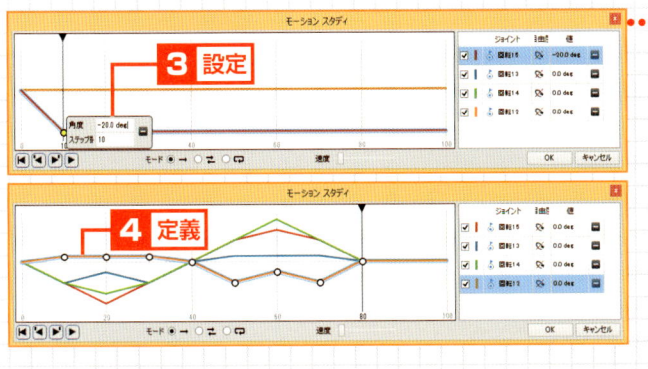

3 動きを定義します。グラフは横が時間軸（ステップ）で、縦がジョイントを回転させたときの角度となっています。曲線をクリックして点を追加し、角度を設定します。

4 ここでは左右の股関節と膝関節のジョイント、計4カ所を選択し、歩いているような動きを定義してみました。

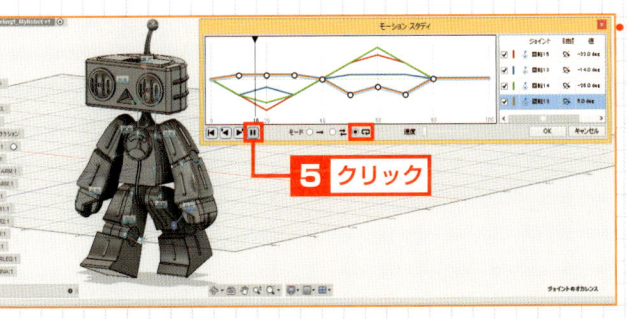

5 ▶ [再生] をクリックすると、アニメーションが実行されます（アイコンは ❚❚ [一時停止] に変わります）。[モード]で 🔁 [ループ再生] を選択しておけば、動きをループさせることができます。[OK] をクリックすれば、モーションスタディを終了できます。

Mixamoを使ってロボットに アニメーションをつけよう

■Mixamoとは

Mixamoは Adobe社が提供するウェブ上のサービスで3Dのキャラクターにアニメーションをつけることができます。従来、3Dのキャラクターにポーズをつけ、踊らせるなどのモーションを作成するには、3D CGソフトなどでボーンを作成し、リギングをする（キャラクターを動かす仕組みを作る）などの作業が必要でした。ところが、Mixamoを使うことで自分の作成したオリジナルの3Dキャラクターに対してほぼ自動的に行うことが可能です。

■Fusion 360のアニメーションとは どう違うのか？

Fusion 360で今回作成したロボットを動かす場合、アセンブリの作業で作成したジョイントに対して、たとえば回転

するジョイントであれば、元の位置から何度動くのかなどを指定して動かします。いわば「機械」としての動きになります。でも、自分の作ったロボットをアニメの中のキャラクターとして擬人化した動きをさせようとするとFusion 360ではどうしても難しいのです。Mixamoでは、CADで作成した「ジョイント」に関係なく自由にキャラクターに動きをつけることができるのです。

■Mixamoでboxくんを動かそう

それでは早速、boxくんをMixamoで動かしてみましょう。boxくんに踊りを踊らせるには実は、以下の4ステップでできてしまいます。

---

① データをOBJまたはFBXでエクスポートする

1 最初に前のステップまでで完成したboxくんをFusion 360で開きます。OBJファイル、FBXファイルはFusion 360のデスクトップのクライアントからエクスポートできないので、データパネルを開いて一番上のプロジェクト名（この例では「boxくん」）をクリックしてウェブ上でプロジェクトを開きます。

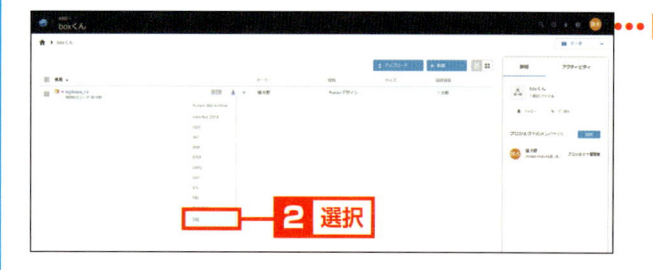

2 ウェブ上でプロジェクトのファイルを確認し、該当するファイルにマウスポインターを合わせると、ファイルのバージョン名の右に下向きの矢印が現れるので、それをクリックして目的の形式を選択します。今回は「OBJ」を選択します。
ファイルがダウンロード可能になるとFusion 360を使用する際に使っている自分のメールアドレスに対して通知が届くので、メールのダウンロードリンクに沿ってboxくんのOBJファイルをダウンロードします。

---

② Mixamoにログインしてデータを読み込む

1 ウェブブラウザからURL（https://www.mixamo.com/#/）にアクセスします。ページにアクセスしたら、Adobe IDのある人はそのアカウントで、ない場合には [SIGN UP FOR FREE] をクリックしてアカウントを作成（無償）した上でログインします。

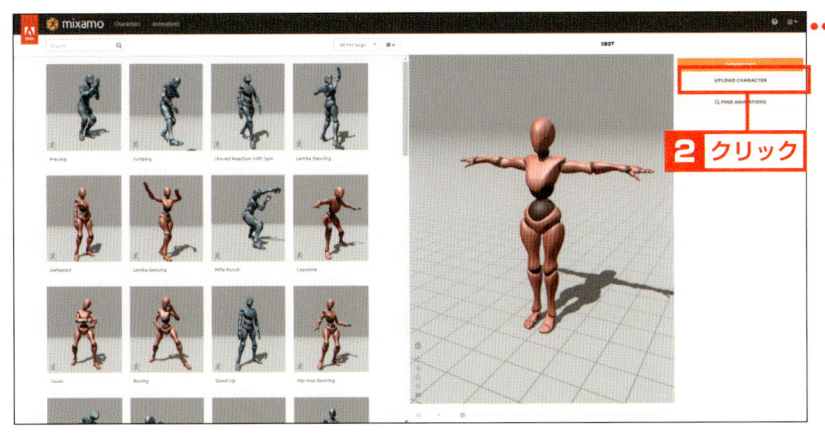

2 ログインすると左のような画面が表示されます。すでに用意してあるキャラクターを割り当てることもできますが、ここではオリジナルキャラクターのアップロードを行います。画面右側にある [UPLOAD CHARACTER] をクリックします。

3 ファイルアップロードのためのダイアログが開くので、保存したOBJファイルをここにドラッグ&ドロップしてアップロードを開始します。

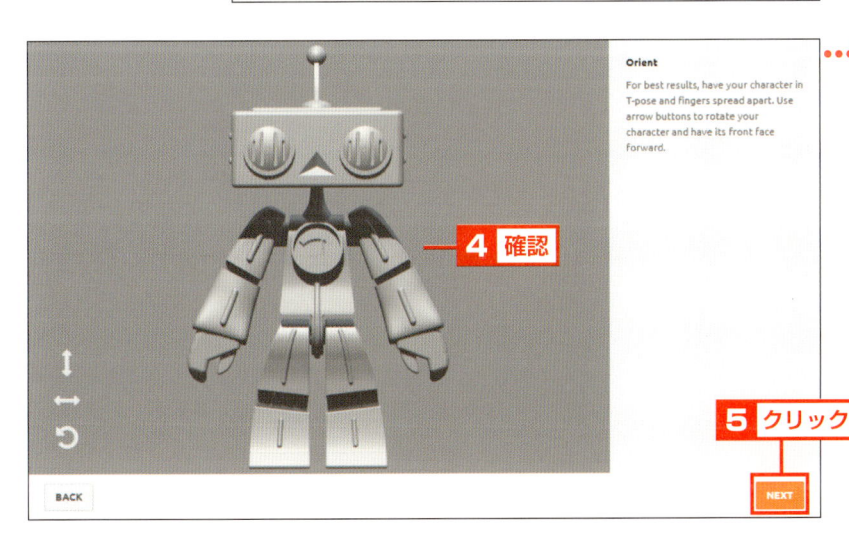

4 アップロードの一連の処理が終わると左のような画面が表示されるので、正しくモデルが読み込まれているかどうかを確認します。特に読み込み時のポーズが左右対称になっているかどうかを確認します。なお、本来はログイン時に表示されているキャラクターのように両手を水平にしたT字型のポーズが推奨されるのですが、boxくんは構造上、手を水平にかかげるポーズがとれないので、このまま進めます。

5 確認したら [NEXT] をクリックして次のページに進みます。

ボーンの設定を行う

Mixamoでは自動的にリギングの作業が行われますが、ユーザーが、マーカーの位置を決める必要があります。とはいっても、通常、3D CGで行うボーンを追加する作業と比較するとはるかに簡単です。

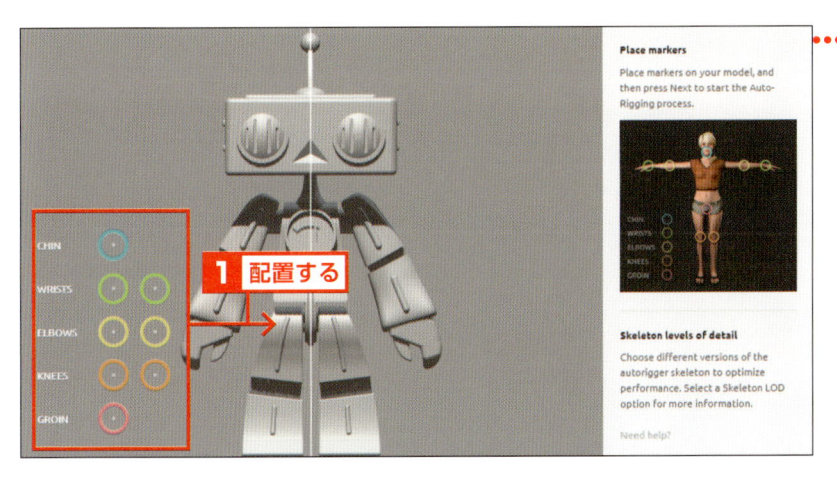

1 AUTO-RIGGERのダイアログが表示されたら、CHIN（顎）、WRISTS（手首）、ELBOWS（肘）、KNEES（膝）、GROIN（股関節）を定義します。定義方法は、表示されている丸印をマウスでドラッグして適切な位置に配置するだけです。手首、肘、膝は左右対称なので、片方を配置するだけでOKです。

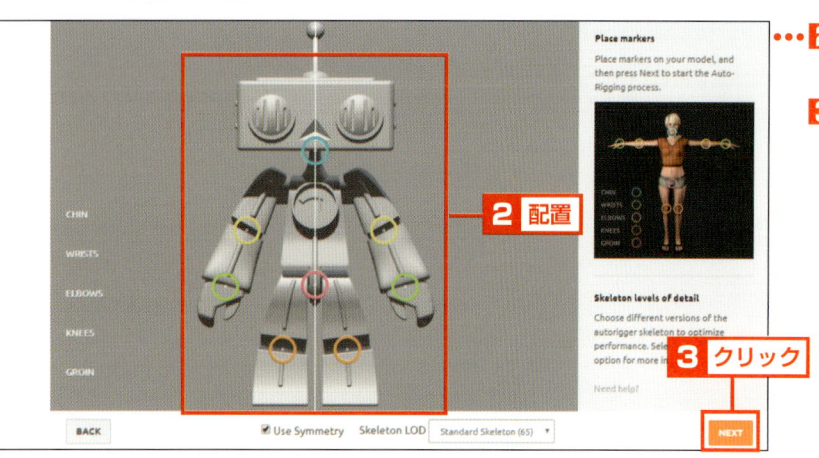

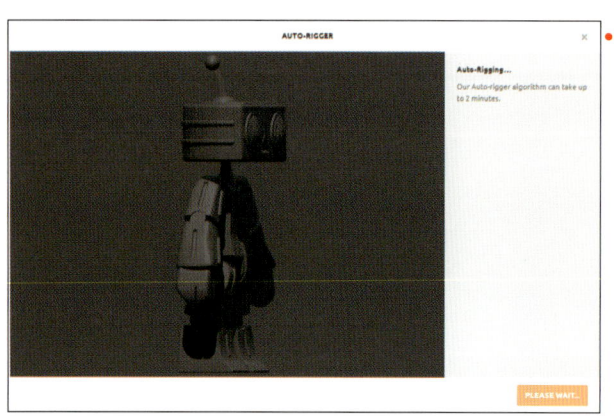

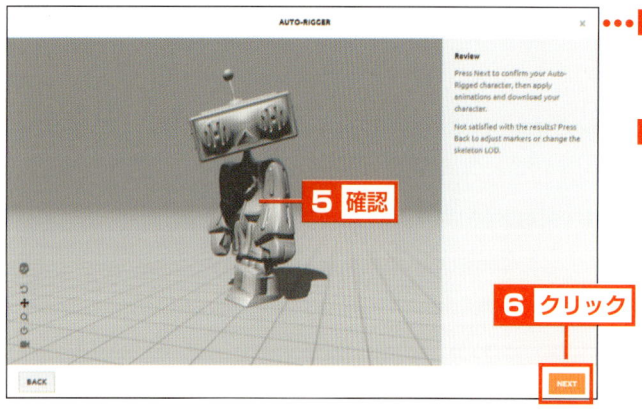

2 左図のように配置したらこの作業は完了です。だいたいの位置に配置されていればOKです。

3 配置を確認したら [NEXT] をクリックします。

4 Mixamoが自動的にリギングを開始します。アップするモデルにもよりますが、最大で2分程度かかります。

5 リギングが終了すると、モデルの確認画面になるので、動きも含めて自分のモデルに問題がないかどうかを確認します。

6 確認して問題がなければ [NEXT] をクリックして、モデルをロードします。

4 好きなモーションを割り当てる

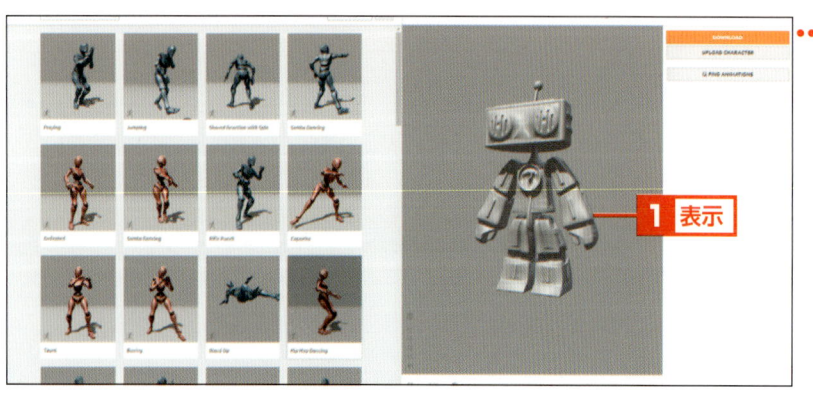

1 左図のようにモデルがロードされて画面の右側に表示されます。

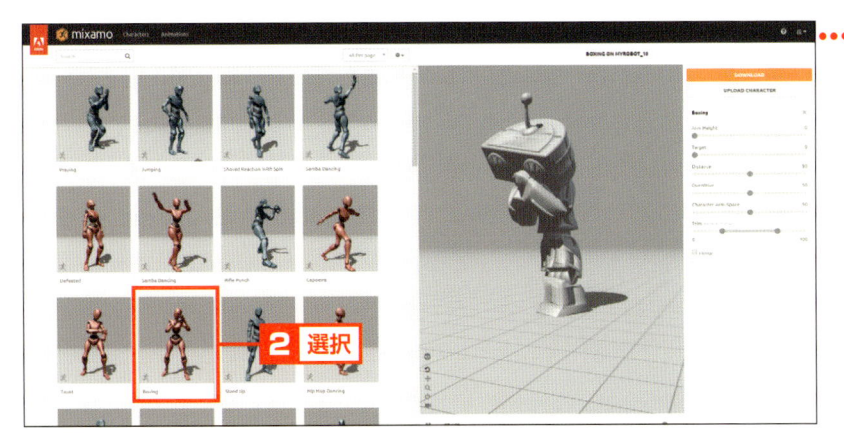

2 読み込み時にはモーションがついていないので、あらかじめ用意されているアニメーションから好きなものを選びます。ダブルクリックするだけで動きが割り当てられます。たとえばボクシング（Boxing）を割り当てるとboxくんがボクシングを始めます。

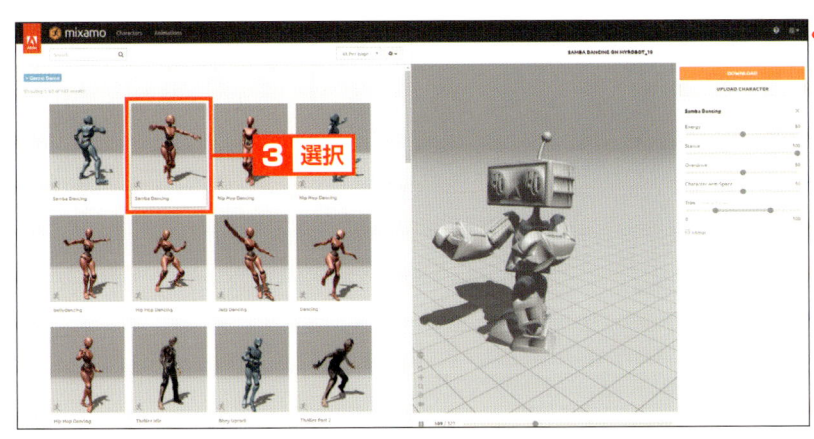

3 標準でかなりの数のアニメーションが用意されているので、いろいろなアニメーションを試してみましょう。今回は、boxくんがサンバを踊っています。

Mixamoでの楽しみ方はこれにとどまりません。たとえば、ここで作成したデータをFBX for Unityでダウンロードすれば、Unity上で動かすなどのことも可能です。

通常3Dデータで作成したデータを、このような形で楽しむことは少ないかもしれません。しかし。3Dデータにはさまざまな活用方法があるので、ぜひ試してみてください。

■テクスチャ付きのモデルについて

Mixamoではテクスチャのある色付きのモデルを扱うことができます。今回、Fusion 360からエクスポートしたモデルでは色がありませんでしたが、Fusion 360でももちろんこのようにボディや面に対してテクスチャが定義可能です。

このようなテクスチャ付きのモデルをMixamoで扱うにはいくつかの注意事項が必要です。まずファイル形式はFBXである必要があります。OBJファイルにはテクスチャの情報がありません。また、テクスチャの定義のやり方も注意があり、プラスチックのソリッドカラーであれば比較的問題はありませんが、凝った外観は読み込み時にエラーになることが多いほか、互換性のないマテリアルが渡らずに真っ黒になることがあります。データの状況次第で読み込み時に、いくつかのボディが表示されないこともあります。エラーが出る場合には、いったん、Blenderなどの3D CGソフトに読み込み、再度、FBXで保存し直すなどの操作を試してみてください。

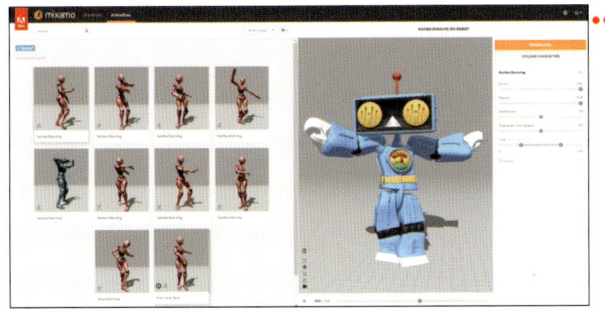

きちんと読み込めれば、このように塗装された状態のboxくんのアニメーションも作成が可能です。

3Dのデータとはどんなもの?

3Dの形を表現するデータには、いくつかの種類があります。
現在、主な3Dモデリングで使用されている「ソリッド」「サーフェス」「ポリゴン」「ボクセル」データについて、
それぞれの特徴と違いを紹介します。

中身が詰まっているソリッドデータ

最も情報量が豊富で、物理的な特性を定義でき、形状も正確に表現できるのがソリッドデータの特徴です。たとえば円柱の断面の円は数学的にも正確な円で、見た目のとおり中身が「詰まっている」と定義されています。だからこそ、体積も計算できますし、密度などを定義すれば重さも分かります。バーチャルな塊ですから、複数のソリッドを組み上げることもできます。実体を正確にコンピューター上に再現できるというわけです。

形状や寸法、体積や重さを数学的に正確に表現できるため、主に機械部品の作成など、3D CADのモデリングで使われています。『Fusion 360』を使用する場合も、基本となるのはソリッドモデリングと考えてください。

●ソリッドデータの円柱

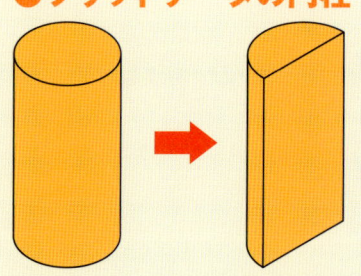

中身が詰まっているので、半分に切ると、残った半分にも中身が詰まっています。

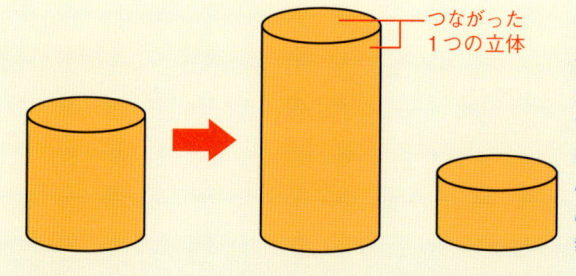

つながった1つの立体

ソリッドの円柱は、上の面だけを外して動かすことはできません。上の面を上下に動かせば円柱が伸び縮みします。それは、上の面と側面がつながっている情報を持っているからです。

面の情報だけのサーフェスデータ

「サーフェス」とは、面という意味です。ソリッドで作る立体とデータ上の形状が同じように見えても、サーフェスデータが持っているのは面の情報のみです。

たとえば、ソリッドの円柱は塊なのに対して、サーフェスは中身が空の缶のようなものです。厳密に言うと缶でもありません。と言うのも、金属の板や紙はどんなに薄くても必ず厚みがあります。ところが、CAD上のサーフェスには厚みがないのです。単に「面」としての情報があるだけです。サーフェスは、その形同士の関係がどうなっているのか、という情報までは持っていません。

3Dプリンターはサーフェスデータは出力できません、と言われることがありますが、サーフェスデータは物理的には成立しないものなので、出力ができないのです。

サーフェスモデリングは、工業デザインの世界でよく使われています。これは、デザイナーが求めるさまざまな曲面を作成する機能にサーフェスモデラーが優れていることが多いからです。モデリングが上達して、より複雑な、あるいは意匠的な面の表現をする必要が出てきたら、Fusion 360のサーフェスモデリング機能を試してみましょう。

●サーフェスデータの円柱

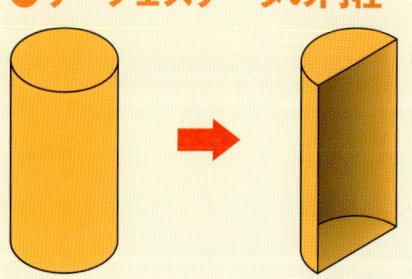

ソリッドデータと同じような立体に見えます。上下を塞ぐ円と円筒状の側面で構成されているのは同じです。しかし、半分に切ってみると、円柱ではなく空洞だということが分かります。

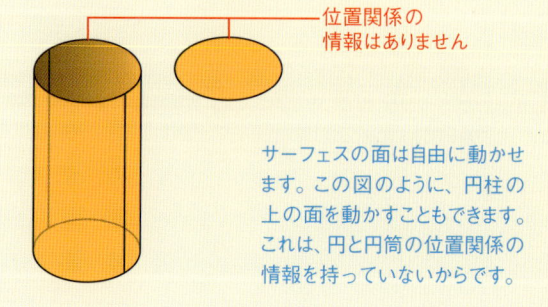

位置関係の情報はありません

サーフェスの面は自由に動かせます。この図のように、円柱の上の面を動かすこともできます。これは、円と円筒の位置関係の情報を持っていないからです。

小さな板を貼り合わせたポリゴンデータ

ポリゴンと、このあと紹介するボクセルは、3D CGでの使用が多い3Dデータの表現方法です。

ポリゴンは、三角形や四角形の小さな板を貼り合わせて形状を表現するため、円柱も滑らかではなく、カクカクしたものになります。そして、中身は空洞です。中身が無いという点では、サーフェスデータと同じです。そして、厚みの情報を持っていないため、物理的には存在しない形状になっていることも同じです。

でも、ポリゴンの場合、きちんと作ってあれば、隣り合う板はつながっています。円柱がきちんと閉じていれば閉じた空間となり、中には体積が存在し、1つの塊になります。このため、3D CGでもきちんとデータが作ってあれば、問題なく3Dプリンターで出力できます。なお、3Dプリンターで使用されるSTLとは、すべてが三角形で構成されるポリゴンデータです。

ポリゴンやボクセルは寸法で形状をきっちり決めていくような機械部品を作るのには向きませんが、感覚的にモデルを作ったり、局所的に形状をいじることは得意です。たとえば3D CGでは、円柱の側面のポリゴンの頂点をいじれば局所的にその場で形状を変えることができますが、このような操作はCADではできません。人や動物の形状のような感覚的なモデリングにおいて、ちょっとだけここを変えたいという操作ができることは大きなメリットです。

●ポリゴンデータの円柱

ポリゴンによる円柱は、円柱そのものではなくて、カクカクした円柱もどきです。

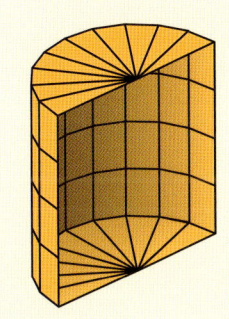
ポリゴンの円柱を半分に切ると、中身が空洞なのが分かります。

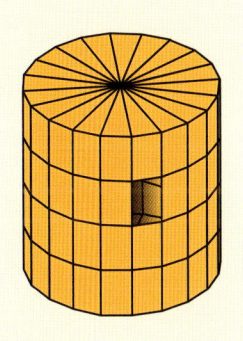
複雑な形状の3D CGデータや、細かく込み入ったCADのデータをSTLに変換したデータは、穴が開いた状態になることがあります。これを塞がないとエラーになってしまいます。

●感覚的な操作に向いている

ポリゴンで作成した円柱です。

ポリゴンのポイントを移動して形状を簡単に変更できます。

粘土のような感覚で、表面に模様を作ることもできます。

ただし、凝れば凝るほどポリゴンが細かくなってデータの容量が増えていくので注意が必要です。

体積を持ったボクセルデータ

ボクセルとは、ある有限の体積を持った要素で、見た目は小さな立方体のようなものと考えるとよいでしょう。ボクセルは体積を表す「ボリューム」と、画像の解像度を表すときにも使われる「ピクセル」

を組み合わせた言葉です。ピクセルは馴染みのある人も多いと思います。その立体版と考えてください。

さて、ボクセルには体積がある、つまり中身が詰まっている状態です。たとえば、

形状の一部を削除したり、形状同士を足したり引いたりすることが得意ですし、ポリゴンと同様、粘土細工のような感覚で立体を作成するスカルプティングという操作も得意としています。

●ボクセルデータの円柱

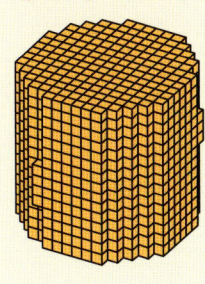
とてもカクカクとしていますが、円柱を表現する立方体を細かく、かつたくさん使えば、円柱をさらに正確に近似していくことができます。

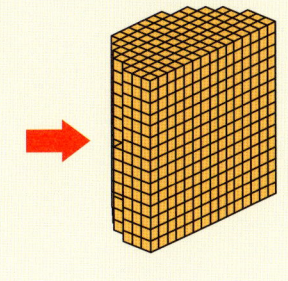
ボクセルの円柱を半分に切ったイメージ。もちろん、本当のボクセルでのモデリングは、このような粗い状態で行うわけではありません。

ボクセルモデリングソフト「3D-Coat」で作成した円柱。滑らかに表現できます。

3Dデータのファイル形式には どんな種類があるの？

3D CADや3D CGのモデリングソフトは複数あり、ファイル形式も複数あります。
さらに、モデリングしたデータを3Dプリンターで出力するためのファイル形式もあります。
データをスムーズにやり取りできるよう、どのようなファイル形式があるのかを確認しておきましょう。

大きく分けると「ネイティブファイル」と「中間ファイル」の2種類

Wordで作った文書はWord形式、Excelで作った表はExcel形式というように、データは通常、作成したソフト固有のファイル形式で保存されます。固有のファイル形式を「ネイティブファイル」と呼びます。モデリングソフトにおいても同様で、それぞれのファイル形式で保存されます。ネイティブファイルのほかに、特定のソフトに依存しない「中間ファイル」と呼ばれるファイル形式があります。

ファイル形式とその役割については、このあと詳しく紹介します。いずれも、ファイル名を見ただけでは、それがどのファイル形式なのかは分かりませんが、拡張子（かくちょうし）を確認することで分かります。

[ファイルの拡張子を確認する]

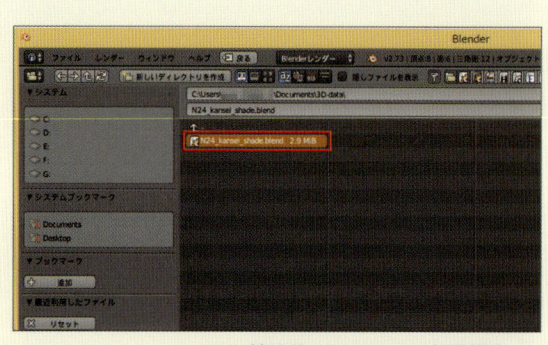

拡張子はWindowsの初期設定では非表示になっていますが、Blenderのように、ファイルを開くダイアログで表示されるものもあります。

ファイルを右クリックして[プロパティ]を選択します。[ファイルの種類]にファイルの種類が表示されます。右側の（ ）内のピリオドに続く文字列が拡張子です。パソコンは、拡張子によってファイルの種類を識別しています。

「中間ファイル」の役割

●3D CAD関連のファイル形式

元々製造業で使われてきた3D CADは、さまざまなメーカーのCADシステムが使用され、それぞれ独自のファイル形式があります。

独自のファイル形式では、単に3次元の形状に関する情報が保存されているだけではなく、どのようにそのモデルを作っていったのかという履歴や、そのCAD独自の機能で作られる情報が保存されています。そのため、あるCADソフトで作成したファイルは、ほかのソフトでそのまま開くことはできません。

ところが、モノづくりの現場ではさまざまな会社が関わっているため、形状をはじめとする基本的な属性情報だけでもデータを授受したいということがあります。

[異なるソフト間では「中間ファイル」を利用する]

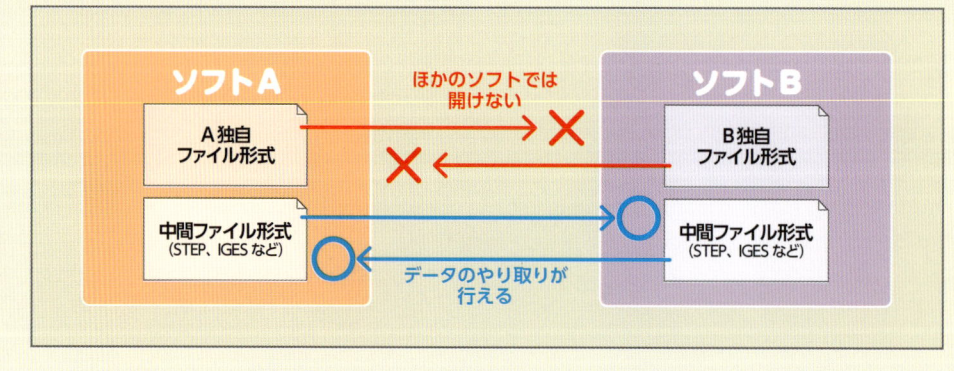

このような場合に使用されるのが中間ファイル形式で、その代表的なものが「STEP」（拡張子「stp」「step」）と「IGES」（拡張子「igs」「iges」）です。主要なCADソフトでは、これらのファイル形式のインポート（読み込み）とエクスポート（書き出し）が可能なため、ほかのCADシステムで作成したものを再利用することができるのです。

中間ファイル形式では、形状以外の多くの情報が抜け落ちてしまいますが、概ね形状が伝わればよいというケースが多いので多用されています。ただし、複雑な形状などは、変換時にエラーが起きて形が崩れてしまうこともあるので注意が必要です。

●3D CG関連のファイル形式

3D CGにおいては、ほかのCGソフトとデータをやり取りするために事実上の中間ファイルとして使用されているファイル形式があります。その代表が「OBJ」というファイル形式です。これは元々、Wavefront社のソフトのためのファイル形式でしたが、多くのCGソフトがこのファイル形式をサポートしているため、事実上の中間ファイルとして使用されています。

Blenderでも OBJ形式を入出力ともにサポートしています。なお、Blenderで色付きのモデルを作成して、カラーで出力をする際には、実はこのあと説明する「STL」形式は使われません。代わりにOBJファイルなどと、それと一緒に使用されるテクスチャの画像（JPEGやPNGなど）をセットで使用します。

[3D CADのファイル形式の一例]

拡張子	アプリケーションソフト	形式
f3d	Autodesk Fusion 360のファイル形式です。	ネイティブファイル
dxf	AutoCADのファイル形式ですが、異なるCAD間で中間ファイル的にも使用されています。	ネイティブファイル
dwg	AutoCADのファイル形式ですが、異なるCAD間で中間ファイル的にも使用されています。	ネイティブファイル
3dm	Rhinocerosのファイル形式です。	ネイティブファイル
igs / iges	広く使われている中間ファイル形式です。	中間ファイル

拡張子	アプリケーションソフト	形式
stp / step	広く使われている中間ファイル形式です。Fusion 360でもインポート／エクスポート可能です。	中間ファイル
sat	ACISカーネル※のファイル形式です。Fusion 360でもインポート／エクスポート可能です。	カーネル
x_t / x_b	Parasolidカーネル※のファイル形式です。	カーネル

※カーネルとは、3Dの幾何形状を計算する心臓部ともいえるモジュール。ACISはSpatial Technology社が開発・提供しているもの、ParasolidはシーメンスPLMテクノロジー社が開発・提供しているもの。

3D CADで使用されるファイル形式の例。どのファイルを扱えるのかは、ソフトによって異なります。

[3D CGのファイル形式の一例]

拡張子	アプリケーションソフト	形式
blend	Blenderのファイル形式です。	ネイティブファイル
3ds	3D Studioのファイル形式です。中間ファイル的にも使用されています。	ネイティブファイル
obj	Wavefrontのアプリケーションのファイル形式です。中間ファイル的にも使用されています。	ネイティブファイル

拡張子	アプリケーションソフト	形式
stl	3Dプリンターでの出力に使用するファイル形式です。Blenderでは、インポートしてからも編集が可能です。	中間ファイル
x3d	XMLを用いたVRMLの後継ファイル形式です。	中間ファイル

3D CGで使用されるファイル形式の例。どのファイルを扱えるのかは、ソフトによって異なります。

3Dプリンターの出力時に利用する「STL」ファイル

「STL」は元々3D Systems社が開発した3Dプリンターで出力する際に用いるファイル形式です。3D CADの多くはこの形式での出力をサポートしており、保存時にSTL形式を指定します。

3D CGも最近ではSTLの出力をサポートするようになってきました。STLファイルの中身はポリゴンであるため、STLファイルを読み込んでからの編集が可能です。しかし、3D CADの場合には出力はできても編集はできません。

なお、3D CADと3D CGはどちらも3Dのモデリングソフトですが、ほとんどと言ってよいほど、この2つの間でデータをやり取りするのは難しいです。特に3D CADから3D CGへは、STLを介することで受け渡し、編集もできますが、その逆は難しいことが多く、受け取れても編集できないことがほとんどです。ただし、Fusion 360では、限定的ですがSTLのメッシュ機能が備わっています。

表示して確認するためのビューワーファイル

編集をする必要はなく、確認だけできればよいという場合もあります。そこで使用されるのは「ビューワー」と呼ばれる、ファイルを表示するための専用の形式です。大手の製造業でよく使用される形式として、「JT」や「DWF」という形式がありますが、専用のビューワーソフトが必要です。

一部の3D CADでは、「3D PDF」というファイル形式を出力することができます。3D PDFは、Acrobatや無償のAdobe Readerでも開くことができるため、よく使用されています。

[3Dビューワーのファイル形式の一例]

拡張子	アプリケーションソフト
dwf	Autodesk社が提供する3Dデータの表示を目的としたファイル形式です。専用のDWFビューワーソフトを使用します。
eprt	SolidWorks社が提供するファイル形式です。専用のeDrawingsのビューワーが必要です。

拡張子	アプリケーションソフト
pdf	特別なソフトを使用せずに、Adobe Reader上で3Dデータの確認をすることが可能です。

ビューワーで使用されるファイル形式の例。

3Dデータはどのような場面で活用されているの？

自分が作りたいものをモデリングし、3Dプリンターで出力するのが、一般的に考える3Dデータの使い方の1つでしょう。しかし、3Dデータの使い方は、出力のみではありません。3Dデータが図面などと違うのは、単にものを作るための情報にとどまらず、同じ情報がさまざまな形で活用できることなのです。

出力以外でも活用される3Dデータ

3Dデータの活用方法は、実に多様です。モノを作るためにも使えるし、形や大きさを調べるためにも使えるし、奇麗な画像や、動画を作ることにも使えるのです。

3Dデータは、言ってみればバーチャルな「モノ」のようなものです。3D CADの場合には、正確な寸法や体積、また材料の物性値（硬度や剛性などの物質が持っている性質）を与えてやると質量をはじめとする技術的な情報を得ることができます。

つまり、実物を作る前に、その部品に関する基本的な情報をパソコン上で知ることができるのです。

作る前にシミュレーションして効率化と低コスト化

さらに高度な3Dデータの応用方法もあります。単に形や重さが分かるだけではなく、実際に作る前に、自分が作ったものが本当に壊れずに使用できるのか、どのような挙動をするのかということが事前に分かったらよいですね。そのことを「解析」といい、設計で使う道具のことをCADというのと同じように、CAE（Computer Aided Engineering）といいます。

実際に工業製品の設計の現場ではCAEが使われていることが多く、現在では設計者が作ったCADのデータから直接解析を行って現物を作る前に作った部品を調べ、手戻り（やり直し）の少ない設計にしているのです。製造工程において、効率化と低コスト化を実現できます。

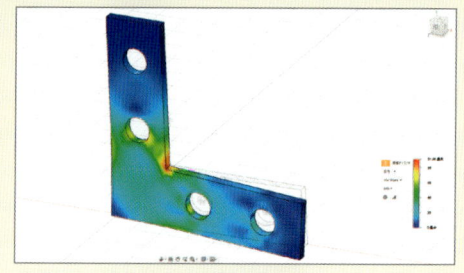

荷重をかけると、どのように変形したり、どのくらいの力がかかるのかを確認できます。

画像や動画で実物のように見せる

設計に関するもの以外にも、3Dデータの活用方法はあります。画像や動画での活用です。現在使用されている製品の写真には、現物を撮影したものではなく、設計データを活用して作成したCGの画像も増えています。動画もしかりです。

3Dデータをモノづくりだけでなく画像で利用することには、大きなメリットがあります。実際に出力して形にする前に、最終的にはどのように見えるのか、ということをシミュレートしたり、売り出す前の製品であれば、完成品を待たずにパンフレットの画像やプロモーション用の動画を作ることもできてしまうのです。

最近のアニメ作品では、ロボットなどのメカも3D CADや3D CGで制作され、絵を描く代わりにCGで作られてモデルを動かすことができるようになったため、非常にスムーズで矛盾のない映像になっています。3Dデータは出力してモノを作るためのデータですが、単にそれだけではなく、リアルとバーチャルを行ったり来たりして、これまでにない作品を作る原点であるとも言えるでしょう。

CADデータから写真のようなイメージを作成できます。

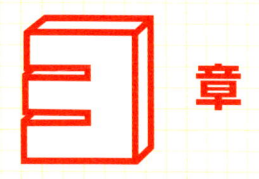

3章

めざせ3Dプリンターマスター!
スキルアップテクニック講座

Fusion 360でモデリングできたら、次はアウトプットです。

3Dプリンターでの出力の基本から、キレイに出力するためのコツまでを紹介します。

また、2章でモデリングしたロボット「boxくん」を実際に出力して塗装し、

完成させる手順も紹介します。

スキルアップ テクニック 講座

キレイに造形するための ベッド調整

最初は基本中の基本、ノズルとベッドのクリアランス（隙間）調整です。
うまく造形できない場合の60％はこれが原因です。
慣れるとなんてことのない作業ですが、
コツを掴むまでじっくりトライしてください。

ベッドが
水平になるように
調整するよ

1 3Dプリンターの造形ベッドとノズルのクリアランスを確認する

2 テストデータをダウンロードして準備する

3 テスト造形してみる

4 見本と同じようになるまで、造形ベッドとノズルのクリアランスを調整する

Befor

After

より精度を上げるための調整

皆さんは、造形ベッドの調整がなかなかうまくいかず、手間取ることはないでしょうか？

最近では、クリアランス調整を自動で行える機種もありますが、このベッドの調整は、出力物の出来を左右する大切なものです。

今回は、手動の設定が必要な方向けに、精度よく奇麗に、あるいは造形が難しい大きな作品をプリントしたいときのために、より正確な調整方法を解説します。まずは、「Test_Parts1.stl」というテスト造形用データを出力用ソフトに読み込んでください。なお、本書では3DプリンターはFDM（FFF）形式の「idbox!」、出力用ソフトは

「Repetier-Host」で解説しています。基本的な操作に大きな違いはないので、お使いの3Dプリンター、出力用ソフトに置き換えてお読みください。Gコードを作成して印刷を実行すると、5分前後で造形が始まります。

このとき、第1層目を絶対に目を離さずよく見ていてください。丸が5つ描かれていきます。そして、1層目が終わったら、非常停止ボタンを押して造形を止め、原点復帰ボタンを押します。動作が停止したら、造形ベッドを外して、造形品を見てください。

調整して成功例に近づけよう

右ページでは、成功例と失敗例を拡大して見せています。①、②の場合はノズルとベッ

ドが離れすぎなので、ベッドの底のねじを上から見て、時計回りに1/4回転回してみましょう。④、⑤の場合は、逆に近づきすぎです。反時計回りに1/4回転回してみます。テスト造形を繰り返し、見本と比べて、四隅と真ん中ができるだけ③の状態になるように頑張って調整しましょう！　調整が慣れないうちは、③～④の間であれば大丈夫です。

使い始めてから3Dプリンター本体の状態が落ち着くまでの1カ月くらいは、ほぼ毎回調整が必要ですが、それを過ぎると週に一度、月に一度の調整と徐々に調整間隔が伸びていきます。これさえできれば、あとはプリントするのみです！

● ダウンロードサイト　http://www.jam-house.co.jp/fusion360/　　　[提供ファイル] Test_Parts1.stl

1 クリアランス設定

すきまゲージ（シクネスゲージ）やコピー用紙、名刺などを使って、クリアランス調整を行います。

2 出力用ソフトにテストデータを読み込む

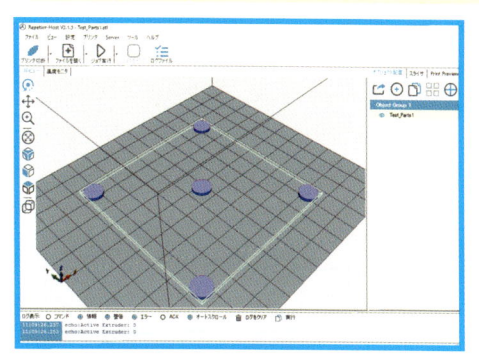 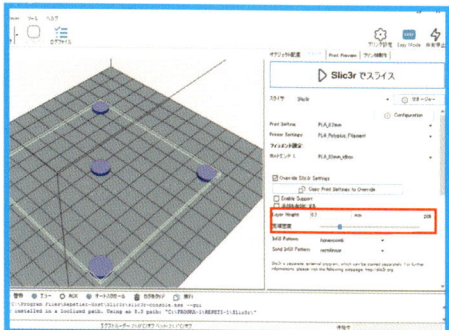

直径10mm、高さ2mmの円柱が5個入ったデータを真ん中に配置します。
［ファイル名］ Test_Parts1.stl

「スカート」「ラフト」は「なし」にしておきます。「積層」と「密度」は任意でかまいませんが、ここではそれぞれ「0.2mm」と「20%」にしています。

3 テスト造形をしましょう

 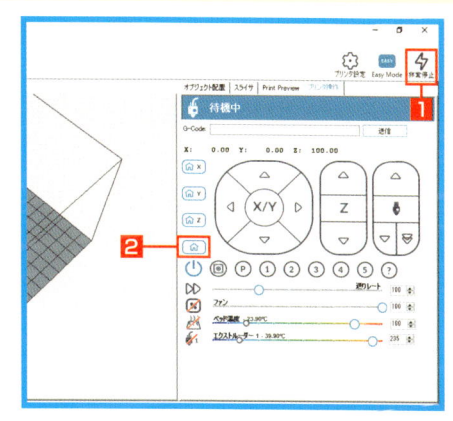

データは2mmありますが、造形するのは第1層目だけです。

1層目が終わったら、すぐに非常停止ボタンを押し、止まったらすぐに［原点復帰］（HomeAll）ボタンを押して、終了します。

※［原点復帰］（HomeAll）ボタンを押さないとノズルの熱でベッドが溶けてしまうので、必ずすぐに押してください。

4 ベッドを外して状態を確認しよう

①離れすぎて、ベッドに定着できていません。

②ちょっと離れているので、ベッドへの貼り付きが弱く、塗りつぶしにも隙間があります。

成功！

③上手く調整できているものです。これを目指してください。

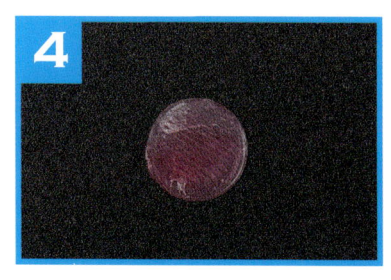

④くっつきすぎて、フィラメントが表面に溢れています。

⑤隙間が無く、フィラメントがうまく出せない状態です。

造形ベッド調整ネジの1回転は約0.5mmです。1/4回転ずつ微調整してテスト造形を繰り返し、できるだけ③の状態になるように調整しましょう。根気よく丁寧に調整することがポイントです。

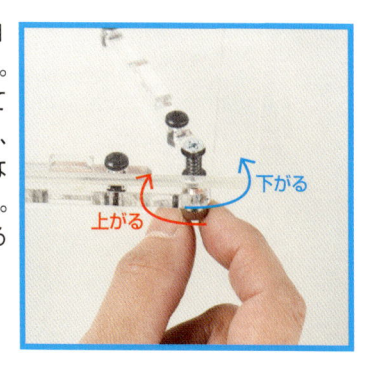

スキルアップ テクニック 講座

造形物に合った温度・速度の設定をみつける

業務用の工作機械でも、同じ機種で1台1台微妙な癖があるものです。
パーソナルユースの3Dプリンターなら、その違いはもっと大きいはずです。
最適な状態で造形できるように、形状によってフィラメントの
溶解温度や造形スピードを変えて、奇麗に、または早く作ったりしてみましょう!

1 フィラメントの溶解温度を上げてみる

2 フィラメントの溶解温度を下げてみる

3 プリント速度を上げてみる

4 プリント速度を下げてみる

温度と速度を変えるだけで、仕上がりが変わってくるよ

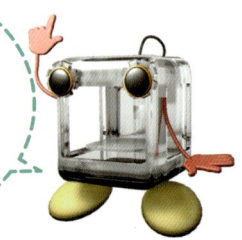

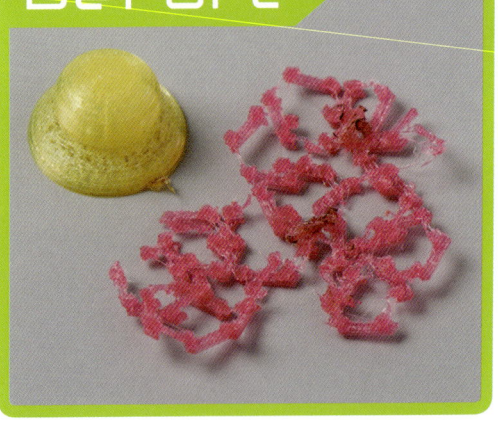

Before

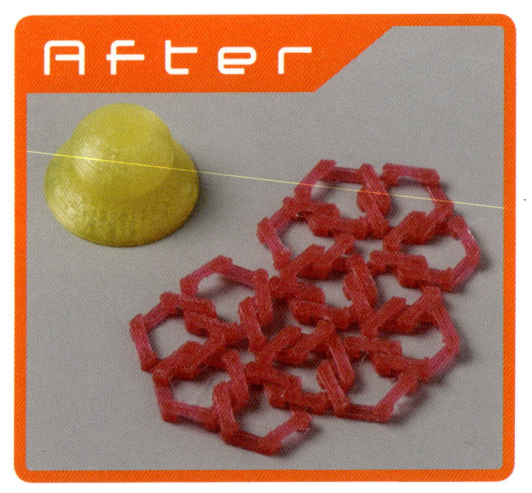

After

フィラメントの溶解温度を設定

皆さんは、3Dプリンターの出力にはもう慣れているでしょうか? 今まで作ってみたものの表面をよく見てください。もしツヤが無く白っぽかったら温度が低めです。

いつも通り造形を始めて、2層目が始まったところで、現在の温度より5℃上げてみましょう。状態が変わらなければ、さらに5℃上げてテストを繰り返してみてください。
※最終的に元の温度+10℃より上げないでください。フィラメントの焦げによるノズルの詰まりや造形失敗の可能性が高くなります。

逆に、造形物がシャープにできず、だれた感じになっている場合は温度を5℃下げてテストしてみてください。状態が変わらなければ、さらに5℃下げてテストを繰り返してみて

ください。
※最終的に元の温度−10℃より下げないでください。フィラメントが溶けず、フィーダー部分でフィラメントが削れてしまい、造形失敗の可能性が高くなります。
※必ずラフトの層を除く、オブジェクトのみで数えて2層目の造形が始まってから設定してください。せっかく調整しても、2層目より前に行うと、元の数値に戻ってしまいます(スライサーの設定により異なります)。

次に造形速度を設定

積層が一筆書きでかかれているものを造形する場合、途中でも速度を上げることができます。[送りレート]のスライドバーを10%上げて、造形してみてください。うまくいったらさらに10%、最大で130%まで上げることが

できます。

ただし、速度を上げると、ベルトやシャフトなどに負担がかかり、消耗部品の寿命を短くする可能性があります。
※造形は早くできますが、品質は落ちてきます。妥協できるラインを見極めましょう。

逆に、積層の塗りつぶす部分が多いもの、細かなサポートが付いているものを作るとき、そして造形をとにかく奇麗に仕上げたいときは速度を落として造形してみましょう。
※50%以下にしてもそれ以上の効果は得られないです。

プリントする形状や室内の温度、季節によっても微妙に変わってきますので、この2つの設定をうまく組み合わせて、自分の最適な条件を見つけていきましょう。

● ダウンロードサイト **http://www.jam-house.co.jp/fusion360/**

[提供ファイル] **Test_Parts2.stl**

1 条件を見つけたいデータを用意する

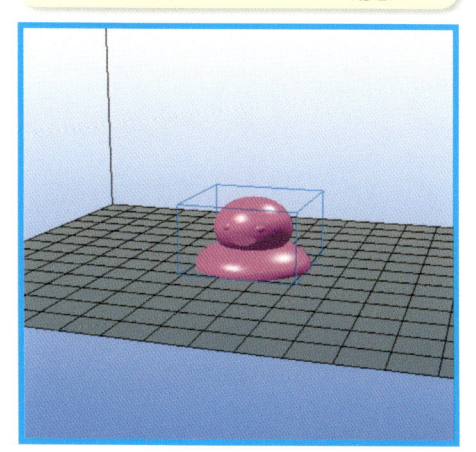

思い通りに造形できないデータを用意します。

2 造形を開始する−表面にツヤが無く白っぽい場合

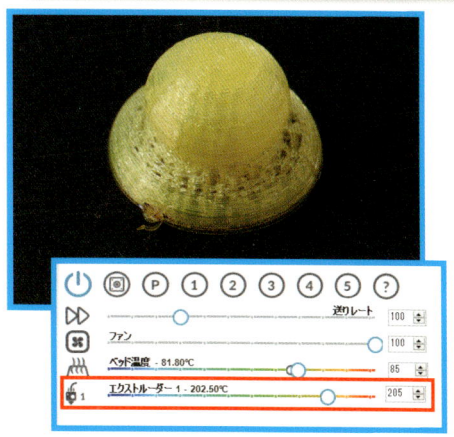

作品の表面にツヤが出なかった場合、2層目が始まったところで、温度を5℃上げます。変わりがなければさらに5℃上げます。

表面にツヤが出て、奇麗に仕上がりました。

3 造形を開始する−表面がシャープにできない場合

造形したものの、表面がシャープにできていない場合の例です。

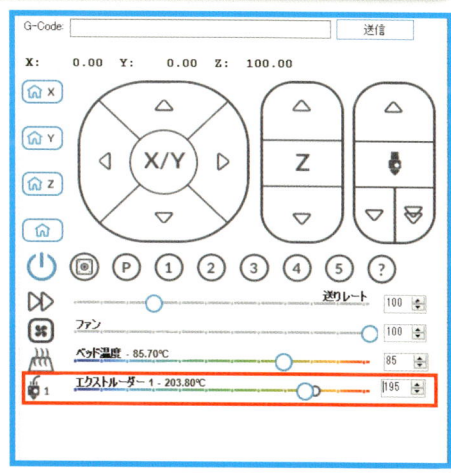

2層目が始まったところで、温度を5℃下げます。変わりがなければさらに5℃下げます。

4 造形速度を上げる

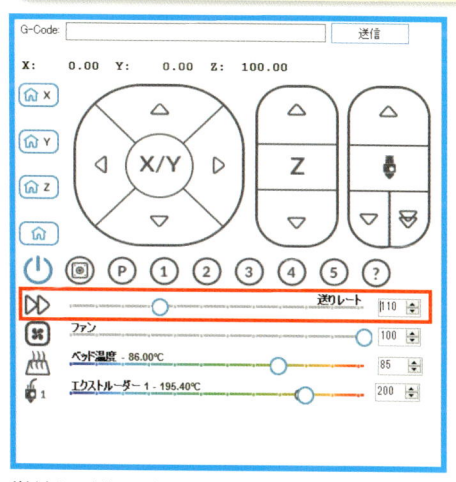

単純な形状は速度を上げると短い時間で作れます。　※[吐出レート]は変更しないこと。

5 造形速度を下げる

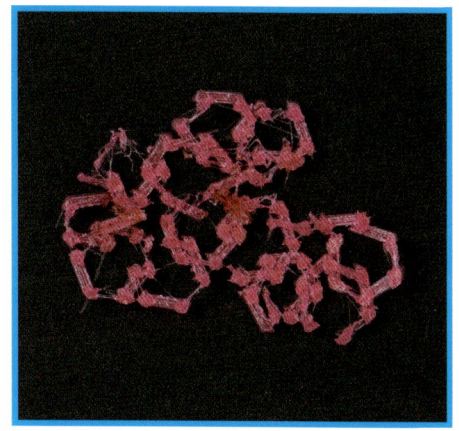

速くしすぎると、品質が落ちる場合があります。

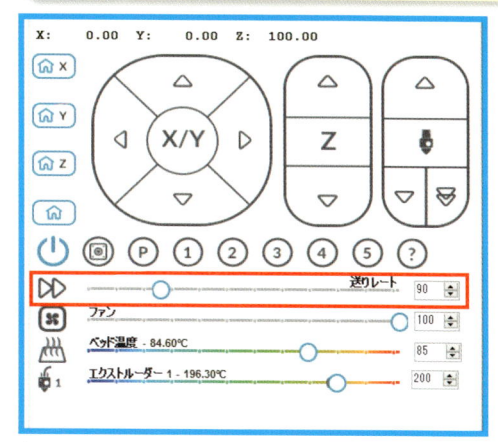

難しい形、細かいサポートが付いているもの、奇麗に造形したいものは造形速度を下げます。

造形速度を下げることで時間はかかりますが、品質の高い出力ができます。

スキルアップ テクニック 講座

フィラメントが 詰まったかな？ と思ったら（前編）

いろいろな作品の出力を試しているうちにフィラメントが詰まってしまい、
正しい対処法が分からなく困っている人はいませんか？
また、よく「3Dプリンターのノズルは消耗品だ！ 1、2カ月で交換する必要がある」
と言う人もいますが、それはウソです。 正しく使えば2000時間は持つと言えます。

1 フィラメントのカット方向を 覚えよう

2 エクストルーダーで詰まったら、 ゆっくり引き出そう

3 島（リトラクトの多い）形状は 詰まりやすい

4 ノズル内の詰まりは 別の方法で対処

フィラメントを カットする方向に 気をつけてね！

Before

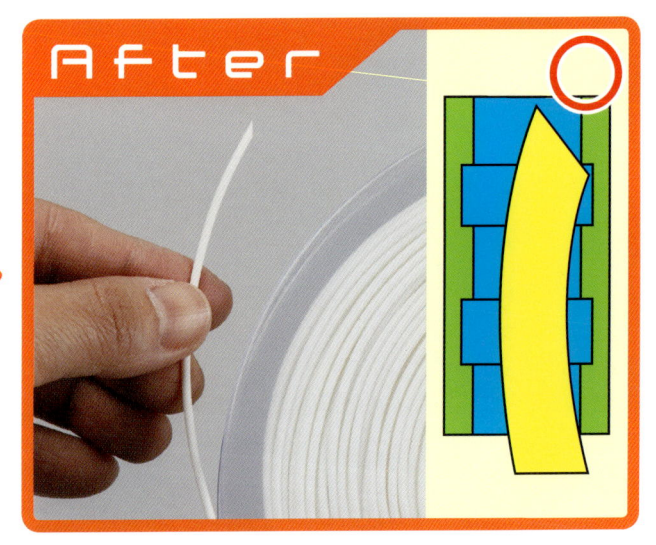

After

詰まりの解消でプリントに専念

フィラメントの詰まりはすでに経験済みですか？ 早くプリントしたいのに、解決できるまで使えないのはイライラするものです。ここで紹介する手法を覚えて、プリントに専念できるようにしましょう（※どの作業もホットエンドの温度が220℃まで上がっていることを前提として話をしていきます）。

さて、フィラメント詰まりには、大きく分けて3つの現象があります。

1つ目は、エクストルーダー部分での詰まり、2つ目はABSとPLAの交換など、大きく融解温度が違うフィラメントを使った場合。3つ目は異物が入っているような粗悪なフィラメント、フィラメントホルダーに乗ったほこりが起こすノズル詰まりです。

エクストルーダーの入り口で引っかかる

今回は、1つ目のフィラメント詰まりの解消法についてです。フィラメントは斜めにカットしますが、単純に切ればいいというわけではありません。フィラメントには巻きグセが付いています。これに対して、カットしやすい方向に斜めに切ると逆にエクストルーダーのドライブロールやチューブ継手で引っかかり、フィラメントがドライブロールの溝に削られてフィラメントを出すことも引くこともできなくなることが

あります。

このときは、アームのバネをほんのちょっと指でゆるめて、「引込み」ボタンをクリックしたら、手でも軽くフィラメントを引っ張ってあげましょう。そして、ダメになった部分は切り落とし、正しい方向にカットしてセットし直しましょう。次ページ［3］で詳しく解説しています。

後編では、残り2つのパターンの説明をします。いくつか道具が必要となるので、次のページを参考に各自道具の用意をお願いします。いずれも、ホームセンターやインターネットのショップなどで入手できます。

1 正しいカット方向

巻きグセに対して外側が尖る方向に切ると、ほとんど引っかかることはありません。

2 間違ったカット方向

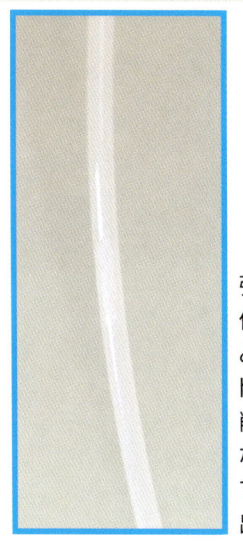

巻きグセに対して内側が尖る方向に斜に切ってしまうと余計引っかかります！

引っかかったまま、気が付かずに出力を続けると、エクストルーダーのドライブロールの溝で削れてしまいます。こうなると、押しても、引いてもフィラメントが取り出せなくなります。

3 エクストルーダー内で詰まってしまった場合の対処

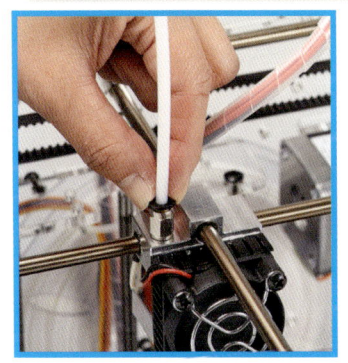

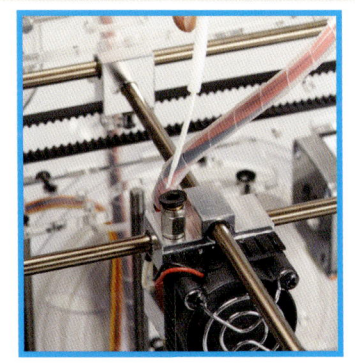

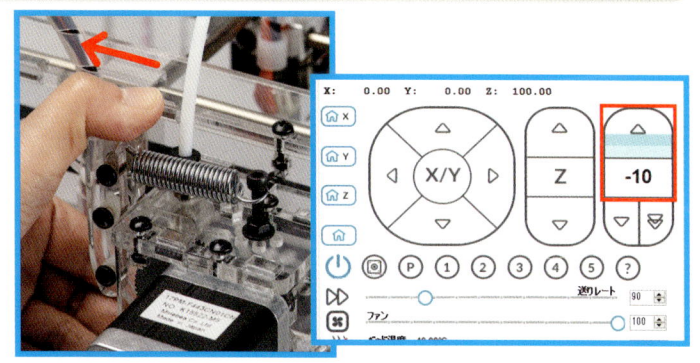

ホットエンドの温度が220℃まで上がっていることを確認できたら、チューブ継手からフィラメントガイドチューブを外し、フィラメントを引き抜きます。先端の溶けて変形している部分は、上で説明したように、切り取ります。

アームを1〜2mm引っ張り、ギアの締め付けをゆるめておいて、出力用ソフトの［引込み］の［↑］をクリックしてフィラメントをゆっくり引き抜きます。

4 こんな形状の場合起こりやすい

前回の島（リトラクトの多い）形状などの造形中にも、エクストルーダーのドライブロールの溝による、フィラメントの削れ現象は起こりやすくなります。詰まったら冷静にこの対応をしましょう!!

次回の準備

Φ0.3mmの
ピアノ線

Φ1.9mmの
金属棒
（ピアノ線）

食器洗い用
スポンジ
10mm角

植物油

次回は、Φ0.3mmのピアノ線（ノズル径0.4の場合）とΦ1.9mmの金属棒（ピアノ線）、食器洗い用スポンジ10mm角、植物油を使いますので、用意しておいてください。

スキルアップ テクニック 講座

フィラメントが 詰まったかな？ と思ったら（後編）

前回は、エクストルーダー内でのフィラメント詰まりを解消する方法を解説しましたが、今回はノズルの詰まりを解消します。金属棒やピアノ線を使うことで、ノズル内をすっきりと掃除しましょう。

1 温まったらシリンダーに金属棒を挿して古いフィラメントをパージ（押し出し）する

2 ノズルの下からピアノ線を差し込んで詰まりを解消する

3 植物油を塗ったフィラメントを押し込んでみる

4 今後詰まらないように対策をする

ノズル内をキレイに掃除しよう！

Before

After

後編ではABSとPLAを交換するなど、大きく融解温度が違うフィラメントを使った場合、それから異物が入っているような粗悪なフィラメント、フィラメントホルダーに乗ったほこりが起こす、ノズル詰まりの対処法を説明していきます。

ノズルの詰まりを解消する

まず、詰まっていると思われるフィラメントの溶融温度+5℃まで出力用ソフトで温度を上げておきます（230℃が造形条件なら235℃まで上げる）。Repetier-Hostの場合、[プリンタ操作]タブで温度の設定を行います。

ヘッド側のフィラメントガイドチューブを取り外し、Φ1.5〜1.9mm以下の金属棒をそっと押し込んでいきます。うまくいくとノズルから詰まったフィラメントが押し出されます。このことを「パージ」と言います。

このとき、絶対にロッドがたわむほど力を入れないでください。ロッドの曲がりや、部品の変形／破損の原因になります。

次にノズルの先端からΦ0.3mmのピアノ線を2cmくらい差し込みます。なお、Φ0.3mmはノズル径が0.4mmの場合のサイズです。掃除するノズル径に合わせて用意してください。

ノズルの先端は高温になっているので、皮の手袋をはめるなど、細心の注意を払って作業に当たってください。

続いて、次に使いたいフィラメントを15cm程度切って、ノズル上部のシリンダーに直接、ゆっくり差し込みます。押し込んだときに、スムーズにフィラメントがノズルの先から出てきたら成功です。このとき、スポンジに植物性の油を少ししみこませ、フィラメントに付着させてから行うと、効果が上がります。

うまくいかない場合は、これらの操作を4〜5回繰り返してみましょう。ほとんどの場合、解決できるはずです。

しかし、これでもうまくいかない場合は、ノズル内で詰まってから高温のまま長時間放置され、フィラメントが炭化してしまったか、フィラメントに付着したほこりで完全にふさがれたか、その両方が同時に起こったかです。この場合はあきらめて新しいノズルに交換することになります。

今後のほこり対策として、フィラメントにスポンジを付ける方法があります。また、フィラメントを使わないときには、密封した袋にしまっておくのが基本ですが、一時的に使わないときにはカバーをしておく手段が有効です。また、粗悪なフィラメントは使わないように気を付けましょう。

1 温度を 5℃上げてガイドチューブを引き抜く

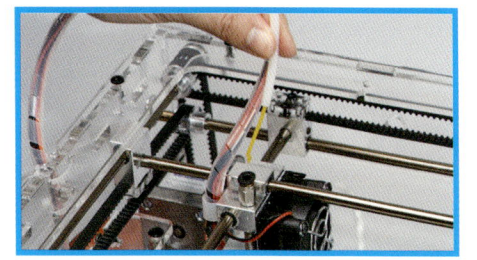

フィラメントの規定温度が 230℃の場合、
235℃にします。

HINT フィラメントの規定温度はパッケージなどで確認してください。

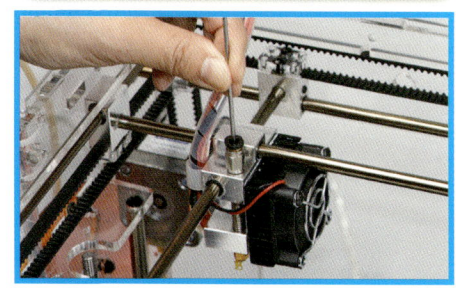

2 金属棒をチューブ継手から差し込む

Φ1.5～1.9mmの金属棒をチューブ継手にゆっくり軽く差し込みます。うまくいくとノズルの先端から詰まったフィラメントがパージされます。

チューブ継手の黒い部分を押しながら、フィラメントガイドチューブを引き抜きます。

注意! ヘッド部分は高温になっているので、やけどに要注意！ また、絶対にノズルを支えているロッドがたわむほど力を入れないでください。精度よく造形できなくなり、最悪本体の破損につながります。

3 ノズルの先端からピアノ線を差し込む

ノズルの先端からΦ0.3mmのピアノ線を差し込みます。市販のピアノ線を15cmくらい金属用のニッパーやラジオペンチでカットし、2cmほど差し込みます。少し難しいですが、やけどに注意しながら頑張りましょう！

4 次に使いたいフィラメントを押し込む

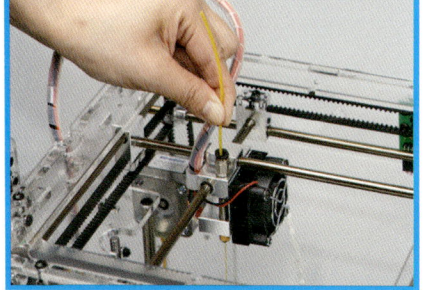

次に使いたいフィラメントを15cmくらい切って、シリンダーから直接押し込みます。このとき、植物性の油をスポンジに少ししみこませ、フィラメントに付着させます。ティッシュペーパーはほこり混入の原因になるので使わないこと。

5 ほこり除けのためスポンジをセット

フィラメントをセットするときは、ほこり除けとして、スポンジに通すといいでしょう。1cm角にカットしたスポンジの中心にフィラメントで穴を開けます。1カ月ほど使うと、黒く汚れるので、水道水で洗って乾かしてから使います。

一時的に使わないときは、モデリングしてこのようなカバーをつけてほこりを除けると効果が大きい！ 自分で採寸して試してみましょう。

スキルアップ テクニック 講座

造形する作品や目的にあわせた積層ピッチの選び方

積層ピッチは、数字が小さいほど精細な出力が可能ですが、そのぶん時間もかかります。造形する作品や目的によって、積層ピッチのサイズを選ぶことが必要です。

1 造形時間で考えよう

2 完成品のサイズで考えよう

3 造形品質で考えよう

4 迷ったら0.2mmで造形しよう

ピッチを選ぶと出力時間と精度が変わるよ

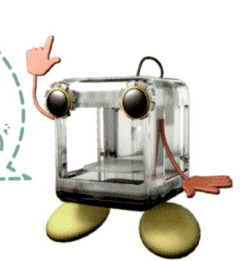

（0.1mm）精細な作品

（0.2mm）一般的な作品

（0.3mm）大きな作品

FDM（FFF）方式の業務用3Dプリンターでは、0.25mmピッチが通常モードです。時間がかかっても奇麗に出力したい場合は0.175mmピッチを選択します。

つまり、0.1mmピッチで造形すると、積層ピッチの面では業務用を凌駕するクオリティーを持つことになります。しかし積層の数がほぼそのまま造形時間に反映されるので、同じものを造形する場合、0.1mmで作ったものは0.3mmのほぼ3倍時間がかかります。

積層ピッチの選び方に決まりはないので、大まかな判断基準と事例を紹介します。

0.3mmを使う場合

1. 本番造形前にサイズ感を確かめたいだけなので、とにかく早く出力したい。
2. 大きいモノを分割して作りたい。
3. あとでパテを盛って奇麗に成形するための骨格ベースとして使用したい。
例：キッチン小物、部品同士の勘合確認、試作前の打ち合わせ用モデル、コスプレの衣装／小道具、等身大模型、フィギュアの骨格ベース

0.1mmを使う場合

1. 時間がかかっても、とにかく奇麗に造形したい。
2. 細かい部品などで、形状の再現性をよくしたい。
3. できるだけ磨かずにそのまま使いたい。
例：歯車など壊れた部品の再現、キーホルダー系の小物、ジェルネイル小物、フィギュア模型、Nゲージのボディー

0.2mmを使う場合

0.3mmと0.1mmのちょうど中間になります。一番バランスがいいので、私はほとんどのモノは0.2mmで造形しています。
例：クッキー型、子どものおもちゃ、建築模型、スマホケース、ゆるキャラフィギュアなど

通常0.1mmの造形をするためには、かなり正確なプリンターセッティングが必要となりますが、パラメーター設定を変更することで、1層目だけ0.2mmで造形する設定もありま

す。ベッドのクリアランス調整に自信がない方は試してみてください。

Repetier-Hostの場合の設定方法は、［スライサ］タブのConfiguration（設定）ボタンを押し、［Settings］－［Print Settings］を選択します。［Layers and perimeters］の「Layer height」と「First layer height」の値をそれぞれ「0.2」mmにします。142～143ページのクリアランス調整ができていれば、問題なく造形ができるはずです。積層ピッチは造形強度にほとんど関係しないので、どんどん試して経験を積んでいきましょう！

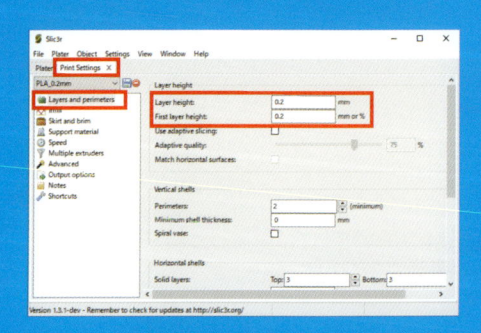

1 0.3mmで造形すると良いモノ

バイクを補強するパーツのサブフレーム。自分の設計、勘合が合っているか、手早く確認できます。

子どもの等身大スキャニングモデル、15分割して出力は250時間以上。サイズが大きく、時間がかかります。

キッチン小物（レモンしぼり器）。単純な形は早く奇麗にできます。

2 0.1mmで造形すると良いモノ

歯車機構。破損したパーツの、補修部品を作りました。問題なく使えます。

上の子どものモデルを縮小した、1/6スケールフィギュア。精細な表現を行っています。

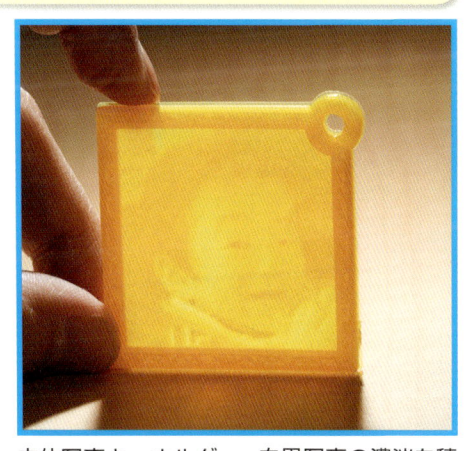

立体写真キーホルダー。白黒写真の濃淡を積層の段差の厚みに置き換えて、立体的に見せています。

3 0.2mmで造形すると良いモノ

ランプシェード。デザインの制限が少ないカバーを作ることができます。

オリジナルスマホケース。ケースに自分の好きな付箋や、ペン、非常用ホイッスル、印鑑などを付けることができます。

子どものおもちゃ。木馬のおもちゃを縮小して作ってみました。

スキルアップ テクニック 講座

薄くても強度を保つ 「0.4mmの倍数の法則」 をマスターしよう

厚さの薄いものを作りたいときは、モデリングする際に厚みの数値に気を配ることで、強度を保つことができます。まずは使っている3Dプリンターの特性を知りましょう。ちょっとしたコツですが、繊細な物を作りたい人はぜひ覚えておいてください。

1 FDM（FFF）方式の3Dプリンターの造形特性を知ろう

2 「0.4mmの倍数の法則」を考慮してモデリングしよう！

3 作成したGコードデータをチェックする癖を付けよう

4 寸法精度が関係なければ、スケールを変えて対応しよう

厚みが1.6mm以下のものを作りたいときのテクニックだよ！

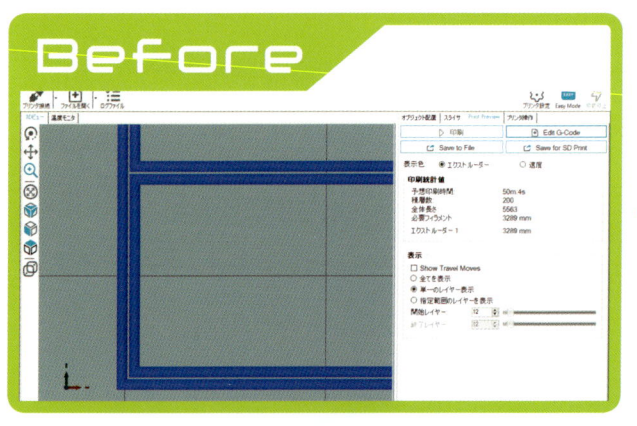

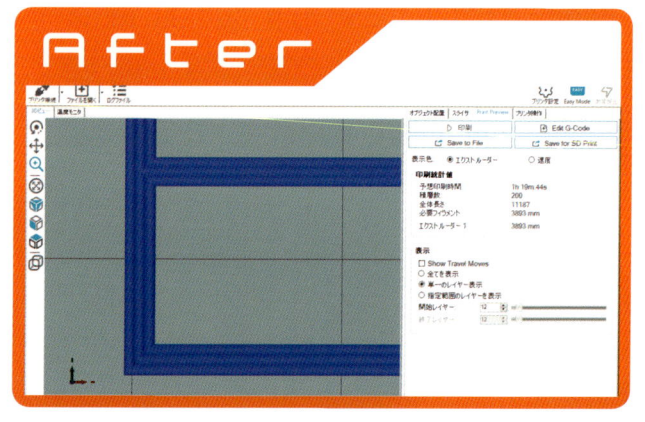

作成されたGコードをよく観察しよう

まず、右ページの［1］を見てください。Repetier-Hostに読み込んだテスト出力用のSTLファイルの画面、Gコードを作成した画面、そして出力結果を並べています。

板の厚さを少しずつ変えてオブジェクトを作成しました。左下から0.1mm、0.2mm、0.3mm……と0.1mmずつ厚くなっています。

Gコードの画面をよく見ると、0.1mmは板の形状になっていません。次に、0.2mm～0.7mmまでは1本のラインしかありません。実際に出力した物を見ると、この区間は根元にもきちんと食い込めず、バラバラになっています。この板厚では使い物にならないことが分かります。なお、ラインのことを「スライスパス」と言い、スライスされた各層でヘッドがフィラメントを押し出しながら動く軌跡を意味します。

では、0.8mmからはどうでしょうか？　スライスパスを見ると、キレイに詰まっているものがありますが、隙間があるものもあります。

ノズル径と厚みの関係性を把握する

これは、ノズルの径（0.4mm）によって決められています。つまり、厚みが薄い形状のものでは、0.4mmの倍数である、0.8mm、1.2mm、1.6mm以外では、強度が下がってしまうのです（形さえできればいいというのであれば、気にする必要はありません）。

1.6mm以上は、隙間があっても片側0.8mmの厚みがあるので、それほど気にする必要はありません。また、2.5mmからは密度の設定通りにパスが付くので、厚さを何mmにしても問題はありません。

本来、3DプリンターはCADやCGソフトで自分が意図した通りのモノを作る道具です。しかし、このように、造形できない／強度が弱い幅、隙間のできる幅がFDM方式（熱溶解積層方式。FFF方式とも呼ぶ）には発生します。液体を入れる容器を作りたいときなど、このことを頭に入れてモデリングすると、用途に応じたものを作ることができます。

なお、出力するものに合わせて、0.3mmや0.5mmなど複数の径のノズルを使い分けている人もいるでしょう。ここではノズル径が0.4mmとして解説しましたが、使用するノズル径にあわせて「●mmの倍数の法則」としてモデリングしてください。

> **注意！** 使用するスライスソフトによっては、ノズル径が0.4mmでも0.42mmなど任意の数字に調整できるものがあります。その場合は「0.42mmの倍数の法則」と置き換えて3Dモデリングをすると上手くいくはずです。ただし、密度を100％にした場合でも、FDM（FFF）方式の性質上、形状によってはパスで埋めきれない隙間が内部にできる場合があります。

1 使っている 3D プリンターの造形特性を知ろう

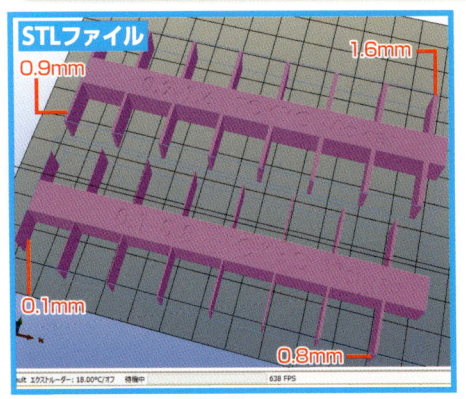
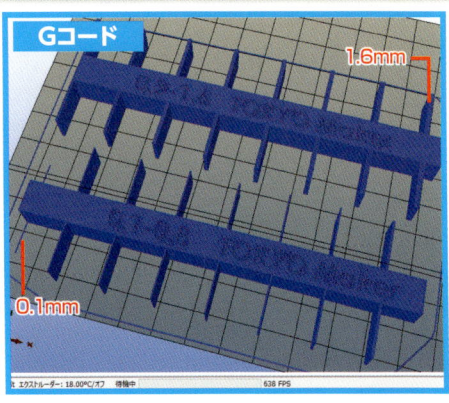
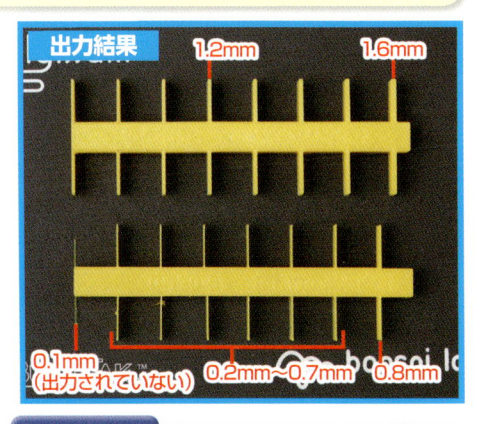

0.1mm厚の板は、Gコードのパスも出力もできていません。また、0.2mm～0.7mm厚までは縦壁が1枚しかありません。0.8mm、1.2mm、1.6mm厚以外は隙間ができています。この特性は、ノズル径とスライスソフトの仕様によって決まります。本書ではノズル径は0.4mmとし、Repetier-Hostが使っているSlic3rでスライスして、画面のようになりました。

HINT 特に1mmはモデリングするときに入力したくなる数値なので、注意が必要です。その場合、0.8mmまたは1.2mmにしましょう。

2 「0.4mm の倍数の法則」を心がけてモデリングしよう！

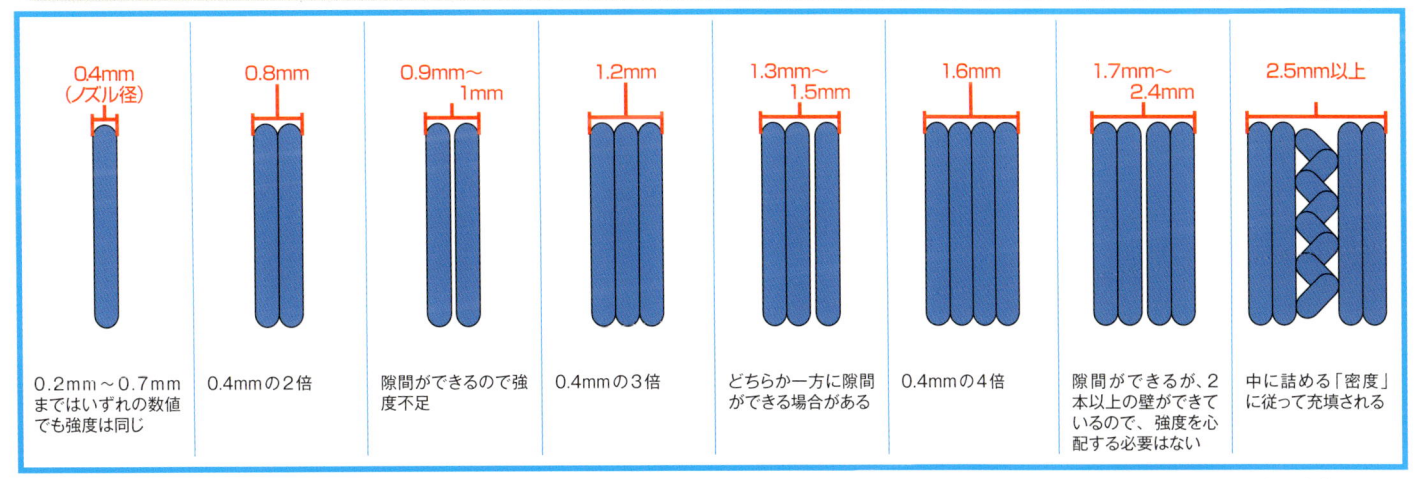

0.4mm（ノズル径）	0.8mm	0.9mm～1mm	1.2mm	1.3mm～1.5mm	1.6mm	1.7mm～2.4mm	2.5mm以上
0.2mm～0.7mmまではいずれの数値でも強度は同じ	0.4mmの2倍	隙間ができるので強度不足	0.4mmの3倍	どちらか一方に隙間ができる場合がある	0.4mmの4倍	隙間ができるが、2本以上の壁ができているので、強度を心配する必要はない	中に詰める「密度」に従って充填される

基本は0.8mm、1.2mm、1.6mmのいずれかの厚さでモデリングするようにしましょう。2.5mm以上はGコード作成時の密度の設定に依存します。

3 Gコードデータをチェックする

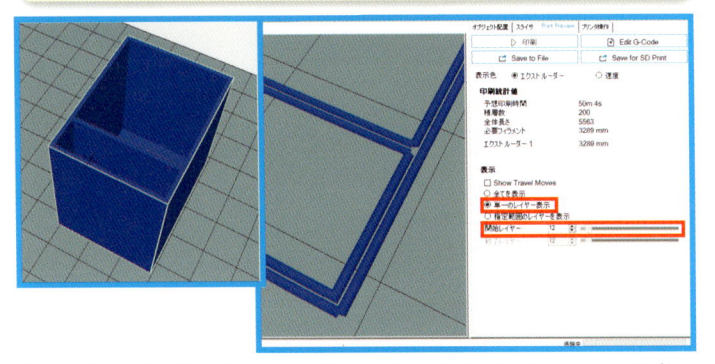

これまでにモデリングしたものに関しては、作成されたスライスを単一のレイヤーでチェックして、強度不足ならモデリングし直すとよいでしょう。[Print Preview]タブに切り替え、[単一のレイヤー表示]を選択して、スライドバーを左右にドラッグして動かすと、任意の層のスライス画面を表示できます。

4 倍率を変えて厚みを付けよう

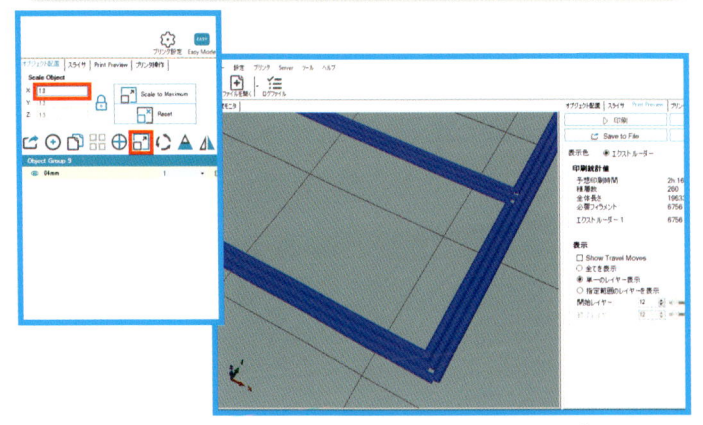

寸法にこだわらないものなら、[オブジェクト配置] タブの[Scale Object]で倍率を変えて拡大してみるのも手です。画面図の1mm厚のサンプルは、倍率を「1.3」にすると隙間がなくなりました。

スキルアップ テクニック 講座

造形方向を考えよう！

オブジェクトは、出力する向きによって、造形精度や時間も変わってきます。オブジェクトに応じた造形方向を選択するコツを紹介します。

1 磨きやすく奇麗にできる方向

2 サポートが付きにくく、取りやすく、造形が早い方向

3 強度を考慮した方向

造形の方向によって精度や強度に違いが出るよ！

Before

サポートが付き過ぎて取るのが難しい

After

サポートが簡単にキレイに取れる

※フィギュアの例として、デアゴスティーニの「ロビ」をモデリングしたデータを出力して解説しています。

造形方向の考え方

一般的な3Dプリンターは、XY平面の解像度は1mmを71等分する細かさで滑らかに一筆書きで再現されます。一方、積層（Z方向＝高さ）は基本が0.2mmで、最小でも0.1mm単位ととても荒いです。このため、どの方向に配置するかによって、出来上がりの品質が大きく左右されることを頭に入れましょう！

1つ目の例は、ペットボトルのような形状です。立てて造形したほうが、側面が奇麗に造形でき、後工程の磨きも楽です。また、ボルトとナットのようなネジ形状もネジ部を垂直に配置するのがベストな選択です。なお、

自分でモデリングしたデータ以外にも、「Thingvers」（https://www.thingiverse.com/）など、3Dデータを共有できるサイトから、出力練習に向くデータを探してもよいでしょう。

2つ目はフィギュア模型を作る場合、人が立っているように造形すると、指先や靴の形状などの再現が難しく、サポートもたくさん付くため時間がかかります。また、FDM（FFF）方式は収縮の影響を受けやすいので、1つの形状が2つに分かれていく分岐形状は得意なのですが、フィギュアのように　両手、両足の4カ所が頭に向かって1つになっていくような集合形状は不得意です。

このため、人体フィギュアは寝かして造形

するか、頭から造形していくほうが向いている場合が多いです。最もお勧めなのは、分割して造形できる物は積極的に分割して出力し、できるだけサポートが付かないように造形する方法です。

3つ目は、ケースなどにはめ合わせのツメが付いているような場合です。FDM（FFF）方式は積層方向の接着強度が弱いのが特徴で、特に板厚2mm以下は注意が必要です。スナップさせてはめこみたいケースのツメは、分割してその部分だけ造形方向を変えて出力しましょう。出力後に瞬間接着剤で接着したほうが強度のあるものができます。

1 ペットボトルのような形状の造形方向

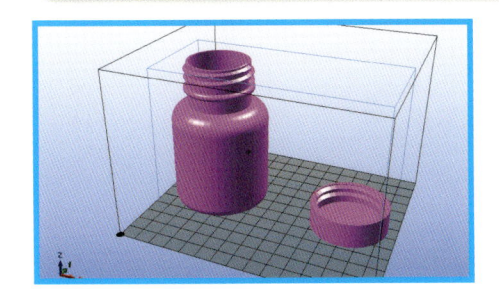

形状の精度、再現性が重要な部分が側面になるように配置すると、奇麗にできるし、仕上げもしやすくなります。ボトル&キャップはこの好例です。

フタもきちんと回し入れられます。

2 フィギュアなどの人形形状の造形方向

フィギュアなどの繊細な形状は、造形方向とサポートの付け方がとても難しいです。大まかな方向を決めたら、1度単位で回転させて、サポートの付き具合を確認しましょう。

スライスソフトにもよりますが、データによってはサポートが抜けてしまう場合があります。うまくいかないところは、角度を変えるか、CADソフト上で付けてしまったほうが早くて確実です。

立てて造形
両脚、両手が1つに合わさる形状なので、収縮などの変形により奇麗にできない可能性があります。また、サポートも付き過ぎて、取るのが大変です！

寝かせて造形
全体の高さが低いので、失敗のリスクは低くなります。上側のクオリティーは積層の関係で低くなりますが、とりあえず形状確認という場合は有効な方向です。

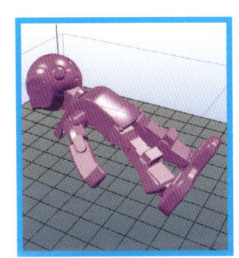

逆さで造形
見た感じ、かわいそうな気がしますが、サポートの量も少なく、サポートが取りやすい方向です。3Dプリンターが得意な枝分かれ形状で、奇麗に造形できるでしょう！

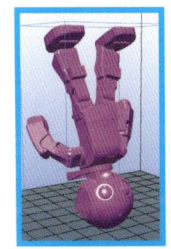

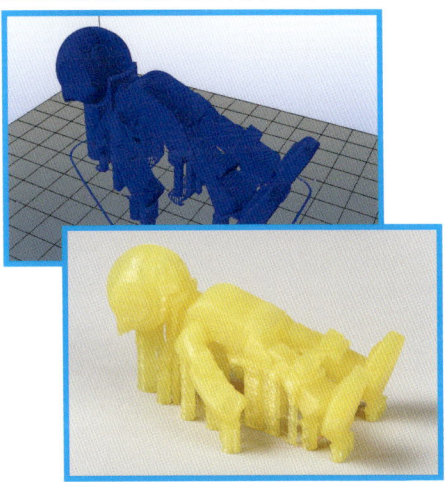

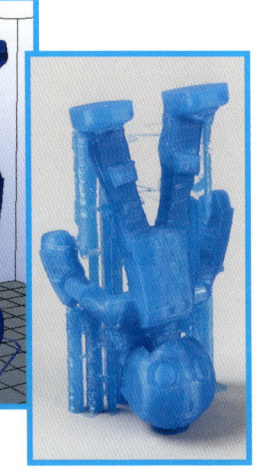

3 強度が必要な部分がある場合の造形方向

FDM（FFF）方式は積層同士の接着強度が強くありません。特に2mm以下の板厚では注意が必要です。このような場合は、分割して出力し、接着して対応しましょう！

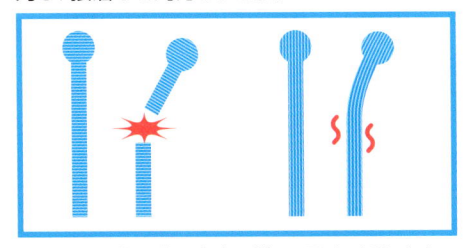

薄い肉厚の物は積層方向に対して弱くて折れやすいので、積層と垂直に造形するのがセオリーです。

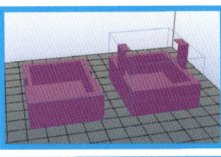

一体で造形するとサポートも必要になるし、はめる際にツメを広げると折れてしまいます。

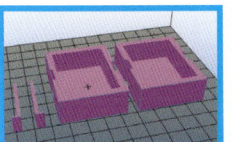

ツメを別パーツにして寝かせて造形。本体はツメをはめる切り欠きを設けます。最後に瞬間接着剤で接着します。

サポートの付け方をマスターする（前編）

複雑なオブジェクトの造形では、仕上がりを左右する要素の1つに、サポートの付き方が挙げられます。そのままのサポートでは造形がうまくいかない場合の、3つの回避方法を紹介します。ぜひマスターして、中級者を目指しましょう！

1 Repetier-Hostでサポートを追加する

2 モデリングに使ったCADでサポートを追加する

3 「Meshmixer」でサポートを追加する（後編）

自在にサポートを付けられるようになれば造形精度を向上できるよ！

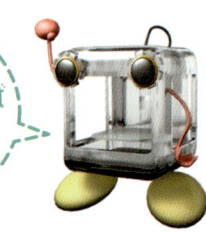

Before

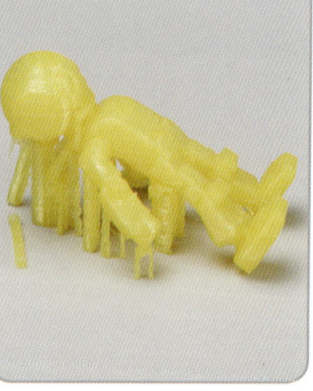

サポートが途中で倒れてしまい、耳がうまく造形できていない

After

円柱のサポートに支えられて崩れずに造形

※例として、デアゴスティーニの「ロビ」をモデリングしたデータを出力して解説しています。

サポートがうまく付いてくれない、造形中に崩れてしまうときはどうする？

今回は、サポートの付け方です。Repetier-Hostにプリインストールされているサポートソフトは「Slic3r」と「CuraEngine」で、本書では「Slic3r」で解説を行っています。「Slic3r」はバージョンアップを繰り返し、徐々にサポートの付き方が良くなってきていますが、それでも複雑な形状になると、サポートが上手く付けられないことがときどきあります。そのままでは、造形が上手くいかないので、次に紹介する3つの回避方法をぜひ覚えてください。

1つ目は円柱サポートです。スライスを見て1、2カ所明らかにサポートが足りていないと分かっているところに追加するのに向いています。しかし、それ以上修正箇所が多くなると、手間と見落としがあるので注意が必要です。また、付け方にも注意をしないと、あとで外すときに苦労します。

2つ目はCADに戻って、造形方向も決め、サポートも一緒にモデリング／ブーリアンする方法です。モデリングの応用で簡単にできますので、今回は説明を割愛しますが、とても有効な手法です。

3つ目はオートデスク社の「Meshmixer」でサポートを付ける方法です。数十万円もする業務用のCADも手掛けているソフトメーカーなので、フリーソフトといっても、とても優れた性能を発揮してくれます。いくつかのパラメーターを設定すると自動でサポートを付けてくれるので、困ったときにはこのソフトに頼るといいでしょう！　STLの自動修正機能なども付いているので、覚えておいて損はないソフトです。こちらは、今回と次回の2回にわたり詳しく説明していきます。サポートをうまくコントロールできるようになりましょう。

● Meshmixerのダウンロード先　http://www.meshmixer.com/japanese.html　※お使いのパソコン環境に合ったバージョンをダウンロードしてください。

1 複雑な形ではサポートが届いていない箇所が発生することがある

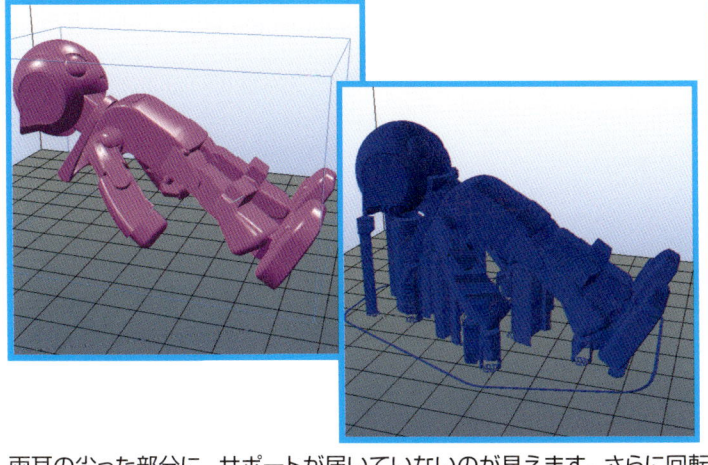
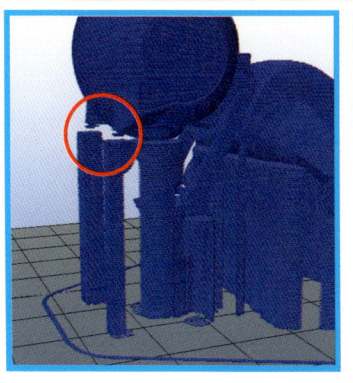
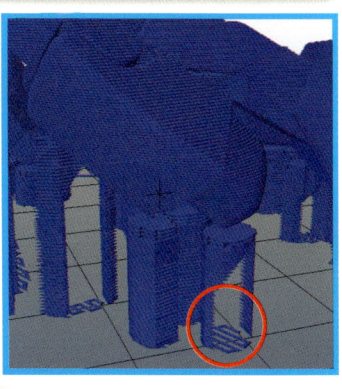

両耳の尖った部分に、サポートが届いていないのが見えます。さらに回転してよく見ると、脇の下も足りていないし、背の部分はサポートが貧弱で、造形中に倒れてしまいそうです。

HINT 複雑なオブジェクトを出力する場合は特に、印刷を実行する前にサポートが問題なく付いているかを確認するようにしましょう。

2 Repetier-Host で円柱サポートを追加する

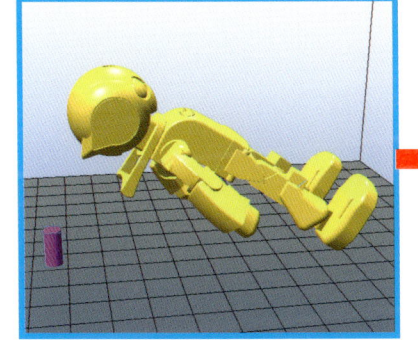
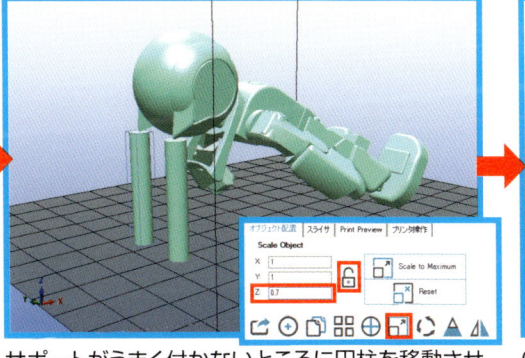
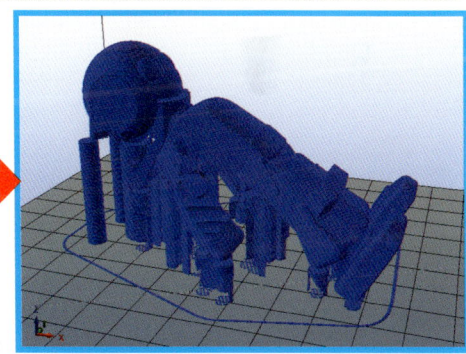

あらかじめ直径5mm×高さ10mm程度の円柱サポートをモデリングしてSTLにエクスポートしておきます。オブジェクトと一緒に円柱サポートも読み込みます。

サポートがうまく付かないところに円柱を移動させます。このとき、尺度についている鍵マーク（🔒）をクリックして🔓の状態にし、Zの値のみ変えて高さを調整します。サポートを追加したい箇所が複数ある場合は、円柱サポートをコピーして利用します。

Gコードを作成します。［プリントエリアの外に一つ以上のものがあります。スライスしてもよろしいですか?］というメッセージが表示された場合は、［いいえ］をクリックしてGコードを作成します。

3 Meshmixer でサポートを付ける

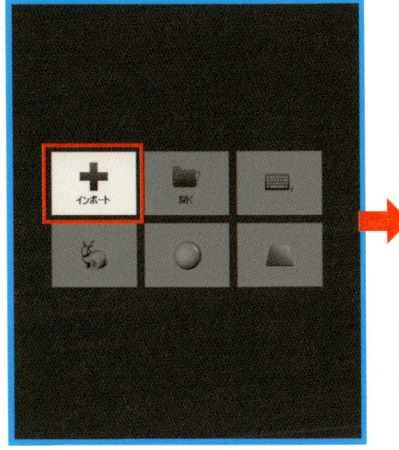
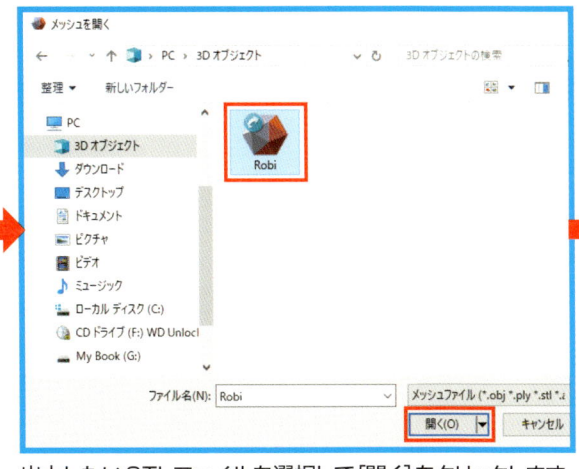
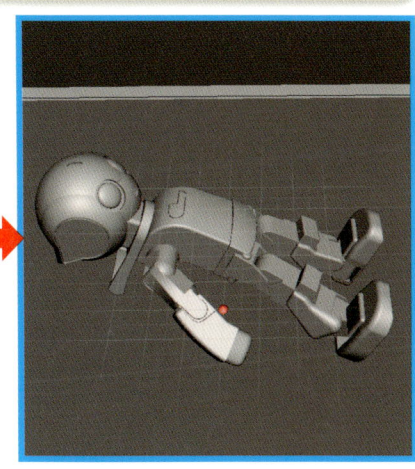

インストールしたMeshmixerを起動したら、［インポート］をクリックします。

出力したいSTLファイルを選択して［開く］をクリックします。

ファイルが開きます。具体的な操作方法は、後編で解説します。

サポートの付け方を
マスターする
（後編）

後編の今回は、Meshmixerを利用したサポートの付け方を詳しく紹介します。作業がひと手間増えて面倒だと思わず、うまく造形できないときの回避方法の1つとして、覚えておくとよいでしょう。

1 自分の3Dプリンター専用の設定を作ろう

2 サポートを付けよう

3 オブジェクトとサポートを一体化したデータに変換しよう

ひと手間かけて
思い通りの
サポートを
付けよう！

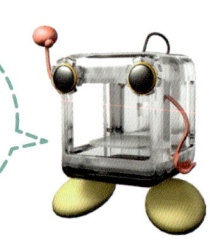

Before

サポートが途中で倒れてしまい、耳がうまく造形できない

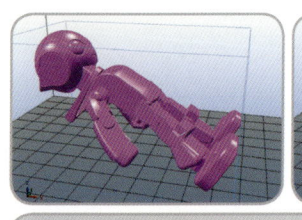
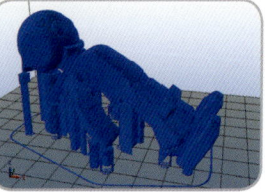

After

Meshmixerでサポートを作成すると崩れずに造形できた

※例として、デアゴスティーニの「ロビ」をモデリングしたデータを出力して解説しています。

Meshmixerは、STLデータの修正、特殊な加工や合成、モデリングができる面白いソフトです。今回は、Meshmixerを使ったサポートの作成方法を紹介します。

まず、[1]の「自分の3Dプリンター専用の設定を作ろう」では、造形のサイズ感を分かりやすくするために、造形エリアを表現した専用の作業スペースを作ります。

[2]の「サポートを付けよう」では基本的なサポートの付け方を紹介していますが、それ以外にも、さまざまな細かい設定ができます。サポートが足りないと思えば、その部分をクリックすると増やすことができ、多すぎると思えば、[Ctrl]キーを押しながら、そのサポートをクリックすると消すことができます。ほかの設定項目の数値を変えても次に起動し直せば元の数値に戻りますし、失敗することを恐れずに、いろいろ調整して細かい設定も覚えましょう！いざというときに役に立つはずです。

Repetier-HostでGコードを作成する際は、

サポートもスカートも必要ありません。ただ、サポートが崩れないように、ノズルと造形ベッドのクリアランス調整だけはきちんと整備しておきましょう。それでもサポートが不安定な場合は、ラフトを付けるのが有効です。

※Meshmixerはパソコンの性能にもよりますが、複雑な形状や、データサイズが5MBを超えるとフリーズしやすくなります。その場合は、STLを粗くしてエクスポートし直してください。

初めてのときは自分のプリンター専用の設定を作ろう！

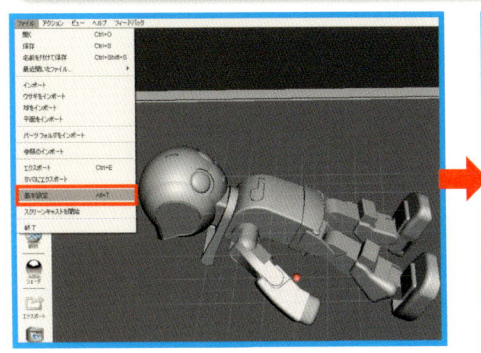

[ファイル]メニューの[基本設定]を選択します。

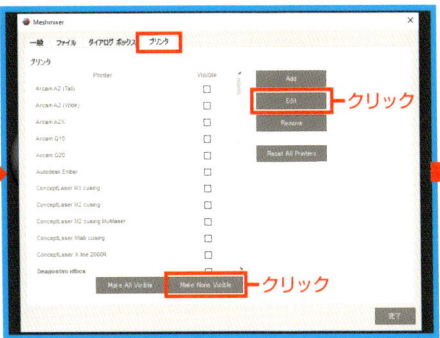

[プリンタ]タブを選択します。[Make None Visible]をクリックしてすべてのチェックマークをオフにしたら、[Edit]をクリックします。

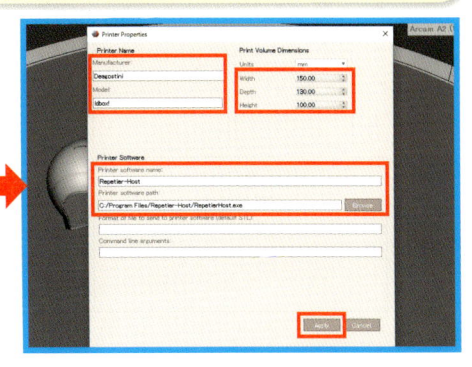

3Dプリンターのメーカー名とプリンター名を入力し、「Width」に幅（X）、「Depth」に奥行き（Y）、「Height」に高さ（Z）の値を入力します。使用している出力用ソフト（ここでは「Repetier-Host」）を指定して、[Apply]をクリックします。

サポートを付けよう！

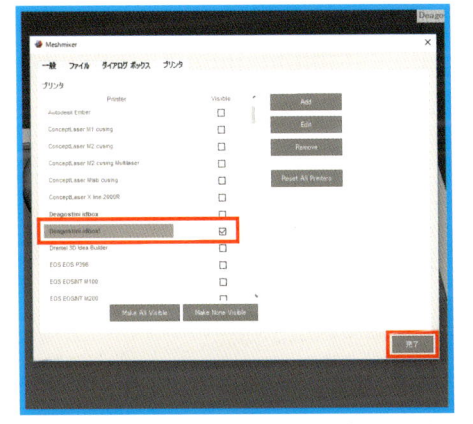

登録した3Dプリンターのチェックをオンにし、[完了]をクリックします。Meshmixerに専用の設定が登録できました。

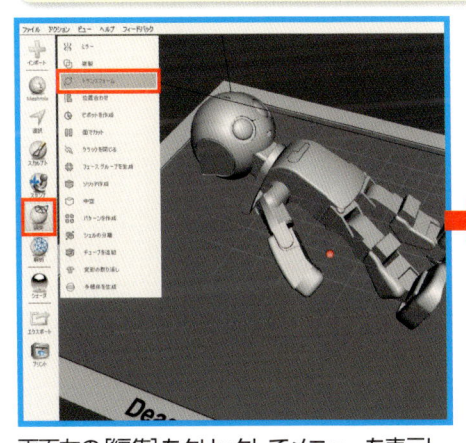

画面左の[編集]をクリックしてメニューを表示し、[トランスフォーム]をクリックします。

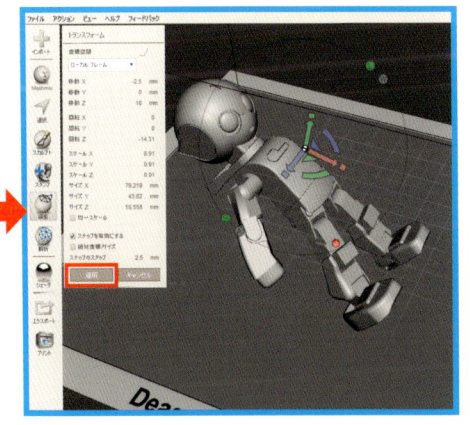

マニピュレータが表示されるので、ドラッグして出力したい角度やサイズに調整し、[適用]をクリックします。

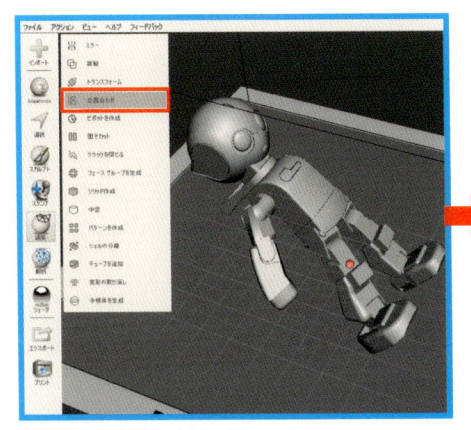

[位置合わせ]をクリックします。

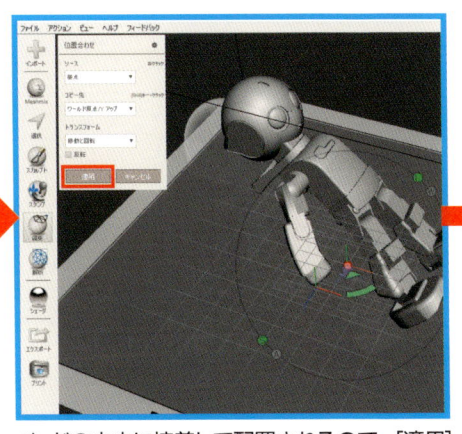

ベッドの中央に接着して配置されるので、[適用]をクリックします。

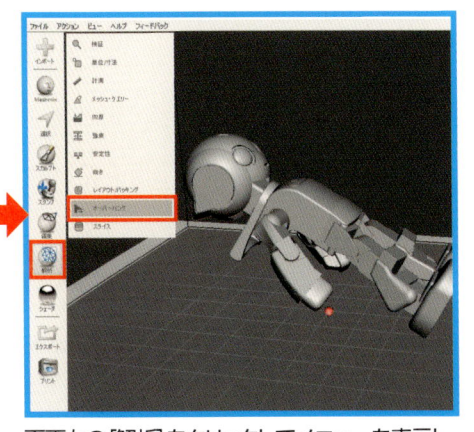

画面左の[解析]をクリックしてメニューを表示し、[オーバーハング]をクリックします。なお、[向き]をクリックすると出力が成功しやすい向きを自動で選んでくれますが、ここでは顔を上に向けて出力したいので、[オーバーハング]をクリックします。

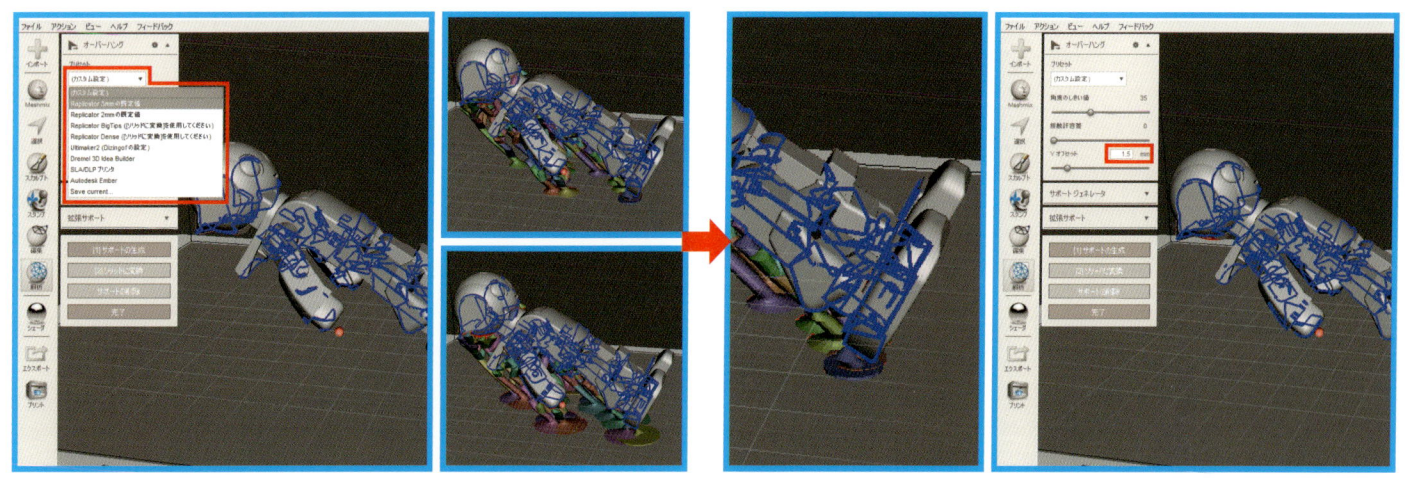

[プリセット]の[▼]をクリックしてリストを表示し、通常は「Replicator 3mmの既定値」を選択します。頑丈なサポートを付けたい場合は「Ultimaker2」を選択します。設定は、「失敗確率／造形品質」と「造形時間／サポート除去の手間」で考えましょう。

このままサポートを作成すると、造形ベッドと直に接する部分はスライスソフトのラフトに任されているため、かかとの部分にはサポートが付きません。これでは失敗する可能性が高いので、[Yオフセット]の値を1〜2mmにし、強制的にかかとにもサポートを入れるとよいでしょう。今回は、1.5mmにしました。

3 オブジェクトとサポートを一体化したデータに変換して造形する

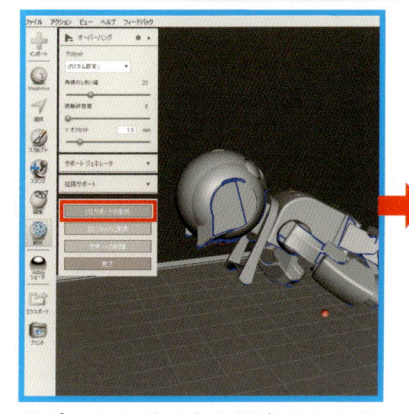
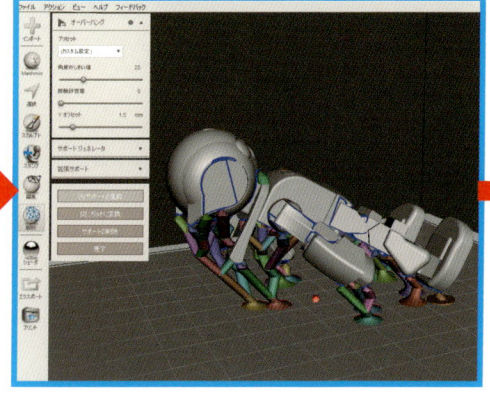
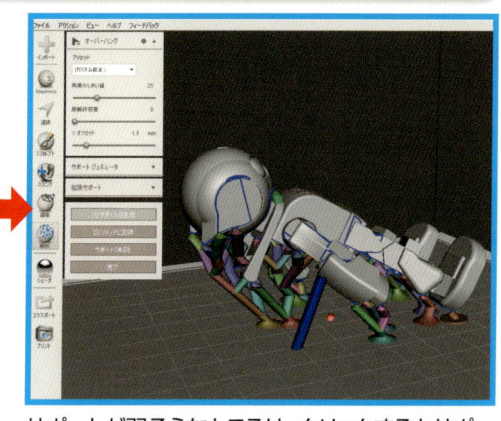

サポートの付け方を設定できたら、[[1]サポートの生成]をクリックします。生成には時間がかかるので、少し待ちます。

画面をよく見て、サポートが必要な箇所すべてに付いているか目視で確認しましょう！この例では、かかとにも奇麗にサポートが付きました。
※[Yオフセット]を設定しても、オブジェクトの角度などにより、かかとにサポートが付かない場合があります。

サポートが弱そうなところは、クリックするとサポートを追加できます。新たに追加したい場所はドラッグしてベッドまで伸ばし、[Shift]キーを押しながらボタンを離します。[Ctrl]キーを押しながらクリックすると削除できます。

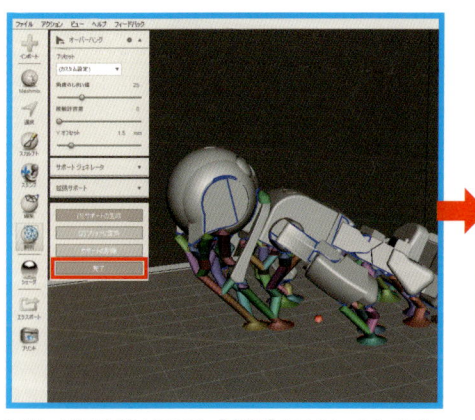
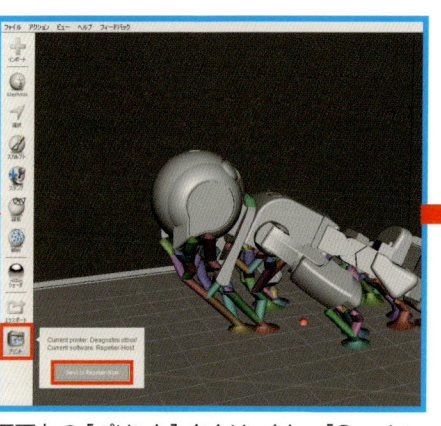
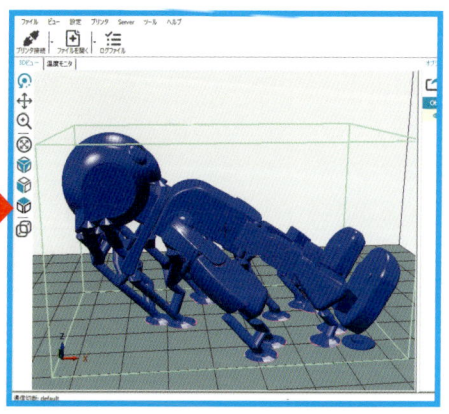

ソリッドに変換せずに、[完了]をクリックします。
※ほかの3Dプリンターでも出力したい場合は、[[2]ソリッドに変換]をクリックし、[新しいオブジェクト]をクリックして保存してください。

画面左の[プリント]をクリックし、[Send to Repetier-Host]をクリックします。

Repetier-Hostが自動的に起動して、データが転送されます。このままサポートを付けない設定でスライスしてGコードを作成し、出力します。

スキルアップ テクニック 講座

出力用ソフトの設定をマスターする

Repetier-Hostなどの出力用ソフトでは、オブジェクトのスライスの仕方やヘッドの動き、温度設定など細かな設定を行えます。いろいろな造形を楽しむために、設定方法をマスターしましょう。

1 Repetier-Hostを起動して Slic3rを起動する

2 [Print Settings]の 設定内容を知る

3 [Filament Settings]の 設定内容を知る

4 [Printer Settings]の 設定内容を知る

5 設定を変更したら変更内容が 分かる名前を付けて保存する

主な設定項目の内容と役割を理解しよう！

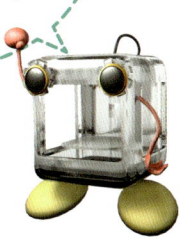

Before

After

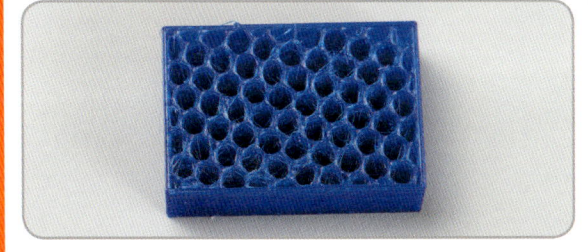

Repetier-Hostは、3Dプリンターを制御するソフトで、サポートソフトの「Slic3r」と「CuraEngine」がプリインストールされています。サポートソフトは、STLを任意の値にスライスして、積層ごとにノズルの温度や、塗りつぶし方法などのパス（命令）を出し、Gコードに変換してくれます。

今回は「Slic3r」の設定の主だった項目の内容の説明と、その値を変更した場合の効果、自分の3Dプリンターに合った条件や用途に合った設定を作る方法を紹介していきま

す。まずは[Print Settings]タブの「Layers and perimeters」「Infill」「Speed」「Skirt and brim」の4項目を紹介します。どのようにして新しいフィラメントのセッティングを見つけていくかを学びましょう。

1. Layers and perimeters

積層ピッチを設定し、側面／天面／下面の強度を決めます。積層ピッチを細かくすると（0.1mm以下）、フィラメント事体の品質が大きく影響してきます。特に、袋から出して

湿気を吸ってしまうと、ホットエンドで230℃前後に急激に熱せられ、フィラメントに含まれた水分が沸騰して造形品に気泡ができてしまいます。表面が凸凹になり、0.2mmのほうがかえって奇麗という場合があります。細かい積層ピッチにする場合は新品のフィラメントを使うか、シリカゲルなどの乾燥剤を入れたジッパー付きの袋にできるだけ空気を抜いて保管した、状態の良いものを使う必要があります。

2. Infill

内部の強度を決めます。この値を高くすると造形時間の増加と変形の可能性が高まってしまいますので、20％前後がベストです。その代わり[Solid infill every]を10とし、10層ごとに1層だけ100%詰めるというのを入れるといいでしょう。

3. Speed

造形スピードを決めます。ここは低速から行い、テストを繰り返しながら少しずつ速度を上げていきます。特にひとかたまりの形状は、速度を上げていくことは容易です。しかし、飛び地のような細かい形状がいくつもあるようなオブジェクトの場合は、スピードが速いと微細に出っ張ったフィラメントにヘッドが引っ掛かり、失敗する確率が高まります。

4. Skirt and brim

造形時の、特に第一層目の造形を奇麗に行うのと、室温が低い場合やABSの造形の反りの問題を抑えるために使います。

5. Support material

造形の成功率、サポートの取りやすさに大きく影響する項目です。同じ形状でサポートのパターンを変えて自分に合った設定を見つけることが大切です。特に、すぐに崩れてうまくいかない場合は、[Enforce support for the first]でサポートを強制的に何層付け

るか決めることができます。造形品が細くて倒れやすいときに30層とか100層とか付けると、包み込むように支えてくれます。また、サポートが取りにくいという場合は、[Pattern angle]でサポートのラインが走る角度を変更できます。オブジェクトと平行になるようにサポートが付いてしまうと除去しにくいので、それを避けるように付けるのが基本です。

6. Advanced

ここで天面と下面の造形のクオリティーが決まります。微調整して最適な値を見つけていきます。

ここまでできたら、次は[Settings]メニューの[Filament Settings]を選択して切り替えます。

7. Filament

ホットエンドの温度を設定します。温度設定により、積層方向の繋がる強さ、側面の奇麗さ、透過フィラメントは透明度に大きく影響します。メーカーが公表している推奨温度と差がある場合がありますので、Repetier-Hostの[プリンタ操作]タブで温度調整して押し出しテストを行い、適温を見つけるようにしましょう。

続いて[Settings]メニューの[Printer Settings]を選択して切り替えます。

8. Extruder 1

島状に分かれたオブジェクトを造形する場

合、1カ所塗りつぶしたあと、一度フィラメントを引き戻して、ノズルから切って次の形状の塗りつぶしを行います。このとき一般的に「ヒゲ」と言われる糸引きが起こることがあるので、それを回避するための設定ができます。初期値では「0」になっていますが、どうしても切れない場合、[Lift Z]の値を「1」に設定すると、造形テーブルが1mm下に下がってさらに確実にヒゲを切ってくれます。ただし造形時間がその分長くなるので、一般的にはあまり使いません。

以上で主な項目の説明は終わりです。最低限、「サポートあり」と「サポートあり＋ラフトあり」の条件は作っておきましょう。

それ以外の項目は、一度にすべて変更してしまうと、どの値が造形品にどのような効果をもたらしたのか分からなくなってしまいます。一度の変更は1カ所か2カ所ずつにとどめ、変更した場合はすぐに造形せず、Gコードエディタで効果を十分に確認したうえで造形を実行しましょう！

また、誤った設定は3Dプリンターの破損にもつながりかねないので、値は大きく変更せず、少しずつ試していくことを強くお勧めします。0.01mmの違いが結果に大きくかかわってくる重要な変更です。表記はすべて英語ですが、説明をよく読み、間違えないように注意して行ってください。

---

1 Repetier-Host を起動して Slic3r を起動する

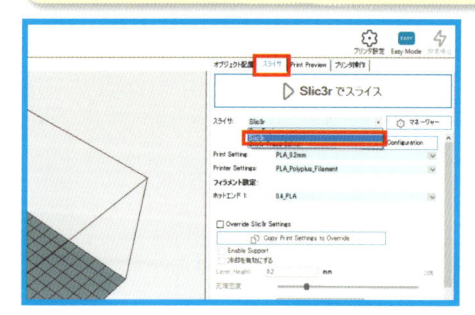

Repetier-Hostを起動します。[スライサ]タブを表示し、[スライサ]で[Slic3r]を選択します。

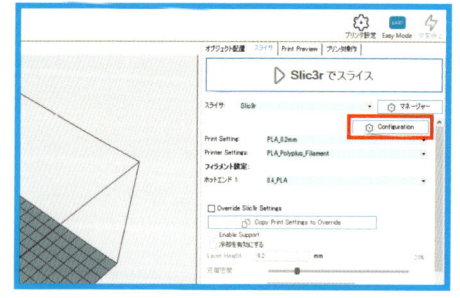

[Configuration]をクリックします。パソコンの性能によっては、起動するのに少し時間がかかります。

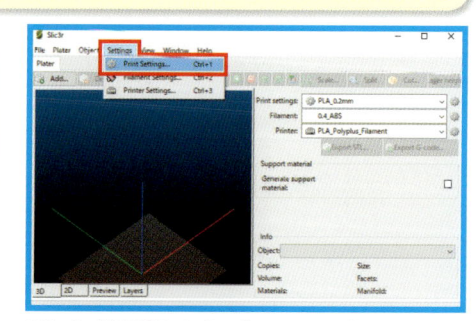

Slic3rが起動したら、[Settings]メニューの[Print Settings]を選択します。

2 Print Settings（プリント設定）

1 Layers and perimeters

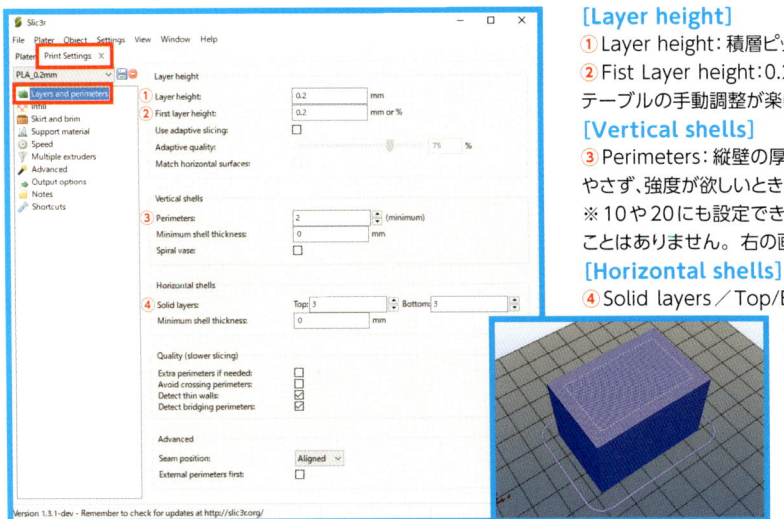

[Layer height]
① Layer height: 積層ピッチの設定です。
② Fist Layer height: 0.2mm未満の積層を設定する場合でも、この値を0.2mmと設定すると、造形テーブルの手動調整が楽になります。

[Vertical shells]
③ Perimeters: 縦壁の厚みです。二重にすると、壁の厚みは0.8mmになります。内部の塗りつぶしを増やさず、強度が欲しいとき、液体が漏れないようにしたいときなどは3～4の値に設定するとよいでしょう。
※10や20にも設定できますが、造形時間がかかるばかりで、通常の塗りつぶしより、強度が上がることはありません。右の画面は縦壁を10回にしたものになります。

[Horizontal shells]
④ Solid layers／Top/Bottom: 天面と底面の厚みです。3層より少なくすると、穴が開く可能性が高いです。強度が欲しいとき、液体が漏れないようにしたいときなどは4～5の値に設定するとよいでしょう。

2 Infill

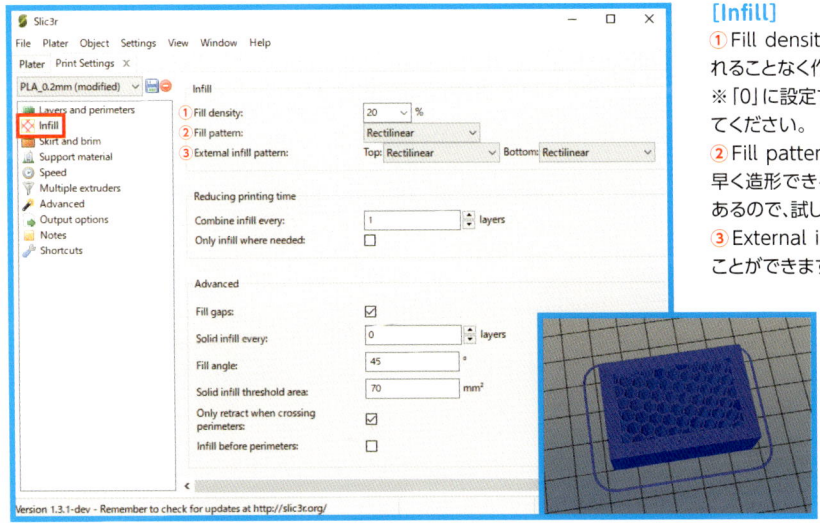

[Infill]
① Fill density: 充填密度です。ほとんどのモノは強度が関係なければ12%以上で崩れることなく作れます。
※「0」に設定すると、空洞を作ることができます。これはのちに使うので、覚えておいてください。
② Fill pattern: 内部の塗りつぶしパターンを選ぶことができます。「Rectiliear」が一番早く造形できる設定になります。ほかにもハニカム構造など計13種類の塗りつぶしがあるので、試してみるといいでしょう！　右の画面はInfillをハニカムに設定したものです。
③ External infill pattern／Top/Bottom: 上面／下面の塗りつぶしパターンを選ぶことができます。5種類の塗りつぶしから選べます。

3 Speed

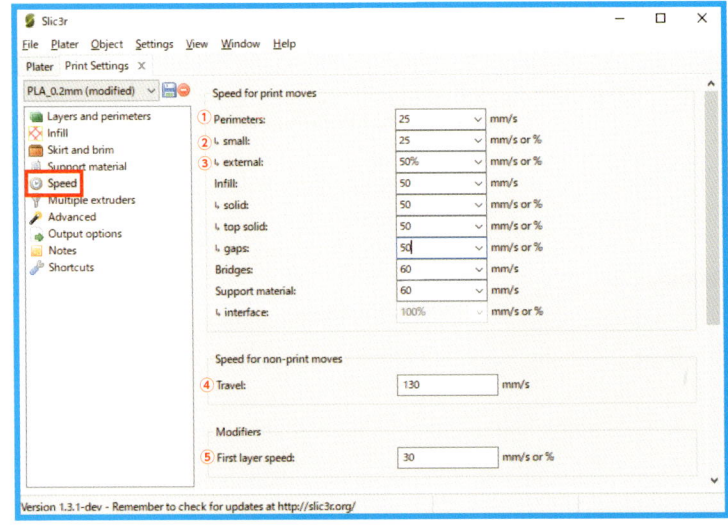

[Speed for print moves]
① Perimeters: 外周の造形速度です。徐々に速度を上げてテストしていくと、物によっては50mm/sでも問題なく造形できると思います。ただし、一番初めに出力を始める基礎となる部分なので、上げ過ぎには注意が必要です。造形の品質が落ちます。
② small: 半径6.5mm以下の小さなカーブの造形速度です。早いと一番初めに品質が目に見えて落ちる部分なので、30mm/sを最高とするくらいの調整が適しています。
③ external: 縦壁の意匠面です。50mm/s以上上げないほうがいいでしょう。

[Speed for non-print moves]
④ Travel: エアーカットと呼ばれる、造形しない場所を移動する速度です。無駄な動きなので早く動かしたいところですが、130mm/sを超えると脱調（造形のズレ）につながるので要注意です。

[Modifirers]
⑤ First layers speed: 第一層目の造形速度です。通常速度の30%前後が一番適しています。造形テーブルから剥がれないように、じっくり熱を加えてあげるのが理想です。

4 🗃️ Skirt and brim

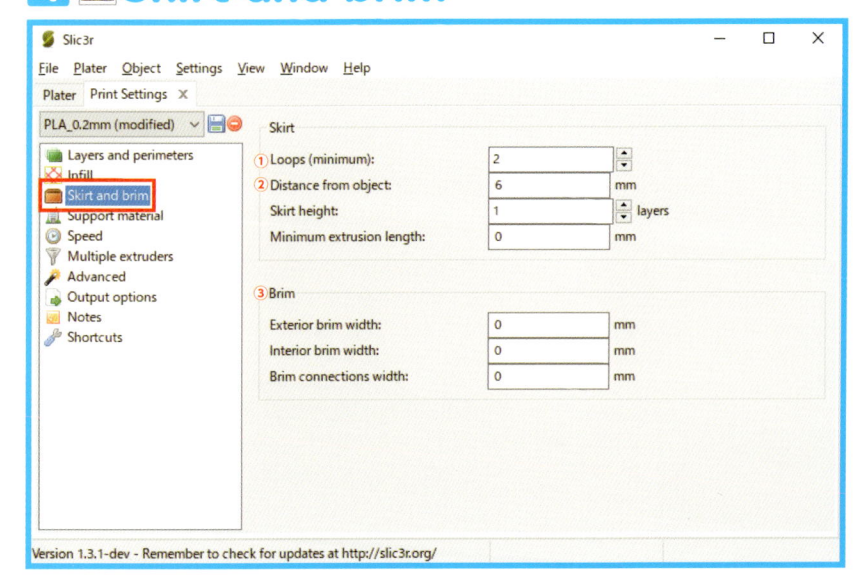

[Skirt]
①Loops：スカートの回数です。2〜3回に設定するとよいでしょう。造形が開始されるまでの間にノズルが高温になり、ノズル内のフィラメントが溶けて焦げついたり、垂れて溶け落ちてしまった場合に、オブジェクトの第一層目が上手く造形されない可能性があるため、造形開始時に周囲にパージ（出力）して造形を安定させるための対策です。完全に安定させたい場合は4〜6回としてもいいでしょうし、不必要と思う方は0にしてもかまいません。
②Distance from object：スカートをオブジェクトから何ミリ離すかの設定です。このスカートの寸法も含めて、お使いの3Dプリンターに合わせて設定してください。

[Brim]
③Brim：気温が低く、反りを押さえられないときに、ここの値を1〜2mmにすると、オブジェクトの最下面に1層分の外周を付け加えることができ、反りをある程度抑えることができます。あとで仕上げが面倒になりますが、特にABSで造形する場合は効果があります。
※ただし、ラフトを付けた場合には、第一層目のラフトに対してブリムが付いてしまうので、効果はありません。

5 🏛️ Support material

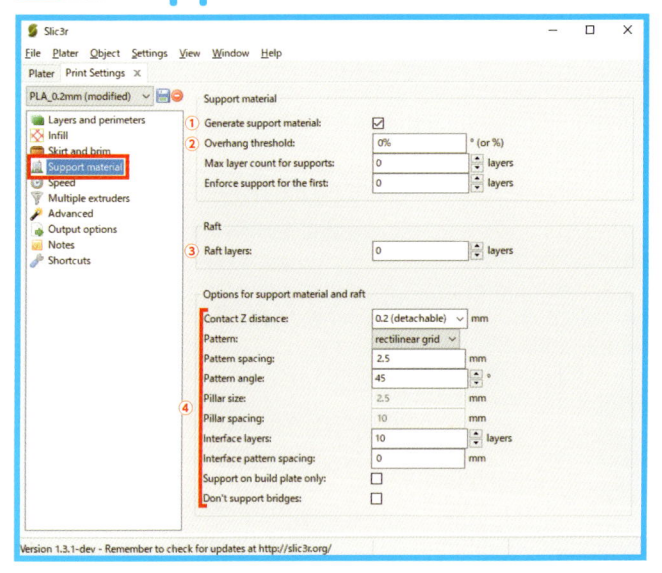

[Support material]
①Generate support material：チェックを入れるとサポートが付きます。チェックを付けない限りサポートは付きませんので、サポートあり／なしの2種類の設定を用意しておくのがいいでしょう。
②Overhang threshold：「0」のときはソフト側の自動判断で付きます。自動でのサポートの付き方が甘い場合は、35〜45の間の値を設定し、調整します。

[Raft]
③Raft layers：ラフトを何層付けるかの設定です。一般的には2層がいいでしょう。ラフトは、ベッドの設定が少し狂っていても、2層の間に平面を出してくれるので、あとの仕上げが面倒でなければ設定するといいでしょう。また、1層目が楔形のようなラインでしかパスが出ないモノの場合、途中でオブジェクトが倒れてしまう可能性が高いです。そのようなときにもラフトがあれば、成功率が格段に高まります。

[Options for support material and raft]
④Contact Z distance〜：サポートの形状、間隔を、XZ平面に対して何度で走らせるかなど、細かな設定ができます。基本は画面の設定でいいと思いますが、サポートがどうしても剥がしにくい場合などは [Pattern angle] を調整するとうまくいく場合があります。
※オブジェクトの配置でZ軸の回転を行うのとほぼ同じ効果が得られます。

6 🪄 Advanced

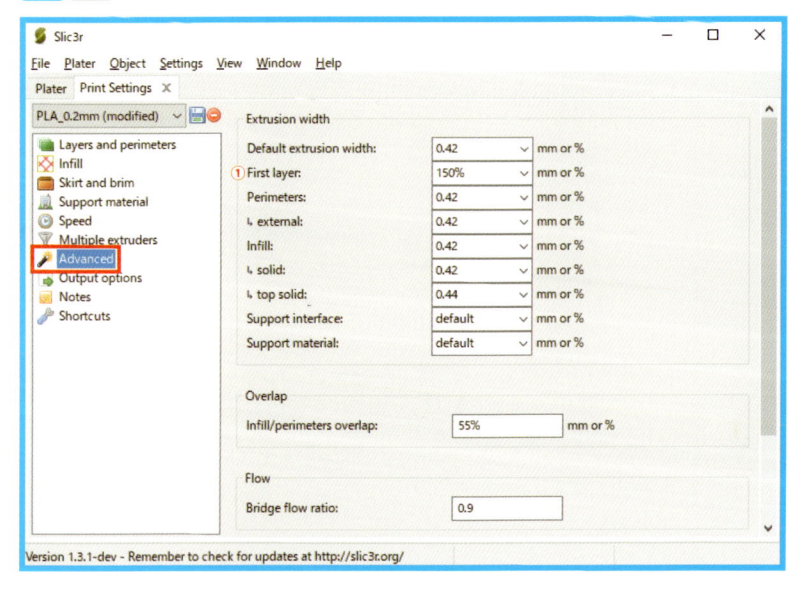

[Extrusion width]
ノズルからパージされるフィラメントの想定幅になります。ベッドに押し付けられて広がる分が考慮されています。
①First layer：第1層目のパージ量です。画面は、隙間が空かないように多めに設定しています。造形テーブルの調整と密接しているので、狭めの人は120%程度まで減らしてもいいでしょう。

3 Filament Settings（フィラメント設定）

7  Filament

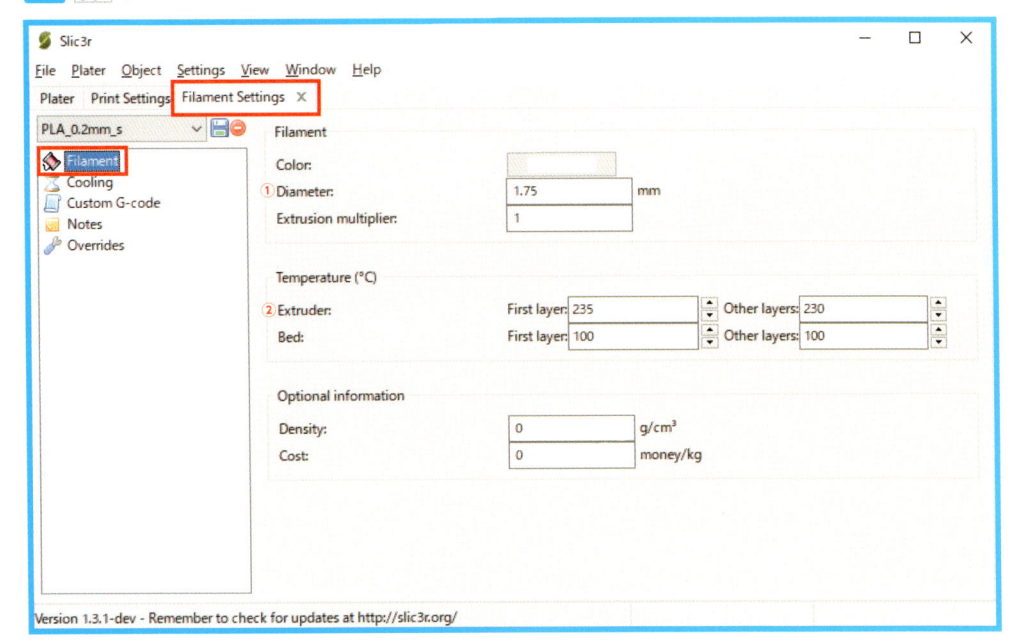

[Filament]
① Diameter：フィラメントの直径です。

[Temperature（℃）]
② Extruder：「First layer」は、造形ベッドとの固着をよくするため、第1層目のみ温度を少し高めに設定しています。「Other Layers」は2層目以降のホットエンドの設定温度です。
この2項目を微調整することで、自分の3Dプリンターに合った設定を見つけることができますので、現状に満足できていない方は調整するといいでしょう。

4 Printer Settings（プリンター設定）

8 Extruder 1

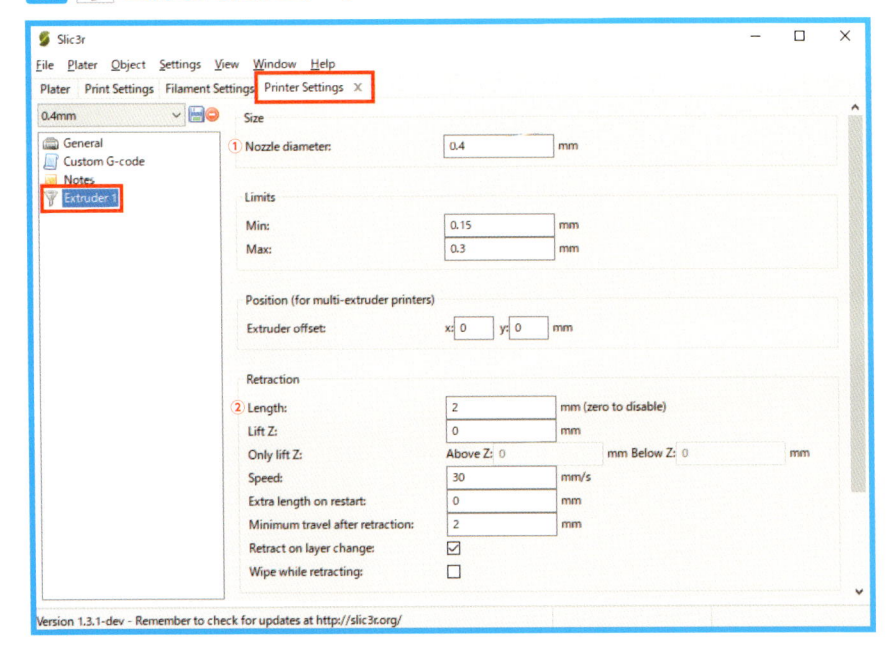

[Size]
① Nozzle diameter：ノズルの径です。使用するノズル径に合わせて設定しましょう。

[Retraction]
② Length：オブジェクトが島状に分かれている場合、また2個以上の造形品がある場合に細い糸が付いてしまうことがあります。これを軽減するのに必要な設定です。
糸がかなり出てしまう場合は、0.2ずつ数値を上げて最大3.5以内で調整してみてください。また、元々糸が引きにくい木粉などが混入されたフィラメントを使う場合は、0〜1.5の値で調整すると造形が奇麗になる傾向があります。

最後に 「サポートあり」「サポートあり+ラフトあり」などの設定をあらかじめ用意しておくと、後々造形するときに、毎回Slic3rを起動して設定を変更する必要はありません。[スライサ]タブで、登録した設定をリストから選ぶだけで造形ができるので便利です。
なお、[Print Settings][Filament Settings][Printer Settings]の各設定は、変更するごとに必ず🖫をクリックして保存してください。このとき、変更内容が分かりやすいように、次のように名前を付けておくといいでしょう。
・「PLA_02mm_S」（サポートあり）
・「PLA_02mm_SR」（サポートあり+ラフトあり）
　ここまで理解でき、実行できれば、晴れて中級者卒業です！　このあとの3Dプリンターならではのモノ作りを楽しむために頑張って理解し、細かな設定を行えるようになってください。

スキルアップ テクニック 講座

アコーディオン形状で伸縮性のあるコーヒースリーブを作る

Repetia-Hostを活用し、Slic3rのパラメータを調整しながら実用的なモノを作りましょう。伸縮性のある構造を持たせた、コーヒー用のスリーブを作ります。

1 Slic3rを起動する

2 [Solid layers] の [Top] と [Bottom] を「0」にする

3 [Fill density] を「0」%にする

4 積層方向の付きが弱ければヘッドの温度を5℃上げよう

柔らかいオブジェクトを出力してみよう！

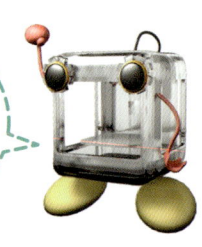

Before

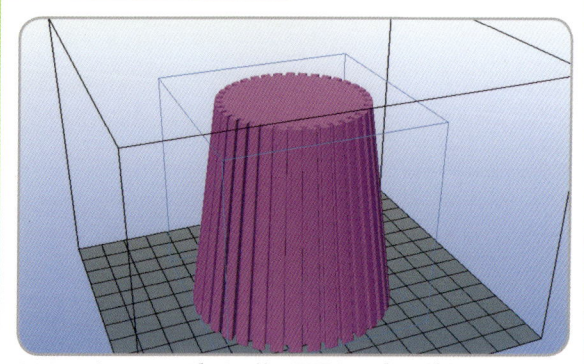

CADソフトでアコーディオン状の円環をモデリングする

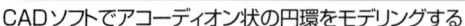

After

伸縮性のあるコーヒー用のスリーブができる！

PLAやABSのフィラメントは素材が硬いので、伸縮性を持たせることができません。また、最近はエラストマーというゴムのような柔らかい素材を使ったFlex（フレキシブル）フィラメントが出回ってきていますが、特にボーデンチューブ式と言われるエクストルーダーを採用している3Dプリンターは、ヘッドの軽さが売りで、早く奇麗に造形できる性能を有する反面、チューブの中のフィラメントの剛性が造形の奇麗さを司るため、このFlexフィラメントを使える種類がごく限られてしまいます。

しかし、工夫次第で通常の硬いフィラメントをフレキシブルにすることができます。今回は何度も使えるコンビニコーヒー用のスリーブを作って、その方法を紹介していきます。あらかじめ、ダウンロードサイトから「sleeve」ファイルをダウンロードしておいてください。

大手コンビニチェーン4社のレギュラーサイズのホットコーヒーカップがぴったり収まるように設計しています。スターバックスコーヒーのフラペチーノのグランデの場合、出力用ソフトでSTLの尺度をX/Yは「1.15」、Zは「1.0」で造形するとちょうど合います。お好みのカップのサイズに合わせてスケールを調整してみてください。

Infillを「0」%に設定して出力します。また、縦壁の設定の [Perimeters] は「1」回と、通常は2回以下は弱いので使わないのですが、その弱さを逆手に取った手法になります。

従来、工業用のパウダー造形機（粉末の樹脂を焼結して造形）の一部のみでしか、柔らかい素材は使えませんでした。今回紹介する技術を応用、さらに進化させたAuxetic pattern（オーセチックパターン）というものが最近デザイナーの間では使われるようになってきました。このパターンで造形すると、硬い素材がまるで生地のような柔らかさを持ち、服などが作れるようになってきています。

興味がある方は、「オーセチックパターン」で検索してみてください。そしてみなさんも自身でオリジナル形状をモデリングして、未来を先取りしてみてはいかがでしょうか？

※今回作成したスリーブは本来熱に弱い素材を使っています。熱湯を直にかけたり、食洗機で洗ったりしないでください。

● ダウンロードサイト　http://www.jam-house.co.jp/fusion360/　　　　[提供ファイル] sleeve.stl

1 Slic3r を起動して ［Print Settings］ の設定を変更する

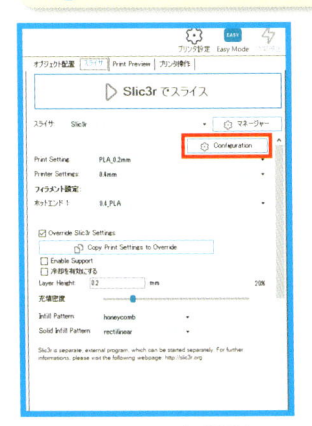

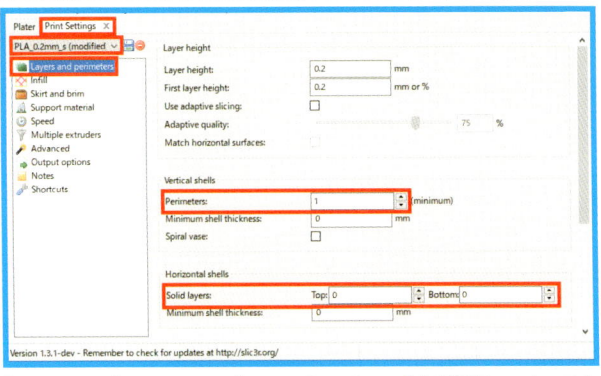

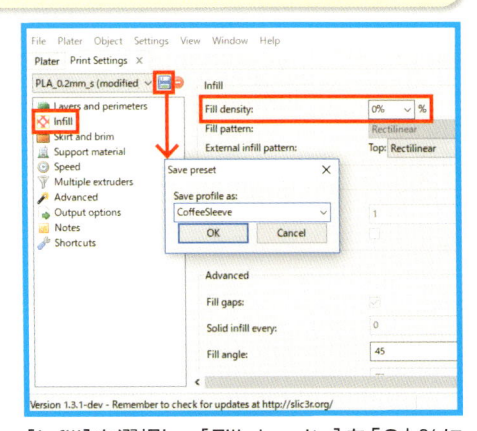

Repetier-Hostを起動して、［スライサ］タブを表示し、［Configuration］をクリックしてSlic3rを起動します。
Macの場合［Slicer］タブの［Configure］をクリックします。

［Settings］メニューの［Print Settings］を選択し、ベースとするフィラメントの設定を選択します。［Layers and perimeters］を選択して、［Perimeters］を「1」にします。フレキシブルさを出すために、強度ではなく、弱さを生かした設定にします。続いて［Solid layers］の［Top］と「Bottom」を「0」にします。紙コップに通すスリーブですので、上下は開口しておきます。

［Infill］を選択し、［Fill density］を「0」%にします。スリーブの内部は空洞にします。
ここまで設定できたら、画をクリックし、任意の名前を付けて設定を保存します。
画面右上の［×］をクリックして画面を閉じます。

2 STL ファイルを読み込んで出力する

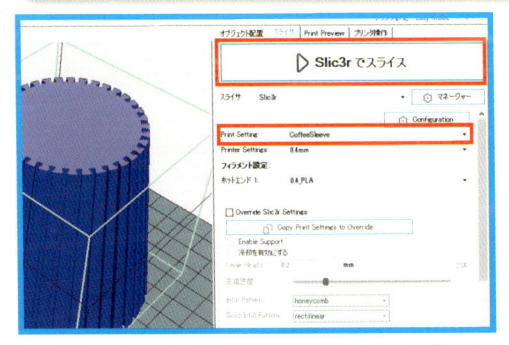

スリーブのSTLファイルを読み込みます。［Print Settings］で保存した設定ファイルを選択し、［Slic3rでスライス］をクリックしてGコードを作成して出力します。
形状が単純であれば、［プリンタ操作］タブの［送りレート］を「130」くらいまで上げて、造形速度を早くしても問題ないでしょう。

HINT

今回、口径の大きなほうを下にしています。これは、口径が上に行くほど小さくなるようにしたほうが、表側の縦壁が奇麗にできるためです。今回はテーパーの角度が急なので、ほとんど分からないかもしれませんが、もし材料に余裕があれば、逆さにして違いを試してみるといいかもしれません。

このように、薄皮1枚の造形品が出来上がります。薄さと、アコーディオンのような形状の相乗効果で、くにゃくにゃに曲がり、ある程度つぶしてカバンにしまうこともできますし、カップの形状が多少違っていても、伸縮してフィットしてくれます。好みによって［Perimeters］を2回にしてみるのもいいでしょう。硬さが変わります。
※もし、積層の付きが弱く、割れてきてしまう場合は、Slic3rのフィラメントの温度を5℃程度上げると、改善されるはずです。

3 自分でモデリングしてみよう！

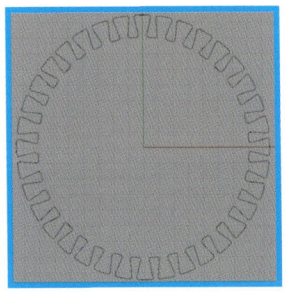 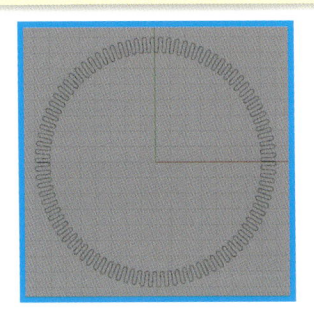 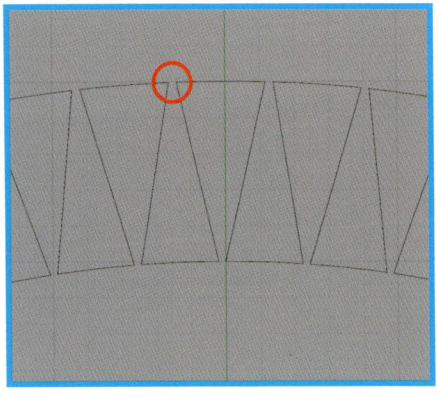

断面形状をアコーディオンのような蛇腹形状で連続して作り、それをテーパーを付けてオフセットするだけです。丸にこだわらず、楕円やハート形で試してみても面白いでしょう！

モデリングにあたっては注意点が2つあります。
①角を尖らせない
鋭角な角だと、そこが起点となって壊れやすくなります。R0.5mm以上入れるようにします。
②隣り合う形状どうしを1mm以上離す
スライサーの特性により、近すぎるとスライスパスを勝手につなげてしまう可能性があります。

モデリングしたロボット「boxくん」を出力して塗装しよう！①
向きを考えて
パーツごとに出力する

スキルアップテクニック講座の総仕上げとして、2章「Fusion 360でオリジナルロボットを作る」で作成したオリジナルロボット「boxくん」を実際に造形してみましょう。出力のコツから、塗装のテクニックまでを4回に渡り紹介します。第1回は、ABSフィラメントを使ってパーツごとに出力し、サポートを除去するまでを行います。※フィラメントは各自ご用意ください。

1 仕上げを意識してパーツを分割し、造形方向を決める

2 用意したABSフィラメントで出力する

3 サポートやラフトを除去する

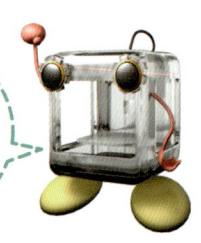

まずはboxくんのパーツをすべて出力してね！

Before
Fusion 360で作成したオリジナルロボット「boxくん」のモデリングデータ。

After
パーツごとにSTLファイルを作成。一度に出力するのは、4点程度にしましょう。

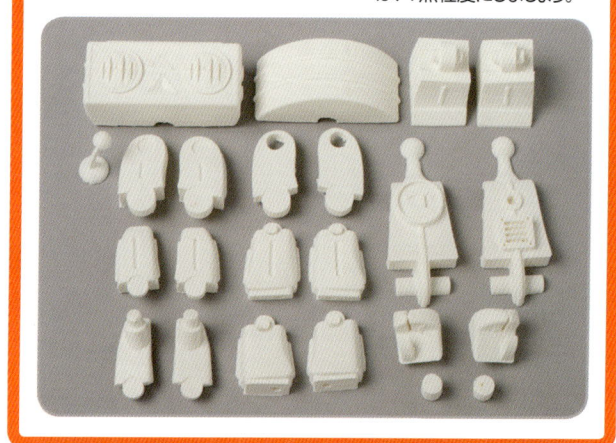

キャラクターデザイン：イトウケイイチロウ

出力後の処理を考えてパーツを分割する

　初めて作る人でも、できるだけ簡単に、失敗も少なく作れる方法で説明していきます。プラモデラーや、すでに造形することに慣れていて、サポート除去も苦にならない方は、自分の好きな造形方向で造形して、使い慣れた塗料などで作ってください。

　Fusion 360でモデリングしたboxくんのデータは、
・アンテナ　1パーツ
・頭　2パーツ
・胴体　1パーツ

・腕　8パーツ
・足　6パーツ

に分かれています。しかし、サポートの付き方や造形後の処理が大変だったりするので、胴体と腕は、さらにCADで分割します（分割したデータは、ダウンロードサイトからダウンロードできます）。また、造形方向は解説を参考にCADであらかじめ配置しておくといいでしょう。出力用ソフトに読み込んだあと、回転させてもかまいません。

磨き処理を行うならABSで出力しよう

　出力に際しては、PLAとABSのどちらの

フィラメントを使うのかも考えましょう。磨き処理は行わないで、塗装だけ行いたいという場合はPLAフィラメントを使ってもかまいませんが、磨き処理も行いたい場合は、ABSフィラメントを使うことをお勧めします。

　磨き処理については次回で解説しますが、そこで紹介する「アセトンコーティング」は、キレイに早く仕上げるためにとても便利な手法なので、ぜひとも覚えてください。ただし、アセトンは強力な有機溶剤なので、換気や火気には十分に注意してください。また、PLAは有機溶剤に溶けないので、この手法は使えません。

1 出力のための準備

■ パーツを分割する

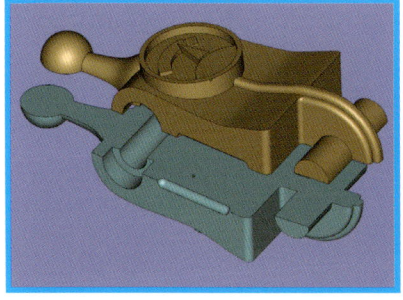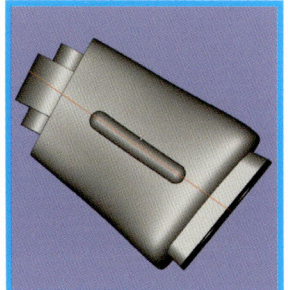

スライサーではサポートがうまく付かない、サポート面の仕上げは大変ということを考慮して、胴体は画像のようにちょうど真ん中で、腕は両サイドにある凸形状の真ん中になるようにカットしました。後々の接着などが面倒という人は、一体で造形してもかまいません。

2 出力する

■ Gコードを作成する

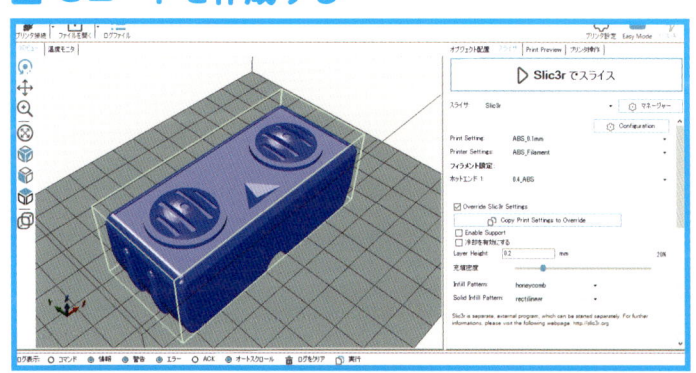

ABSフィラメントを使い、仕上げが楽なように積層ピッチは0.1mm（0.2mmでもOK）、密度は20%でGコードを作成します。基本的にサポート材は「あり」で出力します。ラフトは頭（Head_front）のみ「あり」にすれば大丈夫でしょう。ABSはサイズが大きいと反りやすいので、一度にたくさん出力せず、多くても4点程度にして出力していきましょう。

■ 造形方向を考えて配置する

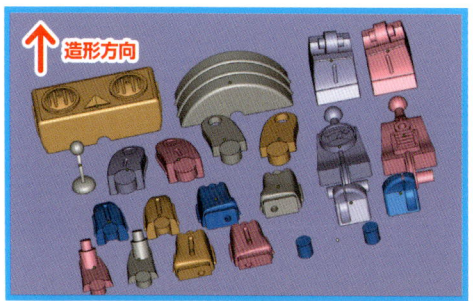

↑ 造形方向

できるだけサポートが少なくなるよう、また、仕上げが楽になるよう、すべて平面を真下に向けて配置しました。ここまでの操作は、CADソフト側で済ませておくと楽です！

分割し、造形方向を整えたデータをダウンロードサイトからダウンロードできます。ダウンロードした圧縮ファイル「box-kun」を解凍すると、次の22個のSTLファイルになります。
- ●アンテナ（1パーツ）　Antenna
- ●頭（3パーツ）　Head_back／Head_front／shell_1_Head_b
- ●胴体（2パーツ）　Body1／Body2
- ●腕（10パーツ）　Forearm_1／Forearm_1_mirror／Forearm_2／Forearm_2_mirror／Hand／Hand_mirror／UpperArm_1／UpperArm_1_mirror／UpperArm_2／UpperArm_2_mirror
- ●足（6パーツ）　Lowerleg／Lowerleg_mirror／Thigh_1／Thigh_1_mirror／Thigh_2／Thigh_2_mirror

■ すべてのパーツを出力する

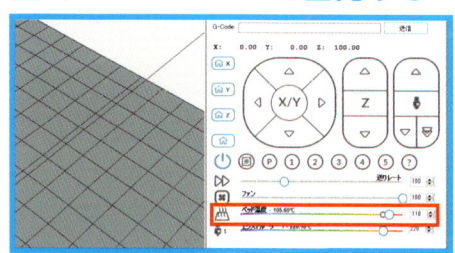

ヒートベッドは110℃で造形していきます。ヒートベッドの温度が設定温度まで上がったら、[ジョブ実行]をクリックして出力をスタートします。

HINT

造形中に積層方向に割れてしまう場合は、2レイヤー目の造形が始まったところで、ホットエンドの温度を230℃〜240℃程度まで上げると割れにくくなります。

3 サポートやラフトを除去する

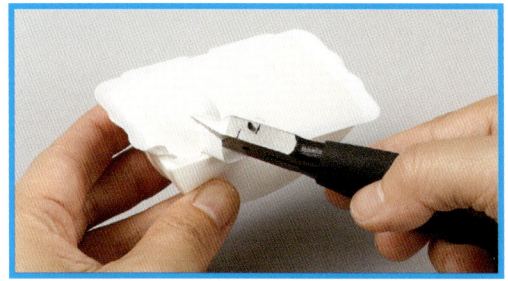

出力が完了したら、ヒートベッドの温度が下がるのを待って出力物を取り出し、ニッパーやラジオペンチなどを使ってサポートを取り除いていきます。
コツは、積層方向と平行に優しくむしりとっていくことです。外周に付くスカート（ブリム）は紙やすりで磨き落とすと簡単かつキレイに取り外せます。

準備しておこう

すべてのパーツの出力が終わり、サポートやラフトを除去できたら、次はアセトンコーティングを行います。アセトンコーティングについては次回で紹介しますので、必要なものをあらかじめ用意しておいてください。なお、PLAで出力した場合は、アルデコ社の3Dプリンター用コート剤「モデリングコート」でコーティングしてあげると、作業がとても楽になります。

●アセトン
ホームセンターや薬局で手に入ります。除光液を持っている人は代用してもかまいません。

●コーティング剤作成用のフィラメント
出力したものと同じフィラメントを使います。除去したサポートやラフトを残しておくといいでしょう。

●コーティング剤を入れる小瓶／筆洗浄用の小瓶
ジャムなどの空き瓶を用意してください。フタも必要です。

●刷毛または平筆
コーティング剤を塗る際に使用します。プラモデル用か油性用、万能のいずれかを用意してください。

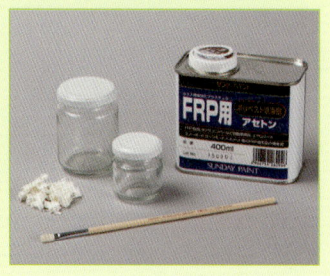

モデリングしたロボット「boxくん」を出力して塗装しよう！②
アセトンコーティングして下磨きする

積層された出力物には凸凹があり、すべてキレイに磨くのは大変です。アセトンコーティングを行うことで、滑らかにできます。2回目の今回は、前回出力したboxくんのパーツをアセトンコーティングし、表面を磨いていきましょう。

4 造形のために分割した胴体と腕を接着する

5 コーティング剤を作ってパーツに塗る

6 紙やすりを使って磨く いろいろな道具を自作して磨く

次回に続く →

アセトンなどの取り扱いには十分に注意しよう！

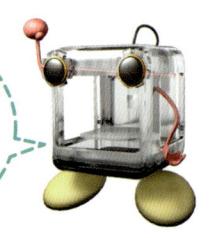

Step3

出力してサポートを除去した状態。積層痕が目立ちます（前回の作業）。

Step4

胴体と腕を分割して出力した場合は、コーティングする前に接着します。

Step5／6

アセトンコーティングした状態。よく乾かしましょう。このあと、下磨きを行います。

積層された出力物をキレイに磨くのは大変です。また、無理に積層の深いところを磨くと、穴が開いてしまい、状況を悪化させる恐れもあります。このため、アセトンコーティングという手法が楽です。塗ると、右図のように凸面はアセトンにより少し溶かされ山が減り、また、深い積層の凹面にこの溶液が入り込み、なだらかになり、乾いたあとは磨く工数を減らすことができます。

一般的にアセトンはABSの強度を落とすと言われていますが、それはごくわずかで、それよりも積層同士の食いつきが弱いFDM（FFF）方式の積層の接着強度を増す効果のほうが期待できます。

なお、アセトンコーティングを行わないのであれば、手順[6]の紙やすりの下磨き作業に進んでください。

磨くときは、粉が飛び散りますので、古新聞などを広げた上で作業するといいでしょう。平らな大きな面と同じ力、同じ回数磨くと、微細な面は、すぐに削れてしまうので、力加減に気を付けることがポイントです。洗面器に水を張って、その中で水研ぎをすると、さらに早くキレイに磨くことができます。

今後、大量に作業される方は、紙やすりの裏に粘着性のある、3M社やコバックス社のロールペーパーを使うと作業性が良く、お勧めです！

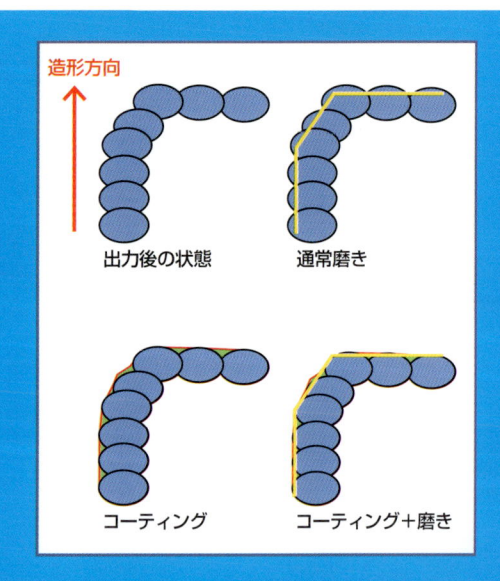

造形方向

出力後の状態　　　通常磨き

コーティング　　　コーティング＋磨き

4 分割して出力した胴体と腕を接着する

造形のために分割して出力した、胴体と腕（Forearm）だけを先に接着します。接着するパーツを間違えないように気を付けましょう。シアノンというゼリー状の瞬間接着剤を接着面に薄く塗り、隙間が空かないようにマスキングテープなどでがっちり固定して、1日以上乾燥させましょう。

パーツ間に隙間がある場合は、位置合わせをして、断面にシアノンを少量流し込み、硬化促進スプレーを吹き付ける方法で接着するといいでしょう。これを繰り返して、全周を接着します。

HINT そのほかのプラモデル用の接着剤やアロンアルファなどでも大丈夫ですが、固まったときに紙やすりで磨きやすい柔らかさがあること、このあとの作業でパテとしても代用できるため、シアノンがお勧めです。なお、分割せずに出力した場合はこの工程はありませんが、最後に組み上げる際に接着剤は必要ですので、用意しておくといいでしょう。

5 アセトンコーティング

■ コーティング剤を作る

アセトンを小瓶に2/3程度入れます。造形に使ったABSフィラメント（除去したサポートやラフト使ってもいい）を、アセトンの量の20％以下になるように入れてフタをし、瓶を振ってかき混ぜ、ABSが完全に溶けたら完成です。少量なら数時間で溶けるでしょう。作例では、約20mlのアセトンに、約3gのフィラメントを溶かしています。

アセトンは、ホームセンターや薬局で手に入ります。除光液を持っている人は代用してもかまいません。

注意! アセトンは強力な有機溶剤なので、換気や火気など、取り扱いには十分に注意が必要です。商品に記載されている注意事項を必ず確認してください。防護メガネやマスク、手袋などを使用するといいでしょう。

■ コーティング剤を塗る

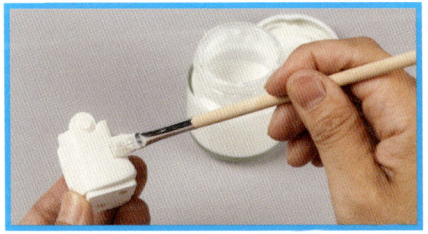

刷毛や平筆で、積層を埋めるイメージで薄く延ばしながら塗っていきます。コーティングは厚塗りせず、液だまりに十分注意しましょう。磨き処理するすべてのパーツに塗りますが、作例では目と口は塗っていません。

裏面（接着面）はコーティング不要ですが、凹凸があるものは修正のために塗ります。右の写真は、コーティング剤が見えるように、色付きのフィラメントを溶かして塗装したものです。通常は出力したフィラメントを使ってください。

HINT コーティング後は3時間以上乾かしてください。使い終わった筆は、中くらいの瓶にアセトンを半分くらい入れ、しっかりとすすぎ洗いします。なお、PLAフィラメントはアセトンに溶けません。また、コーティングもできません。

6 下磨きを行う

■ 大きな平面を磨く

アセトンを使わない方は、ここからの作業となります。

基本的に、目の粗い180番の紙やすりを使います。大きな平面を磨く場合、ホームセンターなどで売られている、スチレンボードという発泡スチロールのような板を30mm×50mmくらいに切り取って、両面テープで紙やすりを貼り付けて磨くと、作業しやすいです。厚さは10mm程度あれば持ちやすいでしょう。薄くても、取っ手を付けると持ちやすくなります。使いやすく、工夫してみてください。

■ 細かい部分を磨く①

細かい部分は、紙やすりを10mm×50mm程度に切ったものを両面テープで背中合わせで接着したものを使うと作業しやすいです。これを折ったり丸めたり、用途に合わせて形状を変形させながら使います。

大きい部分と同じような力で磨いてしまうと、大切な形状をすべて削り落としてしまうことがあるので注意しましょう。180番を使う場合は少し優しく磨き、さらに240番で磨いてもいいでしょう。

■ 細かい部分を磨く②

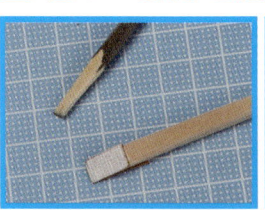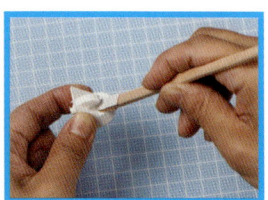

指が届かないような細かい部分は、割りばしなどを任意の大きさに削って、紙やすりを貼り付けて磨くとキレイにできます。

小さい紙やすりはすぐに削れなくなるので、面倒くさがらずに小まめに新しいものに交換していきましょう！

下磨き作業は次回に続きます ➡

スキルアップ テクニック 講座

モデリングしたロボット「boxくん」を出力して塗装しよう！③
下磨きの続きと修正、仕上げ磨きから仮組みまで

下磨き作業の続きです。細かい部分もコツコツ磨いていきましょう。下磨きで手を抜くと、出来上がりに大きく影響するので、頑張って磨きましょう！　パテ盛りで形を整えたあと、仕上げ磨きを行います。

6 いろいろな道具を自作して細かい部分まで磨く

7 パテの代わりにシアノンを盛って形を整える

8 仕上げ磨きをする

9 仮組みする

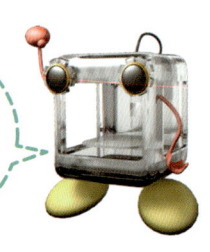

紙やすりで丁寧にコツコツと磨いていこう！

Step7

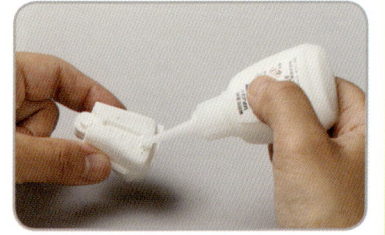

下磨きが終わったら、パテを盛って形を整えます。作例では、パテの代わりにシアノンを使っています。

Step8

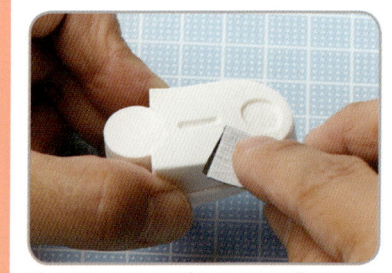

紙やすりの240番から400番、600番と番手を上げて仕上げ磨きを行います。

Step9

仮組みして確認します。ロボットらしい姿になりました。

---

6 下磨きを行う

■ 細かい部分を磨く③

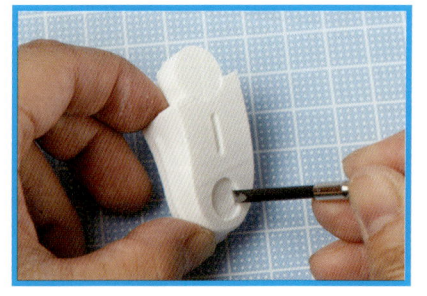

刃物を使い慣れている人は、彫刻刀の平刀、切り出し刀などを、カンナをかけるように、造形品に垂直にあてて削るとキレイに削ることができます。
100円ショップなどで売られている精密ドライバーセットのマイナスドライバーを240番の紙やすりで研いで、刃物にする方法もあります。

■ そのほかの磨きのコツ

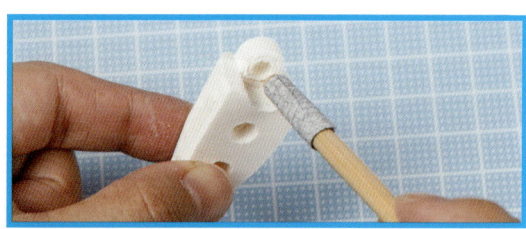

凹んだ丸み（凹R）を磨く場合、丸い棒に紙やすりを巻き付けて磨くとキレイに磨けます。
とにかく、1つの道具で最後まで行おうとせず、適材適所の自分用工具を作って作業するのがコツとなります。
また、プラモデル屋さんに行ってみると、磨くための便利なアイデアグッズがたくさんあるので、ぜひともチェックしてみてください。
ここで手を抜くと最後の出来上がりに大きく影響するので、頑張って磨きましょう！

7 修正して整える

磨ききれない部分は、パテ（ここではシアノン）を盛ります。出力の際にフィラメントが充填しきれず穴が開いてしまい、アセトンコーティングしても埋めきれない部分にもシアノンを盛って修正します。171ページの手順4で接着面の隙間にシアノンを流し込んだ場合も、紙やすりなどでキレイに形を整えていきます。

HINT タミヤパテなどが有名ですが、乾くと引けて（収縮して）しまうのと、造形品より濃い色を塗ってしまうと、下地処理などが必要となるので、今回は誰でも早く簡単に作るために、シアノンと硬化促進スプレーを使っています。

穴が開いているパーツ。

アセトンコーティングしても埋まらない穴があります。

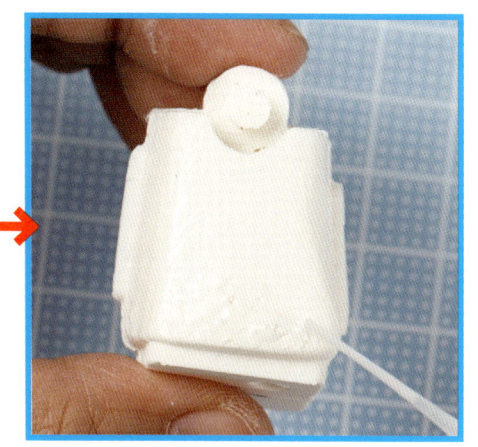

シアノンを盛って穴を埋めます。

8 仕上げ磨きをする

シアノンを盛って盛り上がったところも含め、240番から400番と番手を上げて、粗い目のものから細かな目のものに変えて磨いていきましょう。水研ぎ（水をつけて磨く）をすると、早くキレイに磨けます。今回は筆塗りで塗装しますので、600番まで上げて磨けばOKです！

9 仮組みする

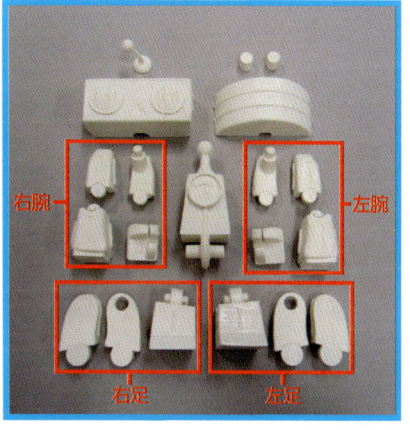

右腕　左腕　右足　左足

塗装して組み上げる前に、最終チェックの意味も兼ねて、仮組みを行います。すべてのパーツを並べて、確認しましょう。
関節や接合部は、ちょっと動きが渋い（滑らかでない）かな、と感じるくらいまで磨いて、きっちり組めるように合わせこんでおきます。

準備しておこう

次回の工程は塗装になります。磨いて出たホコリを刷毛などで払い飛ばし、手の油などが付いているとキレイな塗装ができないので、キッチン用洗剤を使って洗い、よく乾かしておきましょう。
スプレーやエアーブラシを使うと美しく塗れるのですが、今回は初心者でも安全に、かつ簡単に塗装できるように、プラモデル用の水性塗料を使い、筆で塗装します。
今回は赤・黄・白・黒・緑・水色の6色を使って説明していきますが、各自好きな配色で塗ってみてください。筆もプラモデル用の小さなものを使います。

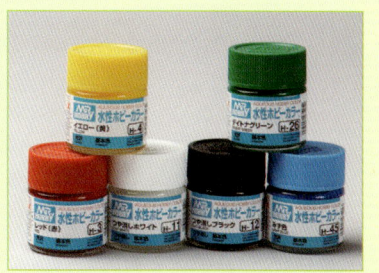

スキルアップ テクニック 講座

モデリングしたロボット「boxくん」を出力して塗装しよう！④

塗装して組み立てる

いよいよ最後の工程、塗装と組み立てです。塗装は塗りにくい部分から塗っていき、細かい箇所の塗装など必要に応じてマスキングテープを貼って塗ります。パーツをシアノンで接着して、組み立てていきます。関節部分に接着剤が流れ込まないように注意しましょう。

10 すねにマスキングテープを貼る

11 ベースの色を混ぜて使用する色を作る

12 塗りにくいところから塗る

13 シアノンで接着して組み立てる

しっかりと乾かしながら塗っていこう！

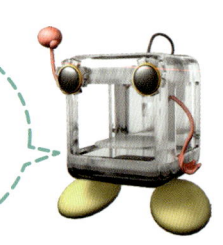

step10

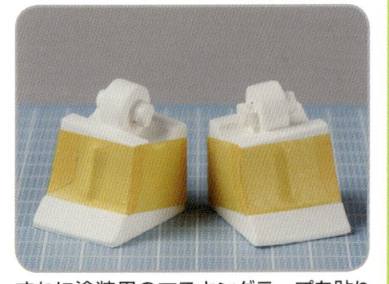

すねに塗装用のマスキングテープを貼ります。

step11/12

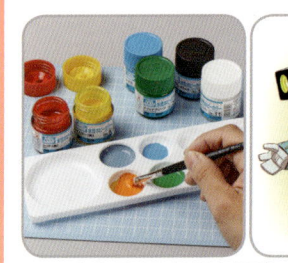

イラストを見本に塗料を混ぜて使用する色を作り、塗装します。塗りにくいところから塗っていくのがポイントです。

step13

シアノンでパーツを接着し、組み立てたらboxくんの完成です！

キャラクターデザイン：イトウケイイチロウ

10 マスキングテープを貼る

すねはつま先と一体になっているので、色分けして塗装します。隙間なくきっちりと、塗装用のマスキングテープを貼ります。

11 塗料を混ぜて使用する色を作る

HINT

塗料は下に沈殿するので、塗装や色を作る前に、毎回ミキシングスプーンや竹串などの細い棒を使って十分に撹拌しておきましょう。使い終わった棒は乾く前に、ティッシュやウエス（布）でふき取り、水で奇麗に洗っておきます。

一度に大量に作りすぎると調色に失敗したときに困るので、パレットで少量で試作します。うまくいったら、必要な分よりちょっと多めに作っておきます（足りなくなった場合、同じ色は二度と作ることができないので注意！）。もちろん、完全に真似する必要はありません、各自好きな色を塗ってください。

完成イラストを見本として、ボディ（水色）、つま先・手（グレー）、顔・手首（黒）、目・メーター（黄色）、口（白）、アンテナ・ボディのライン・ゲージ（オレンジ）、針（赤）、メーター下部（緑）と8色で塗ります。完全に一致した色は売られていないので、用意した赤・黄・白・黒・緑・水色の6色を使って、ボディの水色、グレー、オレンジ、緑色を作ることにします。次の配分を参考にして調色してください。

・水色→ベースの水色100％に対して、白20％、緑1％くらい
・グレー→白100％に対して、水色10％、黒2％くらい
・オレンジ→黄色100％に対して、赤20％くらい
・緑→ベースの緑100％に対して、白20％くらい

12 塗装する

■ ポイント① 塗りにくいところから塗る

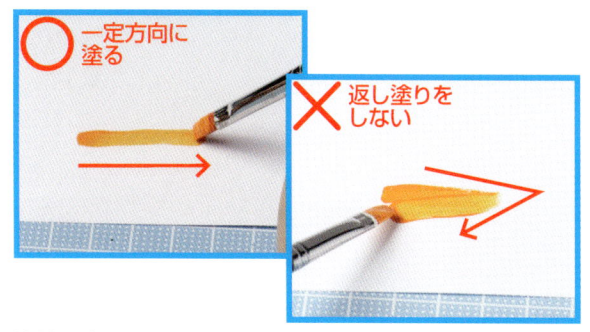

一定方向に塗る

返し塗りをしない

塗装は塗りにくいところ（メーターの細かい部分や顔の黒い部分）から塗っていきます。コツは、厚くべったり塗らない、筆は塗料に付けたら軽くしごいてから塗る、絶対に返し塗りをしないこと。薄い色から塗ることもポイントです。
塗る方向は常に一方向に塗ります。返し塗りをすると、泡が入ったり、筆の目が強く出たり、色の濃淡が強くなったりします。

■ ポイント② 2度塗りする

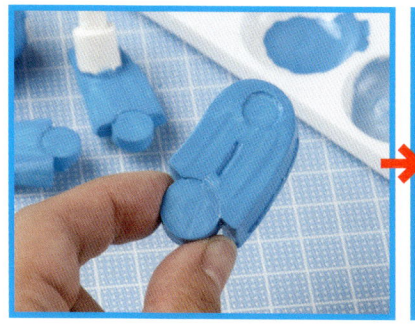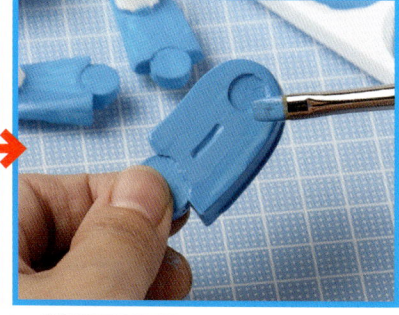

1度塗りでは、発色が薄いので、すべて2度塗りします。2度目を塗るときは2時間以上乾燥させて、完全に乾いていることを確認してから、一度にさっと塗るのがポイントです。もたもたしていると、1度目に塗った塗料が溶けて、汚くなってしまいます。

HINT
水性塗料は、梅雨の時期などは特に乾燥に時間がかかります。場合によっては、一晩おいても、手で触ると塗装面に指紋が付いてしまう場合があります。

■ つま先と手を塗る

つま先のグレーを塗ります。同じグレーの手も塗ってしまいましょう。

HINT
つま先の塗装が剥がれないように、つま先を塗ったあと、1日以上完全に乾燥させましょう。

■ すねを塗る

すねのマスキングテープを剥がし、今度はつま先にマスキングテープを貼ります。すねにボディの水色を塗ります。
ボディの水色を、ほかの水色パーツ（頭、胴体、腕、足）にも塗ってしまいましょう。

■ 塗装がはみ出たら

HINT
凹の部分などは、マスキングテープを貼っても、毛細管現象で色が染み出てしまうことが多いです。そのような箇所は重ねて塗装して補正します。何度も塗り重ねると、厚ぼったくなってしまうので、その場合は、紙やすりの400番で磨き落とすといいでしょう。

水性塗料は塗膜が厚いため、薄い色でも濃い色の上にある程度塗ることができます。しかし、奇麗に発色しない場合は、一度失敗した部分に白を塗ってから、目的の色を塗るといいでしょう。
作例では、ボディ腹部のオレンジのボーダーラインは、マスキングテープを貼ったうえで、水色の上に白を塗ってからオレンジを塗りました。

磨きと塗装のポイント
今回使用した塗料で筆塗りの場合、240番の紙やすりまで磨けば、かなり奇麗に塗れると思います。さらに奇麗に仕上げたい場合は400番や600番まで磨いてください。また、スプレーやエアーブラシを使うなら、600番～1500番まで磨くといいでしょう。

筆の手入れと後始末
筆は小まめに水洗いをしましょう。使い終わったあとは、水性塗料専用シンナーを使うとさらに奇麗に洗えます。できれば筆は、黒専用の筆、白専用の筆、青や赤など濃い色専用の筆、黄色、水色など薄い色専用の筆と4種類用意できると、発色が良く奇麗な色を塗れます。

13 接着して組み立てたら完成！

前号の仮組みで、きっちり合わさることが分かっているので、すねパーツに太ももの外側パーツだけをくっつけ、シアノンを中心部分に少しだけ塗ります（ほかの接着剤でもOKです）。接着しても絶対にはみ出ない程度に塗ることが大切です。ももの内側としっかり合わせて接着します。
二の腕も同様に組み立て、手も接着します。ボディを挟んで頭も同様に接着し、アンテナも接着します。
1、2時間程度乾燥させ、最後に脚と腕をボディに差し込めば完成です！（シアノンは付けません） きつめに作ってあれば、自由なポーズをさせることができるはずです。

身近な物をモデリングして応用力を身に付ける

3Dモデリングの操作に慣れてくれば、自分のオリジナル作品を作ってみたくなるのではないでしょうか。
しかし、いざ自分で何かを作ろうと思ったら、応用力が必要になります。機能を知っているだけでは
自分がイメージした物をイメージしたとおりに作るのは、意外と難しいものです。
まずは、身近にある物をモデリングして、練習しましょう。
実際の物をモデリングする方法を、5つのステップに分けて紹介します。

1. 身近な題材を見つける

まずは、自分の身近にあって興味の持てる題材を探しましょう。できれば、写真などよりも、物理的に手に取れるものがよいでしょう。また、最初のうちは、あまり難しくないものからチャレンジするのがお勧めです。とにかく、モデリングやツールの習熟には、回数をこなすことが重要です。

3Dプリンターでの出力を考えると、比較的小さな物がよいのですが、ここはモデリングの練習と割り切って大きさを問わないほうが、題材が広がります。実際の製品となると、本当に作ることができるのかなど、設計的なことを考える必要がありますが、これもモデリングの練習と割り切りましょう。シンプルな形状のものから始めてみてください。

  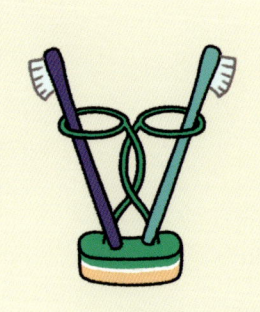 

2. 構成する基本的な形を考える

題材が決まったら、製品の形をよく見てみましょう。全体の基本形状を確認して、それは直方体なのか、円柱なのか、レールのようなものか、あるいはそれらの組み合わせなのかなど、詳細は抜きにして全体の形を把握します。その上で、たとえば穴が開いている、突起物があるなど、基本形状を加工するために、さらにどんな形状が組み合わさっているのかを見てみます。

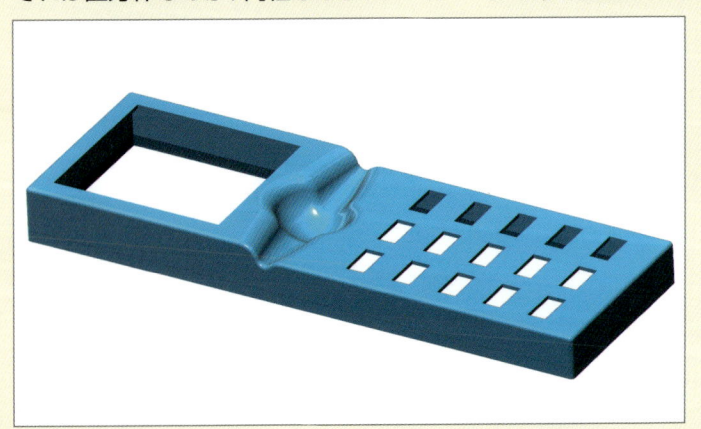

仮想的な携帯電話。

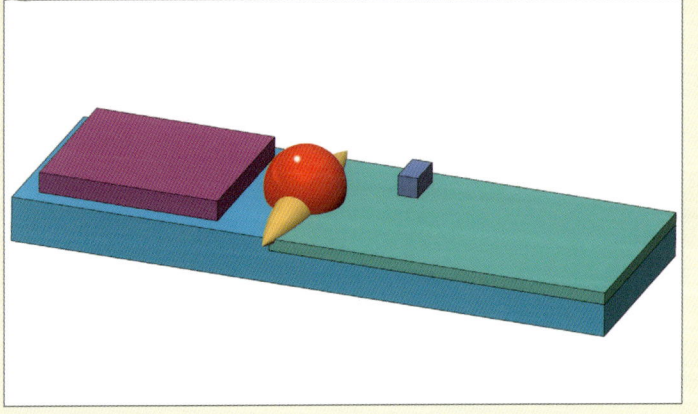

携帯電話の作成に必要な形状は、このようなものになります。

3.形をどんな順番でどう組み合わせればよいのかを考える

　題材を構成する基本的な形を考えたら、次は、その形をどのような順番で、どのように組み合わせればよいのかを考えます。大きな形状から小さな形状へ加工していくのが基本の流れになりますが、あの順番より、この順番で作ったほうがよいということもあるでしょう。Fusion 360も履歴を持つオプションがデフォルトです。順番を気にせずに作ると、あとで修正ができないといったこともあり得るので、あまりいい加減に作らないようにしましょう。

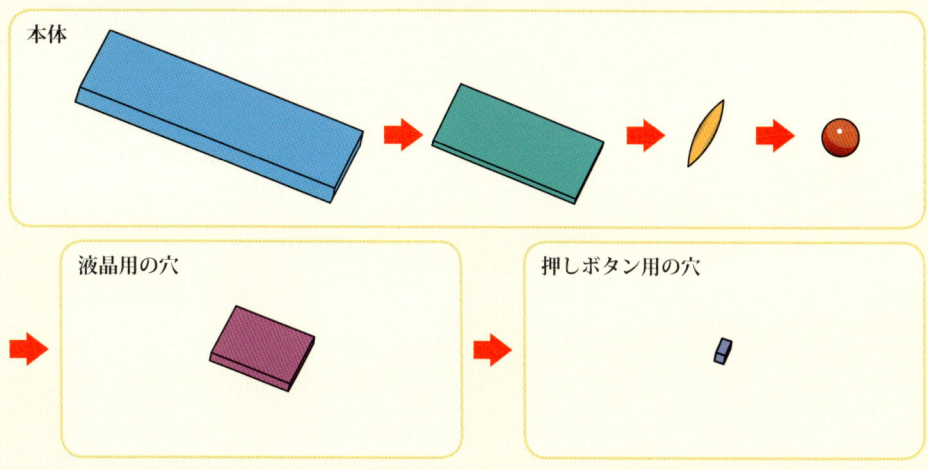

構成される基本形状をどのような順番で加工すればよいのかを考えます。

4.それぞれの形をどのように作ればよいのかを考える

　個別の構成要素と加工の順番が分かったところで、次にその形をどのように作ればよいのかを考えます。多くの場合、特定の形を作るための手順は1つではありません。複雑なスケッチを描きこんで一気に押し出すのか、より単純な形を作ってから組み合わせるか、ちょっとした形状でも選択肢があります。

　『Fusion 360』で言えば、基本的にはスケッチと押し出しや回転などのフィーチャ機能を使うので、その形を作るためには、どんなスケッチから、どんなフィーチャを、どんな順番で作ればよいのかを考える必要があります。

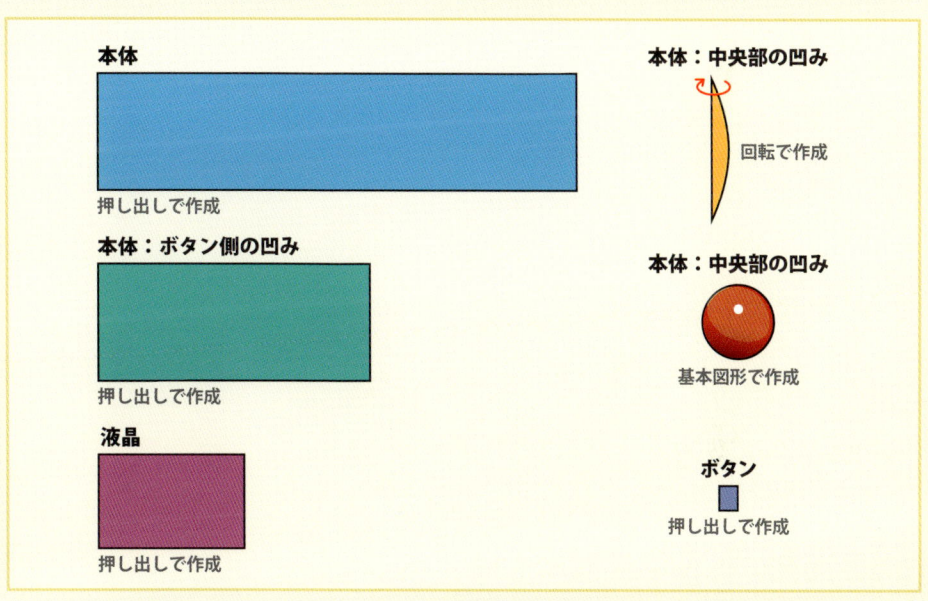

作りたい形から、使用するスケッチと立体にするための機能を決めます。

5.考えた順番で形状を作っていく

　形の作り方を決めたら、あとは考えた順番で（基本は大きな形状から）モデリングしていきます。穴を開けるためには押し出しのオプションで「切り取り」を利用するなど、どの機能を利用すれば目的の形状になるのかを考えながら、モデリングしていきましょう。

　モデリングが終了したらそれで満足して終わり、でも悪くはありませんが、せっかくなら自分仕様にひとひねりしてはい

かがでしょうか。たとえば、四角い穴を丸くしてみる、という簡単なことでもかまいません。複数のアレンジパターンを考えることで、応用力が身に付きます。

　モデリングを数多くこなしていくと、徐々にこの形を作るにはどうしたらよいか、という手順が自然と見えてきます。そうすると、本当に自分のオリジナルの発想のものが作れるようになって、モデリングがもっと楽しくなるでしょう。

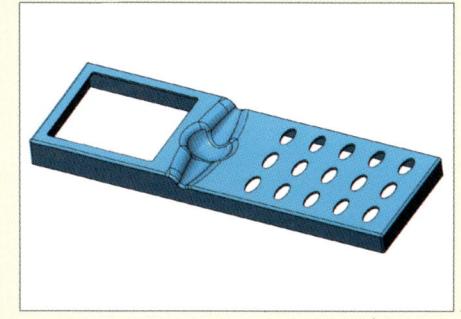

ボタンの形を変更するだけでもイメージが変わります。

3Dプリンターでの出力を意識したモデリング

オリジナル作品のモデリングに慣れたら、3Dプリンターでの出力性（製造性）までを考えて
モデリングするようにしましょう。3D出力を意識したモデリングの主な注意点を紹介します。
なお、肉厚がないなどのデータ上のエラーはないものとし、あくまでも形状の観点です。

実物と画面のスケール感の違いに気をつけよう

モデリングの際、画面上では必要に応じてモデルを拡大表示して形を見ることができます。実際、そうしないと、頂点やエッジ、面などがうまく選択できないということがあります。

しかし、このことが「形状の作り込み過ぎ」につながってしまう場合があるのです。と言うのも、画面では拡大表示しさえすれば、どんなに細かい形状でもはっきりと確認できます。その気になれば、非常に細かいディテールまで作りこむことが可能なのです。実際に寸法を測ってみると0.1mmや0.2mmだったということが案外あります。

しかし、そこまで細かいと、実際に出力したときに形状がうまく再現されないとか、

かなりぼやけてしまうということも珍しくありません。なんとか出力できても、ちょうどそこにサポート材が付いていたらサポート材ごと剥がれてしまうこともあります。

屋根瓦や壁面の板の厚みは0.3mmほどしかありません。しかし、意識しないと、画面ではそこまで小さいとは感じられないでしょう。

光造形方式のプリンターではどうにか再現できても、FDM（FFF）方式だと難しいということもあります。機械には性能の限界があります。気を配ってモデリングを進めましょう。

光造形方式の3Dプリンターで出力してみると、かろうじて再現が可能なレベルです。

肉厚が薄すぎたり形状が細すぎたりしていないか

肉厚もモデリングで重要な考慮のポイントです。3Dプリンターでの出力時に特に問題になるのは、板状のものなら薄すぎる、棒状のものなら細すぎるというものです。

3Dプリンターの積層ピッチやノズル径といった性能と言うより、一般的には肉厚が1mmを切るようになると、特に強度に影響が出てくるのです。

つまり、出力自体はできたけれど、いざ使おうとしたら簡単に割れてしまう、ということが起こりえます。また、サポート材が付いている面だと、サポート材を除去する際に壊れてしまうこともあります。

ある程度の大きさがある板形状の場合には、肉厚が薄いために反ったり歪んだりすることがあります。薄い板形状のものは、3Dプリンターでの出力に限らず難

しい形です。必要があって、どうしても薄くしなければならない場合を除いては、充分な肉厚を考慮しましょう。

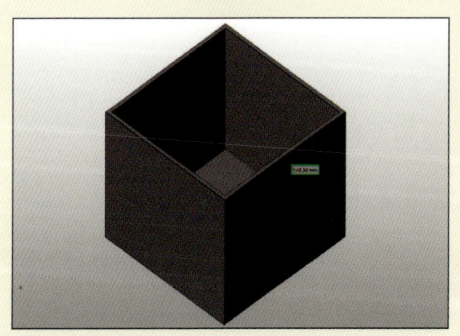

肉厚にも注意しましょう。1mmを切ると、出力時のトラブルや強度に問題が発生する可能性があります。

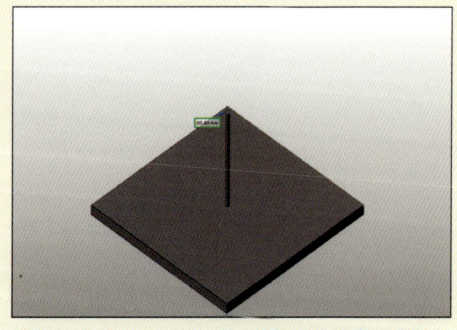

板状の肉厚だけでなく、細い棒形状も注意が必要です。折れない強度を考えましょう。

複数パーツでつくる場合はパーツ間の隙間に気をつける

実際に世の中で使われている製品は、複数のパーツで構成されています。パーツ同士の留め方はさまざまですが、たとえば丸い穴に円柱をはめるような形状もあります。また、単品のパーツであっても、iPhoneケースのように、iPhoneというすでに存在しているものにピッタリとはめる作品もあります。

さて、このときの「ほぼ」ピッタリ、というのが曲者です。穴の寸法と丸い円柱の直径がまったく同じだと、CADデータ上は完全にピッタリです。それを3Dプリンターで出力すると、実際には「はまらない」とか、なんとかはまっても「とてもきつい」ということになるでしょう。

3Dプリンターの造形の場合に限らず、実際の造形ではどうしても誤差が生じます。3Dプリンターでの出力の場合には、0.1mmから0.2mm程度の隙間を作ることが多いのですが、この隙間が大きすぎれば、ゆるゆるで簡単に抜けてしまい、逆にきつすぎればはまりません。

また、出力する3Dプリンターの種類や性能にも依存します。こればかりは、自分でいくつか出力して試してみることも必要でしょう。いずれにしても、パーツのはめ込み形状には、このような注意点を考慮する必要があるということを覚えておきましょう。

丸い穴に円柱がはまっている形状の断面です。モデリングの時点では問題はないように思えますが、隙間がまったくない状態では、出力すると実際にははまらない可能性があります。

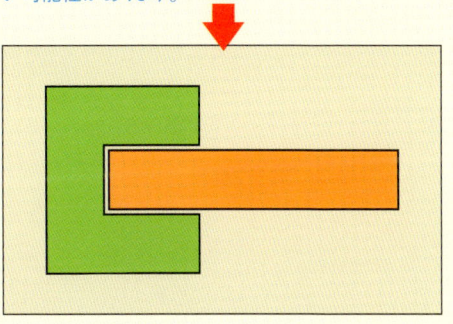

実際の出力では、円柱との間に0.1mmや0.2mmのわずかな隙間を開けることで、はまるようになります。

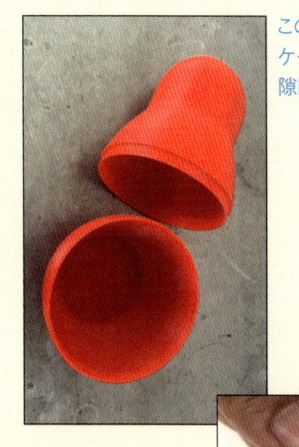

このマトリョーシカ型のケースでは、0.1mmの隙間を定義しました。

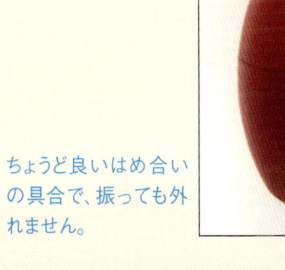

ちょうど良いはめ合いの具合で、振っても外れません。

出力するのが難しい形状もある

3Dプリンターは、ほかの造形方法では作ることのできない形状も作ることができるのが特徴です。しかし、作れない形状もあります。たとえば完全に閉じた中空形状（中が空洞の形）です。

中空の上側がひさしのように突き出たオーバーハング形状や、網目の形状であれば、造形できる可能性はありますが、完全に閉じている形状では、サポート材が取りきれません。

また、細かく入り組んだ形状も、サポート材を取りきるのが困難です。そのようなときにはパーツを分割して出力し、あとから貼り合わせるといった方法で作成することがあります。

中空で穴（エスケープホール）がない球は、中のサポート材が取り出せません。

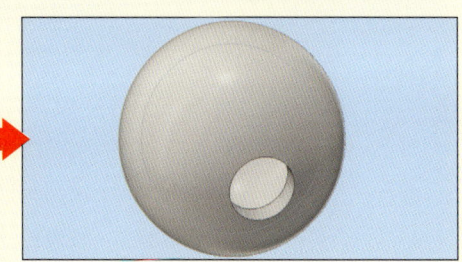

球を分割しない場合は、使用する3Dプリンターのサポート形式に応じた穴を開けて、サポート材を取り出せるようにします。

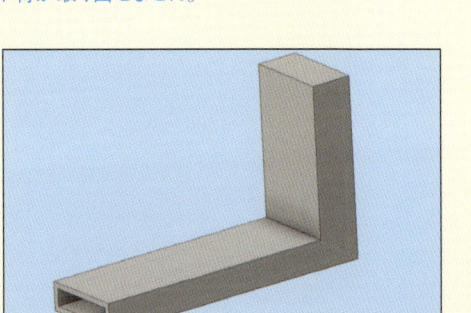

完全に閉じた空間でなくても、この図のような、L字型の縦の部分の内側にあるサポート材は、このままでは取り出すことはできません。

モデリング時の注意点が少しは分かったと思います。注意点はほかにもありますが、実際に作るためにはモデリング時に考慮しなければならない点がある、ということを理解しておきましょう。

モデリングしたデータや作品に著作権はあるの？

3Dモデリングを覚えて、3Dプリンターで出力できるようになると、
「自分の欲しいものを作る」ことができるようになります。自分が作った作品を売ってみたいとか、
インターネットで公開したいといったときに知っておきたいのが、著作権をはじめとする知的財産権です。

知的財産権とはどんな権利？

一口に知的財産権と言っても、さまざまなものがあります。ここでは簡単に紹介したいと思います。

知的財産権の代表的なものに、特許権や意匠権、著作権があります。これらの法律によって、その作成者を模倣から守ります。本格的なモノづくりにおいては、これらすべての権利が関わってきますが、不正競争防止法などは今回は省略します。

知的財産権と言うと、とかく自分の権利を守るという視点になりがちですが、知らずに自分が他人の権利を侵害していたということがないように意識することも重要です。

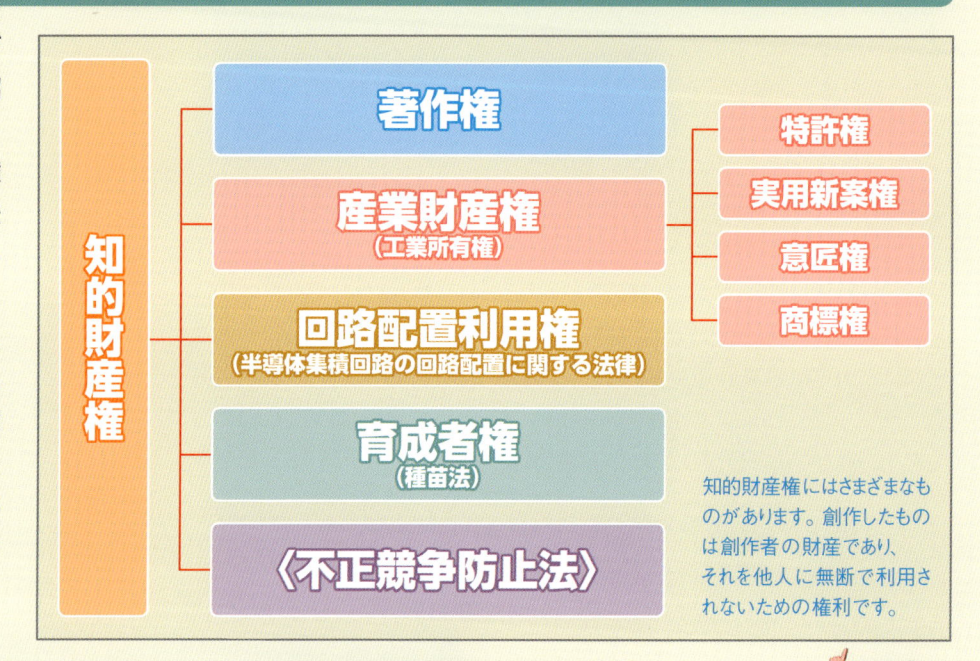

知的財産権にはさまざまなものがあります。創作したものは創作者の財産であり、それを他人に無断で利用されないための権利です。

創作した時点で発生する権利「著作権」

「版権」という言葉で呼ばれることもありますが、ある著作物に与えられる権利です。たとえば人気のキャラクターのフィギュアを作って売りたい、という場合に、このキャラクターの著作者から「版権」の許諾を得る必要があります。

著作物とは、「思想または感情を創作的に表現したものであって、文学、学術、美術又は音楽の範囲に属するもの」と定義されています。したがって、本や雑誌の記事の文章だけではなく、絵や音楽など幅広いものが定義されています。

特許権や意匠権は、出願や登録などが必要ですが、著作権は著作物を創作した時点で発生する権利です。申請したり登録したりする手続きは必要ありません。これを「無方式主義」と言い、一般的な国際ルールとされています。なお、著作権の保護期間は、著作者の没後70年まで有効です。

Q 著作権はどうやったら取得できるの？

A 創作した時点で著作権が発生します。申請や登録の必要はありません。

Q 著作権はいつまで有効なの？

A 原則として、創作時から著作者の没後70年までが著作権の保護期間です。

私的使用の範囲で著作物を利用できる

日本語では著作権と言いますが、英語では「Copyright」、すなわち複製をする権利です。本来この権利を持つのは著作者ですが、この著作者が許諾をすることで本や雑誌が生まれ、あるいはキャラクター商品などが生まれるわけです。

複製する権利なので、たとえば本を、仕事や会議などの資料として複製し配布するといったことも実際には問題があり、本来認められるのは家庭内での私的利用か、または教育目的など著作権法で認められている例外のみです。

つまり、ネットや雑誌で見かけて気に入ったキャラクターを、3Dモデルを作成して自分のパソコン内で楽しむとか、3Dプリンターで出力して自分の机の上に置いて楽しむのは許された範囲内かもしれませんが、それを誰かにプレゼントしたり、ネットで配布したり、フィギュア商品にして販売すると問題になります。さらに有名な漫画やアニメのキャラクターに関して言えば、商標権も関わってくる場合があり、民事だけでなく刑事罰の対象にも可能性としてはなりえます。

もっとも、現在の著作権を侵害しても、被害者である著作権者が被害を訴えて初めて罪となる「親告罪」であるため、著作権者が何も言わなければ問題にならない側面もあります（法改正により、一部非親告罪化されました）。

独自のアイデアやデザインという財産を守る「意匠権」

工業製品などでもデザインを意識したものが多く存在します。その形を見れば美しさとともに、あのブランドだと容易に想起できるものがあります。そのような意匠を守るための権利が意匠権です。意匠とは、「物品の形状模様もしくは色彩、またはそれらの結合であって視覚を通じて美観を生じさせるもの」という定義になっています。

意匠権は、特許庁に出願・登録して認められる権利で、著作権とは違って排他的に支配できる「絶対的独占権」という非常に強い権利があります。その意匠そのものや類似したものもカバーします。とりたてて有名でない商品でも、その商品が意匠権で保護されている場合があります。

世の中で販売され、商品化されているもの、そうでなくても発表されているものは、さまざまな権利で保護されているのです。

著作権や商標権を侵害しないように注意しよう

インターネットで自由に情報をやり取りできる現在、他人が作った著作物の権利を侵害することがないよう、注意しましょう。どこかのキャラクターを真似てモデリングしたものを、あたかも自分がオリジナルで考え出したキャラクターのように見せることは、著作権の侵害にあたります。また、それらのデータを著作者に無断で配布、販売することもNGです。

著作権のあるものは、私的利用の範囲を超えないように注意することが必要です。まずは、他人の作ったものをリスペクトするという姿勢を忘れないでいることが大事でしょう。

逆に、自分のオリジナルのモデリングデータをインターネット上に公開したり、販売したりする際、自分の著作権が侵害される可能性があります。もしも著作権が侵害された場合は、侵害者に対して損害賠償などの請求を行えます。

モデリングの練習として、身近なものを真似てモデリングすることは問題ありません。さまざまな素材を見つけて、どんどんモデリングしてみてください。そして、オリジナルのモノを作ることにもぜひチャレンジして楽しんでください。

Q 好きな漫画やアニメのキャラクターのフィギュアを作っても大丈夫？

A 私的利用の範囲なら、著作権や商標権の侵害にはならないとされています。

Q 私的利用とはどの範囲まで？

A 自分や家族などの限られた範囲です。他人に貸したり、譲渡したり、インターネットで公開したりする場合は著作権者の許可が必要です。

Q 意匠権の保護期間は？

A 登録の日から20年です。

Q インターネットに公開されているモデリングデータを利用するときに注意することは？

A 許諾や利用の範囲については、データが公開されている共有サイト等の利用規約に記載されていますので、それぞれの規約をご確認ください。

索引

● 著者プロフィール

水野 操（みずの みさお）…… ［1章／2章 モデリング解説］

1967年東京生まれ。1992年 Embry-Riddle Aeronautical University（米国フロリダ州）航空工学修士課程終了。外資系CAEベンダーにて非線形解析業務に携わった後、外資系PLMベンダーやコンサルティングファームにて、複数の大手メーカーに対する3D CADやPLMの導入、開発プロセス改革のコンサルティングに携わる。2004年にニコラデザイン・アンド・テクノロジーを起業し、代表取締役に就任。オリジナルブランド製品の展開やコンサルティング事業を推進。2016年に、3D CADやCAE、3Dプリンター導入支援などを中心にした製造業向けサービスを主目的としてmfabrica合同会社を設立。さらに2017年に高度な非線形解析や熱流体解析業務を展開する株式会社解析屋の設立に参画。CTOとして積極的に解析業務を推進。2018年6月からは法政大学アーバンエアモビリティ研究所の特任研究員も務めている。
主な著書に『絵ときでわかる3次元CADの本　選び方・使い方・メリットの出し方』『Fusion360でできる設計者CAE』『わかる　使える　3Dプリンター入門』（以上、日刊工業新聞社）、『3Dプリンター革命』（ジャムハウス）、『あと20年でなくなる50の仕事』（青春出版社）など。

毛利宣裕（もうり よしひろ）…… ［3章 スキルアップテクニック講座］

1973年北海道広尾町生まれ。1991年高校1年のときにNHKスペシャルで光造形機が紹介され、この道に進むことを決める。
1997年北海道工業大学　機械工学科卒業、旧3D Systems Japan株式会社 竹内茂教授に師事。同年 光造形機を日本初導入した株式会社INCSに入社。光造形のデータ処理、客先導入教育、パラメータ設定などを担当。
2001年　栄光デザイン＆クリエーション株式会社に転職、3Dプリンターをメインに樹脂試作全般に従事。
2012年 株式会社東京メイカーを設立し、中野ブロードウェイに「あっ　3Dプリンター屋だッ!」をオープン、最新のパーソナル3Dプリンターの展示販売、3Dプリンターのワークショップ、3Dプリンター導入コンサルティング、造形サービスを展開。

［**東京メイカーHP**］ http://www.tokyo-maker.com/
［**ブログ**］ http://ah3dprintshop.com/
［**Facebook**］ https://www.facebook.com/TokyoMaker/
［**Instagram**］ https://www.instagram.com/tokyomaker/
［**Twitter**］ https://twitter.com/tokyomaker?lang=ja

● 万一、乱丁・落丁本などの不良がございましたら、お手数ですが株式会社ジャムハウスまでご返送ください。送料は弊社負担でお取り替えいたします。
● 本書の内容に関する感想、お問い合わせは、下記のメールアドレス、あるいはFAX番号あてにお願いいたします。電話によるお問い合わせには、応じかねます。

メールアドレス ◆ mail@jam-house.co.jp　**FAX番号** ◆ 03-6277-0581

● 本書はデアゴスティーニ発行『週刊マイ3Dプリンター』のマガジンを再編集し、加筆修正したものです。

実践で学ぶ！ Fusion 360
ロボットのモデリングから3Dプリントまで
2019年4月30日　初版第1刷発行

著者	水野 操＋毛利宣裕
編集	ジャムハウス編集部
キャラクターデザイン	イトウケイイチロウ
撮影	スタジオエイブル
発行人	池田利夫
発行所	株式会社ジャムハウス
	〒170-0004　東京都豊島区北大塚 2-3-12
	ライオンズマンション大塚角萬 302 号
カバー・本文デザイン	船田久美子（株式会社ジャムハウス）
DTP	株式会社サンプラント
印刷・製本	シナノ書籍印刷株式会社

ISBN 978-4-906768-63-9
定価はカバーに明記してあります。
© 2019
Misao Mizuno
Yoshihiro Mohri
JamHouse
Printed in Japan